EDUCATION

Simone Crocetti

Società e cittadini

Ambito di approfondimento: servizi commerciali

TRAMONTANA

INSIEME

INCLUSIONE Ogni studente è unico, perché uniche sono le sue esigenze, la sua personalità, il suo stile di apprendimento. Promuovere i princìpi della didattica inclusiva e cooperativa significa valorizzare le differenze, esprimere i talenti, sviluppare le potenzialità di tutti. Nessuno escluso.

SUCCESSO FORMATIVO Il compito della scuola è "insegnare a imparare", accompagnando gli studenti nel percorso di apprendimento e di sviluppo di abilità e competenze che ne formeranno la personalità, la consapevolezza critica e la professionalità. "Imparare a imparare": il primo passo del cittadino di domani.

INNOVAZIONE Prevedere i cambiamenti della scuola e rispondere proattivamente ai suoi bisogni tramite lo studio, la ricerca continua e la sperimentazione. Innovare: uno degli obiettivi della proposta didattica di Rizzoli Education.

EMOZIONI Lo sviluppo delle competenze emotive è parte integrante della crescita cognitiva e relazionale degli studenti. Un approccio didattico completo deve essere attento anche alle dinamiche delle emozioni nel gruppo classe e alla formazione dell'autoconsapevolezza negli individui.

MULTIMEDIALITÀ L'approccio alla progettazione didattica di Rizzoli Education "nasce" multimediale, per offrire alla scuola strumenti semplici e personalizzabili, sia cartacei che digitali, che potenzino le dinamiche di apprendimento collaborativo e propongano nuove opportunità di interazione docente-studente.

ECCELLENZA La storia dei marchi Rizzoli Education è da sempre tesa all'eccellenza, per proporre un'offerta editoriale completa ed efficace che si sposa con la ricerca didattica, pedagogica e formativa di partner quali Erickson, Oxford University Press e Università Ca' Foscari.

Progettare il futuro costruendo il presente. Insieme.

Rizzoli
EDUCATION

hub

HUB scuola, l'ambiente digitale interattivo di Rizzoli Education. Innovativo, facile, gratuito.

HUB scuola è il sistema digitale polifunzionale per lo studio e l'insegnamento che integra i prodotti e gli strumenti di Rizzoli Education sviluppati per la didattica digitale e cooperativa.
La piattaforma HUB scuola permette a docenti e studenti di condividere i materiali, monitorare i risultati, realizzare oggetti digitali e aggregare contenuti multimediali integrati ai propri testi, reperiti in rete o autoprodotti in classe.
Per accedere a HUB scuola è sufficiente essere registrati a rizzolieducation.it; effettuato il login, dalla propria area personale è possibile accedere ai libri, ai contenuti digitali e a tutti gli strumenti didattici gratuiti.

I prodotti e gli ambienti di HUB scuola sono inclusivi e multimediali; i **libri digitali** sono personalizzabili e interattivi: è possibile evidenziare i contenuti, integrarli con note vocali, testuali e con link diretti al web, e condividere i materiali realizzati in autonomia.
Pratici e intuitivi, sono pensati per stimolare le dinamiche di apprendimento degli studenti e favorire l'inclusione: le pagine accessibili permettono di impostare la dimensione e il tipo di carattere, fra cui il font ad alta leggibilità, e attivare la lettura automatica del testo.
I **libri digitali**, fruibili anche offline, sono utilizzabili su computer (PC, Mac e Linux) e tablet (Android e iOS) e sono ottimizzati per LIM e videoproiettori.

Con HUB scuola è possibile accedere ai **contenuti digitali integrativi** che espandono e arricchiscono l'offerta del corso. Sono disponibili video, animazioni, audio, mediagallery, mappe concettuali, laboratori multimediali e verifiche interattive, oltre ad approfondimenti e materiali didattici accompagnati da eventuali aggiornamenti effettuati lungo il corso dell'anno scolastico.
I **contenuti digitali integrativi** permettono di impostare percorsi didattici innovativi e personalizzati ad alto coefficiente di collaborazione, come la flipped classroom (classe capovolta), grazie all'ampio assortimento di materiali dedicati al potenziamento delle dinamiche inclusive in classe.

hub SCUOLA

Rizzoli EDUCATION

I materiali digitali di questa opera e relativi aggiornamenti sono disponibili sul sito: **www.rizzolieducation.it**

ISBN 978-88-233-5207-0

Presente edizione: marzo 2017
Chiuso in redazione: febbraio 2017

Ristampe

		2019	2020
	4	5 6	7 8

Stampa: Rotolito S.p.A., Seggiano di Pioltello (MI)

Hanno collaborato alla realizzazione dell'opera:
Coordinamento editoriale: Marina Atteritano
Redazione: Luca Grauso
Progetto grafico interni: Studio Mizar, Bergamo
Prestampa: Grande forEdit s.r.l., Monza (MB)
Realizzazione copertina: Studio Cappellato e Laurent s.r.l., Milano

---

Guida all'uso del corso

Il corso **Società e cittadini** è articolato in due volumi di base, rispettivamente per il secondo biennio e il quinto anno, più due volumi dedicati agli ambiti di approfondimento previsti: servizi commerciali e servizi del turismo.

Questo volume di approfondimento per i Servizi commerciali è strutturato in cinque moduli, due di diritto ("I contratti di impresa" e "Il rapporto di lavoro subordinato") e tre di economia ("Impresa e produzione", "Le banche e la Borsa" e "I rapporti monetari internazionali").

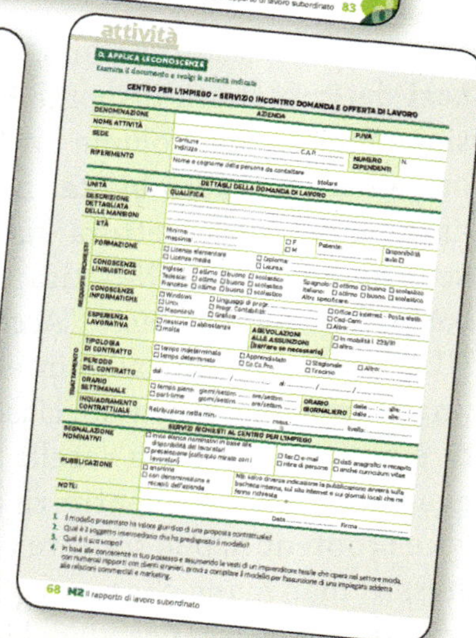

I contenuti sono organizzati in lezioni di circa quattro pagine per facilitare la comprensione dei concetti e l'apprendimento degli argomenti. Ogni lezione comprende anche una parte esercitativa strettamente collegata al testo.

IL LIBRO

Nell'apertura di ogni modulo sono riportati i prerequisiti, le conoscenze fondamentali richieste per iniziare lo studio del modulo, e gli obiettivi da raggiungere suddivisi in:

- conoscenze, l'insieme di fatti, principi, teorie e pratiche relativi a uno specifico argomento di studio;
- abilità, la capacità di applicare conoscenze e di usare know-how per portare a termine compiti e risolvere problemi;
- competenze, il comportamento mirato all'esecuzione di un compito in situazioni di lavoro o di studio, risultante da un insieme di conoscenze teoriche e di abilità tecnico-pratiche, di capacità personali, sociali e di metodo.

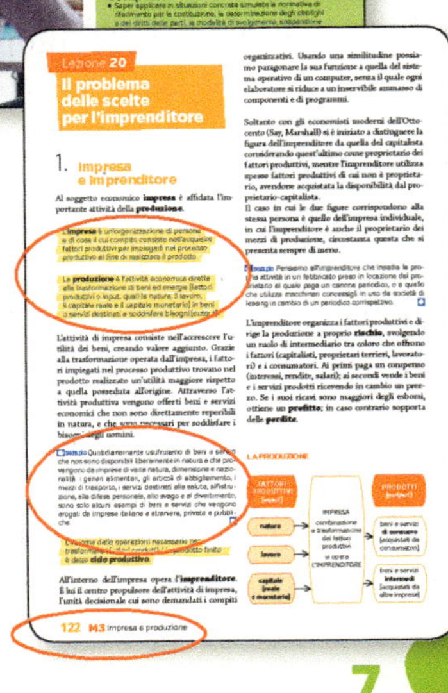

I moduli di diritto e di economia sono distinti grazie a un diverso colore e inoltre in ogni lezione è riportata l'indicazione del modulo di appartenenza.

Il continuo uso di **esempi**, opportunamente evidenziati, rende più comprensibili i passaggi più impegnativi o meno immediati.

Le **definizioni** e i concetti fondamentali della disciplina sono posti in evidenza tramite l'inserimento di un fondino.

Il testo è spesso arricchito da **tabelle**, **schemi** e **grafici** di vario tipo che contribuiscono a chiarire o riassumere i concetti.
A fine lezione sono riportati ove necessario i **vocaboli più complessi** presenti nel testo seguiti da una breve definizione.
Ogni lezione è corredata da una serie di **esercizi** che permettono all'alunno di verificare immediatamente quanto appena studiato.

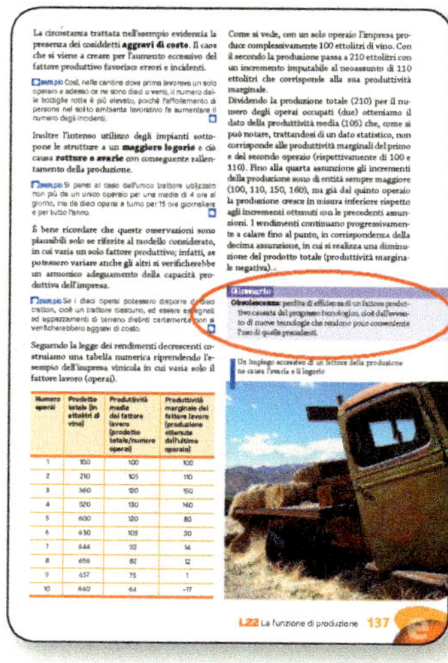

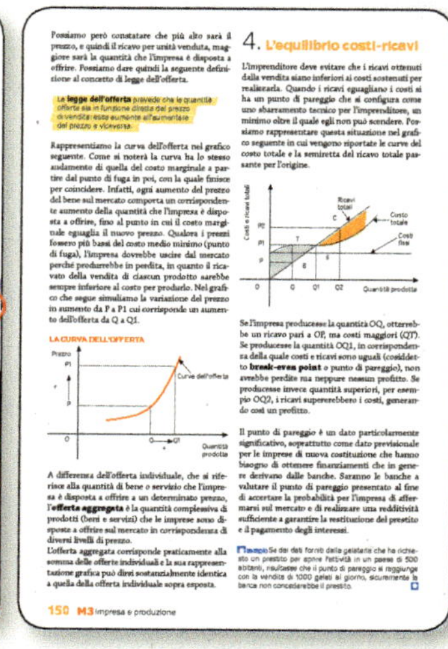

In fondo a ciascun modulo, c'è una **sintesi** dei contenuti, disponibile nella versione digitale del volume anche in modalità **ad alta accessibilità**. Le pagine che dispongono della lettura facilitata sono segnalate dall'icona Didattica inclusiva; basta fare clic sul tasto "Accessibilità" di HUB Young. Accanto alla sintesi è presente una **mappa** per il ripasso: ciascun elemento è affiancato da una casella vuota, nella quale lo studente, mentre ripassa ad alta voce i contenuti, può scrivere i numeri progressivi man mano che tocca gli argomenti. Le mappe sono scaricabili dal libro digitale in versione personalizzabile realizzata con il software gratuito CmapTools.

Ciascun modulo si chiude con una verifica sommativa e delle competenze, con varie tipologie di esercizi (vero o falso, scelta multipla, domande a risposta aperta ecc.) e la risoluzione di casi: compilazione di documenti giuridici, ricerca di fonti, elaborazione di dati economici ecc., che permettono allo studente di verificare le conoscenze e abilità e di sviluppare le competenze.

MATERIALI DIGITALI

Il corso è disponibile anche in una versione digitale, arricchita da numerosi contenuti multimediali, concepiti come strumenti didattici per lo studio e il ripasso:

- sintesi in versione lettura facilitata e automatica;
- gallery per i concetti principali;
- videoanimazioni delle curve di economia politica;
- verifiche in autovalutazione a fine modulo.

Il corso riceverà tutti gli aggiornamenti, che saranno pubblicati sul sito www.rizzolieducation.it e inviati all'espansione digitale del corso.

Indice

Modulo 1: I contratti di impresa

Modulo 2: Il rapporto di lavoro subordinato

Materiali digitali

Modulo 3: Impresa e produzione

Modulo 4: Le banche e la Borsa

Modulo 5: I rapporti monetari internazionali

Materiali digitali

I contratti di impresa

La subfornitura industriale

m1 diritto

Prerequisiti

- Conoscenza della teoria generale del contratto e dell'obbligazione
- Conoscenza del concetto giuridico di imprenditore e azienda

Conoscenze

- Caratteri essenziali dei principali contratti tipici e atipici trattati
- Normativa essenziale prevista per ciascuno dei contratti trattati

Abilità

- Cogliere, nei singoli contratti esaminati, gli elementi essenziali, gli interessi contrapposti e gli obblighi delle parti
- Riconoscere la funzione economica e sociale dei diversi tipi di contratto
- Individuare, in situazioni contrattuali concrete, il tipo adottato

Competenze

- Saper individuare, in situazioni concrete, il tipo contrattuale e i conseguenti effetti e obblighi per le parti
- Confrontare ciascuna figura contrattuale con figure a essa affini, cogliendone differenze e aspetti comuni
- Risolvere semplici casi relativi alle varie tipologie di contratti proposti
- Saper consigliare all'impresa, in relazione alle sue specifiche esigenze, la figura contrattuale tipica o atipica più opportuna

Lezione **1**

L'appalto e la responsabilità solidale

L'appalto

1. I contratti di impresa

L'imprenditore nello svolgimento della propria attività allaccia diversi rapporti giuridici con innumerevoli soggetti, quali: i fornitori, i clienti, la rete commerciale; le imprese di trasporto e di deposito della merce; i dipendenti impiegati presso la propria azienda; i collaboratori autonomi esterni (per esempio, commercialisti, avvocati); le banche, le aziende fornitrici di energia elettrica, acqua, gas; le compagnie di assicurazione ecc.

I **contratti commerciali** o di impresa sono quei contratti normalmente conclusi dagli imprenditori nell'esercizio della loro attività di impresa.

L'impresa ricorre frequentemente anche a tipi contrattuali utilizzati da soggetti non imprenditori, per esempio il contratto di vendita o il contratto di mandato (⇒ *lezione 36* del volume principale). Spesso, poi, le imprese ricorrono a schemi contrattuali non previsti dal legislatore (contratti atipici) che meglio rispondono alle loro concrete e mutevoli esigenze.

2. Nozione e funzione dell'appalto

Le principali attività svolte dalle imprese possono riassumersi a grandi linee in due grandi tipologie: le **prestazioni di dare** e le **prestazioni di fare**. A ciascuna di queste tipologie fa riferimento un contratto principale, mediante il quale l'impresa instaura il rapporto giuridico con il proprio cliente o con il proprio fornitore. Mentre il contratto di riferimento per le prestazioni di dare è la vendita, quello per le prestazioni di fare è l'appalto.

esempio Una impresa edile svolge prevalentemente una prestazione di fare, così come un artigiano o un libero professionista. Un negoziante, al dettaglio o all'ingrosso, svolge invece prevalentemente una prestazione di dare.

L'**appalto** è il contratto con il quale una parte, detta appaltatore, si obbliga verso l'altra parte, detta committente, a compiere un'opera o un servizio, dietro un corrispettivo in denaro, con l'organizzazione dei mezzi necessari e con gestione a proprio rischio (art. 1655 c.c.).

esempio Vincenzo dà incarico a un'impresa di costruirgli una casa (opera) e a un'altra impresa di fornirgli il servizio di vigilanza notturna della propria abitazione (servizio).

L'appalto presenta alcune analogie con il **contratto d'opera** (⇒ *lezione 38* del volume principale) differenziandosi da questo per il fatto che nel contratto di appalto l'opera o il servizio sono effettuati con l'**organizzazione di mezzi** e non con il lavoro prevalentemente personale del prestatore. In sintesi, il contratto si qualifica appalto solo quando rientra, dal lato dell'appaltatore, nell'esercizio di un'**attività organizzata** che di solito assume la forma dell'impresa commerciale di medie e grandi dimensioni. È invece tipicamente del piccolo imprenditore e dell'esercente una professione intellettuale il contratto d'opera.

esempio Se incarico un'impresa edile di costruire un edificio, stipulerò un contratto d'appalto; se affido la ristrutturazione del mio appartamento a un muratore, avrò concluso un contratto d'opera.

Si distingue l'appalto privato dall'appalto **pubblico**. Quest'ultimo ha come parte committente un soggetto pubblico e ha per oggetto la realizzazione di un'opera o di un servizio destinato a soddisfare un interesse collettivo. L'appalto pubblico è sottoposto a una disciplina particolare che tutela un interesse generale.

Quanto alle sue caratteristiche il contratto di appalto è:

• **tipico**, in quanto previsto e disciplinato dal codice civile;
• **consensuale**, perché si perfeziona con il semplice consenso delle parti;
• **a effetti obbligatori**, perché prevalentemente fa sorgere nelle parti obblighi reciproci, mentre l'effetto traslativo non c'è o è del tutto marginale;
• **a prestazioni corrispettive**, le prestazioni delle parti sono strettamente collegate tra loro così che l'una si giustifica con l'altra;
• **a titolo oneroso**, in quanto ciascuna parte sopporta un sacrificio economico.

3. Obblighi e diritti dei contraenti

L'esecuzione dell'appalto avviene nel rispetto di una disciplina piuttosto complessa che comprende obblighi e diritti per entrambe le parti.

I principali **obblighi dell'appaltatore** sono i seguenti:
• deve **eseguire l'opera a regola d'arte**, fornendo il materiale necessario (art. 1658 c.c.) nel rispetto delle indicazioni del committente. L'esecuzione non può essere affidata dall'appaltatore a terzi, salvo non vi sia espressa autorizzazione del committente (**divieto del subappalto**, art. 1656 c.c.). Con il contratto di subappalto l'appaltatore affida a un terzo l'esecuzione di determinate lavorazioni nell'ambito di una commessa che si è impegnato a realizzare nei confronti di un committente. Si tratta di un contratto derivato che non crea nessun rapporto diretto tra committente e subappaltatore. Chi risponde dell'esecuzione dell'opera è esclusivamente l'appaltatore che, nel contratto di subappalto, diventa a sua volta committente nei confronti del subappaltatore. Nonostante il divieto, la pratica del subappalto è molto diffusa, poiché spesso i committenti danno il loro consenso a questa stipula di contratti;

esempio Il committente affida all'impresa Edil s.r.l. la costruzione di un edificio concedendole di stipulare contratti di subappalto. L'impresa stipula quindi contratti di tale natura per la realizzazione di specifiche opere, quali la realizzazione degli impianti idrici, elettrici, la intonacatura delle pareti, la loro tinteggiatura, la realizzazione del giardino ecc. I subappaltatori non avranno alcun legame con il committente (se non alcuni obblighi legati alla sicurezza sul posto di lavoro) e non dovranno essere pagati da questo. Tutti i loro rapporti saranno con la "Edil s.r.l." e

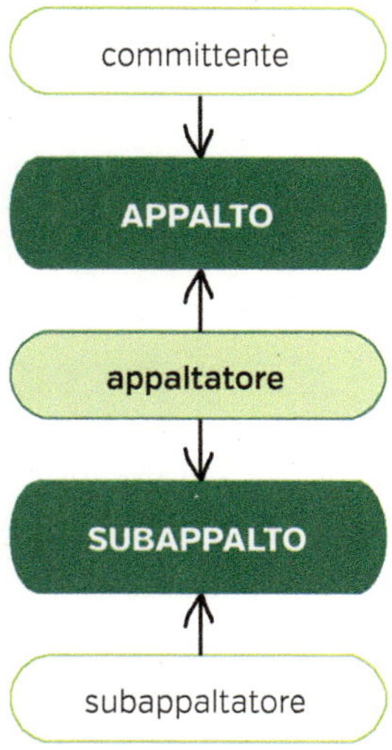

• è obbligato a **eseguire tutte le variazioni** al progetto concordato (art. 1660 c.c.). L'appaltatore può pretendere che il progetto sia modificato qualora lo ritenga necessario, perché l'opera sia a regola d'arte. Se tuttavia le variazioni fossero di notevole entità, sia l'appaltatore che il committente potrebbero recedere dal contratto; in ogni caso all'appaltatore è riconosciuta un'equa indennità;

esempio Potrebbe accadere che per problemi strutturali e per esigenze antisismiche si rendesse necessario modificare le dimensioni o la tipologia della struttura dell'edificio. In tal caso l'appaltatore avrebbe il diritto di pretendere la variante. Tuttavia, se l'importo della variazione superasse il sesto del valore complessivo convenuto, l'appaltatore potrebbe recedere dal contratto e chiedere un'equa indennità. e

• deve avvisare il committente dei **difetti** della materia fornita scoperti in corso d'opera e tali da comprometterne la regolare esecuzione (art. 1663 c.c.);
• terminata l'opera, o anche terminata una singola parte, l'appaltatore deve porre il committente in grado di **verificare l'opera** (collaudo) e deve **consegnargliela** (art. 1665 c.c.);
• deve fornire la garanzia per **difformità** e **vizi** dell'opera non conosciuti o non facilmente conoscibili dal committente (art. 1667 c.c.). Il committente che vuole avvalersi della garanzia deve denunciare i difetti all'appaltatore entro sessanta giorni (a pena di decadenza) dalla scoperta e può agire in giudizio entro due anni dalla consegna chiedendo l'eliminazione delle difformità e dei vizi, la riduzione proporzionale del prezzo oltre al risarcimento dei danni in caso di colpa dell'appaltatore (art. 1668 c.c.);

• deve fornire la garanzia per **rovina o difetti** di cose immobili destinate a durare nel tempo (art. 1669 c.c.); egli è responsabile verso il committente se nel corso di dieci anni dal compimento, l'opera, per vizio del suolo o per difetto della costruzione, rovina in tutto o in parte, oppure presenta evidente pericolo di rovina o gravi difetti. Il committente deve denunciare il fatto entro un anno dalla scoperta e può agire entro un anno dalla denuncia.

esempio Franco ha incaricato l'impresa edile "Laterizio s.p.a." di costruire un edificio industriale. Trascorso un mese dalla consegna dell'edificio ci si accorge che la pavimentazione esterna tende progressivamente a sprofondare in quanto non sembra sopportare il peso degli automezzi che incessantemente vanno e vengono per le normali attività di impresa. Franco invia una raccomandata di denuncia alla impresa edile, nel termine di 60 giorni dalla scoperta, chiedendo di intervenire per l'eliminazione del difetto. Potrebbe quindi agire giudizialmente entro due anni dalla consegna. In questo caso specifico, trattandosi di vizio di bene immobile per difetto di costruzione, Franco potrebbe avvalersi, oltre che della garanzia per vizi generale, anche di quella relativa ai beni immobili con il vantaggio di poter esercitare l'azione fino a dieci anni dal compimento dell'opera.

Il committente:

• ha diritto di **controllare** durante l'esecuzione dell'opera lo svolgimento dei lavori e di verificarne lo stato (art. 1662 c.c.). Se il committente accerta che l'esecuzione non procede secondo le condizioni stabilite nel contratto o a regola d'arte, può fissare un congruo termine entro il quale l'appaltatore deve adeguarsi; trascorso il quale, il contratto si risolve e il committente ha diritto al risarcimento del danno;

• ha diritto di **verificare** l'opera compiuta (cosiddetto **collaudo**). Se il committente non provvede al collaudo senza giustificato motivo o non ne comunica l'esito entro un breve termine, l'opera si considera accettata;

• è **obbligato al pagamento** del prezzo che può essere stabilito globalmente (a corpo, a forfait, *una tantum*) oppure a misura, ossia secondo la quantità di lavoro o dei materiali impiegati. Ove il prezzo non sia determinato o determinabile in base al contratto, sarà fissato dal giudice (art. 1657 c.c.).

4. Estinzione dell'appalto

L'appalto si scioglie anzitutto per **impossibilità sopravvenuta** dell'opera (art. 1672 c.c.).

esempio Si pensi all'appalto per la tinteggiatura di un edificio che successivamente è andato distrutto a causa di un terremoto.

La **morte dell'appaltatore**, invece, di regola non scioglie il contratto in corso di esecuzione. Il committente può comunque recedere dal contratto se gli eredi dell'appaltatore non danno affidamento per la buona esecuzione dell'opera o del servizio (art. 1674 c.c.).

È ammesso il **recesso unilaterale** del committente in qualsiasi momento, purché indennizzi l'appaltatore delle spese sostenute, dei lavori eseguiti e del mancato guadagno (art. 1671 c.c.).

Una speciale disciplina è prevista dall'art. 1664 del codice civile per la risoluzione del contratto per eccessiva onerosità sopravvenuta. Vengono prese in considerazione due diverse ipotesi:

• **onerosità dell'esecuzione**, quando si siano verificati aumenti o diminuzioni nel costo dei materiali o della manodopera, tali da determinare un aumento o una diminuzione superiori al decimo del prezzo complessivo convenuto, ciascuna delle parti può chiedere una revisione del prezzo (art. 1664, c. 1 c.c.);

esempio Con un contratto di appalto è stato dato l'incarico a un'impresa specializzata di provvedere alla derattizzazione di un immobile al prezzo di 5000 euro. Se a causa dell'improvviso aumento del costo delle esche il prezzo dovesse essere aumentato di 700 euro, l'appaltatore avrebbe diritto a una revisione pari a 200 euro soltanto, cioè l'eccedenza del 10% rispetto al prezzo convenuto.

• **difficoltà dell'esecuzione**, se nel corso dell'opera si manifestano difficoltà di esecuzione derivanti da cause geologiche, idriche e simili, non previste dalle parti, che rendano più onerosa la prestazione dell'appaltatore, questi ha diritto a un equo compenso (art. 1664, c. 2 c.c.).

esempio Se nell'esecuzione delle fondamenta di un edificio l'appaltatore dovesse imbattersi in una falda di acqua che costringe a utilizzare una tecnica assai più costosa, egli potrebbe pretendere un compenso per questa maggiore difficoltà.

A. VERO/FALSO

Indica se le seguenti affermazioni sono vere o false

1. L'appalto:
   - **a.** si scioglie per morte dell'appaltatore Ⓥ Ⓕ
   - **b.** può essere eseguito indifferentemente dall'appaltatore o da terzi Ⓥ Ⓕ
   - **c.** ha per oggetto una prestazione di dare Ⓥ Ⓕ
   - **d.** si scioglie per impossibilità sopravvenuta dell'opera Ⓥ Ⓕ
   - **e.** obbliga l'appaltatore a dare garanzia per rovina o difetti di cose immobili per dieci anni dalla costruzione Ⓥ Ⓕ
2. L'appaltore:
   - **a.** è libero di subappaltare Ⓥ Ⓕ
   - **b.** è obbligato a eseguire le variazioni al progetto richieste dal committente Ⓥ Ⓕ
   - **c.** deve eseguire l'opera a regola d'arte Ⓥ Ⓕ
   - **d.** è solitamente un artigiano Ⓥ Ⓕ
   - **e.** è libero di recedere Ⓥ Ⓕ

B. CACCIA ALL'ERRORE

Sottolinea gli errori e riscrivi le frasi corrette

1. Il subappaltatore è responsabile per l'esecuzione dell'opera nei confronti del committente.

   ....

2. Il corrispettivo dell'appalto può essere stabilito a corpo o a forfait.

   ....

3. In caso di rovina o difetti di cose immobili destinate a durare nel tempo l'appaltatore è responsabile verso il committente per un anno dal compimento dell'opera.

   ....

   ....

   ....

4. L'appalto è il tipico contratto dell'impresa avente a oggetto una prestazione di dare.

   ....

   ....

C. COMPLETA LA TABELLA

Inserisci i termini mancanti

	Consensuale/ reale	Effetti obbligatori/ effetti reali	Solenne/ non solenne	A titolo oneroso/ gratuito	A prestazioni corrispettive/unilaterale
Caratteri del contratto di appalto					

D. APPLICA LE CONOSCENZE

Indica se la caratteristica indicata appartiene all'appalto, al contratto d'opera o a entrambi questi contratti

Caratteristica	Appalto	Contratto d'opera
Il prestatore dell'opera è un'impresa commerciale non piccola		
È un contratto consensuale a effetti obbligatori		
In caso di difetti o vizi del lavoro svolto è possibile denunciare il vizio fino a sessanta giorni dalla sua scoperta		
Il committente ha diritto al collaudo		
Il prestatore svolge l'opera prevalentemente con il proprio lavoro		
Il prestatore d'opera si obbliga a un determinato risultato		
L'azione per vizi dell'opera si prescrive in un anno dalla consegna previa denuncia entro otto giorni dalla scoperta del vizio		
Il prestatore dell'opera garantisce per dieci anni da rovina dell'edificio costruito		
Il committente può recedere		

Lezione **2**

I contratti di trasporto, spedizione e deposito

1. Il contratto di trasporto

Tra le svariate forme contrattuali tipiche, quelle maggiormente usate dagli imprenditori sono il **trasporto** e il **deposito**; pur essendo inquadrabili nella generale figura dell'appalto, in quanto aventi a oggetto la prestazione di servizi, presentano tuttavia una particolarità di disciplina.

Con il **contratto di trasporto** un soggetto, detto vettore, si obbliga, verso corrispettivo, a trasferire persone o cose da un luogo a un altro [art. 1678 c.c.].

I contratti di trasporto si distinguono in base al mezzo attraverso il quale il trasporto avviene. Il trasporto terrestre è regolato interamente dal codice civile, mentre il trasporto per via mare e per via aria sono regolati da specifiche norme contenute nel codice della navigazione.

Un'altra importante distinzione è quella fra trasporto di **persone** e trasporto di **cose**. Essi presentano notevoli differenze e un diverso grado di responsabilità del vettore e, di conseguenza, una differente disciplina.

Il trasporto amichevole, a differenza di quello gratuito, non presuppone alcun interesse giuridicamente rilevante e rientra così nei rapporti di fatto

Lo stesso codice civile dedica due distinte sezioni ai due tipi contrattuali.

Nel **contratto di trasporto di persone** le parti sono il vettore e il viaggiatore. Il primo assume l'obbligo di trasportare incolume il viaggiatore e il suo bagaglio alla destinazione prevista ed entro il termine indicato, di regola in cambio di un corrispettivo in denaro.

Generalmente il trasporto di persone è oneroso, ma può avvenire anche **a titolo gratuito**, cioè quando il vettore assume l'obbligazione contrattuale di trasporto senza pretendere un corrispettivo.

esempio Il titolare di un agriturismo si obbliga a trasportare i propri villeggianti a visitare le località circostanti senza addebitare loro una somma per il servizio. Il datore di lavoro fornisce gratuitamente il servizio di trasporto dei lavoratori sul posto di lavoro. **e**

Bisogna distinguere anche il trasporto gratuito da quello **amichevole**. Infatti il primo, sebbene non preveda un corrispettivo specifico per il servizio, presuppone sempre un interesse giuridicamente rilevante del vettore a eseguirlo e fa sorgere pertanto un rapporto contrattuale. Diversamente il trasporto amichevole ricade nella sfera dei rapporti di fatto, personali, e non fa sorgere alcun obbligo giuridico per le parti.

esempio Se invito un amico a fare una gita in macchina non intendo stipulare alcun contratto e il mio interesse è semplicemente quello di stare in compagnia con lui. Se invece offro gratuitamente ai villeggianti del mio agriturismo il servizio di navetta con l'aeroporto, il mio interesse è quello di favorire la clientela invogliandola a preferire la mia impresa. **e**

Al trasporto, gratuito o oneroso, ma non a quello amichevole, si applicano le regole sulla **responsabilità** del vettore indicate nell'art. 1681 del codice civile.

In particolare il vettore è responsabile nei confronti del viaggiatore in due casi:

- per **inadempimento o ritardo** nel trasporto, si tratta della responsabilità per inadempimento dell'obbligazione disciplinata dall'art. 1218 del codice civile.
Se il vettore però prova che l'inadempimento o il ritardo non sono dovuti a causa a lui imputabile, tale responsabilità decade (per esempio, per un blocco della circolazione conseguente a un incidente stradale);
- per i **sinistri** causati al viaggiatore e al suo bagaglio, il vettore risponde dei sinistri di cui è vittima il viaggiatore durante il viaggio e della perdita o avaria delle sue cose (bagaglio) se non prova di avere adottato tutte le misure idonee a evitare il danno. Per le cose che vengono consegnate al vettore si applicano le norme sul trasporto di cose. Il vettore non può essere sollevato da tale responsabilità invocando il caso fortuito, ma solo provando di avere adottato misure adeguate anche a prevenire tale eventualità.

esempio Se una valanga travolge l'auto impiegata per il trasporto del viaggiatore, il vettore dovrà ugualmente risarcire i danni per aver effettuato proprio quel tragitto tristemente noto per il pericolo di slavine anziché uno alternativo più sicuro.

Il viaggiatore è obbligato a **pagare il prezzo** del trasporto (se il contratto è oneroso). Il pagamento è comprovato dal **biglietto di viaggio** (ticket). Questo non è un titolo di credito ma un documento di legittimazione la cui esibizione è necessaria per esigere la prestazione del vettore.

LA RESPONSABILITÀ DEL VETTORE NEL TRASPORTO DI PERSONE

Tipo di responsabilità	Esclusione della responsabilità
Ritardo o inadempimento nell'esecuzione del trasporto [art. 1218 c.c.]	Se il vettore prova che l'inadempimento o il ritardo dipendono da causa a lui non imputabile
Sinistri che colpiscono la persona del viaggiatore durante il trasporto e perdita o avaria delle cose che il viaggiatore porta con sé [art. 1681 c.c.]	Se il vettore prova di avere adottato tutte le misure idonee a evitare il danno

Il **trasporto di cose** è il contratto attraverso il quale il vettore si obbliga nei confronti del mittente a trasferire cose da un luogo a un altro.

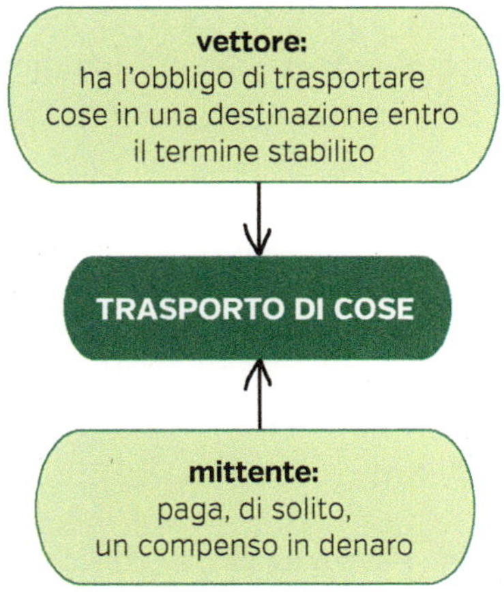

Se, come spesso accade, il destinatario è persona diversa dal mittente si configura un contratto a favore del terzo (artt. 1411 e segg. c.c.).

Il trasporto di cose è un contratto consensuale (il trasporto ferroviario di cose è invece reale): la consegna delle cose al vettore, detta affidamento, non è pertanto necessaria per il perfezionamento del contratto ma per la sua esecuzione. Dalla consegna dipende tuttavia il sorgere dell'obbligo di custodia a carico del vettore.

Il mittente deve fornire al vettore indicazioni relativamente al nome del destinatario, al luogo di destinazione, alla natura, al peso, alla quantità e al numero delle cose da trasportare e tutti gli altri estremi necessari per eseguire il trasporto. Se occorrono particolari documenti per il trasporto egli deve rimetterli al vettore al momento della consegna delle cose (art. 1683 c.c.).

Ricevute in consegna le cose, il vettore deve eseguire il trasporto nei modi e termini previsti dal contratto e, per tutto il tempo del trasporto, ha l'obbligo di custodire le cose trasportate fino al momento in cui le consegna al destinatario.

Finché le cose non sono giunte a destinazione, al mittente è riconosciuto il **diritto di contrordine**. Egli può cioè chiedere la sospensione del trasporto e la restituzione delle cose, ovvero ordinarne la consegna a un destinatario diverso da quello originariamente indicato o anche disporne diversamente, risarcendo il vettore delle spese e dei danni da questi subìti (art. 1685 c.c.).

Il **destinatario** acquista i diritti nei confronti del vettore dal momento in cui, giunte le cose a destinazione o scaduto il termine in cui sarebbero dovute arrivare, ne chiede la riconsegna al vettore. L'esercizio dei diritti è tuttavia subordinato al pagamento al vettore dei crediti derivanti dal trasporto (se si tratta di trasporto "porto assegnato") e degli assegni di cui le cose sono gravate, corrispondenti a crediti che il mittente vanta nei confronti del destinatario (art. 1689 c.c.). Per quest'ultimo adempimento, il vettore svolge la funzione di mandatario del mittente ed è verso di lui responsabile per la mancata riscossione (art. 1692 c.c.).

Il **vettore è responsabile della perdita e dell'avaria** delle cose consegnategli per il trasporto dal momento in cui le riceve a quello in cui le consegna al destinatario, se non prova che tali eventi sono derivati da caso fortuito o dalla natura o dai vizi delle cose stesse o del loro imballaggio o dal fatto del mittente o da quello del destinatario (art. 1693 c.c.). La responsabilità del vettore si estingue nel momento in cui le cose vengono ricevute senza riserve con il pagamento al vettore di quanto dovuto, tranne in caso di dolo o colpa grave del vettore (art. 1698 c.c.).

2. Il contratto di spedizione

Il **contratto di spedizione** è un mandato con il quale un soggetto, detto spedizioniere, assume l'obbligo di concludere, in nome proprio e per conto del mandante, un contratto di trasporto e di compiere le operazioni accessorie (art. 1737 c.c.).

Il contratto di spedizione è un **mandato senza rappresentanza** in cui il mandatario si impegna ad adempiere al contratto di trasporto e alle prestazioni accessorie legate (per esempio, il ritiro, l'imballaggio e lo sdoganamento della merce). Salvo non gli sia stato espressamente ordinato, lo spedizioniere non è tenuto a provvedere all'assicurazione delle cose spedite (art. 1739, c. 2 c.c.). Se tra le prestazioni accessorie rientra la temporanea custodia delle merci nell'attesa della conclusione del contratto di trasporto, a essa si applica la disciplina del deposito.

esempio Un'impresa che vende i propri prodotti online stipula un contratto con uno spedizioniere affinché questi provveda a prelevare la merce dal magazzino, impacchettarla, portarla al vettore per il trasporto al destinatario. Dunque normalmente lo spedizioniere non si occupa del trasporto, ma è obbligato a concludere contratti di trasporto a favore del mandante.

Quindi lo spedizioniere si obbliga a compiere per conto del committente, ma in nome proprio, un contratto di trasporto con il vettore, in cambio di un corrispettivo (provvigione). Tuttavia lo spedizioniere può assumere direttamente, con mezzi propri o di terzi, l'esecuzione del trasporto (art. 1741 c.c.). In questo caso egli assume, nei confronti del mandante, anche la veste di vettore (conservando il diritto alla provvigione).

esempio Per riprendere l'ultimo esempio, lo spedizioniere, anziché consegnare la merce al vettore, provvede lui stesso al trasporto delle cose ai destinatari.

3. Il contratto di deposito

Il **deposito** è il contratto con il quale una parte, detta depositario, riceve dall'altra, detta depositante, una cosa mobile con l'obbligo di custodirla e di restituirla in natura [art. 1766 c.c.].

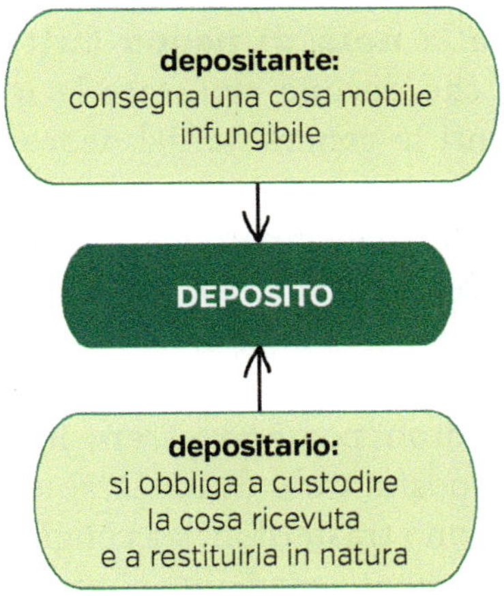

Il depositario non acquista la proprietà della cosa consegnatagli, ma soltanto la detenzione a scopo di custodia. L'**obbligo di custodia** rappresenta lo scopo preminente di tale contratto.

Il contratto di deposito è reale (quindi produce i suoi effetti dal momento della consegna della cosa), a effetti obbligatori (poiché la proprietà resta al depositante), a esecuzione continuata (perché l'obbligo di custodire dura nel tempo), non solenne (non essendo richiesta una forma scritta *ad substantiam*) normalmente a titolo gratuito. La presunzione di gratuità viene tuttavia meno se dalla qualità professionale del depositario (per esempio, nel caso del deposito nei magazzini generali) o da altre circostanze si debba desumere una diversa volontà delle parti (art. 1767 c.c.).

esempio Francesco ha lasciato in deposito dall'amico Giovanni il proprio scooter, affinché lo custodisca per tutto il tempo in cui sarà all'estero. Tra i due è sorto un contratto di deposito. Giovanni, sebbene non pretenda alcun compenso per la propria attività, sarà tenuto lo stesso a custodire la moto. Egli, inoltre, in quanto depositario, non potrà utilizzare la moto, ma dovrà semplicemente custodirla. Se potesse usarla egli non sarebbe depositario bensì comodatario.

Oggetto del contratto di deposito sono le **cose mobili infungibili**. Il deposito di cose immobili configurerebbe un altro tipo contrattuale, quale il contratto d'opera, mentre il deposito di cose fungibili rientra nella figura del deposito irregolare.

GLI OBBLIGHI DELLE PARTI

Il depositario è obbligato a:	Il depositante è obbligato a:
custodire la cosa con la diligenza del buon padre di famiglia. Se il deposito è gratuito, la responsabilità per colpa è valutata con minore rigore [art. 1768 c.c.]	pagare l'eventuale **compenso** pattuito [art. 1781 c.c.]
astenersi dall'usare e servirsi della cosa e dal darla in deposito ad altri senza il consenso del depositante [art. 1770 c.c.]	**rimborsare** il depositario delle spese fatte per la conservazione della cosa [art. 1781 c.c.]
restituire la cosa in ogni momento, appena lo richiede il depositante; il depositario, inoltre, può richiedere in ogni tempo che il depositante riprenda la cosa, liberandolo dall'obbligo della custodia [art. 1771 c.c.]. A tale regola si fa eccezione nell'ipotesi in cui le parti abbiano fissato un **termine** al deposito; se il termine è a favore del depositante, questi non può essere obbligato a riprendersi la cosa prima della scadenza; se è a favore del depositario, questi non può essere costretto a tenere la cosa oltre la scadenza	**ritirare** la cosa depositata su richiesta del depositario [art. 1781 c.c.]
restituire i frutti della cosa eventualmente percepiti [art. 1775 c.c.]	pagare le **spese necessarie per la restituzione** della cosa [art. 1774 c.c.]
denunziare immediatamente il deposito fatto presso di sé se scopre che la cosa proviene da un reato e gli è nota la persona alla quale è stata sottratta [art. 1778 c.c.]	
denunciare immediatamente al depositante la perdita della detenzione in conseguenza di un fatto a lui non imputabile; in tal modo egli risulta liberato dall'obbligo della restituzione e non è tenuto al risarcimento dei danni [art. 1780 c.c.]	

4. Figure particolari di deposito

Rientrano in una disciplina particolare il deposito irregolare e il deposito effettuato nei magazzini generali.

Il **deposito irregolare** è un contratto a effetti reali e ha per oggetto una quantità di denaro o di altre cose fungibili che passano in proprietà al depositario, il quale acquista di conseguenza la facoltà di servirsene con l'obbligo di restituirne altrettante della stessa specie e qualità [art. 1782 c.c.].

esempio Il denaro depositato in banca viene utilizzato per le normali operazioni di finanziamento della banca, la quale si impegna a restituire la somma, eventualmente con interessi, a richiesta del depositante. Al deposito irregolare si applicano, in quanto compatibili, le norme relative al mutuo.

Il deposito irregolare si distingue dal **mutuo** (che è un contratto di prestito di cose consumabili) soprattutto per la diversa funzione economico-sociale (causa) che non è quella di concedere credito al depositario, ma quella di raggiungere un fine di sicurezza, rinunciando alla proprietà delle cose per acquisire un diritto di credito alla restituzione dell'equivalente.

Il **deposito nei magazzini generali** è caratterizzato dalla particolare qualità professionale dell'imprenditore depositario [esercente un pubblico servizio] e da una disciplina in parte diversa da quella generale.

I **magazzini generali** sono edifici particolarmente attrezzati per la razionale conservazione delle merci, specialmente derrate alimentari deperibili. A essi ricorrono i depositanti, solitamente commercianti grossisti, in attesa di mettere in circolazione i propri beni o di destinarli ai consumatori.

L'impresa che gestisce tali magazzini è soggetta alla preventiva autorizzazione dell'autorità governativa ed è sottoposta alla vigilanza e al controllo delle Camere di commercio. L'autorizzazione comprende anche l'approvazione delle tariffe, contenenti l'elenco delle merci ricevibili in deposito, e del regolamento d'esercizio del magazzino. Il contratto è, anche nel silenzio delle parti, a titolo oneroso e sempre di tipo regolare, anche quando ha a oggetto beni fungibili.

I magazzini generali sono responsabili della conservazione delle merci depositate a meno che si provi che la perdita, il calo o l'avaria sia derivata da caso fortuito, dalla natura delle merci ovvero da vizi di esse o dell'imballaggio (art. 1787 c.c.). Si tratta della tipica responsabilità del vettore nel trasporto di cose. Il depositario può liberarsi solo provando che il danno è derivato da caso fortuito, con la conseguenza che i danni da cause ignote restano a suo carico.

In questo tipo di deposito, il depositario, su richiesta del depositante, può rilasciare **titoli rappresentativi delle merci** depositate per consentirne la circolazione senza la necessità di doverle materialmente trasferire (cosiddetta circolazione giuridica).
Si tratta della **fede di deposito**, alla quale deve essere unita la **nota di pegno** (artt. 1790 e 1791 c.c.), che devono riportare le indicazioni riguardanti le generalità del depositante, il luogo del deposito, la natura e la quantità delle merci e ogni altro elemento identificativo delle stesse, nonché l'avvenuto pagamento dei diritti doganali e l'esistenza di una assicurazione sulla merce.
Entrambi i titoli possono essere intestati al nome del depositante o di un terzo da questo designato e sono trasferibili, sia congiuntamente sia separatamente, mediante girata (art. 1792 c.c.). Si tratta quindi di **titoli rappresentativi all'ordine**. Il possessore di tali titoli acquista il diritto alla riconsegna della merce depositata. È quindi possibile concludere contratti relativi alle merci senza che queste siano movimentate ma semplicemente trasferendo, con la girata, il titolo che le rappresenta.

esempio Un importatore di prodotti dal Brasile ha acquistato 10 tonnellate di caffè che, una volta sbarcate in Italia, ha depositato in un magazzino generale. All'importatore sono stati rilasciati i titoli rappresentativi, fede di deposito e nota di pegno.
Successivamente l'importatore ha venduto la merce a un imprenditore italiano al quale non ha consegnato materialmente il caffè, bensì i titoli che lo rappresentavano, semplicemente apponendo la firma sul titolo [girata] e consegnandoli all'imprenditore. Quest'ultimo potrà ritirare il caffè dai magazzini generali oppure girare i titoli a sua volta a un altro acquirente. Qualora il possessore dei titoli volesse concedere pegno sulla merce, magari per garantire un finanziamento presso una banca, potrebbe consegnare al creditore la nota di pegno staccandola dalla fede di deposito. In tal caso il possessore della nota di pegno acquista la qualità di creditore pignoratizio: come tale egli non avrà diritto alla riconsegna delle merci ma potrà, in caso di inadempimento del debitore, far vendere le merci e soddisfarsi sul ricavato. Chi riceve la fede di deposito senza la nota di pegno, al contrario, potrà ritirare le merci anche prima della scadenza del debito per cui furono costituite in pegno solo depositando presso i magazzini generali la somma dovuta alla scadenza al creditore pignoratizio.

A. VERO/FALSO

Indica se le seguenti affermazioni sono vere o false

1. Nel contratto di spedizione:
   a. il contraente del vettore è il committente Ⓥ Ⓕ
   b. lo spedizioniere può provvedere direttamente al trasporto Ⓥ Ⓕ
   c. non è normalmente previsto un corrispettivo Ⓥ Ⓕ
   d. lo spedizioniere deve concludere un contratto di trasporto in nome proprio e per conto del committente Ⓥ Ⓕ
   e. l'obbligo principale dello spedizioniere è custodire la cosa consegnatagli dal mittente Ⓥ Ⓕ
2. Nel trasporto di cose:
   a. è presunta la gratuità Ⓥ Ⓕ
   b. il destinatario acquista diritti verso il vettore quando chiede la riconsegna delle cose trasportate Ⓥ Ⓕ
   c. la responsabilità per perimento e avaria delle cose trasportate è meno severa rispetto a quella prevista per il bagaglio nel trasporto di persone Ⓥ Ⓕ
   d. il destinatario potrebbe essere anche lo stesso mittente Ⓥ Ⓕ
   e. il vettore non è obbligato a custodire le cose durante il trasporto Ⓥ Ⓕ

B. CACCIA ALL'ERRORE

Sottolinea gli errori e riscrivi le frasi corrette

1. Il contratto di deposito si presume a titolo gratuito; la presunzione viene meno se dalla qualità professionale del depositante o da altre circostanze si debba desumere una diversa volontà delle parti.
2. Il mittente è responsabile della perdita e dell'avaria delle cose consegnategli per il trasporto dal momento in cui le riceve a quello in cui le riconsegna al destinatario.
3. Il trasporto gratuito non è un contratto.
4. La fede di deposito e la nota di magazzino sono titoli rappresentativi delle merci depositate.

C. COMPLETA LA TABELLA

Segna con una crocetta la caratteristica del contratto indicato

	Consensuale	Reale	A effetti reali	A effetti obbligatori
Trasporto di cose				
Trasporto di persone				
Spedizione				
Deposito				
Deposito irregolare				

D. APPLICA LE CONOSCENZE

Segna con una crocetta il tipo di contratto cui si riferisce il caso indicato; se non sorge alcun contratto lascia la casella in bianco

Caso	Trasporto di persone	Trasporto di cose	Spedizione	Deposito	Deposito irregolare
Carlo consegna un pacco a un corriere affinché lo recapiti all'indirizzo desiderato					
Carlo si rivolge a un taxi chiedendo di essere condotto insieme alla sua valigia a un indirizzo desiderato					
Carlo, in partenza con l'aereo, consegna la propria auto al parcheggio custodito dell'aeroporto					
Carlo si rivolge a una compagnia di traghetti chiedendo di essere traghettato insieme alla sua automobile su un'isola					
Carlo, produttore italiano di formaggio, si rivolge a un'impresa affinché provveda al ritiro, imballaggio, stivaggio in container refrigerati, alle incombenze doganali e alla consegna al vettore di una partita di merce destinata a un cliente negli Stati Uniti					
Carlo fa salire sulla propria auto un autostoppista incontrato per strada					
Carlo consegna diecimila euro in contanti a un suo amico, affinché glieli custodisca per un certo periodo di tempo e glieli restituisca a sua richiesta					

Lezione 3

Il contratto di agenzia e la mediazione

1. Il contratto di agenzia

Per raggiungere la propria clientela, l'imprenditore deve dotarsi di una adeguata rete di vendita, per questo si avvale di particolari contratti, il principale dei quali è il contratto di agenzia.

L'**agenzia** è il contratto in base al quale una parte, detta agente, assume stabilmente l'incarico di promuovere, per conto dell'altra, detta preponente, verso retribuzione (detta provvigione), la conclusione di contratti in una zona determinata (art. 1742 c.c.).

esempio Una impresa che confeziona abbigliamento in pelle ha stipulato un contratto di agenzia con Giovanni il quale cercherà di vendere i prodotti dell'impresa preponente incontrando potenziali acquirenti, mostrando loro il campionario e discutendo sulle condizioni di vendita. Giovanni acquisirà gli ordini di acquisto dai clienti e li trasmetterà all'impresa preponente che stipulerà i relativi contratti. Per questa sua attività Giovanni riceverà un compenso commisurato al volume di affari realizzato.

Il contratto deve essere redatto in forma scritta. Ciascuna delle parti ha il diritto irrinunciabile di ottenere dall'altra il documento firmato contenente tutte le clausole concordate. A questo punto sarà cura dell'agente contattare la clientela al fine di procurare sempre nuovi contratti di vendita all'impresa preponente. Egli non è rappresentante del preponente e quindi non può stipulare i contratti di cui è stato promotore a suo nome a eccezione dei casi in cui tale facoltà gli venga attribuita espressamente dal preponente; in tal caso viene a delinearsi la figura del rappresentante (art. 1752 c.c.). Avendo a oggetto il compimento di un'attività materiale e non giuridica deve anche escludersi che l'agente rivesta la qualità di mandatario.

esempio Se a Giovanni fosse stato attribuito il potere di rappresentanza, i contratti di vendita avrebbe potuto stipularli lui personalmente in nome del preponente.

Il rapporto di agenzia è finalizzato alla conclusione di tutti gli affari di una certa specie entro un arco di tempo, in continuo coordinamento con l'attività del preponente. L'agenzia è pertanto un **contratto di durata** e può essere a tempo determinato o indeterminato. Da questo punto di vista l'agente si distingue dal procacciatore di affari, il quale svolge un'attività di promozione per la conclusione di affari senza vincolo di stabilità, ma anzi con carattere saltuario se non occasionale.

esempio È procacciatore di affari lo studente che, senza alcun impegno di continuità e di stabilità, si impegna con il titolare di una discoteca a promuovere la vendita di biglietti del locale, ricevendone in cambio un vantaggio economico per ogni biglietto venduto.

Un aspetto determinante del contratto di agenzia è il **diritto di esclusiva**, che costituisce un vantaggio per entrambe le parti; infatti in base a tale principio il preponente non può valersi contemporaneamente di più agenti nella stessa zona e per lo stesso ramo di attività, né l'agente può assumere l'incarico di trattare nella stessa zona e per lo stesso ramo gli affari di più imprese in concorrenza tra loro (art. 1743 c.c.). Il diritto di esclusiva viene comunque ritenuto non essenziale; pertanto le parti possono derogarvi con patto espresso. Inoltre, se il preponente, tradendo il patto di esclusiva, vendesse direttamente i propri beni senza avvalersi dell'agente, questi avrebbe ugualmente diritto alla provvigione sui contratti conclusi, salvo non sia diversamente concordato tra le parti.

esempio All'agente Giovanni è stato riconosciuto diritto di esclusiva per la Regione Lombardia. Pertanto egli non potrà promuovere contratti in Regioni diverse da quella, né l'impresa preponente potrà affidare ad altri agenti l'incarico nella stessa zona. Anche Giovanni ha riconosciuto all'impresa preponente un diritto di esclusiva: egli infatti non potrà stipulare contratti di agenzia con altre imprese concorrenti del preponente.

L'agente non è un lavoratore dipendente, in quanto collabora con il preponente senza esserne gerarchicamente subordinato, svolgendo in autonomia l'attività con una propria organizzazione, a suo rischio e a sue spese, infatti egli non riceve una retribuzione per l'attività svolta, ma soltanto una provvigione per gli affari conclusi. È quindi imprenditore commerciale egli stesso, svolgente un'attività ausiliaria dell'impresa preponente (art. 2195, n. 5 c.c.).

esempio Giovanni ha un proprio ufficio a Milano, con una segreteria. Egli organizza le giornate di lavoro in modo autonomo e utilizza la propria auto per gli spostamenti. Ovviamente nel definire la propria agenda egli dovrà accordarsi con il preponente, ma questi non ha alcun potere direttivo o vincolante su di lui. D'altra parte il compenso di Giovanni non è scontato, ma dipende dalla sua capacità di promuovere affari.

L'inquadramento del rapporto di agenzia all'interno della categoria del lavoro autonomo presenta qualche difficoltà per la presenza di alcuni caratteri, quali la necessità di coordinazione dell'attività dell'agente con le direttive del preponente e la stabilità del rapporto, che richiamano elementi tipici del lavoro subordinato. Pertanto, questa particolare forma di lavoro autonomo viene inquadrata in dottrina e in giurisprudenza in una categoria intermedia alle due principali del lavoro autonomo e subordinato, definita **lavoro parasubordinato**.

La principale **obbligazione dell'agente** è quella di adempiere, con diligenza media, l'incarico affidatogli in conformità delle istruzioni ricevute. Il preponente può intervenire parzialmente nell'attività di agenzia, ma senza compromettere l'autonomia dell'agente.
Se è espressamente autorizzato, egli ha facoltà di riscuotere i crediti del preponente e anche di concedere sconti o dilazioni (art. 1744 c.c.).

La principale obbligazione del preponente è il **pagamento della provvigione**, che viene calcolata di solito in termini percentuali sul valore dell'affare.
L'agente ha diritto alla provvigione solo per gli affari che hanno avuto **regolare esecuzione**. Quindi non è sufficiente che il contratto sia concluso, occorre anche che esso sia andato a buon fine, cioè che il preponente ne riceva un'utilità.
Il rischio della mancata esecuzione è dunque a carico dell'agente.

È vietato (salvo rarissime eccezioni e in presenza di particolari condizioni) il patto che ponga a carico dell'agente una responsabilità anche parziale per l'inadempimento del terzo (cosiddetto star del credere).

esempio Sarebbe quindi vietato il patto in base al quale l'agente risponderebbe dell'inadempimento del cliente da lui procurato. Eccezionalmente un simile patto è consentito ma solo per singoli affari ed entro i limiti del valore della provvigione spettante all'agente. Così se il cliente non pagasse la fornitura di merce per 100.000 euro sulla quale l'agente ha percepito una provvigione di 15.000 euro, il patto di garanzia consentito obbligherebbe l'agente a pagare 15.000 euro al preponente e non 100.000.

Il preponente ha l'**obbligo di informare** l'agente riguardo la situazione economica e finanziaria dell'azienda preponente, dell'esito degli affari procurati e delle provvigioni maturate, nonché fornirgli tutte le notizie sui servizi e i prodotti offerti dall'impresa. Il preponente, infine, ha l'obbligo di consegnare periodicamente all'agente un estratto conto delle provvigioni dovute (art. 1749 c.c.).

Il contratto di agenzia può essere a tempo determinato o indeterminato.
Nel primo caso il contratto si scioglie alla scadenza del termine e non è consentito alle parti di recedere; se continua a essere eseguito successivamente alla scadenza si trasforma in contratto a tempo indeterminato (art. 1750 c.c.).
Normalmente il contratto di agenzia è **a tempo indeterminato**. A ciascuna delle parti è consentito in questo caso **recedere** dando preavviso all'altra entro un termine stabilito.
Per riequilibrare gli interessi ed evitare particolari posizioni di vantaggio, il codice civile prevede due distinti istituti: il patto di non concorrenza e l'indennità di clientela.

Il **patto di non concorrenza** limita la concorrenza dell'agente, per l'esercizio di un'attività per proprio conto o per conto di un terzo, dopo lo scioglimento del contratto.

Tale patto richiede la forma scritta e deve riguardare la medesima zona, clientela e genere di beni o servizi per i quali era stato concluso il contratto di agenzia; la sua durata non può eccedere i due anni successivi all'estinzione del contratto (art. 1751 *bis* c.c.).

All'atto della cessazione del rapporto il preponente è tenuto a corrispondere all'agente un'indennità (cosiddetta **indennità di clientela**), qualora ricorrano entrambe le seguenti condizioni (art. 1751 c.c.):

- l'agente abbia procurato nuovi clienti al preponente o abbia sensibilmente sviluppato gli affari con i clienti esistenti e il preponente riceva ancora sostanziali vantaggi derivanti dagli affari con tali clienti;
- il pagamento di tale indennità sia equo, tenuto conto delle circostanze del caso, in particolare delle provvigioni che l'agente perde in relazione all'incremento di affari da lui promosso.

2. La mediazione

Il codice civile, eccezionalmente, non definisce il contratto di mediazione ma la figura del mediatore.

È **mediatore** colui che mette in relazione due o più parti per la conclusione di un affare, senza essere legato ad alcuna di esse da rapporti di collaborazione, di dipendenza o di rappresentanza [art. 1754 c.c.].

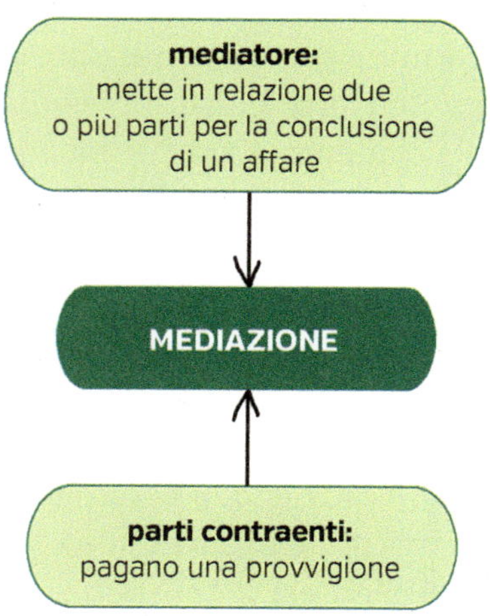

La mediazione consiste in un'**attività materiale**, non giuridica, rivolta a favorire l'incontro di due o più parti in vista della conclusione di una qualunque operazione avente contenuto economico (cosiddetto affare, di solito un contratto). Per l'opera svolta, ad affare concluso, il mediatore ha diritto a un compenso (provvigione), che solitamente è a carico di entrambe le parti del contratto.

La posizione del mediatore rispetto alle parti contraenti deve essere di assoluta **imparzialità e indipendenza**: si tratta di un requisito ritenuto essenziale per l'individuazione della fattispecie di mediazione. Il mediatore deve quindi agire nell'interesse di entrambe le parti e a esse non deve essere legato da rapporti diversi da quello di mediazione stessa.

esempio Laura ha deciso di vendere la propria abitazione per acquistarne una più grande. Ha quindi bisogno di trovare un acquirente per il proprio appartamento e un venditore per la nuova abitazione. Si rivolge, a tale scopo, a un mediatore [agenzia immobiliare] a cui affida tale incarico. L'agenzia conduce Laura a visitare varie abitazioni in vendita di altri propri clienti e, nello stesso tempo, fa visitare l'appartamento di Laura ai possibili acquirenti. Qualora Laura, grazie all'intermediazione dell'agenzia, dovesse riuscire a vendere e/o acquistare, all'agenzia spetterebbero compensi in denaro commisurati al valore dei beni venduti.

È possibile, a questo punto, delineare le principali differenze tra la mediazione e figure contrattuali affini.

Il mediatore non ha l'obbligo di svolgere l'attività di intermediazione per la quale ha ricevuto l'incarico. Il suo è piuttosto un onere a cui deve adempiere per avere diritto alla provvigione. Nell'adempimento dell'incarico egli deve comunque attenersi alle generali regole di correttezza e diligenza (artt. 1175 e 1176 c.c.).

È inoltre soggetto a **obblighi particolari**, quali:

- **comunicare** alle parti le circostanze a lui note, relative alla valutazione e alla sicurezza dell'affare, che possono influire sulla conclusione di esso (art. 1759, c. 1 c.c.);

esempio È ritenuto responsabile il mediatore che fornisce false informazioni sulla solvibilità di una delle parti quando tali informazioni sono state determinanti per indurre l'altra parte alla conclusione del contratto.

- **garantire l'autenticità della sottoscrizione** delle scritture e dell'ultima girata dei titoli trasmessi per il suo tramite (art. 1759, c. 2 c.c.).

LE FIGURE AFFINI ALLA MEDIAZIONE

La mediazione si distingue da...	... perché...
Mandato	Il mandatario è obbligato allo svolgimento di una attività giuridica nell'interesse (per conto) del mandante; al contrario, il mediatore non è obbligato a mettere in relazione le parti, ma ne ha soltanto l'onere per acquisire il diritto alla provvigione, svolge un'attività materiale nell'interesse di entrambe le parti
Agenzia	L'agente, pur essendo, come il mediatore, un lavoratore autonomo, è legato al preponente da un rapporto stabile di collaborazione
Procacciatore di affari	Al pari dell'agente, non svolge un'attività imparziale, ma collabora, sebbene occasionalmente, con la impresa preponente verso la quale soltanto (e non verso entrambe le parti contraenti) matura il diritto alla provvigione nel caso di conclusione dell'affare
Broker assicurativo	Il broker è un mediatore che non si limita a mettere in relazione il cliente e l'impresa di assicurazione, in posizione di indipendenza e imparzialità rispetto alle parti, ma svolge anche funzioni di consulenza e assistenza a favore dei soggetti assicurati, eventualmente collaborando alla gestione ed esecuzione dei contratti stipulati; questo contenuto complesso fa del brokeraggio un contratto atipico

Il mediatore ha diritto alla **provvigione** (da entrambe le parti oltre al rimborso delle spese) se l'affare è concluso per effetto del suo intervento (art. 1755 c.c.). Se l'affare è concluso per l'intervento di più mediatori, ciascuno di essi ha diritto a una quota della provvigione (art. 1758 c.c.). La nascita di questo diritto di credito dipende dunque dalla conclusione dell'affare, cioè con la nascita tra le parti di un vincolo giuridico che consenta a ciascuna di esse di agire per l'esecuzione. Siccome il mediatore è soggetto all'iscrizione in un apposito ruolo del Registro delle imprese, il diritto alla provvigione spetta soltanto al mediatore validamente iscritto.

esempio La stipula di un contratto preliminare (che vincola le parti a concludere nel futuro il contratto definitivo che corrisponde ai loro interessi) è di per sé sufficiente a integrare la nozione di affare concluso. Pertanto il mediatore avrà diritto alla provvigione al momento della stipula del preliminare anche se a esso non faccia seguito il contratto definitivo.

Il diritto alla provvigione da parte del mediatore sussiste solo se la conclusione dell'affare è stata determinata dal suo contributo; deve esserci cioè un **nesso di causalità** tra il suo intervento e la conclusione dell'affare. Tale diritto sussiste anche se l'attività del mediatore non è stata l'esclusiva ragione del buon esisto della causa, ma soltanto che ne sia stata una condizione essenziale.

esempio Ha diritto alla provvigione anche il mediatore che si è limitato a segnalare a una parte l'esistenza dell'altra fornendo indicazioni necessarie per una sua facile identificazione.

Il mediatore non è tenuto a rispondere dell'**esecuzione del contratto** concluso mediante il suo intervento. Una conferma di tale principio è fornita dall'art. 1763 del codice civile secondo il quale il mediatore può (non deve) prestare fideiussione per una delle parti. Tale regola generale subisce tuttavia una eccezione quando egli non riveli a una parte il nome dell'altra. In questo caso egli risponde dell'esecuzione del contratto nei confronti della parte a cui ha taciuto il nominativo. Una volta eseguito il contratto, subentra nei diritti verso il contraente non nominato (art. 1762 c.c.).

Il mediatore può essere incaricato da una delle parti di rappresentarla negli atti relativi all'esecuzione del contratto concluso con il suo intervento (art. 1761 c.c.). Ciò non rappresenta una violazione del dovere di imparzialità, perché tale dovere non si estende alla fase successiva della conclusione dell'affare.

Il mediatore è una figura che mette in relazione due o più parti per la conclusione di un affare, pur non essendo legato ad alcuna di esse da rapporti di collaborazione

A. VERO/FALSO

Indica se le seguenti affermazioni sono vere o false

1. L'agente per la Toscana di un'impresa produttrice di pneumatici:
   a. può trattare gli affari di una impresa concorrente in Sicilia Ⓥ Ⓕ
   b. può trattare gli affari di una impresa dolciaria in Toscana Ⓥ Ⓕ
   c. non può svolgere in nessun'altra zona la propria attività per qualunque altra impresa produttrice di pneumatici Ⓥ Ⓕ
   d. non può trattare gli affari di una impresa di pneumatici concorrente in Toscana Ⓥ Ⓕ
   e. può trattare gli affari di una impresa di pneumatici concorrente in Toscana se ciò è previsto nel contratto di agenzia Ⓥ Ⓕ
2. Il mediatore ha l'obbligo:
   a. di svolgere l'attività di intermediazione per la quale ha ricevuto l'incarico Ⓥ Ⓕ
   b. di comunicare alle parti le notizie che possono influire sulla conclusione dell'affare Ⓥ Ⓕ
   c. di rappresentare le parti nell'esecuzione del contratto Ⓥ Ⓕ
   d. di garantire l'esecuzione del contratto Ⓥ Ⓕ
   e. di comportarsi secondo buona fede nell'adempimento dell'incarico Ⓥ Ⓕ

B. CACCIA ALL'ERRORE

Sottolinea gli errori e riscrivi le frasi corrette

1. Il mediatore ha l'obbligo di compiere l'attività di intermediazione tra le parti contraenti.

   ....

   ....

2. Alla fine del rapporto di agenzia l'agente, qualora ricorrano determinate condizioni, è creditore nei confronti del preponente di una provvigione di clientela commisurata all'aumento della clientela determinato dalla sua opera.

   ....

   ....

3. Una differenza tra mediazione e mandato è che la prima ha a oggetto un'attività giuridica e non un'attività materiale.

   ....

   ....

4. Solo nel caso in cui l'agente non riveli a una parte il nome dell'altra risponderà dell'esecuzione del contratto nei confronti della parte a cui ha taciuto il nominativo.

   ....

   ....

   ....

C. COMPLETA LA TABELLA

Completa lo schema scrivendo "sì" o "no" nelle caselle

	Obbligo di promuovere affari a favore del preponente	Stabilità dell'incarico	Obbligo di compiere l'attività prevista	Imparzialità rispetto ai contraenti	Diritto alla provvigione verso il solo preponente	Diritto alla provvigione verso entrambe le parti	Può essere con potere di rappresentanza
Agenzia							
Mediazione							

D. IL CASO

Leggi il caso e rispondi alle domande

Parlando con un amico dentista, Mario manifesta il desiderio di acquistare una casa in una determinata località balneare. L'amico, due giorni dopo, presenta a Mario il proprietario di una casa nella località desiderata, il quale è intenzionato a venderla. Un mese dopo viene stipulato tra le parti un contratto preliminare di vendita della casa a favore di Mario.

1. Perché il rapporto tra Mario e il suo amico non può essere qualificato un contratto di agenzia?
2. Che tipo di rapporto giuridico potrebbe essere sorto tra Mario e il suo amico?
3. Al fine del diritto alla provvigione l'affare può dirsi concluso?
4. Può pretendere la provvigione l'amico di Mario?
5. In caso affermativo, da chi potrebbe pretenderla?

Lezione **4**

Il contratto di assicurazione

1. La funzione del contratto di assicurazione

L'assicurazione è un istituto di grande diffusione e di notevole importanza sociale in quanto rappresenta una modalità per cautelarsi contro i possibili rischi che minacciano la persona e i suoi beni.
Il sistema su cui si basa prevede che l'assicuratore, in cambio di una periodica somma di denaro, detta **premio**, si impegni a pagare, al posto del contraente, gli eventuali danni che derivano dal verificarsi di un determinato evento.

esempio Se voglio proteggere la mia abitazione da incendi, furti e danni vari, stipulo un'assicurazione sulla casa [polizza globale fabbricati], così che, nel caso l'evento temuto si verifichi, come, la rottura di un tubo dell'acqua che danneggia il mio appartamento e quello del piano sottostante, non sarò io a pagare i danni del mio e dell'altrui appartamento, ma l'assicuratore.

Ricorrere a un'assicurazione presenta vantaggi sia per le parti contraenti sia per i soggetti danneggiati. All'assicuratore viene garantito il profitto grazie a precisi calcoli matematici (seguendo le leggi della statistica e altri indicatori), in base ai quali rapporterà il premio con le probabilità del verificarsi dell'evento assicurato e con gli importi massimi che si impegna a pagare (massimali). In questo modo il totale degli esborsi risulterà inferiore alla somma dei premi incassati. L'altro contraente avrà il vantaggio di trasferire il rischio, evitando di pagare ingenti somme nell'eventualità che si verifichi l'evento avverso; il danneggiato, infine, potrà contare su un effettivo e completo risarcimento del danno, in quanto l'impresa assicuratrice presenta un grado di solvibilità (capacità di pagare) evidentemente maggiore di quella offerta dal singolo.
Proprio per questi suoi innegabili vantaggi in taluni casi l'assicurazione è imposta dalla legge a copertura di determinati rischi di maggiore rilevanza sociale.

esempio Per circolare con un veicolo è necessario stipulare una polizza assicurativa che copra i danni che, con la circolazione, il veicolo può provocare ad altri soggetti. In tal modo si garantisce un risarcimento al danneggiato.

L'**assicurazione** è il contratto con il quale l'assicuratore, verso il pagamento di un premio, si obbliga a risarcire l'assicurato, entro i limiti convenuti, del danno a esso prodotto da un sinistro, ovvero a pagare un capitale o una rendita al verificarsi di un evento attinente alla vita umana [art. 1882 c.c.].

Sono previsti due diversi tipi di assicurazione:

- l'**assicurazione contro i danni**, che trasferisce all'assicuratore il rischio connesso a danni subiti da cose o diritti patrimoniali dell'assicurato a tutela del suo patrimonio complessivo (per esempio, furti, incendi, allagamenti, errori professionali commessi dal libero professionista, danni da sinistri automobilistici ecc.);
- l'**assicurazione sulla vita**, in cui l'assicuratore si obbliga a pagare (all'assicurato o a un terzo beneficiario) un capitale o una rendita periodica al verificarsi di un evento attinente alla vita umana (in caso di morte dell'assicurato, o di sopravvivenza dell'assicurato a una determinata scadenza, ovvero in caso di sopravvivenza dell'assicurato alla scadenza stabilita o alla sua morte se si verifica prima).

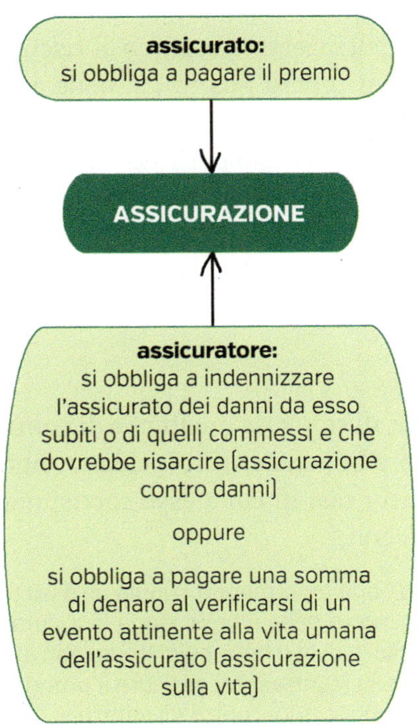

2. I soggetti del rapporto assicurativo

I soggetti coinvolti nel rapporto assicurativo possono non coincidere con quelli che hanno stipulato il relativo contratto. Talvolta il rapporto che si instaura coinvolge, a vario titolo, soggetti diversi che possono essere:

- l'**assicuratore**, il soggetto che esercita l'impresa di assicurazione. Assicuratore può essere soltanto un **imprenditore qualificato**, ossia in possesso dei requisiti richiesti dalla legge ed espressamente autorizzato all'esercizio dell'attività assicurativa. Può svolgere tale attività: un istituto di diritto pubblico (come per esempio l'Inps o l'Inail), una società di mutua assicurazione o una società privata con la forma della s.p.a. L'impresa di assicurazione è sottoposta alla vigilanza di un'apposita autorità, l'Ivass (Istituto per la vigilanza sulle assicurazioni), la quale ha anche il compito di rilasciare la necessaria autorizzazione e di controllare che l'impresa rispetti la disciplina prevista dalla legge per le assicurazioni;

- l'**altro contraente**, colui che stipula il contratto di assicurazione (sia che agisca in nome e per conto proprio, sia che agisca in nome e/o per conto altrui) e che assume l'obbligo di pagare il premio;

- l'**assicurato**, il portatore del rischio, ossia il titolare dell'interesse esposto al rischio, nelle assicurazioni contro i danni, e, nelle assicurazioni sulla vita, la persona dalla cui vita o sopravvivenza discende l'obbligo per l'assicuratore di eseguire la prestazione;

- il **beneficiario**, il soggetto a cui deve essere pagata l'indennità qualora si verifichi l'evento assicurato.

Sebbene, di solito, le qualifiche di contraente, assicurato e beneficiario coincidano, non sono infrequenti i casi in cui a esse corrispondono soggetti diversi.

esempio Carlo (contraente) stipula un'assicurazione per il caso di morte della moglie Maria (assicurato) a favore di se stesso, o di suo figlio Luigi (terzo non assicurato); o, ancora, Carlo (contraente) assicura il proprio figlio (assicurato e beneficiario) contro gli infortuni.

3. Elementi e caratteristiche del contratto di assicurazione

Il contratto di assicurazione è un contratto **consensuale a effetti obbligatori**.

Anche quando la proposta provenga dal contraente, la volontà contrattuale è riportata su appositi moduli che riproducono le principali clausole del futuro contratto e vengono completati dal contraente con l'elenco di tutti i dati necessari al fine di determinare l'entità del rischio di cui si chiede la copertura. Si tratta quindi di un **contratto per adesione**, perché al contraente non resta che accettare o respingere il regolamento contrattuale predisposto dall'assicuratore, senza poterne, di regola, modificare il contenuto. Si applicano di conseguenza le norme dettate dal codice civile per questo tipo contrattuale a tutela del contraente ritenuto debole (artt. 1341 e 1342 c.c.).

esempio Mario si è recato in una agenzia assicurativa per stipulare una polizza sulla propria vita a favore dei figli. L'agente assicurativo, dopo avergli illustrato le condizioni generali del contratto, gli fa firmare una proposta di polizza. La proposta conterrà indicazioni sullo stato di salute di Mario perché esse risultano rilevanti al fine di determinare l'entità del rischio per l'assicurazione. Quindi la compagnia assicurativa si riserva di valutare la proposta e, in caso di esito positivo, presenta a Mario per la firma la polizza vera e propria. Mario dovrà apporre sulla polizza numerose firme, tra cui quelle di consenso al trattamento dati per la tutela della privacy e quelle di approvazione espressa di clausole vessatorie. La copia del contratto e il fascicolo contenente le condizioni generali del contratto vengono quindi consegnati a Mario, il quale nel frattempo avrà provveduto a pagare la prima rata del premio.

Il contratto di assicurazione è un contratto **non solenne**.

La forma scritta è necessaria soltanto per poter provare in giudizio l'esistenza del rapporto contrattuale (forma *ad probationem*, art. 1888, c. 1 c.c.). A tale scopo l'assicuratore è obbligato a rilasciare al contraente la **polizza di assicurazione**, ossia il documento contrattuale scritto.

Il contratto di assicurazione è un contratto **oneroso** e a prestazioni corrispettive.

Ciascuno dei contraenti mira a procurarsi un vantaggio economico. La relazione di reciprocità tra le prestazioni delle parti è data dal fatto che il contraente è obbligato a pagare il **premio**, fin dalla conclusione del contratto, l'assicuratore è invece tenuto a eseguire la propria prestazione (pagare l'indennità o il capitale o la rendita) soltanto al verificarsi di un dato evento che può non verificarsi mai. Per tale motivo si ritiene che le prestazioni legate dal nesso di reciprocità siano, da parte del contraente, la promessa dell'obbligo di pagare il premio e, dal lato dell'assicuratore, la promessa di eseguire la prestazione al verificarsi dell'evento. Il premio è il corrispettivo dovuto all'assicuratore.

Il contratto di assicurazione è un contratto **aleatorio**. Al momento della conclusione del contratto le parti non possono prevedere se l'evento si verificherà o meno. Il **rischio** è la probabilità che si verifichi l'evento (sinistro, infortunio, morte, sopravvivenza alla scadenza ecc.) cui è collegata la prestazione dell'assicuratore; esso rappresenta un elemento essenziale del contratto di assicurazione e, in quanto tale, deve sussistere al momento della conclusione del contratto e per tutta la durata del rapporto assicurativo. Il contratto è nullo se il rischio non è mai esistito o ha cessato di esistere prima della conclusione del contratto (art. 1895 c.c.).

Tuttavia il rischio per l'assicuratore è limitato dalla previsione di un limite massimo alla prestazione cui l'assicurazione si è obbligata. Questo limite massimo è detto **massimale**. Più alto è il massimale più elevato sarà il premio.

e sempio Luca ha stipulato una polizza sulla propria auto con un massimale di 30 milioni di euro. Qualunque siano i danni che potrà provocare con la circolazione dell'auto, l'assicuratore non indennizzerà danni oltre quella somma. **e**

Le maggiori o minori probabilità che l'evento si verifichi sono, inoltre, un aspetto importante nella **determinazione del premio** il cui ammontare è direttamente proporzionale all'entità del rischio. Pertanto eventuali aggravamenti o diminuzioni del rischio nel corso del rapporto comportano la necessità di rettificare il premio originariamente concordato.

e sempio Se installo un sofisticato impianto di allarme sul mio appartamento il rischio di furti per il quale sono assicurato diminuisce. Se, al contrario, comincio ad adibire il mio appartamento come deposito di gemme preziose, il rischio di furti crescerà notevolmente. **e**

Il carattere aleatorio dipende anche dal momento in cui l'evento si verifica e dalla previsione di eventuali franchigie. La **franchigia** è una soglia del danno al di sotto della quale l'assicuratore non è tenuto a eseguire prestazione. Evidentemente tanto più alta è la soglia di franchigia tanto minore è il rischio per l'assicuratore e di conseguenza più bassa sarà l'entità del premio.

e sempio Giacomo ha stipulato un contratto di assicurazione sulla propria auto contro il furto e gli atti vandalici, convenendo un massimale di 10.000 euro e una franchigia di 5000 euro. Il premio è pattuito in 200 euro annuali. Qualora rubassero l'auto del valore di 20.000 euro, l'assicuratore sarebbe tenuto a indennizzare Giacomo soltanto fino a un massimo di 10.000 euro. Qualora invece l'auto subisse danni da atti vandalici per una somma inferiore a 5000 euro, Giacomo non avrebbe alcun diritto all'indennizzo, mentre se il danno superasse la soglia avrebbe diritto soltanto alla parte di danno eccedente. Quindi in caso di 6000 euro di danni l'assicuratore sarebbe tenuto a pagare soltanto 1000 euro a Giacomo. **e**

Il contratto di assicurazione è un contratto **di durata**. Il termine iniziale è fissato, se non diversamente stabilito, alle ore ventiquattro del giorno della conclusione del contratto, quello finale alle ore ventiquattro del giorno di scadenza. Se la durata è poliennale, l'assicurato può recedere annualmente senza oneri e con un preavviso di sessanta giorni. È inoltre possibile la rinnovazione tacita del contratto, ma ciascuna proroga non può avere una durata superiore a due anni.
Queste regole sulla durata, tuttavia, non si applicano alle assicurazioni sulla vita per le quali si seguono regole particolari (art. 1899 c.c.).

L'assicuratore deve rilasciare al contraente la polizza d'assicurazione, cioè il documento scritto che contiene tutti i dettagli del contratto di assicurazione

A. VERO/FALSO

Indica se le seguenti affermazioni sono vere o false

1. L'impresa assicurativa:
- **a.** deve essere autorizzata dall'Ivass Ⓥ Ⓕ
- **b.** può essere individuale Ⓥ Ⓕ
- **c.** deve rivestire la forma giuridica della s.p.a. Ⓥ Ⓕ
- **d.** può rivestire la forma giuridica di società di persone Ⓥ Ⓕ
- **e.** può essere un ente pubblico Ⓥ Ⓕ

2. Il contratto di assicurazione:
- **a.** è sempre facoltativo Ⓥ Ⓕ
- **b.** protegge dal rischio del verificarsi di eventi futuri dannosi Ⓥ Ⓕ
- **c.** può essere contro danni e sulla vita Ⓥ Ⓕ
- **d.** può essere stipulato tra soggetti non imprenditori Ⓥ Ⓕ
- **e.** prevede una prestazione che è sempre a favore del contraente Ⓥ Ⓕ

B. CACCIA ALL'ERRORE

Sottolinea gli errori e riscrivi le frasi corrette

1. L'assicurazione contro danni è il contratto mediante il quale l'assicuratore, verso pagamento di un'indennità, si obbliga verso l'altro contraente a risarcire il danno a esso prodotto da un determinato sinistro.

....

2. Il contratto di assicurazione è un contratto non solenne, perché l'entità del sacrificio che le parti dovranno sopportare dipende dal verificarsi dell'evento previsto.

....

3. Se il contratto di assicurazione ha durata poliennale, il contraente può recedere annualmente senza oneri e con un preavviso di trenta giorni. È possibile la rinnovazione tacita del contratto, ma ciascuna proroga non può avere una durata superiore a due anni. Una disciplina diversa è prevista per le assicurazioni sulla vita.

....

4. Può svolgere attività assicurativa un istituto di diritto pubblico, una società di mutua assicurazione o una società privata con la forma della s.r.l.

....

C. COMPLETA LA TABELLA

Inserisci i termini mancanti

Termine che indica:	
il contratto assicurativo	
il soggetto che si obbliga nei confronti dell'assicuratore	
colui che riceverà le prestazioni dell'assicurazione	
il soggetto portatore del rischio	
il corrispettivo dovuto all'assicuratore	
il limite entro il quale l'assicuratore è tenuto alla prestazione	
evento che nell'assicurazione per danni determina il sorgere dell'obbligo per l'assicuratore di eseguire la prestazione	
probabilità che si verifichi l'evento assicurato	
soglia che limita l'obbligo dell'assicuratore alla prestazione	
autorità di controllo sulle assicurazioni	

D. APPLICA LE CONOSCENZE

Completa la tabella individuando i soggetti del contratto di assicurazione nei casi proposti

Contratto	Assicuratore	Assicurato	Beneficiari/io	Altro contraente
Carlo ha stipulato con Le Generali una polizza sulla vita del padre Luigi; alla morte di questi i figli di Carlo riceveranno da Le Generali una somma di denaro				
Mario ha stipulato una polizza infortuni con l'Ina Assitalia; qualora dovesse infortunarsi sul lavoro, l'Ina gli riconoscerà una rendita giornaliera e il rimborso di tutte le spese				
Francesco ha stipulato con la UnipolSai una polizza sulla propria vita; in caso di morte la Sai pagherà alla moglie Rita la somma di 100.000 euro				

Lezione **5** I fondi pensione

I diversi tipi di assicurazione

1. I principali tipi di assicurazione

Esistono molteplici tipi di contratti di assicurazione, classificabili in base al rischio assicurato, ciascuno dei quali presenta particolarità di disciplina. Trattiamo le principali tipologie che sono riassunte nella tabella che segue, tenendo in considerazione che la classificazione potrebbe essere ulteriormente dettagliata in relazione al rischio specifico di volta in volta considerato (per esempio, l'assicurazione contro danni potrebbe essere distinta in danni da incendio, da furto, da atti vandalici ecc.).

La disciplina di questo tipo di contratto è contenuta, oltre che nel codice civile, anche in numerose leggi speciali, gran parte delle quali sono dirette a disciplinare l'attività delle imprese assicuratrici nell'intento di controllarne l'operato.

esempio Mario è un medico. Egli ha stipulato varie polizze assicurative, oltre a quella obbligatoria sull'auto. Ha una polizza sulla casa dove abita per i danni che potrebbero verificarsi in seguito a incendio, allagamenti, rotture di tubazioni idrauliche, caduta di parti di edificio ecc. Mario ha già usufruito delle prestazioni assicurative quando, in seguito a un forte colpo di vento, l'antenna posta sul tetto della sua casa volò via precipitando sopra il lucernario distruggendolo. In quell'occasione l'assicurazione pagò tutti i danni. Mario ha poi stipulato una polizza sulla responsabilità civile della famiglia. Grazie a essa l'assicuratore si è obbligato a pagare tutti i danni causati a terzi da Mario, da sua moglie, dai suoi figli minorenni e perfino dal cane. Anche di questa assicurazione Mario ha ricevuto le prestazioni: essa intervenne a risarcire i danni riportati da un ciclista fatto cadere dal cane di Mario. Mario ha anche stipulato una polizza per la responsabilità professionale contro i danni provocati ai pazienti da suoi errori professionali. Infine ha stipulato una polizza sulla vita, in base alla quale i suoi familiari beneficeranno di una grossa somma di denaro qualora lui dovesse morire prematuramente.

Un tipo di assicurazione contro danni è quello contro il rischio di incendio

I PRINCIPALI TIPI DI ASSICURAZIONE

Tipo di assicurazione	Rischio assicurato	Prestazione dell'assicuratore
Assicurazione contro danni	Danni subiti da cose o diritti patrimoniali dell'assicurato	Pagamento di una indennità
Assicurazione responsabilità civile	Danni derivanti da illeciti contrattuali ed extracontrattuali non dolosi commessi dall'assicurato	Pagamento di una indennità
Assicurazione sulla vita	Evento attinente alla vita umana (morte, sopravvivenza a una data scadenza, o entrambe le ipotesi)	Pagamento di un capitale o di una rendita
Assicurazione sugli infortuni	Infortuni che causano morte, invalidità permanente o inabilità temporanea	Pagamento di una indennità
Assicurazione obbligatoria	Rischi indicati dalla legge (per esempio, sinistri stradali provocati da veicoli a motore o da natanti)	Pagamento di una indennità
Assicurazione sociale	Rischi indicati dalla legge (infortuni, invalidità, anzianità, vecchiaia ecc.)	Prestazioni economiche (indennità, pensioni) e sanitarie
Riassicurazione	Rischi già assunti dall'assicuratore che si è riassicurato presso un'altra compagnia	Rimborso al soggetto riassicurato delle somme da questi versate

2. L'assicurazione contro danni

Il **contratto di assicurazione contro danni** trasferisce all'assicuratore il rischio connesso a danni subiti da cose o, più in generale, da diritti patrimoniali del contraente assicurato.

Sono molteplici le figure che rientrano in questo tipo di assicurazione e si distinguono in base al rischio, all'oggetto e all'interesse assicurato.

esempio Mario ha assicurato la propria auto oltre che per la responsabilità civile anche contro il furto e l'incendio pagando un premio di 1000 euro annui. Qualora si verificassero eventi quali incidenti stradali, furto dell'auto, incendio (sinistri), l'assicuratore lo indennizzerà dei danni.

Questo tipo di assicurazione si conforma a due principi fondamentali:

- il **principio dell'interesse all'indennità**. È necessario che l'assicurato abbia un interesse patrimoniale concreto all'indennità. L'art. 1904 del codice civile stabilisce infatti che il contratto «è **nullo** se, nel momento in cui l'assicurazione deve avere inizio, non esiste un interesse dell'assicurato al risarcimento del danno». Ciò che conta è che sussista una relazione giuridicamente rilevante tra la cosa e il soggetto assicurato e che questi abbia un concreto interesse patrimoniale (non morale, culturale, affettivo) alla sua conservazione;

esempio Sarebbe nulla l'assicurazione contro l'incendio di una cosa già perita (mancanza di interesse), o l'assicurazione su una lettera ricevuta dal genitore ormai defunto (interesse affettivo). L'interesse all'indennità costituisce infatti l'oggetto del contratto.

- il **principio indennitario**. L'assicuratore è tenuto a indennizzare soltanto il danno effettivamente sofferto dall'assicurato in conseguenza del sinistro (art. 1905 c.c.). Pertanto l'assicurato non può percepire una somma superiore al danno effettivamente subito. Il danno indennizzabile, poi, è normalmente soltanto quello emergente, mentre il lucro cessante (profitto sperato) è indennizzabile soltanto se l'assicuratore si è espressamente obbligato nella polizza (art. 1905, c. 2 c.c.).

esempio Il pescatore che ha assicurato la propria barca contro i danni, in caso di sinistro non avrà diritto all'indennità per quanto avrebbe potuto guadagnare nel periodo di forzata inattività (lucro cessante), a meno che ciò non fosse stato palesemente convenuto nella polizza.

Per la corretta applicazione del principio indennitario è necessario che alla cosa danneggiata sia attribuito il **giusto valore**. Pertanto l'art. 1908 del codice civile dispone che alle cose perite o danneggiate non si può attribuire un valore superiore a quello che avevano al tempo del sinistro.

esempio L'auto di Marco, vecchia di cinque anni, è stata completamente distrutta da un grosso camion a causa di un errore di manovra del conducente. L'assicurazione stipulata dall'autista del camion è tenuta a indennizzare Marco per un valore massimo equivalente non al valore dell'auto nuova ma a quello dell'auto usata di cinque anni.

Al verificarsi dell'evento assicurato, il contraente deve dare avviso del sinistro all'assicuratore entro tre giorni dal suo verificarsi o dal momento in cui ne ha avuto conoscenza in modo che l'assicurazione possa constatare immediatamente i danni e le cause del sinistro.
Il contraente è anche obbligato a fare quanto gli è possibile per evitare o diminuire il danno (cosiddetto **obbligo di salvataggio**, art. 1914 c.c.).

esempio In caso di incendio, l'assicurato dovrà, nei limiti di sicurezza, cercare di salvare dalle fiamme quanto possibile dei propri beni e non limitarsi ad assistere impassibilmente al consumarsi dell'evento.

L'assicurato che dolosamente non adempia all'obbligo di avviso e di salvataggio perde il diritto all'indennità. Se l'omissione è colposa (cioè, non intenzionale), l'assicuratore ha diritto di ridurre l'indennità in ragione del pregiudizio sofferto (art. 1915 c.c.).

esempio L'assicuratore non dovrà indennizzare le cose rimaste bruciate nell'incendio che il contraente avrebbe potuto facilmente salvare se non avesse preferito intenzionalmente lasciarle perire.

L'assicuratore che ha pagato l'indennità è **surrogato**, fino alla concorrenza dell'ammontare di essa, nei diritti dell'assicurato verso i terzi responsabili. Questo significa che l'assicuratore prende il posto dell'assicurato nel richiedere il risarcimento ai soggetti che hanno provocato il danno.

esempio Supponiamo che l'assicurazione abbia indennizzato l'assicurato per i danni causati dall'incendio all'edificio assicurato. Se, successivamente, si scopre l'autore dell'incendio, l'assicurazione, prendendo il posto dell'assicurato (cioè surrogandosi a esso), potrà agire nei suoi confronti per ottenere la restituzione di quanto pagato all'assicurato. Quest'ultimo potrà richiedere il risarcimento al piromane soltanto nel caso in cui l'indennità ricevuta non abbia coperto integralmente il danno subito e solo nei limiti della parte di danno residua.

3. L'assicurazione della responsabilità civile

Una particolare forma di assicurazione contro danni è l'assicurazione della responsabilità civile (r.c.).

L'**assicurazione della responsabilità civile** trasferisce all'assicuratore il rischio relativo alle conseguenze dell'illecito civile contrattuale ed extracontrattuale non doloso e lo obbliga a tenere indenne l'assicurato di quanto questi è tenuto a pagare al terzo a titolo di risarcimento.

L'assicurazione è finalizzata a **tutelare l'intero patrimonio** dell'assicurato e presenta indubbi vantaggi anche per il terzo danneggiato.

esempio Se, perdendo il controllo dell'auto, distruggo la vetrina di un negozio di vasi preziosi, con tutto il suo contenuto, sarò tenuto a risarcire gli ingentissimi danni causati al proprietario del negozio (responsabilità extracontrattuale, art. 2043 c.c.). Tuttavia non è detto che le mie possibilità economiche mi consentano di ripagare per intero il danneggiato. L'assicuratore, intervenendo al posto mio nell'indennizzare il danneggiato, garantisce il totale risarcimento con sicuro vantaggio per l'assicurato e per il danneggiato.

L'assicurazione non copre, ovviamente, i danni causati da **comportamenti dolosi**, anche perché una tale possibilità rischierebbe di fare aumentare gli illeciti.

Sebbene non esista alcun rapporto tra assicuratore e terzo danneggiato, l'assicuratore ha facoltà, previa comunicazione all'assicurato, di pagare direttamente al terzo danneggiato l'indennità dovuta ed è anzi obbligato a tale pagamento diretto se l'assicurato lo richiede (art. 1917, c. 2 c.c.).

L'assicurazione obbligatoria r.c. auto copre i danni non dolosi causati dalla circolazione delle automobili

CARATTERI DELL'ASSICURAZIONE DELLA RESPONSABILITÀ CIVILE

Interesse tutelato	Conservazione dell'integrità del patrimonio dell'assicurato. Il valore dell'interesse coincide con quello della cosa quando l'assicurazione è stipulata per danni a una cosa determinata (per esempio, assicurazione del conduttore per danni alla cosa locata), mentre nelle assicurazioni della r.c. generali esso è determinabile solo dopo il verificarsi dell'evento.
Rischio assicurato	Responsabilità civile contrattuale o extracontrattuale in cui l'assicurato può incorrere
Sinistro	Evento che determina il sorgere del debito di responsabilità civile. Esso non deve derivare da comportamento doloso dell'assicurato
Prestazione dell'assicuratore	Pagamento dell'indennità all'assicurato o direttamente al danneggiato

4. L'assicurazione obbligatoria r.c. auto

In presenza di situazioni particolarmente rischiose la legge ha previsto l'**obbligatorietà** dell'assicurazione civile, proprio perché questa svolge anche un'importante funzione sociale, consentendo ai soggetti rimasti vittime dell'illecito altrui di poter essere integralmente risarciti senza dovere sperare nella solvibilità del danneggiante.

Numerosi sono i casi di assicurazione obbligatoria (per esempio, in materia di navigazione aerea per il personale navigante e per conto dei passeggeri, per l'impiego di energia nucleare, per l'esercizio della caccia, per l'esercizio di alcune professioni intellettuali come quella dell'avvocato ecc.). La più diffusa è senz'altro quella della responsabilità civile derivante dalla **circolazione dei veicoli a motore e dei natanti**, resa obbligatoria dalla legge 24/12/1969, n. 990, più volte modificata e integrata.

L'assicurazione è **obbligatoria** nel senso che il soggetto che si trova nelle condizioni previste (per esempio, proprietario dell'autoveicolo) è obbligato a stipulare il relativo contratto assicurativo se non vuole incorrere in sanzioni penali. Essa riguarda **tutti i veicoli a motore** senza guida di rotaie (auto, ciclomotori, macchine agricole ecc.) e concerne la responsabilità civile regolata dall'art. 2054 del codice civile. Pertanto, la copertura assicurativa si estende a tutti i danni provocati a terzi dalla circolazione del veicolo, anche nel caso in cui questa sia avvenuta all'insaputa o contro la volontà del proprietario.

Sono invece esclusi dalla garanzia i danni riportati, per esempio, dal coniuge, dai parenti o affini sino al terzo grado e dagli affiliati conviventi o a carico dell'assicurato e dalle persone trasportate (a meno che il veicolo non fosse adibito a trasporto pubblico di persone).

Il danneggiato ha **azione diretta**, entro i limiti del massimale stabilito, nei confronti dell'assicuratore: può cioè chiedere direttamente a esso il risarcimento. Qualora l'assicurazione, trascorsi sessanta giorni dall'invio della raccomandata di richiesta del risarcimento, non provveda al pagamento, il danneggiato può iniziare una **causa giudiziaria** nei suoi confronti.

5. L'assicurazione sulla vita

Con l'**assicurazione sulla vita** l'assicuratore si obbliga a pagare, all'assicurato o a un terzo beneficiario, un capitale o una rendita periodica al verificarsi di un evento attinente alla vita umana (morte o sopravvivenza a una determinata scadenza).

In base all'evento cui si collega la prestazione assicurativa, si distinguono tre tipi diversi di assicurazione sulla vita:

- assicurazione per il **caso di morte**; l'assicuratore è tenuto a eseguire la prestazione al momento della morte del contraente o di un terzo;
- assicurazione per il **caso di vita**; l'obbligo per l'assicuratore sorge a una prestabilita scadenza qualora l'assicurato sia, a tale data, ancora in vita;
- assicurazione **mista**; la prestazione assicurativa è eseguita alla morte dell'assicurato o a una data stabilita se in tale momento l'assicurato è ancora in vita.

L'assicurazione sulla vita non ha natura indennitaria, come l'assicurazione contro i danni, ma **natura previdenziale**; l'assicurato, infatti, si garantisce la disponibilità di un capitale futuro, cautela se stesso e la propria famiglia contro i bisogni che sopraggiungono alla morte o con la vecchiaia. Questo tipo di assicurazione prevede che attraverso versamenti periodici venga accantonato un capitale da utilizzare al momento del bisogno.

Le assicurazioni sulla vita sempre più frequentemente vengono utilizzate dai risparmiatori come forma di investimento dei loro capitali. Le assicurazioni, infatti, tendono a investire i premi riscossi nell'acquisto di titoli di Stato o di azioni conseguendo quindi un rendimento che in parte viene attribuito all'assicurato.

Per tale ragione a questo tipo di assicurazione **non si applica il principio indennitario** e pertanto la misura dell'assicurazione è del tutto libera.
L'assicurazione può essere stipulata sulla vita di un terzo oppure a favore di un terzo.
Nel primo caso, se l'evento considerato è la morte dell'assicurato, l'assicurazione non è valida senza il consenso (da provarsi per iscritto) del terzo (art. 1919 c.c.).

esempio Mario si assicura per il caso che muoia sua moglie Anna. In tal caso Anna dovrà firmare la polizza.

L'assicurazione a favore del terzo, invece, viene stipulata per un fatto attinente alla propria vita, ma la prestazione assicurativa dovrà eseguirsi a favore di un terzo beneficiario.

esempio Mario stipula l'assicurazione per il caso della propria morte a favore dei propri figli, Gianni ed Elena.

6. L'assicurazione contro gli infortuni

Una particolare forma di assicurazione sulla persona è rappresentata dall'assicurazione contro gli infortuni, destinata a coprire i danni derivanti alla persona in conseguenza di infortuni che cagionino una invalidità permanente o una inabilità temporanea o la morte.

esempio Si pensi a un carpentiere che si assicuri contro gli infortuni nello svolgimento della propria attività; o anche alla casalinga che si assicuri contro gli incidenti domestici. Al verificarsi dell'evento tali soggetti, oltre a sopportare danni fisici (fino alla morte), subiscono danni economici consistenti nella perdita di guadagno per la forzata inattività, nelle spese sanitarie sostenute ecc. La polizza infortuni serve proprio a limitare o addirittura annullare i danni economici che derivano da un incidente. L'assicuratore pagherà infatti la somma concordata la cui entità dipende dal capitale assicurato, dalla gravità dell'infortunio subito e dalle eventuali conseguenze.

È bene precisare che il diritto alla prestazione si riferisce soltanto agli **infortuni** dovuti a causa fortuita, violenta ed esterna, che producono lesioni corporali constatabili e abbiano come conseguenza la morte, l'invalidità permanente (perdita definitiva totale o parziale della funzionalità di un arto o di un organo) o l'inabilità temporanea (perdita temporanea della funzionalità di un organo o di un arto). Per stabilire la gravità dell'invalidità e quindi l'entità dell'indennizzo, si ricorre a specifiche tabelle predisposte dall'assicuratore.

L'assicurazione infortuni privati si affianca a quella sociale assunta dallo Stato a favore di determinate categorie di lavoratori, e gestita da un particolare istituto assicurativo pubblico, l'**Inail** (Istituto nazionale per l'assicurazione contro gli infortuni sul lavoro).

7. Le assicurazioni sociali

L'Inail, al pari dell'**Inps**, Istituto nazionale della previdenza sociale, è una assicurazione sociale. Si tratta di istituti di diritto pubblico che si affiancano alle assicurazioni private, ma si distinguono da esse per una diversa struttura e disciplina giuridica. Esse hanno natura pubblicistica, in quanto obbligatorie e prevalentemente regolate da leggi speciali, e sono alla base del complesso sistema previdenziale grazie al quale lo Stato assicura i lavoratori dipendenti contro determinati rischi (morte, invalidità, anzianità, vecchiaia, infortuni e malattie professionali).

Le assicurazioni sociali, benché presentino forti analogie con le assicurazioni private, si caratterizzano per alcune sostanziali particolarità:

- la **fonte** del rapporto assicurativo non risiede nella volontà dei soggetti espressa nel contratto costitutivo, bensì in precise e inderogabili disposizioni di legge;
- i **soggetti** del rapporto sono normalmente tre: il lavoratore (assicurato), beneficiario delle prestazioni assicurative; il datore di lavoro (assicurante), obbligato al pagamento del premio assicurativo mediante il versamento di particolari contributi; l'assicuratore, costituito da un particolare ente pubblico previdenziale a cui è affidato il compito di erogare le prestazioni previdenziali. Tra i più importanti enti previdenziali vanno ricordati l'Inps e l'Inail;
- il **fine** del rapporto assicurativo non è privato ma pubblico;
- i **rischi** coperti sono prevalentemente costituiti da eventi il cui verificarsi determina nell'assicurato una diminuzione della capacità lavorativa (infortuni, malattia, inabilità, invalidità, vecchiaia) o di guadagno (disoccupazione involontaria, riduzione dell'orario di lavoro) o un aumento dei suoi bisogni (nascita dei figli);
- la mancanza di corrispettività tra **contributi assicurativi e prestazioni previdenziali**; mentre nel rapporto assicurativo privato il mancato pagamento del premio legittima la sospensione delle prestazioni da parte dell'assicuratore, nell'assicurazione sociale l'assicurato ha sempre diritto al trattamento previdenziale anche nel caso in cui il datore di lavoro non abbia versato i contributi (principio della automaticità delle prestazioni);
- l'**intervento contributivo dello Stato**; sebbene l'obbligo di pagare i contributi spetti prevalentemente ai datori di lavoro, sempre più di frequente si assiste a interventi statali di finanziamento contributivo volti, da un lato, a risanare i deficit degli enti previdenziali e, dall'altro, a far ricadere sullo Stato una parte degli oneri dei datori di lavoro (cosiddetta fiscalizzazione degli oneri sociali);
- le **prestazioni previdenziali** possono essere di tipo sanitario e di tipo economico (indennità, pensioni); mentre le prime fanno capo alle Ausl (Aziende unità sanitarie locali, articolazioni locali del Servizio sanitario nazionale), le seconde sono, nella maggior parte dei casi, a carico dell'Inps e dell'Inail.

A. VERO/FALSO

Indica se le seguenti affermazioni sono vere o false

1. Franco, in partenza per un viaggio negli Stati Uniti, ha stipulato una polizza assicurativa sanitaria per il periodo del viaggio a copertura delle spese per l'assistenza sanitaria di cui eventualmente potrebbe aver bisogno durante il viaggio. Al fine di contenere l'ammontare del premio ha accettato una franchigia piuttosto alta di 2000 euro. Di conseguenza:
   - **a.** si tratta di una assicurazione sulla vita Ⓥ Ⓕ
   - **b.** in caso di spese per 2500 euro Franco riceverà un indennizzo di 500 euro Ⓥ Ⓕ
   - **c.** si tratta di una assicurazione sulla responsabilità civile Ⓥ Ⓕ
   - **d.** Franco è il soggetto contraente e assicurato Ⓥ Ⓕ
   - **e.** il massimale è di 2000 euro Ⓥ Ⓕ
2. Nello stipulare un'assicurazione per il caso di morte del proprio padre, Tommaso ha commesso alcuni errori che hanno comportato l'invalidità del contratto. Infatti (segna V per gli errori):
   - **a.** non ha chiesto e ottenuto il consenso espresso del padre Ⓥ Ⓕ
   - **b.** si è dimenticato di specificare all'assicuratore la sua attuale professione Ⓥ Ⓕ
   - **c.** ha pattuito la prestazione assicurativa in misura esorbitante, infrangendo il principio indennitario Ⓥ Ⓕ
   - **d.** ha indicato come beneficiario un terzo Ⓥ Ⓕ
   - **e.** aveva precedentemente stipulato una polizza analoga con un altro assicuratore Ⓥ Ⓕ

B. CACCIA ALL'ERRORE

Sottolinea gli errori e riscrivi le frasi corrette

1. Nella assicurazione obbligatoria r.c. auto il danneggiato ha azione diretta nei confronti dell'assicurato.

2. Secondo il principio dell'interesse il contraente non può ricevere dalla assicurazione una prestazione superiore al danno effettivamente subito.

3. Nell'assicurazione contro danni l'assicuratore che ha pagato l'indennità è accettato, fino alla concorrenza dell'ammontare di essa, nei diritti dell'assicurato verso i terzi responsabili.

4. Il principio di automaticità delle prestazioni è tipico delle assicurazioni obbligatorie.

C. COMPLETA LO SCHEMA

Inserisci i termini mancanti

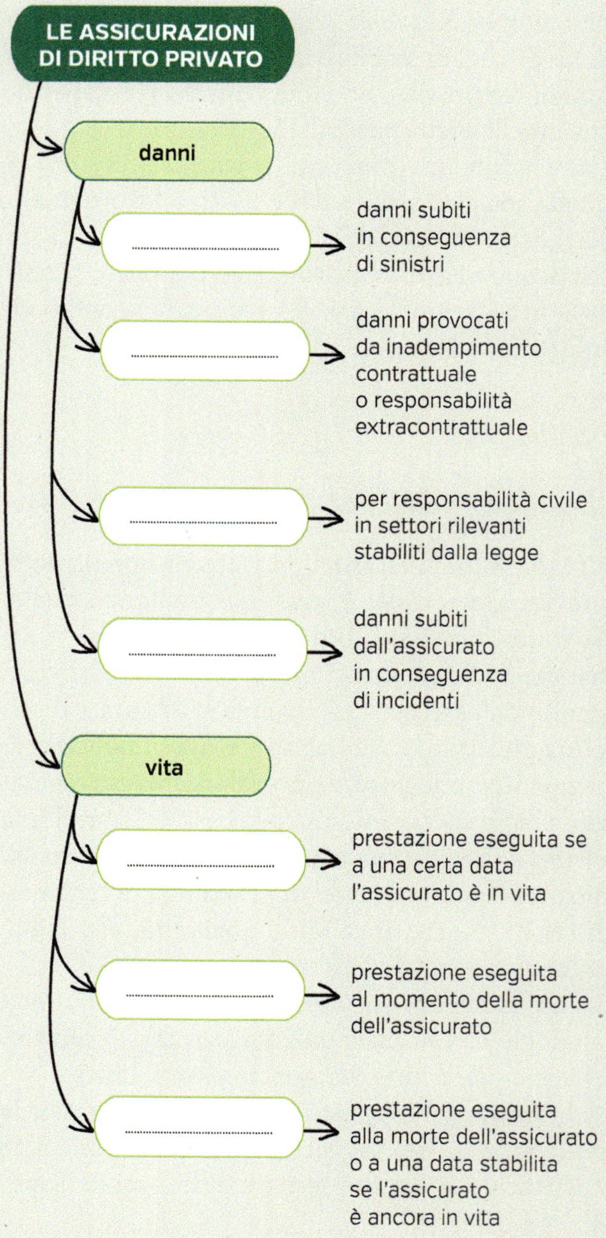

D. COMPLETA LA TABELLA

Segna con una o più crocette il tipo o i tipi di assicurazione cui appartengono i contratti indicati

Contratto	Danni	Responsabilità civile contrattuale ed extracontrattuale	Vita caso vita	Vita caso morte	Sociale	Infortuni	Obbligatoria
Assicurazione per i danni a terzi in conseguenza della circolazione di un veicolo							
Assicurazione di un avvocato per i danni provocati ai clienti da suoi errori professionali							
Assicurazione per i danni provocati a terzi dal cane di proprietà del contraente							
Assicurazione a copertura dei danni subiti dalla merce spedita al cliente							
Assicurazione dell'alunno avente a oggetto una rendita in caso di un incidente capitato a scuola che abbia causato un danno alle cose di sua proprietà o alla sua persona							
Assicurazione dell'alunno avente a oggetto l'indennizzo dei danni eventualmente causati a terzi durante l'orario scolastico							
Assicurazione del lavoratore subordinato per infortuni e malattie professionali							
Assicurazione del cellulare contro furti e rotture							
Assicurazione a favore dei figli per il caso che il contraente muoia entro una certa data							
Assicurazione in base alla quale viene riconosciuta una somma di denaro o una rendita in caso di sopravvivenza dell'assicurato a una certa data							
Assicurazione all'Inps dei lavoratori subordinati per prestazioni previdenziali							
Assicurazione su un edificio a copertura di sinistri che danneggiano il contraente assicurato o i terzi							
Assicurazione Kasko auto che copre il proprietario dai danni a terzi, al proprio veicolo, ai trasportati, il furto, l'incendio, i danni da atti vandalici, indipendentemente dalla responsabilità del contraente assicurato nel sinistro							

Lezione 6

Il leasing e il factoring

1. I contratti atipici

I **contratti tipici**, che sono quelli maggiormente diffusi nella pratica commerciale, possono essere considerati come astratti schemi regolamentari predisposti dal legislatore per disciplinare le più frequenti operazioni economiche dei privati.
Per tutelare però la libertà contrattuale e per venire incontro alle concrete e molteplici esigenze sentite dai privati, il nostro ordinamento riconosce agli stessi il potere di determinare autonomamente il contenuto del contratto (autonomia contrattuale, art. 1322 c.c.). Tale potere può esprimersi in due differenti modi:

- modificando il **contenuto del tipo legale**, ossia arricchendone o restringendone la portata in modo da adattarlo alle effettive esigenze. Questa possibilità è riconosciuta entro certi limiti; spesso, infatti, le norme di legge sono inderogabili, non possono cioè essere disattese o modificate dai contraenti;
- predisponendo **schemi contrattuali diversi** da quelli tipici (cosiddetti contratti atipici).

I **contratti atipici** sono particolarmente diffusi nei rapporti commerciali proprio perché suscettibili di cambiamenti. Il leasing, il factoring, i contratti di utilizzazione del computer, per limitarci ad alcuni esempi, sono tutte figure contrattuali che, nonostante la loro ampia diffusione, non trovano nell'ordinamento giuridico (codice civile o leggi speciali) una specifica e/o completa disciplina.
A essi si applicano le norme sul contratto in generale (art. 1323 c.c.) e, per il resto, si seguono le regole stabilite dalle parti nelle clausole contrattuali.
L'ammissibilità di tali contratti è tuttavia subordinata alla meritevolezza degli interessi realizzati (art. 1322, c. 2 c.c.); devono svolgere, cioè, una funzione che abbia una rilevanza sociale tale da meritare il riconoscimento e la tutela da parte dell'ordinamento giuridico. Qualora i contratti atipici perseguano interessi irrilevanti o poco significativi, non vincolano le parti in quanto non sono riconosciuti meritevoli di tutela.

esempio Si pensi alle prestazioni di cortesia, come il trasporto amichevole di persone (da non confondersi con quello gratuito). L'autostoppista riceve un passaggio per puro spirito di gentilezza, senza che ciò significhi instaurare un rapporto giuridico contrattuale con l'automobilista. Pertanto il trasportato, in caso di inadempimento dell'automobilista, che magari non lo conduce alla destinazione prevista, non potrà rivolgersi al giudice per ottenere il risarcimento.

Spesso i contratti atipici derivano dalla combinazione di due o più figure tipiche. Si parla in questo caso di **contratti misti**. Ai contratti misti si applica, ove possibile, la normativa del contratto tipico prevalente secondo valutazioni di tipo economico. Nel caso in cui gli elementi del contratto non prevalente siano incompatibili con la normativa del contratto prevalente, si applicheranno entrambe le normative.

esempio Mario vende un immobile alla società "Edil s.p.a." verso il corrispettivo costituito in parte dal pagamento di una somma di denaro e in parte dalla costruzione di una strada da parte dell'acquirente. Il contratto così concluso può definirsi misto in quanto combina i contratti tipici della vendita e dell'appalto.
Allo stesso modo può essere definito misto il contratto di albergo con il quale l'albergatore si obbliga a prestazioni molteplici ed eterogenee, quali la locazione dell'alloggio, la fornitura di servizi, il deposito.

MODI DI MANIFESTAZIONE DELLA LIBERTÀ CONTRATTUALE

Inserimento di clausole integrative o modificative in contratti tipici	I contraenti introducono clausole all'interno di un contratto tipico, modificando il contenuto previsto dalla legge. Questa possibilità è tuttavia limitata dalla presenza di norme inderogabili previste dal legislatore per non stravolgere il tipo contrattuale e le ragioni di tutela dei contraenti deboli o della collettività
Contratti atipici	Si tratta di schemi contrattuali non previsti dal legislatore, ma elaborati dalle parti. Questi contratti seguono le regole predisposte dai contraenti nelle clausole contrattuali oltre che le norme del codice civile sul contratto in generale
Contratti misti	Sono definiti così i contratti atipici che nascono dalla combinazione di due o più figure di contratti tipici. A essi si applica, ove possibile, la normativa del contratto prevalente

2. Il contratto di leasing

Uno dei più diffusi contratti di impresa è il leasing (dall'inglese *to lease*, dare in prestito).

Con il **contratto di leasing**, un soggetto (società di leasing, fornitore) concede a un altro (detto utilizzatore) il diritto di utilizzare un determinato bene in cambio del pagamento di un canone periodico, con facoltà, giunti alla scadenza stabilita, di acquistare il bene stesso, di restituirlo o di rinnovare il contratto magari con un altro bene.

A esso ricorrono soprattutto le imprese per procurarsi impianti, macchinari, strumenti produttivi in genere dal costo notevole o soggetti a una rapida obsolescenza tecnologica, evitando così l'esborso di ingenti capitali per l'acquisto, ma semplicemente versando una somma periodica per un certo tempo.

Anche i professionisti, oltre che gli imprenditori, fanno largo uso di questa forma contrattuale, ma anche gli stessi consumatori ricorrono al leasing per l'acquisto di beni di consumo durevoli, come le automobili.

Il leasing si è diffuso sotto due forme principali: il **leasing finanziario** (o locazione finanziaria) e il **leasing operativo**, che si differenziano sul piano della struttura e della disciplina.

Il leasing finanziario è la forma di contratto atipico più diffusa anche se predisposta successivamente al leasing operativo. È stata materia trattata dal legislatore in più occasioni e nel 2016 è iniziato un procedimento legislativo volto a regolamentarlo.

Il contratto si conclude nell'ambito di un'operazione trilaterale, che intercorre, cioè, fra tre parti: il **produttore** dei beni (o fornitore), l'**utilizzatore** e la **società di leasing** (o concedente), impresa per la quale la legge richiede obbligatoriamente la forma della società per azioni, oltre al possesso di altri requisiti volti a garantirne la trasparenza e la professionalità.

La società di leasing, disponendo di ingenti capitali, acquista dal fornitore il bene mobile o immobile e lo concede in godimento per un determinato periodo di tempo al richiedente il quale sarà tenuto al versamento periodico di un **canone**. L'entità del canone è calcolata in modo tale da consentire alla società di leasing, alla scadenza prevista, di ottenere il rimborso completo del prezzo pagato, gli interessi su tale somma, un indennizzo forfettario per il rischio finanziario connesso all'operazione, oltre a un margine di utile.

STRUTTURA DEL LEASING FINANZIARIO

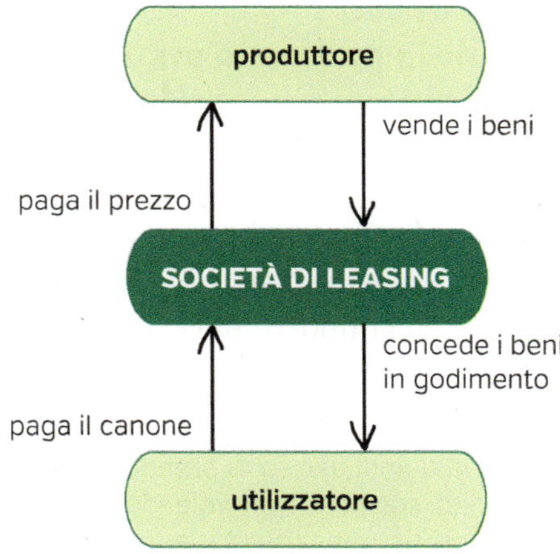

Il leasing rappresenta un'alternativa all'acquisto diretto e immediato di un certo bene e per alcuni aspetti ha delle analogie con l'acquisto rateale. In effetti, l'utilizzatore acquista il diritto a diventare proprietario del bene a una determinata scadenza. Per altri versi assomiglia al contratto di locazione, in quanto consente all'utilizzatore di godere di un bene altrui in cambio di un corrispettivo. Proprio per queste somiglianze, al leasing si applicano le norme in materia di vendita rateale (con patto di riservato dominio) e della locazione.

Spesso, le imprese ricorrono ai contratti di leasing per impianti e macchinari molto costosi che vanno sostituiti spesso

La **durata** del contratto è di solito commisurata alla vita economica del bene; in genere oscilla tra i due e i cinque anni per i beni mobili, mentre una durata più lunga è prevista per gli immobili. L'utilizzatore non può recedere dal contratto prima della scadenza.

Alla **scadenza**, l'utilizzatore potrà scegliere tra diversi comportamenti:

- restituire il bene;
- trattenerlo in godimento per un altro periodo (corrispondendo un canone ridotto);
- acquistarne la proprietà (pagando una somma di riscatto);
- richiederne la sostituzione con un altro nuovo o tecnologicamente più aggiornato (modificando di conseguenza l'importo del canone).

esempio Giovanni è rappresentante di commercio per un'industria navale. Per il suo lavoro deve viaggiare molto in auto e ha quindi deciso di prenderne una di ottima qualità e molto costosa. Non volendo pagare l'ingente somma necessaria per acquistarla, decide di prenderla in leasing. Si rivolge allora a un'impresa di leasing che finanzia il suo acquisto, pagando la concessionaria. Proprietaria dell'auto è la società di leasing, mentre Giovanni acquista la semplice detenzione del bene. Egli per cinque anni dovrà pagare periodicamente il canone alla società di leasing, come se avesse preso il bene in locazione. Alla scadenza convenuta egli potrà: restituire l'auto e far cessare definitivamente il rapporto; trattenere l'auto, pagando una somma di riscatto e divenendone così proprietario; restituire l'auto per prenderne un'altra, aggiornando di conseguenza il canone da pagare e la durata del leasing; infine, continuare a utilizzare la stessa auto, in tal caso diminuendo l'importo del canone. e

In base ai contratti di leasing il rischio di deterioramento del bene concesso e le riparazioni necessarie gravano sull'utilizzatore

La caratteristica del contratto di leasing è quella di **finanziamento**, collegata all'esercizio di un'attività produttiva. Il vantaggio che presenta è dato dal fatto di consentire alle imprese di poter usufruire di strumenti produttivi e poterli sostituire con periodicità evitando di sopportare l'ingente onere finanziario dell'acquisto. Il capitale necessario all'acquisto del bene viene anticipato dalla società di leasing che, in tal modo, è come se concedesse un prestito all'impresa. L'utilizzatore non riceve direttamente la somma di denaro, bensì evita di pagare in un'unica soluzione il bene di cui ha bisogno. Non a caso le società di leasing sono direttamente collegate alle banche e anzi le banche stesse forniscono servizi di leasing alla propria clientela.

Le caratteristiche disciplinari principali del leasing finanziario, quali emergono dalle clausole contrattuali contenute nei formulari predisposti dalle società di leasing, sono le seguenti:

- la **consegna** del bene viene effettuata dal produttore con la collaborazione dell'utilizzatore;
- il produttore è tenuto a garantire per i **vizi** del bene;
- le **riparazioni** sono tutte a carico dell'utilizzatore;
- il **rischio** per il deterioramento e perimento del bene, anche per caso fortuito, grava sull'utilizzatore;
- la società di leasing non fornisce altri **servizi accessori o collaterali** oltre quello principale di anticipazione del capitale.

A differenza del leasing finanziario, quello **operativo** si realizza tra due soggetti soltanto: il fornitore del bene e l'utilizzatore.

Caratteristica essenziale è che l'impresa concedente è di solito anche produttrice del bene, o comunque ne ha la disponibilità, a qualunque titolo. L'utilizzatore si rivolge all'impresa per ottenere la disponibilità di **beni standardizzati**, cioè prodotti in serie, per un certo periodo di tempo e dietro pagamento di un canone. Alla scadenza i beni devono essere restituiti. Normalmente quindi il leasing operativo non prevede l'opzione del riscatto del bene.

STRUTTURA DEL LEASING OPERATIVO

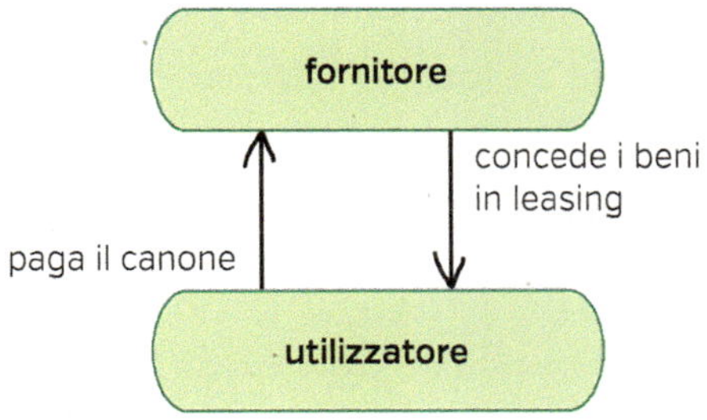

Il fornitore presta in genere servizi accessori e collaterali di vario tipo, soprattutto di assistenza e manutenzione dei beni.

Il **canone** si presenta come corrispettivo del godimento concesso e viene calcolato tenendo anche conto del deterioramento e dei servizi aggiuntivi offerti. A differenza di quello previsto nella locazione finanziaria, il canone non è quindi collegato in alcun modo al capitale anticipato e ai relativi interessi.

La **durata** del contratto è generalmente più breve di quella del leasing finanziario e, inoltre, all'utilizzatore è concessa la possibilità di **recedere** in ogni momento dal contratto, dandone preavviso all'altra parte.

3. Il contratto di factoring

Un altro contratto atipico di larga diffusione che ha ricevuto una parziale regolamentazione legislativa è il factoring.

Il **factoring** è il contratto in base al quale un soggetto, detto *factor*, acquista da un imprenditore, detto fornitore, una parte o la totalità dei crediti che costui vanta nei confronti della propria clientela, impegnandosi alla riscossione e a offrire, in cambio di un corrispettivo, detto commissione di factoring, una serie di servizi dal contenuto differenziato (amministrativi, finanziari, assicurativi).

esempio Una grande impresa produce prodotti semilavorati venduti in tutto il mondo, stipula quotidianamente numerosissimi contratti di fornitura con pagamento di solito dilazionato (a tre mesi, sei mesi, un anno) da cui quindi originano crediti di varia tipologia e diversa scadenza.

La gestione di questa mole di crediti e degli inevitabili contenziosi che ne derivano, richiede una adeguata struttura organizzativa, con personale altamente qualificato. Tutto ciò si traduce in un aggravio dei costi di gestione per l'impresa, a cui deve aggiungersi l'incertezza del recupero dei crediti, per l'elevato rischio di insoluti, e la sofferenza di liquidità cui è costretta l'impresa per la mancata disponibilità dei capitali.

In tale situazione, l'impresa trova conveniente cedere i propri crediti a un imprenditore qualificato, il *factor*, avvalendosi dei suoi servizi.

Con il contratto di factoring nasce tra le parti un accordo in forza del quale il fornitore si obbliga a sottoporre alla valutazione del *factor* i contratti conclusi o da concludere con la clientela, e il *factor* si riserva di approvare i crediti nascenti da tali contratti e a fornire i propri servizi. Quindi, almeno di regola, il *factor* non è obbligato a rendersi cessionario di tutti i crediti. Egli evidentemente sceglierà quelli vantati nei confronti di debitori da lui reputati solvibili. Pertanto può escludersi che il factoring sia un contratto aleatorio.

Una volta approvati i crediti, il fornitore si obbliga a cederli al *factor* (con lo strumento giuridico della cessione di credito) e questi, a sua volta, si impegna a versare, alla scadenza del credito, il corrispettivo pattuito per la cessione. L'importo sarà inferiore a quello nominale del credito, per la detrazione effettuata dal *factor* di una somma a titolo di compenso e rimborso spese.

Il *factor* si occupa di acquistare, amministrare, contabilizzare e riscuotere i crediti dei clienti dietro pagamento di un compenso detto commissione di factoring

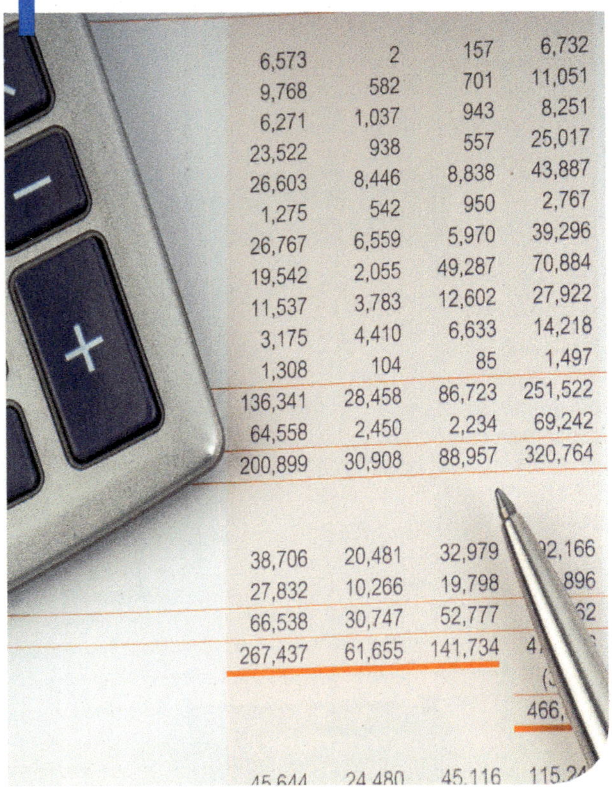

STRUTTURA DEL FACTORING

Fornitore	Factor
Si obbliga a sottoporre alla valutazione del factor i contratti conclusi o da concludere con la clientela	Si riserva di approvare i crediti nascenti da tali contratti e a fornire i propri servizi
Una volta approvati i crediti, il fornitore si obbliga a cederli al factor	Si impegna a versare, alla scadenza del credito, il corrispettivo pattuito per la cessione (il cui importo è inferiore a quello nominale del credito) dopo avere detratto una somma a titolo di compenso e rimborso spese
	Fornisce inoltre svariati servizi al fornitore

Il *factor*, grazie a una specifica professionalità e a strumenti di elaborazione dati, fornisce svariati **servizi** all'impresa cedente:

- amministra e contabilizza i crediti;
- fornisce al cedente informazioni sulla solvibilità e affidabilità della clientela e notizie sull'andamento dei mercati e dei prezzi;
- provvede alla riscossione dei crediti e si occupa del contenzioso con competenze specifiche sulle procedure in vigore in Italia e all'estero;
- può, qualora sia previsto dal contratto, anticipare l'importo dei crediti acquistati prima della loro scadenza; in tal modo esso svolge un'importante funzione di finanziamento per l'imprenditore.

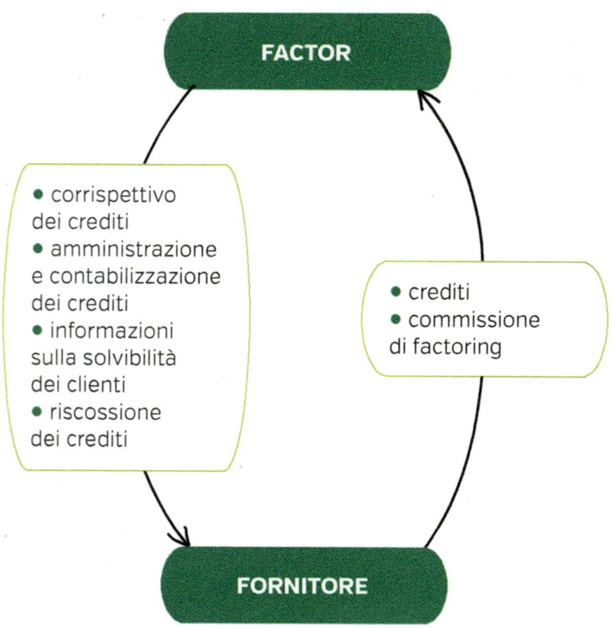

Il contratto di factoring ha ricevuto una parziale regolamentazione normativa con la legge 52/1992, che ha fornito una normativa specifica alle cessioni dei crediti di impresa quando il cessionario è una banca o un intermediario finanziario autorizzato.
L'operazione di factoring, pur non essendo assimilabile alla **cessione del credito**, viene regolata dalla stessa normativa (artt. 1260-1267 c.c.).
Il factoring prevede l'accordo mediante il quale il creditore (cedente) trasferisce a un altro soggetto (cessionario), dietro corrispettivo o gratuitamente, il credito da lui vantato nei confronti del debitore (ceduto).

Normalmente i crediti vengono ceduti al *factor pro solvendo*, vale a dire con rischio dell'insolvenza a carico del fornitore cedente. Le parti possono tuttavia convenire diversamente (cessione *pro soluto*).

La legge 21/2/1991, n. 52 ha fornito una normativa specifica alle cessioni dei crediti di impresa.
Tale legge si applica soltanto alle cessioni di crediti pecuniari verso corrispettivo quando ricorrono le seguenti condizioni:

- il cedente è un imprenditore;
- i crediti ceduti sorgono da contratti stipulati dal cedente nell'esercizio dell'impresa;
- il cessionario è una banca o un intermediario finanziario disciplinato dal Testo unico delle leggi in materia bancaria e creditizia il cui oggetto sociale preveda l'esercizio dell'attività di acquisto di crediti di impresa. Presso la Banca d'Italia è istituito un albo a cui devono iscriversi le imprese cessionarie.

La mancanza anche di uno soltanto di tali requisiti comporta l'inapplicabilità della legge speciale e il ritorno alle regole del codice civile in materia di cessione del credito.

Tra le altre cose, la legge stabilisce che:

- possono essere ceduti anche i crediti futuri, vale a dire prima della stipulazione dei contratti da cui sorgeranno (purché i contratti vengano stipulati entro due anni e sia preventivamente indicato il nome del debitore ceduto);
- le cessioni dei crediti sono efficaci nei confronti del debitore ceduto indipendentemente da ogni comunicazione allo stesso e il *factor*, alla scadenza, può pretendere il pagamento purché dimostri di essere titolare del credito.

A. VERO/FALSO

Indica se le seguenti affermazioni sono vere o false

1. Nel leasing finanziario:
   - **a.** la consegna del bene è effettuata dalla società di leasing Ⓥ Ⓕ
   - **b.** l'utilizzatore non può riscattare il bene alla scadenza Ⓥ Ⓕ
   - **c.** il rischio del deterioramento o perimento del bene grava sull'utilizzatore Ⓥ Ⓕ
   - **d.** la società di leasing non fornisce servizi accessori
   - **e.** i servizi di leasing possono essere offerti dalle banche Ⓥ Ⓕ
2. In base al contratto di factoring, il *factor*:
   - **a.** è obbligato ad acquistare tutti i crediti del fornitore Ⓥ Ⓕ
   - **b.** risponde in ogni caso dell'inadempimento del debitore ceduto Ⓥ Ⓕ
   - **c.** è obbligato ad acquistare i crediti del fornitore dopo averli valutati e accettati Ⓥ Ⓕ
   - **d.** deve pagare un corrispettivo al fornitore Ⓥ Ⓕ
   - **e.** nella cessione di crediti di impresa deve essere un soggetto qualificato in possesso dei requisiti previsti dalla legge Ⓥ Ⓕ

B. CACCIA ALL'ERRORE

Sottolinea gli errori e riscrivi le frasi corrette

1. Il contratto di factoring è parzialmente legittimo perché regolamentato in parte da una legge speciale.

   ....

   ....

2. Il leasing operativo è normalmente un contratto concluso tra due parti, il produttore e la società di leasing.

   ....

   ....

3. La cessione di crediti nel factoring avviene normalmente *pro soluto*, vale a dire con rischio dell'inadempimento a carico del fornitore del creditore.

   ....

   ....

4. Nel leasing finanziario la società locataria non è produttrice dei beni concessi ma dispone di risorse finanziarie per acquistarli.

   ....

   ....

   ....

C. COMPLETA LA TABELLA

Inserisci i termini mancanti

DIFFERENZE TRA LEASING FINANZIARIO E OPERATIVO

Leasing finanziario	Leasing operativo
Ha per oggetto beni .... anche non standardizzati	Ha per oggetto beni ....
La .... non produce il bene ma dispone di capitali con i quali acquista dal produttore i beni richiesti dall'utilizzatore	Il godimento dei beni è concesso dallo stesso .... o comunque da colui che ne ha la disponibilità
Di solito è prevista la possibilità di .... il bene alla scadenza	Non prevede di norma l'opzione del .... del bene alla scadenza
La società di leasing non fornisce servizi	L'impresa produttrice fornisce di solito servizi di .... dei beni
.... non può recedere prima della scadenza	L'utilizzatore può .... prima della scadenza
Il canone è calcolato con riferimento al .... pagato, agli interessi sul .... all'indennità di rischio finanziario e comprende una quota di utile	Il canone è commisurato al .... e comprende la remunerazione dei servizi collaterali

D. IL CASO

Leggi il caso e rispondi alle domande

Mario si è rivolto a una società di leasing per avere la disponibilità di un'auto. La società in base agli accordi presi presenta il seguente contratto da sottoscrivere.

CONTRATTO DI LEASING

Con la seguente scrittura contrattuale,

la società di leasing Alfa spa .... in seguito denominata "locatore", da una parte,

e il Sig. Mario Rossi .... definito "locatario", dall'altra parte,

premesso che

- Il locatario esercita l'attività di Agente di Commercio.
- Il locatario è interessato a ottenere la disponibilità dell'auto (modello, marca ecc.) , per esercitare la propria attività.
- Il locatario ha proposto al locatore l'acquisto di detto bene perché glielo ceda in leasing
- Il locatore dichiara la sua disponibilità ad aderire alla proposta.

SI STIPULA QUINDI QUANTO SEGUE

- Il locatore provvederà all'acquisto del bene sopra indicato e lo concederà in leasing al locatario a decorrere dalla data della firma del presente contratto.
- Il contratto avrà la durata di anni quattro che decorreranno dalla data del verbale di consegna sottoscritto dalle parti.
- Il locatario dovrà comunicare, tramite raccomandata A/R da inviare sei mesi prima della scadenza del contratto, se intende prorogare per un periodo eguale al precedente il contratto, oppure acquistarlo.
- La mancata comunicazione di cui al punto precedente comporterà lo scioglimento del contratto con obbligo del locatario di restituire immediatamente il bene.
- Il canone di leasing è stabilito in 9600 euro annui pagabili in rate mensili di euro 800.
- Il locatario potrà, al termine della locazione, acquistare l'auto, a condizione che abbia rispettato tutte le obbligazioni assunte con il presente contratto.
- Il prezzo di acquisto del bene viene stabilito in euro 20.000 e dovrà essere versato entro trenta giorni dal pagamento dell'ultima rata di canone.
- Il locatario dovrà utilizzare il bene durante il periodo di godimento con la diligenza di cui all'art. 1176, 1° comma c.c.
- Sia le spese del presente contratto sia quelle di acquisto dell'auto e dell'eventuale riscatto sono a carico del locatario.

Letto, accettato e firmato

Firma

....

1. Di che tipo di leasing si tratta?
2. È previsto il diritto di riscatto?
3. Se è previsto quando e come potrà essere esercitato?
4. Per tutta la durata del contratto Mario è proprietario dell'auto?
5. Quali obblighi gravano su Mario?

Lezione 7

Altri contratti atipici

1. I contratti di informatica

I **contratti di informatica** sono una categoria contrattuale molto ampia e variegata. Attraverso di essi un soggetto riesce a sfruttare caratteristiche dei computer e delle tecnologie informatiche per velocizzare processi produttivi e per migliorare l'efficienza e la redditività della propria attività. Diversi contratti di questo tipo sono riconducibili all'interno di schemi contrattuali tipici da cui differiscono soltanto per l'apposizione di particolari clausole. In altri casi la disciplina risulta dalla prassi contrattuale ormai adottata dalle principali case produttrici di hardware, software e di servizi informatici.
Possiamo riassumere le fattispecie contrattuali in cinque gruppi.

I contratti di **utilizzazione di hardware** sono accordi in forza dei quali un soggetto, acquirente/utente, pagando un certo prezzo, acquista la proprietà di un computer (hardware), o il diritto di usarlo per un tempo determinato.

Tali contratti sono regolamentati come i contratti tipici di vendita o locazione, pur sussistendo clausole contrattuali tese a disciplinare aspetti particolari quali la scelta del tipo e dimensionamento dell'hardware, gli oneri e le responsabilità di installazione, il regolamento della manutenzione ecc.

esempio Mario ha acquistato per la propria azienda dieci computer nuovi. Si è rivolto a un rivenditore dal quale ha preteso una serie di garanzie e di prestazioni. Ha innanzitutto richiesto che l'hardware abbia le specifiche tecniche necessarie per far funzionare il programma di gestione contabile in uso in azienda, nonché per connettersi alle varie periferiche esistenti (modem, stampanti, lettori cd, penne ottiche, scanner, monitor ecc.). Ha poi richiesto che il personale del rivenditore provveda a installare i computer, collegandoli alle periferiche e caricandoli con tutti i software necessari al loro funzionamento. Infine ha richiesto l'assistenza tecnica online, vale a dire la possibilità di collegarsi via internet con i tecnici del rivenditore per la soluzione di problemi tecnici. e

I **contratti di utilizzazione di software** vanno distinti a seconda che si tratti di vendita di un prodotto standard realizzato da altri, di un prodotto già realizzato che venga adattato alle particolari esigenze del cliente, ovvero di un software completamente nuovo e originale costruito sulle esigenze del cliente. I contratti di concessione al cliente di pacchetti software standard sono regolati secondo lo schema della locazione denominata, in questo caso, **licenza d'uso**. I contratti di sviluppo software, specificamente adattati alle esigenze del cliente, sono qualificabili come **appalto di servizi** in cui l'appaltatore assume il compito di analizzare le esigenze di programmazione del committente e di progettare e sviluppare un programma *ad hoc*. I contratti di adattamento di programmi standard rientrano in una figura intermedia fra le precedenti e prevedono che l'appaltatore apporti al programma standard già esistente quelle modifiche ritenute necessarie per renderlo più adeguato alle specifiche d'uso richieste. Tutta la materia è sottoposta alla rigida osservanza della normativa sul diritto d'autore che protegge anche il software.

esempio Mario, per la propria azienda, ha bisogno di un software che sia in grado di controllare la giacenza della merce in magazzino e che provveda, una volta constatata la carenza di alcuni prodotti in relazione agli ordinativi di vendita, a inviare la relativa richiesta di adeguamento al reparto produzione. Per svolgere questo compito egli potrebbe: acquistare la licenza di uso di un software standard già esistente in commercio; incaricare un programmatore di elaborare un programma specifico; acquistare la licenza d'uso di un programma standard e dare incarico a un programmatore di modificarlo in base alle specifiche esigenze della propria azienda. e

I contratti per il **trattamento dati mediante strumenti informatici** non hanno per oggetto uno strumento informatico, cioè l'hardware o il software, ma un'attività che utilizza il mezzo informatico per l'acquisizione, l'elaborazione e la diffusione dei dati stessi.

In alcuni casi il soggetto titolare dei dati ne affida il trattamento informatico ad altri soggetti (fattispecie inquadrabile nel contratto di appalto o di prestazione di opera professionale); in altri casi è lo stesso soggetto titolare a trattare i propri dati con le strutture informatiche altrui (fattispecie inquadrabile nel contratto di locazione di bene mobile). In questo genere di contratti assume particolare importanza il rispetto della normativa a tutela della privacy (d.lgs. 196/2003).

esempio Mario ha affidato il trattamento dati dei dipendenti della propria azienda a una società esterna. Questa ha il compito di predisporre le buste paga del personale, registrandone presenza, giorni di malattia, ferie, provvedimenti disciplinari ecc. Per tale attività la società si avvale di un elaboratore e di un software specifico. Dovendo trattare dati personali, essa è stata espressamente autorizzata da Mario a svolgere questo compito; le sono però imposti dalla legge divieti severi nel trattamento dei dati al fine di garantire la privacy dei soggetti trattati.

I **contratti conclusi mediante elaboratore** sono contratti normali, di vario tipo con l'unica caratteristica di essere conclusi per mezzo di elaboratori elettronici.

Si pongono al riguardo problemi legati al momento e al luogo di conclusione del contratto, nonché all'individuazione di chi ha espresso la volontà contrattuale: come sapere se chi ha premuto il tasto del computer per accettare le condizioni contrattuali proposte è stato proprio quel soggetto? In quale momento si è verificata la conclusione del contratto? E in quale luogo?

Vista la diffusione che questo genere di contratto sta avendo con la crescita del commercio elettronico tramite internet, il legislatore ha predisposto particolari sistemi di certificazione della firma digitale che consente di avere la certezza, grazie all'utilizzo di una chiave di accesso segreta, che chi ha digitato esprimendo il consenso sia proprio quel soggetto e nessun altro. Inoltre il legislatore, soprattutto nell'ambito dell'Unione europea, ha dettato alcune regole per la corretta formazione del documento elettronico (d.p.r. 445/2000, d.lgs. 82/2005). Numerose disposizioni legislative sono anche dirette a tutelare il consumatore il quale, con questo tipo di contratti, risulta più esposto ai rischi di incauti acquisti o di truffe. Il Codice del consumo (d.lgs. 206/2005) si preoccupa di tutelare il consumatore prescrivendo obblighi di informativa per chi presta la propria attività professionale e commerciale online.

esempio Giorgio ha acquistato un brano musicale scaricandolo da internet. Il suo consenso negoziale l'ha espresso con un semplice clic del mouse (cosiddetta sottoscrizione *point&click*). Il file musicale è stato quindi memorizzato sull'hard disk del suo computer. Egli ha pagato il file per mezzo della carta di credito, digitando i riferimenti numerici della carta nell'apposito *form* (modulo) di acquisto comparso sul sito di vendita.

I **contratti per l'utilizzo di internet** sono particolari contratti atipici, attraverso i quali gli utenti possono accedere alla rete e avvalersi dei servizi da essa offerti.

Nella maggior parte dei casi questi contratti hanno come contraente un imprenditore particolare, cosiddetto *internet provider* (erogatore di accessi alla rete). Questi acquista dai grandi rivenditori l'accesso alla rete che, a sua volta, rivende agli utenti.

La connessione avviene collegandosi al server del provider (remoto) che è un elaboratore che funge da punto di partenza e da recapito per tutti i movimenti in rete effettuati dall'utente, compresa la posta elettronica. Il contratto avente questo oggetto è detto *hosting*. Esso va distinto dal contratto di **housing**; in questo caso l'utente non si avvale del server del provider per accedere alla rete, ma utilizza un proprio computer che posiziona nei locali del provider dove si connette alla rete.

Oltre al servizio di connessione, dunque, il provider concede in locazione o uno spazio di memoria del proprio server (*hosting*) o lo spazio di un locale (*housing*).

Ovviamente, più larga sarà la banda di accesso alla rete a disposizione del cliente, più elevato sarà il prezzo del servizio.

Vi sono poi contratti con cui si dà incarico di costruire un sito sul web, di curarne l'aggiornamento e la manutenzione e di effettuarne l'indicizzazione, l'ottimizzazione o il **posizionamento nei motori di ricerca**, quali Google, Bing, AltaVista, Yahoo ecc. Quest'ultima attività, in particolare, permette al sito di apparire tra le prime occorrenze dei risultati di ricerca riferiti a determinate parole, con la conseguenza di accrescerne la visibilità sul web e incrementare le potenzialità commerciali a esso collegate.

esempio Carlo produce ceramiche artigianali a Firenze. Egli ha deciso di venderle tramite internet, per risparmiare sui costi di distribuzione. Si è quindi rivolto a un'impresa commissionando la realizzazione del sito e affidandole anche l'incarico di inserirvi i contenuti (foto, descrizioni, listino, modalità di consegna dei pezzi in vendita, informazioni di altro genere), di aggiornarli periodicamente, nonché di indicizzare il sito nei motori di ricerca, in modo tale che, digitando la parola "ceramica" e la parola "Firenze", il sito compaia tra le prime dieci occorrenze. Ha inoltre stipulato un contratto di *hosting* per l'accesso alla rete con un internet *provider*.

2. I contratti di pubblicità e di marketing

Nella pratica commerciale sono molto diffusi i contratti mediante i quali un'impresa cerca di promuovere se stessa e i propri prodotti e le proprie offerte commerciali al fine di incrementare la rinomanza sul mercato e di aumentare il numero dei clienti.

Con il **contratto di pubblicità** una parte, in cambio di un corrispettivo in denaro, si impegna a svolgere attività pubblicitaria a favore di una determinata impresa al fine di promuoverne l'immagine sul mercato e/o di incrementare la domanda dei beni e servizi da essa offerti.

Caratteristica di questo contratto è da un lato la prestazione di servizi pubblicitari, che lo avvicinerebbe all'appalto e, dall'altro, la durata della prestazione, che lo ricondurrebbe alla somministrazione di servizi. In realtà questa figura contrattuale risulta alquanto controversa, infatti non è ancora stato definito se considerarla atipica o riconducibile alle figure contrattuali generiche.

esempio Un'impresa produttrice di vino dà incarico a un'agenzia pubblicitaria di promuovere il proprio marchio e i propri prodotti sul mercato nazionale e internazionale. A tal fine l'agenzia preparerà alcuni spot che trasmetterà su determinati canali televisivi, inserirà annunci e informazioni su riviste specializzate, allestirà appositi stand alle manifestazioni vinicole mondiali più importanti.

Spesso il contratto di pubblicità in senso stretto finisce per confondersi con il **contratto di marketing**, che tuttavia ha un contenuto più ampio e complesso: l'oggetto può essere non solo la promozione aziendale ma, più in generale, il posizionamento di una impresa sul mercato e i suoi rapporti con la clientela e i fornitori.

Nel contratto di marketing sono frequenti le analisi di mercato anche con carattere preventivo, mediante le quali si accerta la possibilità per una impresa e per determinati prodotti di avere o meno successo sul mercato. A tale scopo le imprese di marketing effettuano rilevamenti statistici, indagini sul gradimento della clientela e, sulla base delle risultanze, predispongono strategie correttive per il futuro.

Un altro contratto pubblicitario è la **sponsorizzazione**. In realtà non è un contratto facilmente inquadrabile entro uno schema definito, poiché essa si risolve in numerose ed eterogenee fattispecie contrattuali che hanno in comune lo scopo di promuovere la conoscenza dell'immagine di un'impresa.

Possiamo individuare tre tipi principali di sponsorizzazione:

- l'**abbinamento**; in questo caso un'impresa, sponsor, abbina il proprio nome a quello di un veicolo promozionale, *sponsee*. L'abbinamento è frequente soprattutto in ambito sportivo. Il legame che si crea tra sponsor e *sponsee* è in questo caso davvero forte: lo *sponsee* assume infatti l'obbligo di adottare come propria denominazione o di aggiungere alla propria quella dello sponsor in qualsiasi estrinsecazione della sua attività;

esempio Le squadre di basket o di rugby assumono il nome della impresa che le sponsorizza spesso abbinandolo a quello della città in cui si trovano.

- il **pool**; in tal caso un gruppo di imprese si unisce, tramite un consorzio, allo scopo di finanziare un soggetto o un'organizzazione per la realizzazione di una certa finalità;

esempio Si pensi alle imprese che finanziano il navigatore solitario nel suo tentativo di circumnavigazione del globo o uno staff di scienziati medici impegnati in una certa ricerca.

Mentre il contratto di pubblicità riguarda la realizzazione di una campagna pubblicitaria, il contratto di marketing ha per oggetto la cura della promozione dell'azienda e il suo posizionamento sul mercato

- la **sponsorizzazione in senso stretto**; in questo caso una o più imprese non collegate tra loro promuovono la propria immagine e la conoscenza della propria attività finanziando un soggetto, un'organizzazione non riconosciuta, un evento sportivo, culturale, scientifico ecc., senza dare vita a un legame forte e duraturo come accade nell'abbinamento.

esempio Si pensi all'impresa di gelati che sponsorizza un concerto musicale. e

Come è facile capire, ciascuna di queste figure necessita di un proprio regolamento contrattuale per disciplinare i diversi obblighi assunti dalle parti.

3. Il merchandising

Un contratto che gravita nell'ambito di quelli propriamente pubblicitari è anche il merchandising.

Il **merchandising** è il contratto atipico che ha a oggetto l'utilizzazione di segni distintivi di vario genere, quali marchi celebri (come i marchi di alta moda), creazioni dell'ingegno (come i personaggi dei Simpson), il nome (per esempio, di una rock star), l'immagine (per esempio, di Totò). Tali segni distintivi hanno già raggiunto notorietà tale da contraddistinguere con efficacia prodotti di diverse categorie merceologiche.
In pratica il titolare dei diritti sul segno concede a un altro soggetto, detto utilizzatore, in cambio di un corrispettivo, il diritto di usare quel segno per contraddistinguere e promuovere prodotti o servizi di altro genere.

In base al contratto di merchandising, il titolare dei diritti su un segno distintivo ne concede l'utilizzo a un altro soggetto in cambio di un corrispettivo

esempio Per promuovere la vendita dei propri cereali, una nota impresa ha fatto stampare sulle confezioni dei propri prodotti le immagini di popolari personaggi dei cartoni animati. A tal fine ha stipulato con il proprietario del diritto d'autore un contratto di merchandising per un anno. e

Tre sono gli elementi che ricorrono nel contratto di merchandising:
- il segno, detto *property*, che ha già raggiunto notorietà nel campo di attività originario (cosiddetta utilizzazione primaria);
- lo sfruttamento di tale segno per la promozione e commercializzazione di beni e servizi (cosiddetta utilizzazione secondaria);
- la licenza di uso o assenso o autorizzazione che il titolare dell'entità concede al cosiddetto utilizzatore secondario.

Nel contratto di merchandising viene specificato il tipo di utilizzazione secondaria, viene prevista la riserva di approvazione da parte del concedente degli oggetti prodotti e i relativi tempi. Potrebbe infatti accadere che il titolare dei diritti sul segno veda compromessa la propria immagine e la propria reputazione da abbinamenti con prodotti o situazioni non gradite. Viene inoltre stabilita la durata del rapporto contrattuale.

esempio In un contratto di merchandising tra una marca di bevande energetiche e un team di Formula 1 potrebbe essere convenuto che qualora l'impresa di bevande fosse coinvolta in scandali di vario genere, dovuti per esempio alla cattiva qualità dei prodotti, il contratto si risolva automaticamente con la conseguenza che il marchio della Formula 1 non potrà più essere riprodotto sulle bottiglie della bevanda. e

Il compenso per il concedente consiste di solito nella corresponsione di una somma minima e di percentuali sul fatturato realizzato, definite *royalties*.

Glossario

Firma digitale: sistema di autenticazione di documenti basato sull'utilizzo di un certificato digitale memorizzato su un dispositivo hardware.

Documento elettronico: rappresentazione informatica di atti, fatti o dati giuridicamente rilevanti.

Banda: quantità di dati trasmissibili nella rete nell'unità di tempo.

Indicizzazione: inserimento di un sito nei database dei motori di ricerca. Grazie alla indicizzazione un sito viene riconosciuto nei motori di ricerca e compare nelle pagine di risposta alle interrogazioni.

Ottimizzazione: rendere accessibili tutti i contenuti di un sito ai motori di ricerca in internet, nel modo più semplice, diretto e completo.

A. VERO/FALSO

Indica se le seguenti affermazioni sono vere o false

1. L'abbinamento:
   - **a.** è un contratto di sponsorizzazione Ⓥ Ⓕ
   - **b.** è un contratto tipico Ⓥ Ⓕ
   - **c.** riguarda soprattutto il settore sportivo Ⓥ Ⓕ
   - **d.** determina un vincolo forte tra *sponsor* e *sponsee* Ⓥ Ⓕ
   - **e.** si realizza tramite la costituzione di un consorzio Ⓥ Ⓕ
2. Il contratto di pubblicità:
   - **a.** è in tutto identico al contratto di marketing Ⓥ Ⓕ
   - **b.** è avvicinabile al contratto di appalto e alla somministrazione Ⓥ Ⓕ
   - **c.** è avvicinabile alla vendita e alla locazione Ⓥ Ⓕ
   - **d.** ha come fine quello di incrementare le vendite del cliente Ⓥ Ⓕ
   - **e.** ha come oggetto lo svolgimento di una attività pubblicitaria Ⓥ Ⓕ

B. CACCIA ALL'ERRORE

Sottolinea gli errori e riscrivi le frasi corrette

1. Con il contratto di *housing* un soggetto acquista il diritto di avere accesso alla rete internet grazie ai server di un internet provider connessi alla rete.
2. Il corrispettivo per l'utilizzo del software nel contratto di merchandising prende il nome di *royalty*.
3. La crescente diffusione dei contratti conclusi a mezzo internet si deve anche alla tecnologia che ha permesso di rendere sicura l'identificazione della scrittura.
4. Nel contratto di marketing un'impresa, *sponsor*, abbina il proprio nome a quello di un veicolo promozionale, *sponsee*.

C. COMPLETA LO SCHEMA

Inserisci i termini mancanti

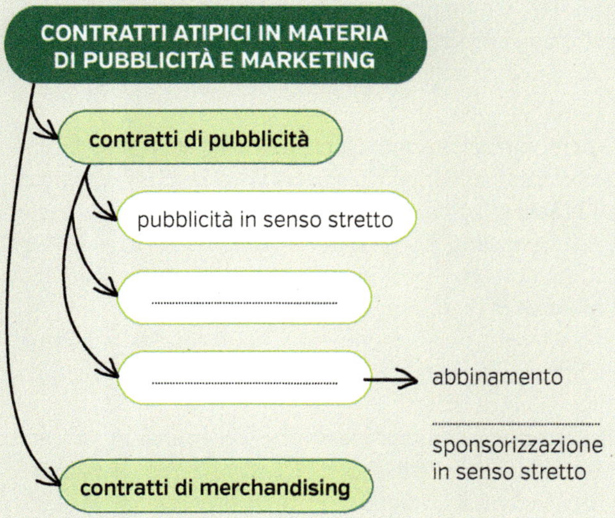

D. COMPLETA LA TABELLA

Indica la figura contrattuale atipica cui fa riferimento il caso proposto e i riferimenti a contratti tipici

Caso	Contratto atipico	Principale/i contratto/i tipico/i di riferimento
Acquisto da un rivenditore di un famoso software per la videoscrittura prodotto da una impresa multinazionale		
Accordo tra un imprenditore e un libero professionista programmatore per la elaborazione di un software in grado di gestire le buste paga del personale		
Accordo tra un'impresa e una società di informatica per l'adattamento di un software di proprietà di una società multinazionale per il soddisfacimento di specifiche esigenze aziendali		
Contratto con un internet provider con il quale si acquista il diritto di accedere alla rete internet secondo determinate modalità utilizzando il server del provider		
Contratto con un internet provider con il quale un soggetto acquista il diritto di posizionare un server di sua proprietà nei locali del provider per connetterlo alla rete internet secondo determinate modalità		
Contratto tra una squadra di calcio e una nota industria italiana di pasta in base al quale la squadra si impegna a riportare sui materiali di abbigliamento il logo della industria per un certo periodo di tempo in cambio di un corrispettivo		
Contratto tra una industria di jeans e una industria americana di cellulari in base al quale il produttore di jeans si impegna a produrre una collezione di pantaloni con il famoso marchio dei cellulari		
Più imprese produttrici di prodotti per lo sci costituite in un consorzio si accordano con la squadra italiana di sci per rifornire gli atleti delle attrezzature e dell'assistenza in cambio della pubblicità ai loro marchi		

La sintesi

Lettura ad alta accessibilità

M1 in breve

1. L'imprenditore svolge la propria attività stipulando **contratti** per prestazioni di dare (vendita) o di fare (appalto). Con l'**appalto** l'appaltatore si obbliga verso il committente a compiere un'opera o un servizio, dietro un corrispettivo in denaro. L'appaltatore assume degli **obblighi**, tra cui quelli di eseguire l'opera a regola d'arte e di garantire rispetto a difetti e vizi; ha il diritto, per intervenuta onerosità o difficoltà, di chiedere una revisione dei prezzi o un compenso. Il committente si obbliga a pagare l'opera e ha il diritto di eseguire controlli e collaudi.

2. Nel **contratto di trasporto** un soggetto (vettore) si obbliga, verso corrispettivo, a trasferire persone o cose da un luogo a un altro. Il trasporto di persone può avvenire con il pagamento del prezzo di trasporto da parte del viaggiatore, o a titolo gratuito. Nel trasporto di cose il vettore trasferisce cose per conto del mittente a una precisa destinazione entro un termine stabilito, consegnandole al destinatario. Nel **contratto di spedizione** uno spedizioniere si obbliga a concludere per conto di un mandante e in nome proprio un contratto di trasporto con un vettore. Nel **contratto di deposito** un depositante affida una cosa mobile a un depositario, affinché la custodisca.

3. Per realizzare un'adeguata rete di vendita, si può ricorrere a un **contratto di agenzia**: un'agente assume l'incarico di promuovere, per conto di un preponente, la conclusione di contratti in una zona determinata, incassando una provvigione per gli affari conclusi con un'utilità. Un suo elemento caratteristico è il diritto di esclusiva: il preponente non deve avvalersi contemporaneamente di più agenti nella stessa zona e ramo di attività, né l'agente può trattare, nella stessa zona e ramo, gli affari di più imprese in concorrenza tra loro. Simile è la figura del mediatore, che con assoluta imparzialità mette in relazione due o più parti per la conclusione di un affare.

4. Con l'**assicurazione** ci si cautela contro possibili minacce a beni e persone. L'assicuratore, a fronte del pagamento di un **premio**, si impegna con un contraente a risarcire a un **beneficiario** gli eventuali danni subiti da un assicurato per il verificarsi di un dato evento. Si tratta di un contratto aleatorio: le parti non possono prevedere se l'evento si verificherà, ma solo valutarne la probabilità (rischio).

5. A seconda del tipo di rischio si individuano diverse tipologie di assicurazione. Nel caso di danni relativi a cose o diritti patrimoniali, si parla di assicurazione **contro i danni**. Se sussiste un debito di responsabilità per illeciti civili non dolosi, abbiamo l'assicurazione della **responsabilità civile** (obbligatoria per situazioni ad alto rischio). Quando il danno consiste nel cessare della vita o nel suo prolungarsi, il contratto assume natura previdenziale (assicurazione **sulla vita**). Il rischio di incidenti letali o invalidanti è oggetto del contratto di assicurazione contro gli infortuni. Nel caso delle assicurazioni **sociali** obbligatorie l'assicuratore è un ente di diritto pubblico (Inail, Inps); esse garantiscono particolari prestazioni previdenziali, stabilite dalla legge, all'insieme dei lavoratori dipendenti.

6. La portata dei contratti può essere liberamente determinata (autonomia contrattuale) adattando il contenuto dei **contratti tipici**, o elaborando schemi contrattuali originali (**contratti atipici**). Sono atipici molti contratti del settore commerciale, come il **leasing** (godimento di un bene del fornitore da parte dell'utilizzatore, dietro pagamento di un canone), il **factoring** (acquisizione e gestione, da parte del factor, di crediti del fornitore verso la clientela, e offerta di servizi, in cambio di compensi e commissioni) o i **contratti di informatica**, come quelli di **utilizzazione di hardware** (per l'acquisto di un computer, o del diritto di usarlo), o **di software** (concessione, sviluppo o adattamento di software), per il trattamento dati, o conclusi mediante elaboratore. Con i **contratti per l'utilizzo di internet** viene fornito, da parte di un provider, l'accesso alla rete; altri contratti hanno a oggetto la costruzione, manutenzione e ottimizzazione di siti web.
Un gruppo a sé di contratti risponde al bisogno di promozione delle imprese: **sponsorizzazione** (collegamento a un veicolo promozionale), **pubblicità** (promozione dell'immagine e incremento della domanda di determinati prodotti), **marketing** (strategie globali di posizionamento), **merchandising** (concessione di un segno distintivo provvisto di notorietà).

La mappa

Mappa personalizzabile

Per prepararti alla verifica orale, ripassa ad alta voce aiutandoti con la mappa e inserisci i numeri nelle caselle man mano che tratti gli argomenti

- ☐ I contratti di impresa
  - ☐ L'appalto
    - ☐ Il trasporto
      - ☐ La spedizione
    - ☐ Il deposito
      - ☐ Figure particolari
        - ☐ Deposito irregolare
        - ☐ Deposito nei magazzini generali
  - ☐ L'agenzia
  - ☐ La mediazione
  - ☐ L'assicurazione
    - ☐ Contro i danni
      - ☐ Assicurazione sulla responsabilità civile
    - ☐ Sulla vita
  - ☐ I contratti atipici
    - ☐ Il leasing
    - ☐ Il factoring
    - ☐ I contratti informatici
    - ☐ I contratti di pubblicità
    - ☐ I contratti di marketing

Verifica di fine modulo 1

Verifica in autovalutazione

A. VERO/FALSO

Indica se le seguenti affermazioni sono vere o false

1. Il contratto di agenzia per la sua rilevanza commerciale deve essere sempre provato per iscritto. Ⓥ Ⓕ
2. L'assicurazione è un contratto atipico, consensuale, commutativo e aleatorio. Ⓥ Ⓕ
3. Il contratto di appalto può risolversi per eccessiva onerosità sopravvenuta. Ⓥ Ⓕ
4. Nel factoring il cessionario è di solito responsabile dell'adempimento del debitore ceduto. Ⓥ Ⓕ
5. Il contratto di merchandising ha per oggetto la vendita a titolo oneroso del marchio. Ⓥ Ⓕ

B. SCELTA MULTIPLA

Indica la risposta corretta

1. L'agente è:
   - a. ◯ un lavoratore autonomo
   - b. ◯ un lavoratore subordinato
   - c. ◯ un lavoratore parasubordinato
   - d. ◯ un rappresentante del proponente
2. Il preponente ha l'obbligo:
   - a. ◯ di pagare le provvigioni per i contratti conclusi regolarmente dall'agente
   - b. ◯ di pagare sempre in ogni caso un corrispettivo
   - c. ◯ di concordare con l'agente il corrispettivo per ogni singolo affare, anche non concluso
   - d. ◯ di attribuire all'agente una retribuzione fissa
3. Il contratto di leasing ha come funzione principale:
   - a. ◯ quella di concedere in uso temporaneo un bene, anche a titolo gratuito
   - b. ◯ quella di permettere all'utilizzatore di servirsi di un determinato bene infungibile
   - c. ◯ di prestare all'utilizzatore una somma di denaro per lo svolgimento dell'esercizio dell'impresa
   - d. ◯ quella di finanziamento, collegata all'esercizio di un'attività produttiva
4. Il corrispettivo previsto per l'impresa nel contratto di assicurazione è detto:
   - a. ◯ premio
   - b. ◯ provvigione
   - c. ◯ *royalty*
   - d. ◯ prezzo
5. È un contratto reale con effetti reali:
   - a. ◯ il deposito
   - b. ◯ il trasporto di cose
   - c. ◯ la spedizione
   - d. ◯ il deposito irregolare

C. LESSICO

Sottolinea gli errori e riscrivi le frasi corrette

1. Con il contratto di trasporto gratuito di persone il vettore non assume alcun obbligo nei riguardi del viaggiatore.
2. Il depositario è obbligato a custodire la cosa e a restituirla in ogni momento quando lo richiede il depositante. Il depositario da parte sua ha il diritto di richiedere al depositante di riprendersi la cosa salvo che il contratto non sia stipulato a tempo indeterminato.
3. Il corrispettivo dell'agente e del mediatore è detto premio.
4. Volendo ridurre il premio assicurativo per una polizza sugli infortuni il contraente accetta una provvigione di 1000 euro sul valore indennizzabile.
5. Nel contratto di subappalto il committente è il subappaltatore.
6. I contratti misti sono ammessi purché abbiano una causa lecita e perseguano interessi meritevoli di tutela da parte dell'ordinamento giuridico.

D. DOMANDE APERTE

Rispondi alle seguenti domande

1. Come funziona il contratto di appalto?
2. Distingui le diverse figure di trasporto sotto il profilo disciplinare e in particolare della responsabilità per i danni alle cose trasportate.
3. Che differenza c'è tra il deposito regolare e le altre figure di deposito?
4. Qual è il contenuto del contratto di spedizione?
5. Individua gli elementi che caratterizzano il contratto di agenzia e distinguilo dalle figure affini.
6. Quali sono i caratteri peculiari del contratto di assicurazione?
7. Quali sono i principi che regolano l'assicurazione per danni?
8. Che differenze ci sono tra le due figure principali di leasing?
9. Che differenze ci sono tra le principali figure contrattuali atipiche in ambito informatico?
10. Che differenze ci sono tra le principali figure contrattuali atipiche nel settore della pubblicità?

Verifica delle competenze

Giovanni ha dato incarico all'impresa edile "Edilizia s.p.a." di riparare il tetto della propria abitazione. Nell'eseguire i lavori un dipendente dell'azienda ha rotto alcuni tubi dell'acqua provocando l'allagamento dell'edificio e causando danni all'arredamento e al pavimento in legno quantificati in 4000 euro. La "Edilizia s.p.a." ha una polizza assicurativa con la "Italiana Assicurazione s.p.a.". Anche Giovanni ha una polizza globale fabbricato con la "SenzaRischio s.p.a." a copertura dei danni e della responsabilità civile nella quale non sono previste franchigie.

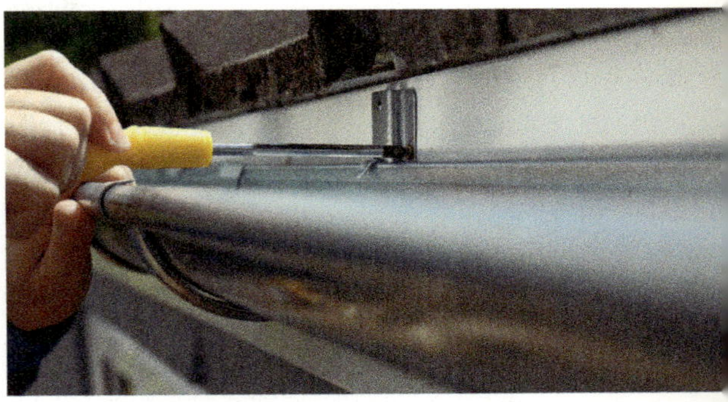

Segue un estratto delle condizioni generali della polizza assicurativa della "Edilizia s.p.a."

CONDIZIONI GENERALI DELLA POLIZZA STIPULATA DALLA "Edilizia s.p.a."

estratto

ART. 12 - OGGETTO DELL'ASSICURAZIONE

a) Responsabilità civile verso terzi (R.C.T.) La Società si obbliga a tenere indenne l'Assicurato di quanto questi sia tenuto a pagare, quale civilmente responsabile ai sensi di legge, a titolo di risarcimento (capitale, interessi e spese) per danni involontariamente cagionati a terzi per: morte e lesioni personali; distruzione o deterioramento di cose, in conseguenza di un fatto accidentale verificatosi in relazione ai rischi per i quali è stipulata l'assicurazione. L'assicurazione vale anche per la responsabilità civile che possa derivare all'Assicurato da fatto doloso di persone delle quali debba rispondere.

In caso di sinistro verrà applicata una franchigia fissa e assoluta di € 5000.

b) Responsabilità civile verso prestatori di lavoro (R.C.O.) La Società si obbliga a tenere indenne l'Assicurato di quanto questi sia tenuto a pagare (capitale, interessi e spese) quale civilmente responsabile:

1) ai sensi degli artt. 10 e 11 del D.P.R. 30 giugno 1965 n. 1124 e del D. Lgs. 23 febbraio 2000 n. 38, per gli infortuni sofferti da prestatori di lavoro da lui dipendenti o da lavoratori parasubordinati assicurati ai sensi dei predetti D.P.R. e D. Lgs., addetti alle attività per le quali è prestata l'assicurazione;

2) ai sensi del Codice Civile, a titolo di risarcimento di danni non rientranti nella disciplina dei citati D.P.R. 1124/65 e D. Lgs. 38/2000, cagionati a prestatori di lavoro di cui al precedente punto 1) per morte e per lesioni personali. In caso di sinistro verrà applicata una franchigia fissa ed assoluta di € 5000. I titolari, i soci, i familiari coadiuvanti sono equiparati ai dipendenti limitatamente alla rivalsa INAIL.

L'assicurazione R.C.O. è efficace alla condizione che, al momento del sinistro, l'Assicurato sia in regola con gli obblighi dell'assicurazione di legge. L'assicurazione R.C.O. conserva la propria validità anche se l'Assicurato non è in regola con gli obblighi di legge, in quanto ciò derivi da comprovata inesatta interpretazione delle norme di legge vigenti in materia.

Da tale assicurazione sono comunque escluse le malattie professionali. Tanto l'assicurazione R.C.T. quanto l'assicurazione R.C.O. valgono anche per le azioni di rivalsa esperite dall'INPS ai sensi dell'art. 14 della Legge 12 giugno 1984, n. 222.

Si conviene inoltre che, ai fini della sola garanzia R.C.T., i lavoratori parasubordinati sono considerati terzi per i soli danni a cose, sempre che non subiscano il danno in conseguenza di loro partecipazione manuale all'attività assicurata.

c) Personale temporaneo Nel caso in cui l'Assicurato si avvalga di personale temporaneo regolarmente acquisito in base alle norme di legge, la garanzia opera anche per la responsabilità civile derivante all'Assicurato per fatto di detto personale temporaneo, nonché per la responsabilità civile di quest'ultimo mentre svolge attività per conto dell'Assicurato. Qualora la garanzia R.C.O., di cui alla lett. b) del presente articolo, non valga nei confronti di detto personale, lo stesso è considerato terzo per morte o lesioni personali.

A. RISPONDI ALLE DOMANDE

1. Che tipo di contratto è quello stipulato tra Giovanni e la "Edilizia s.p.a."?

....

2. Chi è il responsabile del danno?

....

3. Il sinistro in esame rientra tra quelli coperti dalla polizza della "Edilizia s.p.a."?

....

4. In quale punto del documento allegato sarebbe possibile far rientrare il danno in esame?

....

5. Il danno in oggetto verrà risarcito dalla assicurazione della "Edilizia s.p.a."?

....

6. Potrebbe essere chiamata a indennizzare Giovanni la "SenzaRischio s.p.a."?

....

7. Qualora potessero essere invocate entrambe le polizze sarebbe possibile ricevere un importo doppio del danno?

....

8. A quale tipo di contratto di assicurazione appartengono le due polizze del caso?

....

9. Qualora il danno fosse stato provocato non da un dipendente della "Edilizia s.p.a." ma da un operaio di una impresa subappaltatrice, la polizza avrebbe coperto il rischio? (rispondi citando il documento allegato)

....

10. Descrivi il comportamento che Giovanni dovrà tenere per la migliore tutela dei propri interessi.

....

B. REDIGI IL DOCUMENTO

Nei panni di Giovanni redigi la raccomandata da inviare alla "Edilizia s.p.a." nella quale si denunciano i danni e si fa richiesta di risarcimento.

C. REDIGI IL DOCUMENTO

Nei panni di Giovanni redigi la raccomandata di denuncia di sinistro da inviare alla compagnia assicurativa che ritieni sia corretto coinvolgere.

m2
diritto

Il rapporto di lavoro subordinato

L'articolo 18
dello Statuto dei lavoratori

Prerequisiti

- Conoscenza della teoria generale del contratto e dell'obbligazione

Conoscenze

- Caratteristiche del rapporto di lavoro subordinato
- Principi fondamentali del diritto del lavoro
- Fonti contrattuali e non contrattuali del diritto del lavoro
- Caratteri, contenuto e modalità di svolgimento del rapporto di lavoro subordinato
- Strumenti di autotutela sindacale
- Principi generali di previdenza sociale
- I vari procedimenti di risoluzione delle controversie del rapporto di lavoro

Abilità

- Confrontare e distinguere i diversi tipi di rapporto di lavoro
- Individuare, all'interno del rapporto di lavoro subordinato, il complesso delle situazioni giuridiche attive e passive delle parti
- Riconoscere e distinguere le varie figure di scioglimento del contratto di lavoro subordinato
- Riconoscere il ruolo delle associazioni sindacali nella tutela degli interessi dei lavoratori
- Confrontare i diversi istituti di protezione e previdenza sociale, valutandone l'efficacia con riferimento alle diverse situazioni di difficoltà del lavoratore

Competenze

- Saper applicare in situazioni concrete simulate la normativa di riferimento per la costituzione, la determinazione degli obblighi e dei diritti delle parti, le modalità di svolgimento, sospensione e scioglimento di un rapporto di lavoro subordinato
- Saper individuare in situazioni concrete simulate i diritti sindacali del lavoratore
- Confrontare i vari strumenti, legislativi e contrattuali, di tutela degli interessi dei lavoratori

Lezione **8**

Il diritto del lavoro

esempio Per garantire al lavoratore la stabilità economica, la legge deve impedire al datore di lavoro di assumere e licenziare secondo il bisogno; in questo modo il datore di lavoro è tenuto, una volta assunto un dipendente, a retribuirlo anche nei periodi in cui non ne ha bisogno. Per garantire il lavoratore dai rischi alla salute cui va incontro nello svolgimento dell'attività lavorativa, la legge obbliga il datore di lavoro ad assicurarlo e ad adottare tutte le misure preventive per prevenire incidenti. Tutto ciò determina un aumento dei costi di produzione. **e**

1. Tutela dei lavoratori e flessibilità del lavoro

Il **lavoro** è materia delicata e complessa che coinvolge interessi di varia natura: è il mezzo di sussistenza per i lavoratori, espressione della loro personalità, elemento vitale dell'impresa e dell'economia nazionale.

Il rapporto di **lavoro subordinato** è anche caratterizzato dal fatto che i contraenti, se sono posti su un piano di perfetta parità sotto il profilo giuridico, entrambi soggetti di diritto dotati della stessa capacità giuridica, non lo sono da un punto di vista socio-economico, visto che c'è una parte forte, il datore di lavoro, e una parte debole, il lavoratore.
La condizione di **debolezza del lavoratore** è conseguenza della sua posizione di soggezione economica (ha bisogno di lavorare per provvedere ai propri bisogni essenziali) e della situazione di dipendenza gerarchica nei riguardi del datore di lavoro, dalla quale possono originare violazioni della dignità e della libertà del lavoratore.
Per queste caratteristiche il lavoro subordinato è regolato dalla legge in modo accurato, con lo scopo di tutelare la posizione dei lavoratori subordinati e bilanciare lo squilibrio esistente tra le parti del rapporto.

Il **diritto del lavoro** è l'insieme delle norme giuridiche poste a tutela degli interessi economici e dei diritti della personalità dei lavoratori.

Tale scopo viene perseguito da un lato mediante la prescrizione di numerose **norme imperative**, cioè norme che i soggetti non possono in alcun modo modificare, volte a limitare la libertà contrattuale delle parti, soprattutto del datore di lavoro; dall'altro riconoscendo, favorendo e garantendo forme di **autotutela** dei lavoratori, come lo sciopero e la contrattazione collettiva, realizzate attraverso le associazioni sindacali.

Questa situazione, che negli anni Settanta del secolo scorso aveva raggiunto il suo punto di culmine, risultando penalizzante per i datori di lavoro, ha indotto questi ultimi ad assumere meno lavoratori. La crisi occupazionale che ne è derivata ha indotto il legislatore, a partire dalla fine del secolo scorso, a introdurre la **deregulation**, cioè la riduzione dei vincoli e delle limitazioni a carico degli imprenditori per invogliarli ad assumere manodopera.

Con lo stesso obiettivo, il legislatore ha predisposto un sistema normativo in grado di rendere più flessibile il rapporto di lavoro. Si parla, al riguardo, di **flessibilità in entrata**, in riferimento alla maggiore libertà del datore di lavoro di assumere i propri dipendenti potendo scegliere chi e quando assumere, e di **flessibilità in uscita** per riferirsi alla possibilità concessa al datore di lavoro di licenziare i propri dipendenti senza sottostare a limiti e divieti.
D'altro canto la flessibilità del lavoro ha reso più precaria la condizione del lavoratore subordinato, il quale ha progressivamente visto diminuire le garanzie di stabilità e certezza nel futuro che gli consentivano di guardare con serenità al proprio avvenire.
Flessibilità e **precarietà** si presentano dunque come i due lati della stessa medaglia: quello che per i datori di lavoro è il lato positivo della flessibilità, per i lavoratori è l'aspetto negativo della precarietà.

2. Le fonti interne

La disciplina del rapporto di lavoro risulta da un sistema di fonti complesso e intricato. Accanto alle **fonti interne**, cioè le norme provenienti dagli organi statali, ci sono anche le **fonti esterne**, cioè le norme provenienti da organismi esterni allo Stato, nonché un tipo del tutto particolare di normativa, la **fonte contrattuale**, costituita dai contratti collettivi di lavoro tra i datori di lavoro e le rappresentanze sindacali delle varie categorie di lavoratori.

Le **fonti interne** del nostro ordinamento giuridico provengono da organi statuali e regionali e sono espressione della sovranità dello Stato. Le fonti non hanno tutte la stessa importanza e lo stesso valore, ma vengono ordinate all'interno di una **scala gerarchica**. In base al principio gerarchico, la fonte di grado inferiore non può modificare o porsi in contrasto con quanto stabilito da quella di grado più elevato. Nella scala gerarchica delle fonti interne troviamo al vertice la Costituzione, al livello più basso la consuetudine.

La Costituzione individua il lavoro come **valore centrale** e lo pone alla base del sistema economico. Già nei Principi fondamentali della Costituzione vi sono chiare premesse in questo senso. La Repubblica italiana non può limitarsi a proteggere i lavoratori, ma deve intervenire per eliminare le disuguaglianze (art. 3 Cost.) e per promuovere le condizioni che rendano effettivo il **diritto al lavoro** (art. 4 Cost.). Questo implica un preciso intervento delle autorità pubbliche, che sono tenute a impegnarsi per raggiungere l'obiettivo della massima occupazione.
Il lavoro, oltre che un diritto, è anche un **dovere** per i cittadini ai quali è richiesto «di svolgere, secondo le proprie possibilità e la propria scelta, un'attività o una funzione che concorra al progresso materiale o spirituale della società» (art. 4, c. 2 Cost.). Con tale affermazione il lavoro assume una funzione sociale e una rilevanza d'interesse generale che giustifica l'ingerenza dello Stato nella disciplina della materia. Infine, negli artt. 35-40 e 46 la Costituzione si sofferma su specifici aspetti del lavoro, stabilendo alcuni **principi fondamentali** del rapporto di lavoro.

Le fonti legislative statali sono costituite dai codici civile e della navigazione e da numerose leggi speciali. Fra queste ultime, ricordiamo la legge 300/1970, detta **Statuto dei lavoratori**, diretta a garantire la libertà e i diritti della personalità sul luogo di lavoro; la legge 196/1997, detta **legge Treu**, contenente provvedimenti a sostegno dell'occupazione; la legge delega 30/2003 (cui è stata data attuazione con il d.lgs. 276/2003), più nota come **legge Biagi** che ha introdotto figure contrattuali più flessibili. Un'altra importante riforma, la legge 92/2012, nota come **riforma Fornero** (dal nome di Elsa Fornero, allora ministra del Lavoro e delle Politiche sociali), ha alleggerito ulteriormente le tutele all'interno del rapporto di lavoro cercando allo stesso tempo di limitare il fenomeno della precarietà.
Lo scarso successo avuto dalla riforma ha indotto il legislatore, su iniziativa del Governo guidato da Matteo Renzi, a varare un'importante legge delega, la legge 183/2014, nota come **Jobs Act**, che con i successivi decreti legislativi di attuazione, intende apportare profonde modifiche strutturali al diritto del lavoro.
Le riforme degli anni duemila hanno tentato da un lato di favorire l'occupazione attraverso una maggiore flessibilità dei rapporti di lavoro, dall'altro di contenere la spesa pubblica, vista l'esigenza di risanare i conti pubblici in forte deficit anche a causa degli alti costi di ammortizzatori sociali, pensioni ecc.

Ampie sono anche le competenze legislative delle **Regioni**, soprattutto a seguito della riforma in senso federalista introdotta con la legge costituzionale 3/2001, che ha modificato l'art. 117 della Costituzione sulla distribuzione delle competenze legislative tra Stato e Regioni.

Il diritto-dovere di lavorare è sancito dalla Costituzione italiana

esempio Le Regioni hanno una potestà legislativa concorrente in materia di previdenza complementare e integrativa e di tutela e sicurezza del lavoro: ciò significa che su queste materie possono emanare leggi, purché nel rispetto dei principi fondamentali della Repubblica. Le Regioni hanno invece competenza legislativa generale su tutte quelle materie non riservate alla competenza legislativa esclusiva dello Stato o a quella concorrente.

La **consuetudine** (anche detta "uso") è generalmente considerata la fonte del diritto più trascurata. Essa è infatti posta sul gradino più basso nella gerarchia delle fonti ed è rilevante solo in mancanza di altre disposizioni normative o quando una legge ne fa espresso riferimento.
Tuttavia, nel diritto del lavoro la consuetudine assume un rilievo maggiore: l'art. 2078 del codice civile stabilisce che «gli usi più favorevoli ai prestatori di lavoro prevalgono sulle norme dispositive di legge». Ciò è conseguenza del principio generale del **favore per il lavoratore** (latino: *favor prestatoris*) secondo cui se più norme regolano la stessa materia e sono tra di loro contrastanti, prevale e trova applicazione quella il cui contenuto risulta più vantaggioso per il lavoratore, anche se di grado inferiore nella gerarchia delle fonti. La consuetudine non può però derogare la disciplina del contratto collettivo, né prevalere su quella del contratto individuale di lavoro (art. 8 preleggi; art. 2078 c.c.).

3. Le fonti esterne

Le fonti esterne del diritto del lavoro sono costituite dalle **fonti comunitarie**, che provengono dai trattati e dagli organi dell'Unione europea, e dai **trattati di lavoro internazionali**.

Il **diritto comunitario** è il complesso normativo costituito dai Trattati e dagli atti normativi emanati dagli organi comunitari: i regolamenti, le direttive, le decisioni e le raccomandazioni. Tra le fonti comunitarie assumono particolare rilevanza i trattati e i regolamenti: si tratta infatti di norme direttamente applicabili ai cittadini e agli Stati membri dell'Unione europea, senza bisogno di essere recepite con appositi atti interni. Per questa loro caratteristica sono dette **fonti sovranazionali**.

Un ruolo di primo piano nell'ambito del diritto del lavoro internazionale è svolto dall'**Organizzazione internazionale del lavoro** (Oil). Si tratta di un'organizzazione permanente di Stati istituita nel 1919, oggi integrata nell'Onu, che ha il dichiarato intento di elevare le condizioni materiali e intellettuali dei lavoratori nei paesi aderenti. L'Oil emana progetti di Convenzione internazionali diretti a tutelare i lavoratori.

4. Le fonti contrattuali del lavoro

La regolamentazione del rapporto di lavoro, vale a dire l'insieme delle condizioni secondo le quali si deve svolgere la prestazione lavorativa (orario, retribuzione, mansioni, riposi ecc.) è contenuta soprattutto nelle fonti di tipo contrattuale, cioè nel **contratto individuale** di lavoro, stipulato tra il singolo lavoratore e il singolo datore di lavoro, e nei **contratti collettivi** di lavoro, stipulati dalle associazioni sindacali di categoria dei lavoratori e dei datori di lavoro.

I **contratti collettivi** di lavoro sono sottoscritti dalle organizzazioni sindacali dei lavoratori e dei datori di lavoro e contengono il trattamento economico minimo e le condizioni di lavoro cui sono tenuti a uniformarsi i singoli contratti individuali di lavoro.

esempio Il sindacato dei metalmeccanici stipula con la Confindustria (l'associazione degli industriali) il contratto collettivo degli operatori metalmeccanici. In questo contratto collettivo vengono pattuiti la durata dell'orario di lavoro, il salario minimo, i periodi di riposo, le ferie, i permessi, e tutte le altre condizioni di lavoro cui ogni singolo contratto individuale deve essere conforme. Il contratto con cui il lavoratore metalmeccanico viene assunto dal proprio datore di lavoro (contratto individuale di lavoro) deve avere il contenuto economico e normativo stabilito nel contratto collettivo; le uniche variazioni ammesse sono quelle che migliorano le condizioni per il lavoratore.

Il contratto collettivo non vincola i sindacati firmatari, ma crea obbligazioni fra i lavoratori e i datori di lavoro. Il contratto collettivo condiziona il contenuto dei successivi contratti individuali, che potranno discostarsi da esso solo per stabilire regole **più favorevoli per il lavoratore**. Le clausole difformi sfavorevoli non rendono invalido l'intero contratto, ma sono sostituite di diritto da quelle del contratto collettivo (art. 2077 c.c.). Si tratta anche in questo caso dell'applicazione del principio generale del favore per il lavoratore.

esempio Se la retribuzione minima di un metalmeccanico appena assunto fosse stata stabilita nei contratti collettivi a 850 euro mensili netti, il contratto individuale di assunzione non potrebbe prevedere un salario più basso ma solo uno più alto. Qualora fosse previsto un salario di 800 euro, si avrebbe una sostituzione di tale importo con quello minimo indicato nel contratto collettivo.

Questo principio trova attuazione anche nei rapporti tra contratto collettivo e fonti legislative. Infatti, sebbene il contratto collettivo occupi una posizione gerarchicamente subordinata rispetto alla legge, e anzi correttamente non può qualificarsi come fonte di diritto, le norme dei contratti collettivi possono derogare le disposizioni di legge, purché in senso migliorativo per il lavoratore.

Contratto collettivo
stipulato tra rappresentanti dei lavoratori e dei datori di lavoro per ciascuna categoria di lavoratori
può derogare alle disposizioni legislative ma solo per migliorare le condizioni del lavoratore

↓

Contratto individuale di lavoro
stipulato dal singolo lavoratore con il singolo datore di lavoro
non può discostarsi dal contratto collettivo se non per migliorare le condizioni del lavoratore

La Costituzione attribuisce alle **associazioni sindacali riconosciute**, cioè iscritte in un apposito registro, il potere di stipulare contratti collettivi di lavoro con efficacia obbligatoria per tutti gli appartenenti alle categorie alle quali il contratto si riferisce (art. 39, c. 4 Cost.), iscritti e non ai sindacati. Tuttavia, non è mai stata emanata una legge istitutiva del registro presso il quale le associazioni sindacali avrebbero dovuto iscriversi per ottenere il riconoscimento (⇒ *lezione 16*). Di conseguenza i contratti collettivi attualmente in vigore vincolano soltanto i lavoratori aderenti al sindacato firmatario, non anche quelli non iscritti al sindacato. Nella realtà però il contenuto dei contratti collettivi è esteso anche ai **lavoratori non iscritti** appartenenti alla categoria interessata, almeno per quanto concerne la determinazione della retribuzione. Ciò è dovuto principalmente al fatto che la giurisprudenza considera i minimi retributivi stabiliti nei contratti collettivi la retribuzione sufficiente richiesta dall'art. 36 della Costituzione per assicurare al lavoratore e alla sua famiglia un'esistenza libera e dignitosa. Anche i contratti individuali dei lavoratori non iscritti al sindacato stipulante devono pertanto, quanto meno, adeguarsi alle tariffe salariali concordate negli accordi di categoria.
Inoltre, nella realtà, i singoli soggetti del contratto individuale fanno volontariamente espresso rinvio alla contrattazione collettiva per integrare il contenuto del loro contratto. In tali casi essi possono riferirsi a un determinato contratto collettivo oppure alla contrattazione vigente: in quest'ultimo caso il recepimento non si limita a un solo contratto collettivo, ma anche a tutte le modifiche che interverranno successivamente.
Le regole sulla contrattazione collettiva sono contenute in vari accordi tra confederazioni sindacali.
Solo i sindacati più importanti possono partecipare alla contrattazione collettiva, cioè quelli che superano una determinata soglia di rappresentatività dei lavoratori.

Il contratto collettivo è un **contratto a termine**: sono previste una durata e una scadenza finale, attualmente di **3 anni**, sia con riguardo alle condizioni di lavoro, sia con riferimento agli aspetti retributivi.

A. VERO/FALSO

Indica se le seguenti affermazioni sono vere o false

1. La flessibilità del lavoro:
   - **a.** garantisce al lavoratore più stabilità Ⓥ Ⓕ
   - **b.** rende più facile il licenziamento Ⓥ Ⓕ
   - **c.** si ottiene limitando il potere contrattuale dei datori di lavoro Ⓥ Ⓕ
   - **d.** rende più precaria la condizione del lavoratore subordinato Ⓥ Ⓕ
   - **e.** è auspicata dai datori di lavoro Ⓥ Ⓕ
2. Riguardo al lavoro, la Costituzione italiana:
   - **a.** stabilisce il diritto e il dovere di lavorare per tutti i cittadini Ⓥ Ⓕ
   - **b.** impone alle istituzioni pubbliche di attivarsi per favorire l'occupazione Ⓥ Ⓕ
   - **c.** lascia liberi i soggetti di regolare come vogliono il rapporto di lavoro Ⓥ Ⓕ
   - **d.** stabilisce regole inderogabili dalle parti su alcuni aspetti essenziali del rapporto di lavoro Ⓥ Ⓕ
   - **e.** si preoccupa di tutelare gli interessi dei datori di lavoro Ⓥ Ⓕ

B. CACCIA ALL'ERRORE

Sottolinea gli errori e riscrivi le frasi corrette

1. Il contratto collettivo di lavoro ha un'efficacia di tre anni e può essere siglato a livello nazionale o individuale.
2. In base al principio del *favor prestatoris* se più norme regolano la stessa materia e sono tra di loro contrastanti, prevale quella il cui contenuto è più svantaggioso per il lavoratore, anche se di grado gerarchico inferiore.
3. Le clausole del contratto nazionale di lavoro più sfavorevoli per il lavoratore rispetto a quelle previste nei contratti collettivi, vengono sostituite da queste ultime senza invalidare il contratto.
4. Il diritto del lavoro si caratterizza per una serie di norme che limitano la libertà contrattuale del datore di lavoro al fine di tutelare gli interessi del sindacato, considerato contraente debole nel rapporto di lavoro subordinato.

C. COMPLETA LA TABELLA

Colloca le fonti del diritto del lavoro indicate in fondo nella colonna corretta

Fonti interne	Fonti esterne	Fonti contrattuali

consuetudine, contratti collettivi, Costituzione, leggi e atti aventi forza di legge, regolamenti, regolamenti e direttive Ue, trattati comunitari, trattati internazionali

D. APPLICA LE CONCOSCENZE

Dopo aver letto gli articoli della Costituzione 1, 4 e da 35 a 40, individua per ciascuna regola indicata l'articolo che la prevede

Regola	Articolo della Costituzione che stabilisce la regola ("no" se non è prevista)
Lo Stato deve impegnarsi per contrastare la disoccupazione	
Ai lavoratori subordinati deve essere garantita una retribuzione minima che consenta loro di vivere dignitosamente con la propria famiglia	
I lavoratori devono iscriversi a un sindacato	
I lavoratori possono scioperare solo se autorizzati	
Sono obbligatorie forme di previdenza contro malattia, vecchiaia ecc. del lavoratore	
I lavoratori possono cominciare a lavorare solo a una certa età stabilita per legge	
Il lavoratore ha diritto a un periodo di ferie non retribuito ogni anno e può rinunciarvi	
I sindacati hanno il potere di stipulare contratti collettivi che regolano i rapporti di lavoro di intere categorie di lavoratori	
Il lavoro delle donne è equiparato a quello dell'uomo per quanto riguarda la retribuzione	
La durata massima del lavoro è rimessa alla libera scelta del datore di lavoro	
Il lavoratore ha diritto a periodi settimanali e annuali di riposo	
È compito dello Stato curare la formazione professionale dei lavoratori	

Lezione **9**

Come cercare lavoro su internet

Il contratto di lavoro subordinato

1. I requisiti del contratto di lavoro subordinato

Il **contratto individuale di lavoro** è il contratto con il quale il lavoratore si obbliga a mettere a disposizione del datore di lavoro la propria attività di lavoro in cambio di una retribuzione.

Il contratto individuale è la fonte del rapporto di lavoro subordinato, che fa nascere il rapporto giuridico obbligatorio tra le parti.
I soggetti contraenti devono avere **capacità** giuridica e capacità di agire. Mentre per il datore di lavoro non vi sono deroghe ai principi generali in materia di capacità, per il prestatore di lavoro l'ordinamento ha predisposto una disciplina particolare stabilendo particolari requisiti di età per l'accesso al lavoro.
La legge riconosce al **minorenne** la capacità di prestare il proprio lavoro, ma richiede che abbia assolto all'obbligo scolastico. Attualmente in Italia è previsto che l'istruzione obbligatoria duri almeno dieci anni, dai 6 ai 16 anni, ma è consentito assolvere l'ultimo anno dell'obbligo scolastico in apprendistato. Considerando che l'apprendistato è un vero e proprio contratto di lavoro (⇒ *lezione 19*), si può dire che la capacità di lavorare si acquista dopo aver compiuto quindici anni e aver assolto all'obbligo scolastico. La capacità di agire è riconosciuta agli ultradiciottenni ma, nel caso di un minore ammesso al lavoro, viene **anticipata** per il compimento di determinati atti giuridici: infatti, egli è abilitato all'esercizio dei diritti e delle azioni che dipendono dal contratto di lavoro, nonché a stipulare personalmente il contratto di lavoro.

esempio Leo, quindicenne iscritto alla prima classe delle superiori decide, nel corso dell'anno scolastico, di abbandonare gli studi per andare a lavorare come operaio in una falegnameria. Si rivolge quindi al titolare della impresa il quale, però, si rifiuta di assumerlo con contratto a tempo indeterminato per mancanza dell'età minima di legge, e lo assume con un contratto di apprendistato. **e**

La **forma** del contratto è generalmente libera e può quindi essere sia scritta sia orale. Tuttavia, in alcuni casi, allo scopo di tutelare il lavoratore, la legge richiede la forma scritta a pena di nullità (*ad substantiam*) o a fini probatori (*ad probationem*).
Il datore di lavoro ha comunque l'obbligo di **informare** il lavoratore delle condizioni normative ed economiche applicabili al contratto.

2. La durata del contratto

La presenza o meno di un termine di scadenza finale del contratto di lavoro subordinato fa sì che esso sia qualificato a tempo **determinato** o **indeterminato**. La questione della durata del contratto di lavoro subordinato è stata da sempre oggetto di vivaci polemiche. È chiaro che il contratto a tempo determinato sia particolarmente apprezzato dai datori di lavori, perché esso risponde a pieno alle loro esigenze di flessibilità: grazie a questa figura contrattuale i datori di lavori possono assumere dipendenti esclusivamente quando lo richiedano le esigenze produttive e soltanto per il tempo strettamente necessario. Al contrario, questo contratto è particolarmente osteggiato dai lavoratori, perché determina rapporti di lavoro instabili e causa la precarietà economica.

Il contratto a tempo indeterminato

Generalmente si ritiene che il contratto di lavoro subordinato sia naturalmente a tempo indeterminato. L'assenza di un termine finale comporta che il rapporto si estingua esclusivamente al momento del raggiungimento dei limiti di anzianità previsti dalla legge oppure nei casi di recesso di una delle parti, cioè le dimissioni del lavoratore o il licenziamento da parte del datore di lavoro. Il licenziamento è però sottoposto a particolari limitazioni e vincoli (⇒ *lezione 15*).

Proprio rispetto alle limitazioni della facoltà di licenziamento, il contratto di lavoro subordinato a tempo indeterminato è stato oggetto di una importante modifica introdotta con uno dei decreti legislativi attuativi della legge 183/2014 (cosiddetto Jobs Act). Dall'entrata in vigore del decreto, 7 marzo 2015, i nuovi contratti seguiranno regole diverse rispetto a quelli stipulati precedentemente a tale data per quanto riguarda le conseguenze dei licenziamenti illegittimi. I vincoli di licenziamento sono diventati più rigorosi per il datore di lavoro con il progredire della durata del rapporto; per questa sua caratteristica, si parla di contratto a tempo indeterminato a **tutele crescenti**.

Il contratto a tempo determinato

Sebbene il contratto a tempo indeterminato sia la figura regolare del contratto di lavoro subordinato, nel corso degli anni, per assecondare le esigenze di flessibilità dei datori di lavoro, il legislatore ha consentito con sempre maggiore facilità di stipulare contratti a tempo determinato, subordinandoli tuttavia alla sussistenza di particolari condizioni e limiti. L'esistenza di un termine finale comporta che il rapporto si **estingua automaticamente** al sopraggiungere del termine stabilito. Riguardo a questi contratti, il legislatore ha avuto atteggiamenti talvolta favorevoli, talvolta contrari.

Attualmente il contratto a tempo determinato è regolato dal d.lgs. 81/2015, i cui punti salienti sono riassunti nella tabella.

esempio Sergej è stato assunto per i quattro mesi estivi in una fabbrica di gelati per far fronte all'aumento delle vendite tipico di questo periodo. Alla scadenza, il datore di lavoro propone a Sergej di prorogare per altri due mesi il rapporto, in considerazione del fatto che il successo sul mercato dei prodotti dell'azienda e il perdurare della stagione calda hanno fatto aumentare le vendite rispetto alle previsioni. Giunto alla scadenza, Sergej, d'accordo con il datore di lavoro, allo scopo di concludere la lavorazione di una partita di merce, decide di proseguire il rapporto per altri 20 giorni. Scaduti anche questi 20 giorni il rapporto cessa. Successivamente, trascorsi 10 giorni, l'azienda decide di riassumere Sergej a tempo determinato per un anno: il contratto è ancora possibile, perché sono stati rispettati sia l'intervallo di tempo tra i due contratti sia il limite massimo di durata di 36 mesi. e

3. Il periodo di prova

Spesso nel contratto di lavoro è contenuta una clausola, detta **patto di prova**, che deve avere necessariamente forma scritta, mediante la quale i contraenti concordano di subordinare la definitiva assunzione al risultato positivo di un periodo di prova. La durata è variabile, in base ai vari contratti collettivi, ma non è mai prorogabile e comunque non può superare i 6 mesi (3 per gli impiegati che non svolgono funzioni direttive). In questo modo le parti possono valutare meglio la rispettiva convenienza a proseguire il rapporto di lavoro. Durante il periodo di prova il rapporto di lavoro è provvisorio e il datore di lavoro può recedere senza doversi giustificare. Il contratto diventa definitivo quando e se la prova avrà avuto esito positivo e se nessuna delle parti avrà manifestato la volontà di sciogliere il rapporto. Se, trascorso il periodo di prova, il rapporto prosegue, il servizio prestato si computa ai fini dell'anzianità di servizio del prestatore di lavoro (art. 2096 c.c.).

Causa giustificatrice	Nessuna: il datore di lavoro non deve indicare le ragioni che lo hanno indotto a stipulare il contratto a tempo determinato (contratto a termine acausale)
Durata massima	36 mesi
Limiti	Il datore di lavoro non può assumere lavoratori a tempo determinato in misura superiore al 20 per cento del numero di lavoratori a tempo indeterminato in forza al 1° gennaio dell'anno di assunzione. Per i datori che occupano fino a cinque dipendenti è possibile stipulare almeno un contratto a tempo determinato. In taluni casi il contratto è vietato, come per la sostituzione di lavoratori in sciopero
Forma	L'apposizione del termine di scadenza deve risultare da forma scritta, in mancanza della quale il contratto si intende a tempo indeterminato
Proroghe	Fino a 5 purché la durata complessiva non superi i 36 mesi, la proroga riguardi la stessa attività e vi sia il consenso del lavoratore. Qualora il numero delle proroghe sia superiore, il contratto si trasforma in contratto a tempo indeterminato dalla data di decorrenza della sesta proroga
Prosecuzione oltre il termine	Allo scopo di ultimare le lavorazioni in corso, è ammesso che il contratto prosegua di fatto dopo la scadenza del termine originario o validamente prorogato o dopo il periodo di durata massima di 36 mesi ma con una maggiorazione retributiva e per periodi brevi: fino a 30 o 50 giorni, a seconda che il contratto sia di durata inferiore o superiore a 6 mesi. Se il contratto prosegue oltre il limite massimo si converte in contratto a tempo indeterminato
Riassunzione	Scaduto il contratto, se ne può stipulare un altro purché siano rispettati determinati intervalli di tempo dalla scadenza del vecchio alla stipula del nuovo: 10 o 20 giorni, a seconda che il contratto scaduto fosse di durata fino a 6 mesi o superiore a 6 mesi.
Diritto di precedenza	I lavoratori a tempo determinato per un periodo superiore a 6 mesi hanno diritto a essere preferiti ad altri lavoratori qualora il datore di lavoro proceda a nuove assunzioni a tempo indeterminato. Il lavoratore assunto a tempo determinato per lo svolgimento di attività stagionali ha diritto di precedenza rispetto a nuove assunzioni a tempo determinato da parte dello stesso datore di lavoro per le stesse attività stagionali

A. VERO/FALSO

Indica se le seguenti affermazioni sono vere o false

1. Il contratto di lavoro a tempo determinato:

- **a.** è la tipologia normale di lavoro subordinato Ⓥ Ⓕ
- **b.** può essere stipulato per un periodo massimo di 36 mesi Ⓥ Ⓕ
- **c.** è consentito soltanto nei casi tassativi previsti dalla legge Ⓥ Ⓕ
- **d.** si trasforma in contratto a tempo indeterminato se il rapporto prosegue di fatto oltre i limiti stabiliti dalla legge Ⓥ Ⓕ
- **e.** è stato introdotto la prima volta con la riforma del 2015 Ⓥ Ⓕ

2. Il contratto di lavoro subordinato:

- **a.** richiede sempre la forma scritta Ⓥ Ⓕ
- **b.** può essere sottoscritto personalmente dal lavoratore quattordicenne Ⓥ Ⓕ
- **c.** deve prevedere un periodo di prova Ⓥ Ⓕ
- **d.** determina l'instaurarsi del rapporto giuridico tra datore di lavoro e lavoratore Ⓥ Ⓕ
- **e.** può essere stipulato dal minorenne che abbia assolto agli obblighi scolastici Ⓥ Ⓕ

B. CACCIA ALL'ERRORE

Sottolinea gli errori e riscrivi le frasi corrette

1. Durante il periodo di prova il datore di lavoro è libero di dimettere il lavoratore.

....

....

....

2. Il minorenne ultra quindicenne ha sempre la possibilità di stipulare un contratto di lavoro subordinato.

....

....

3. Il lavoratore assunto a tempo indeterminato ha il diritto di essere preferito ad altri in caso di nuove assunzioni, a tempo determinato o indeterminato.

....

....

....

....

4. La capacità di agire del datore di lavoro è anticipata.

....

....

C. COMPLETA LO SCHEMA

Inserisci i termini mancanti

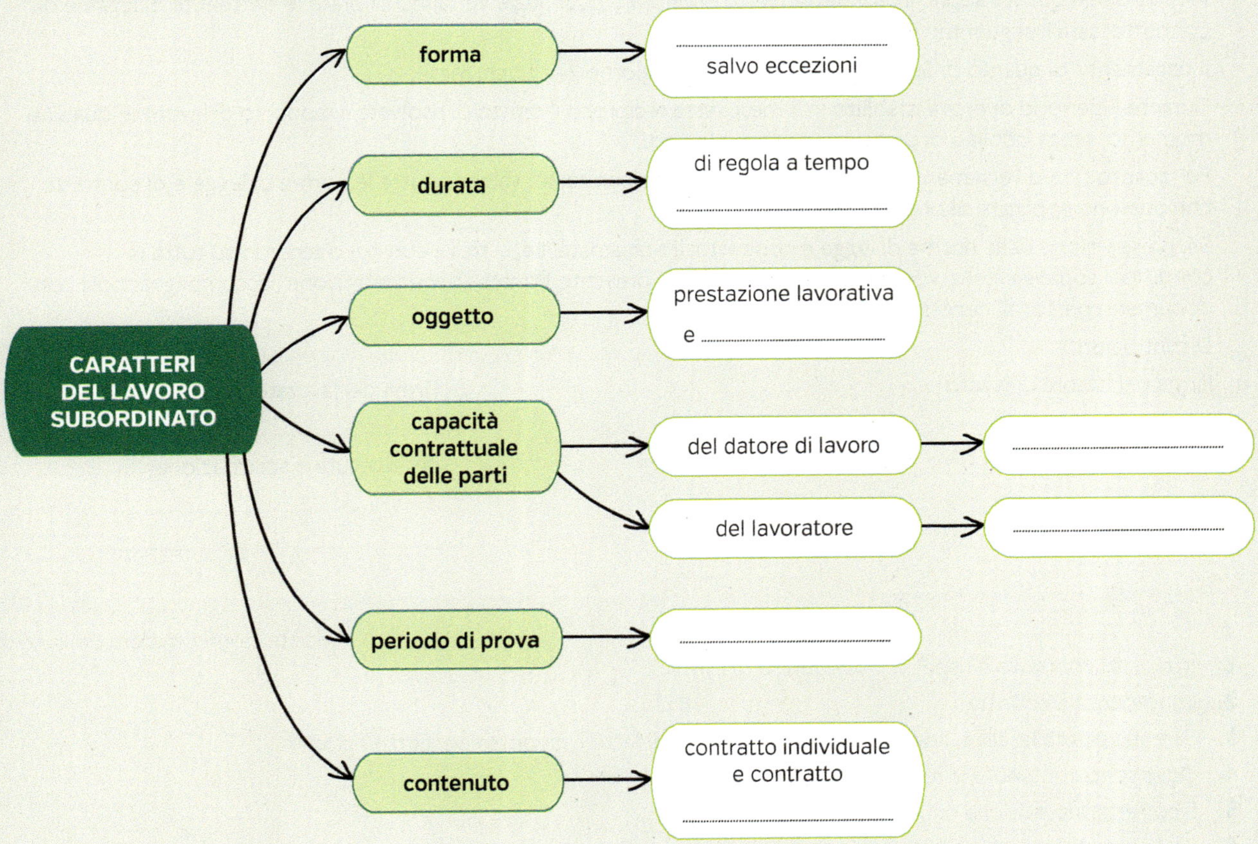

D. IL CASO

Leggi il documento e rispondi alle domande

ALFA S.P.A.

....

LETTERA DI ASSUNZIONE A TEMPO DETERMINATO
AI SENSI DELL'ART. 19 DEL D.LGS. 15 GIUGNO 2015, N. 81

Luogo e data ....

Egregio Signor Mario Rossi

....

....

Abbiamo il piacere di comunicarLe che, a far data dal 1° gennaio 2017, Lei verrà assunto alle nostre dipendenze con contratto a termine ai sensi del d.lgs. 15 giugno 2015 n. 81.

Il contratto scadrà il 31/12/2019.

In conformità alle disposizioni previste dal vigente Contratto Collettivo Nazionale di Lavoro del settore ...., Le verrà assegnata la categoria di impiegato di primo livello con l'incarico di svolgere le seguenti mansioni: addetto alla ricezione di telefonate, disbrigo corrispondenza, tenuta registri contabili, registrazione fatture e documenti di trasporto.

L'orario di lavoro previsto è il seguente: otto ore giornaliere per cinque giorni settimanali esclusi sabato e domenica.

Le Sue prestazioni si svolgeranno inizialmente presso la nostra Sede, sita in Milano, via ...... nc. .....restando comunque inteso che Lei potrà essere assegnato, temporaneamente o definitivamente, a qualunque altra delle nostre Sedi, per ragioni tecniche, organizzative e produttive, ai sensi dell'art. 2103 del codice civile.

Lei assume precisi impegni di attenersi alla più rigorosa riservatezza circa i dati o le notizie che verranno a Sua conoscenza, anche occasionalmente, essendo Lei comunque, tenuto/a a utilizzare tali dati e notizie non ad altro scopo che a quello per il quale ne sia venuto/a al corrente.

In relazione a quanto sopra, il Suo trattamento economico, sul quale verranno operate le trattenute di legge e di contratto, sarà il seguente: ....

Il pagamento di quanto di Sua competenza avverrà il giorno 27 di ogni mese.

Durante il periodo di prova, stabilito in 3 mesi, resta reciproco il diritto di risolvere il rapporto di lavoro in qualsiasi momento, senza obbligo di preavviso da ambo le parti.

Per quanto non diversamente disciplinato dal presente contratto, valgono tutte le norme di legge e di contratto che possono applicarsi al presente rapporto di lavoro.

Se, presa visione delle norme di legge e contrattuali richiamate, Lei si trova con noi d'accordo su tutte le condizioni sopra esposte, voglia restituirci copia della presente firmata "per accettazione", accompagnandola con i documenti personali necessari per l'assunzione.

Distinti saluti

Firma del datore di lavoro

....

Firma del lavoratore

....

per ricevuta e accettazione

....

...., lì ....

Fonte: confcommerciomilano.it

1. In questo contratto è rispettato il requisito di forma?
2. La scadenza è corretta?
3. Sarebbe possibile, alla scadenza prevista, proseguire di fatto il rapporto per altri 40 giorni?
4. Dove sono contenute le regole di questo rapporto di lavoro?
5. È corretta la previsione del periodo di prova?
6. Se il contratto collettivo di lavoro della categoria prevedesse 7 ore giornaliere per cinque giorni settimanali quale orario dovrebbe seguire il lavoratore?

Lezione **10** Il curriculum e il colloquio

L'assunzione del lavoratore subordinato

1. Limitazioni e obblighi per il datore di lavoro

In materia di lavoro la **libertà contrattuale** delle parti, cioè la libertà di decidere se, quando, con chi e quale contratto stipulare, subisce notevoli limitazioni, principalmente per il datore di lavoro, la cui autonomia è limitata per tutelare il contraente debole, cioè il lavoratore.
Le limitazioni riguardano il contenuto del contratto (⇒ *lezioni 8 e 9*), l'assunzione del lavoratore, la durata del rapporto (⇒ *lezione 9*) e il potere di licenziamento del datore di lavoro (⇒ *lezione 15*). Il contratto individuale di lavoro risulta in gran parte vincolato dalle condizioni stabilite nei contratti collettivi e da numerose disposizioni inderogabili contenute in leggi speciali.

Al momento dell'**assunzione** del lavoratore, lo squilibrio tra i contraenti si manifesta con maggiore gravità. Il datore di lavoro potrebbe approfittare della propria condizione di forza per scegliere in modo arbitrario e discriminatorio chi assumere, e questo sarebbe dannoso per i lavoratori, soprattutto per quelli più svantaggiati, per esempio a causa di condizioni fisiche o personali.

Per queste ragioni la legge ha posto dei limiti alla libertà di scelta del lavoratore.

- **Divieti di assunzione**, a tutela dei minori e delle donne. La legge preclude l'esercizio di determinate attività lavorative in considerazione dell'età e del sesso dei lavoratori. Un limite generale legato alla età è quello che vieta l'assunzione dei minori di anni quindici. La legge vieta poi che i minori ultra quindicenni siano impiegati in lavori notturni e in attività lavorative potenzialmente pericolose per la salute (come in miniera, o presso macchinari pericolosi).
- **Obblighi di assunzione** a favore di categorie privilegiate, come chi è affetto da minorazioni fisiche, psichiche o sensoriali, portatori di handicap intellettivo con riduzione della capacità lavorativa superiore al 45%, invalidi del lavoro, invalidi civili ecc. I datori di lavoro pubblici e privati sono tenuti ad avere alle loro dipendenze lavoratori appartenenti alle categorie privilegiate nella misura del 7%, se hanno più di 50 dipendenti; di due lavoratori, se hanno da 36 a 50 dipendenti; di un lavoratore, se hanno da 15 a 35 dipendenti (l. 68/1999).
- **Modalità obbligatorie di assunzione**: questo aspetto, di natura amministrativa, attiene più propriamente al mercato del lavoro.

2. Il mercato del lavoro

Il mercato del lavoro, l'incontro tra la domanda di lavoro proveniente dalle imprese e l'offerta di lavoro da parte dei lavoratori, ha da sempre interessato il legislatore, che lo ha regolamentato, con il duplice scopo di favorire l'occupazione e di proteggere gli interessi dei lavoratori.

Un ruolo cruciale e particolarmente delicato è quello della **mediazione** tra chi offre lavoro e chi lo domanda. Il mediatore ha il compito di agevolare il collocamento dei lavoratori, riducendo la disoccupazione, e di far corrispondere alle richieste occupazionali delle imprese le competenze professionali adeguate. La mediazione serve dunque non solo per trovare lavoro a chi non ce l'ha o a chi lo vuole cambiare, ma anche per rispondere alle esigenze dei datori di lavoro.

Inizialmente il **collocamento** della manodopera consisteva in un regime strettamente pubblicistico (l. 264/1949): in sostanza, il datore di lavoro non era libero di scegliere i propri dipendenti, che dovevano provenire da apposite liste di collocamento statali in cui i lavoratori erano inseriti secondo una graduatoria che teneva conto delle competenze professionali e delle condizioni personali e familiari. Scopo del collocamento pubblico era principalmente quello di proteggere i lavoratori più deboli e bisognosi di lavorare.

Il sistema del collocamento pubblico si è rivelato inadatto a rispondere ai problemi occupazionali del paese e alle esigenze delle imprese. Il legislatore ha quindi inserito gradualmente, fino ad arrivare alla legge 608/1996, il metodo dell'**assunzione diretta**: il datore di lavoro è oggi libero di scegliere il lavoratore da assumere. Fanno eccezione a questa regola generale le assunzioni di alcune categorie di lavoratori, come i disabili iscritti negli speciali elenchi del collocamento obbligatorio, che vengono assunti tramite richiesta nominativa, o i dipendenti pubblici, che vengono assunti mediante concorso.

La libertà di assunzione per il datore di lavoro non significa completa assenza di regolamentazione della fase costitutiva del rapporto di lavoro: la legge prescrive che all'atto dell'assunzione siano fornite ad appositi uffici pubblici, i **centri per l'impiego**, tutte le **informazioni** relative al rapporto di lavoro appena sorto, come la data dell'assunzione, la scadenza del rapporto, i dati anagrafici del lavoratore e la sua qualifica professionale, la natura giuridica del rapporto e il tipo di trattamento economico.

Il legislatore ha anche riformato profondamente il sistema diretto a favorire l'incontro tra domanda e offerta di lavoro, consentendo l'ingresso in quest'attività di intermediazione a soggetti pubblici e privati. La nuova organizzazione dei servizi per l'impiego e degli interventi sul mercato del lavoro prevede anzitutto il **decentramento** delle funzioni e dei compiti in materia di politica occupazionale e di collocamento dallo Stato alle Regioni e agli enti locali.

La distribuzione delle competenze tra i vari enti è la seguente:

- lo **Stato** definisce i livelli essenziali delle prestazioni su tutto il territorio nazionale, stabilendo i criteri da seguire e i principi fondamentali cui ogni ente deve uniformarsi in materia di intermediazione del lavoro e di politica occupazionale. Il Jobs Act (l. 183/2014) ha potenziato il ruolo di vigilanza dello Stato su queste materie;
- le **Regioni** definiscono concretamente il collocamento e la politica attiva per favorire l'occupazione a livello regionale;
- le **Province** svolgono, su delega delle Regioni, una parte delle funzioni regionali, in particolare quella di intermediazione tra domanda e offerta di lavoro e i servizi di promozione dell'occupazione. Per le funzioni di collocamento le Province si avvalgono di apposite strutture organizzative, i **centri per l'impiego** che vengono a sostituire le sezioni circoscrizionali del collocamento.

Nonostante sia in vigore il metodo dell'assunzione diretta, il datore di lavoro deve comunicare ai Centri per l'impiego tutte le informazioni relative ai nuovi rapporti di lavoro

La nuova normativa, superando il tradizionale divieto fatto alle imprese private di occuparsi di mediazione nel mercato del lavoro, ha ammesso e regolamentato le **agenzie private per il lavoro**, abilitandole a svolgere tutta la gamma dei servizi per l'impiego. Le agenzie per il lavoro devono iscriversi in un apposito **albo** istituito presso il Ministero del lavoro e hanno competenza su tutto il territorio nazionale. L'iscrizione è concessa soltanto in presenza dei particolari requisiti giuridici e finanziari richiesti dalla legge.

La legge individua inoltre **altri soggetti** abilitati a svolgere attività di intermediazione, come le Università pubbliche e private, i Comuni, le Camere di commercio, gli istituti di scuola secondaria di secondo grado (previa autorizzazione ministeriale), le associazioni dei datori di lavoro e dei lavoratori, l'Ordine nazionale dei consulenti del lavoro, i gestori di siti internet (purché senza fine di lucro), i patronati, le associazioni senza scopo di lucro. Tutti i soggetti, pubblici o privati, impegnati nel campo della mediazione, per operare nell'ambito regionale devono essere accreditati dalla Regione interessata in appositi elenchi.

I **servizi per l'impiego** offerti dalle agenzie sono tutte quelle attività dirette a favorire l'incontro tra domanda e offerta di lavoro, come:

- la **somministrazione** di lavoro a tempo determinato o indeterminato;
- l'**intermediazione** tra offerta e domanda di lavoro;
- la **ricerca** e la **selezione** del personale;
- l'attività di supporto per la **formazione** e la **riqualificazione** professionale dei lavoratori.

A. VERO/FALSO

Indica se le seguenti affermazioni sono vere o false

1. Attualmente l'assunzione del lavoratore subordinato:
   - **a.** viene effettuata attraverso il collocamento pubblico Ⓥ Ⓕ
   - **b.** avviene per assunzione diretta Ⓥ Ⓕ
   - **c.** è imposta soltanto nei casi stabiliti dalla legge Ⓥ Ⓕ
   - **d.** viene agevolata dalla mediazione di agenzie pubbliche e private Ⓥ Ⓕ
   - **e.** è subordinata all'autorizzazione dell'Anpal Ⓥ Ⓕ
2. Le agenzie di intermediazione operanti nel mercato del lavoro:
   - **a.** sono pubbliche e private Ⓥ Ⓕ
   - **b.** devono essere accreditate dalla Regione in cui operano Ⓥ Ⓕ
   - **c.** comprendono anche le Agenzie per l'impiego Ⓥ Ⓕ
   - **d.** hanno il compito di tenere apposite liste di collocamento Ⓥ Ⓕ
   - **e.** sono strutture amministrative decentrate del Ministero del lavoro Ⓥ Ⓕ

B. CACCIA ALL'ERRORE

Sottolinea gli errori e riscrivi le frasi corrette

1. Il metodo di assunzione dei lavoratori attualmente vigente è quello dell'assunzione obbligatoria.
   ....
   ....
   ....
2. Le agenzie di mediazione private devono essere iscritte in un apposito Albo regionale.
   ....
   ....
3. I centri per l'impiego sono strutture amministrative che operano in ambito regionale.
   ....
   ....
4. Il lavoratore per essere assunto deve rivolgersi a una Agenzia del lavoro.
   ....
   ....
   ....

C. COMPLETA LO SCHEMA

Inserisci i termini mancanti

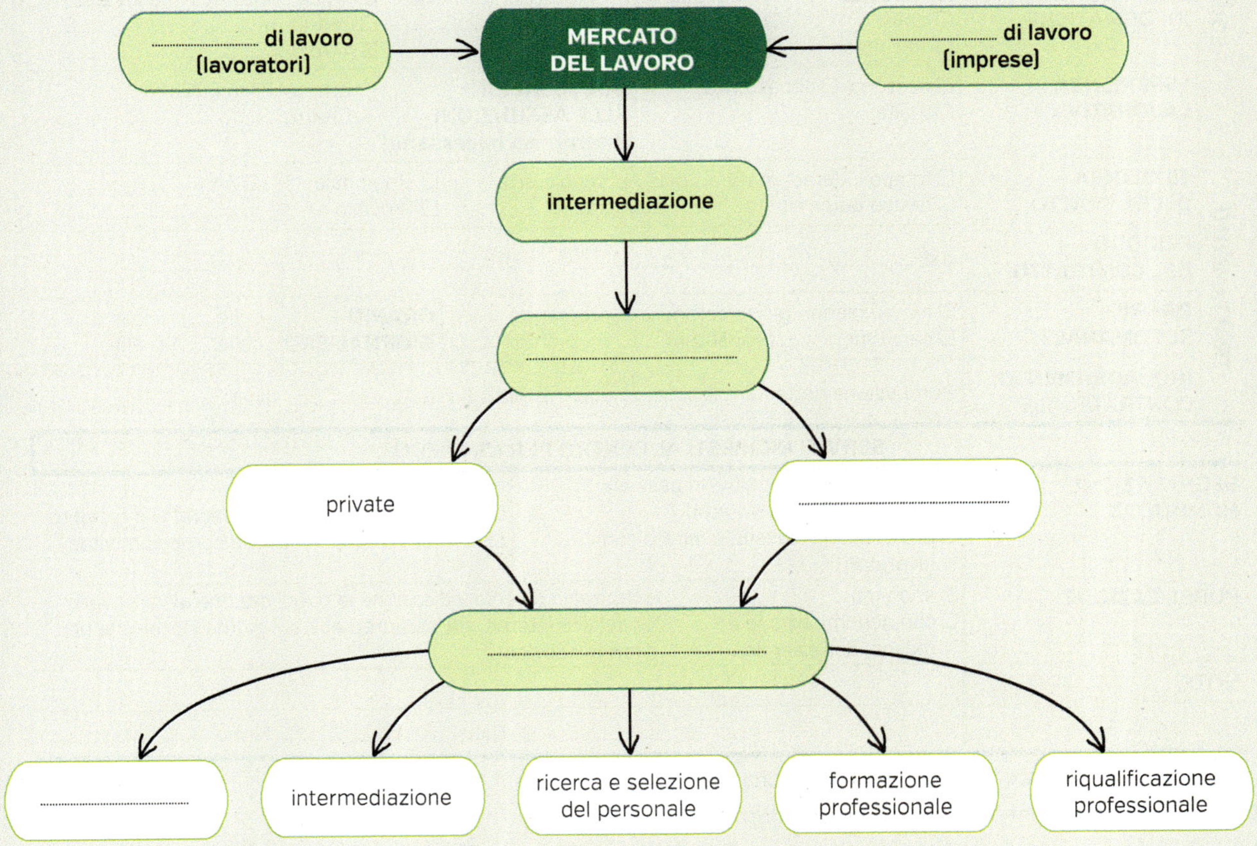

D. APPLICA LE CONOSCENZE Esamina il documento e svolgi le attività indicate

REGIONE MARCHE

GIUNTA REGIONE MARCHE
Servizio Attività produttive, Lavoro, Turismo, Cultura e Internazionalizzazione
P.F. presidio formazione e servizi per l'impiego
Fermo, Macerata e Ascoli Piceno

centro l'impiego

CENTRO PER L'IMPIEGO – SERVIZIO INCONTRO DOMANDA E OFFERTA DI LAVORO

AZIENDA			
DENOMINAZIONE		**P.IVA**	
NOME ATTIVITÀ			
SEDE	Comune .... C.A.P. .... Indirizzo	**NUMERO DIPENDENTI**	N.
RIFERIMENTO	Nome e cognome della persona da contattare .... titolare		

DETTAGLI DELLA DOMANDA DI LAVORO			
UNITÀ	N.	**QUALIFICA**	
DESCRIZIONE DETTAGLIATA DELLE MANSIONI	....		

REQUISITI RICHIESTI		
ETÀ	Minima: .... massima:	☐ F ☐ M — Patente: .... — Disponibilità auto ☐
FORMAZIONE	☐ Licenza elementare ☐ Licenza media	☐ Diploma: .... ☐ Laurea: ....
CONOSCENZE LINGUISTICHE	Inglese: ☐ ottimo ☐ buono ☐ scolastico Tedesco: ☐ ottimo ☐ buono ☐ scolastico Francese: ☐ ottimo ☐ buono ☐ scolastico	Spagnolo: ☐ ottimo ☐ buono ☐ scolastico Italiano: ☐ ottimo ☐ buono ☐ scolastico Altro specificare: ....
CONOSCENZE INFORMATICHE	☐ Windows ☐ Linguaggi di progr. .... ☐ Unix ☐ Progr. Contabilità: .... ☐ Macintosh ☐ Grafica:	☐ Office ☐ Internet - Posta elettr. ☐ Cad-Cam: .... ☐ Altro: ....
ESPERIENZA LAVORATIVA	☐ nessuna ☐ abbastanza ☐ molta	**AGEVOLAZIONI ALLE ASSUNZIONI (barrare se necessarie)** ☐ In mobilità l. 223/91 ☐ altro: ....

TRATTAMENTO		
TIPOLOGIA DI CONTRATTO	☐ tempo indeterminato ☐ tempo determinato	☐ Apprendistato ☐ Co.Co.Pro. ☐ Stagionale ☐ Tirocinio ☐ Altro: ....
PERIODO DEL CONTRATTO	dal: .... / .... /	al: .... / .... / ....
ORARIO SETTIMANALE	☐ tempo pieno: giorni/settim. .... ore/settim. .... ☐ part-time: giorni/settim. .... ore/settim.	**ORARIO GIORNALIERO** dalle .... : .... alle: .... : .... dalle .... : .... alle: .... : ....
INQUADRAMENTO CONTRATTUALE	Retribuzione netta min.: .... mass.:	livello: ....

SERVIZI RICHIESTI AL CENTRO PER L'IMPIEGO			
SEGNALAZIONE NOMINATIVI	☐ invio elenco nominativi in base alle disponibilità dei lavoratori ☐ preselezione (colloquio mirato con i lavoratori)	☐ fax ☐ e-mail ☐ ritira di persona	☐ dati anagrafici e recapito ☐ anche curriculum vitae
PUBBLICAZIONE	☐ anonima ☐ con denominazione e recapiti dell'azienda	NB: salvo diversa indicazione la pubblicazione avverrà sulla bacheca interna, sul sito internet e sui giornali locali che ne fanno richiesta	
NOTE:			
	Data .... Firma		

1. Il modello presentato ha valore giuridico di una proposta contrattuale?
2. Qual è il soggetto intermediario che ha predisposto il modello?
3. Qual è il suo scopo?
4. In base alle conoscenze in tuo possesso e assumendo le vesti di un imprenditore tessile che opera nel settore moda, con numerosi rapporti con clienti stranieri, prova a compilare il modello per l'assunzione di una impiegata addetta alle relazioni commerciali e marketing.

Lezione **11**

Gli obblighi del lavoratore subordinato

1. L'obbligo di eseguire la prestazione lavorativa

Come in ogni rapporto giuridico, anche in quello di lavoro subordinato entrambe le parti assumono obblighi e acquistano diritti: si tratta per lo più di situazioni giuridiche reciproche, nel senso che all'obbligo dell'una corrisponde un diritto dell'altra e viceversa. In generale, gli obblighi del lavoratore subordinato sono previsti da tre articoli del codice civile: 2094, 2104 e 2105.
L'art. 2094 stabilisce che l'obbligo principale del lavoratore è quello di **eseguire la prestazione** lavorativa cioè mettere a disposizione dell'imprenditore il proprio lavoro intellettuale o manuale e sotto la sua direzione. L'attività esercitata in concreto può essere di varia natura e deve corrispondere alle mansioni per le quali il lavoratore è stato assunto.

2. L'oggetto della prestazione lavorativa

A ciascun lavoratore vengono affidati determinati compiti, detti **mansioni**, che formano l'oggetto specifico della sua obbligazione nei confronti del datore di lavoro. Le mansioni sono stabilite nell'accordo contrattuale, ma al datore di lavoro è concessa la facoltà di modificarle, quando lo richieda una migliore organizzazione del lavoro all'interno dell'impresa.
Il d.lgs. 81/2015 attuativo della legge delega 183/2014 (Jobs Act) ha introdotto delle importanti novità nella disciplina delle **modificabilità** delle mansioni, riscrivendo l'art. 2103 del codice civile, che disciplinava questa materia. Viene in particolare rivista la regola che vietava di adibire il lavoratore a mansioni inferiori, il cosiddetto **demansionamento**.

Le nuove regole sulle mansioni si possono riassumere così:

- come principio generale, il lavoratore deve essere adibito alle mansioni per le quali è stato assunto o eventualmente, alle mansioni **superiori** nel frattempo acquisite o a mansioni corrispondenti allo stesso livello e categoria di inquadramento delle ultime svolte;
- il dipendente può tuttavia essere assegnato a mansioni appartenenti a un livello contrattuale di inquadramento **inferiore**, a patto che le nuove mansioni «siano riconducibili allo stesso livello e categoria legale di inquadramento delle ultime effettivamente svolte»; questa possibilità è prevista solo nei casi «di modifica degli assetti organizzativi aziendali che incidono sulla posizione del lavoratore» e soltanto se il passaggio ad altra mansione avviene all'interno della **stessa categoria** legale di appartenenza del lavoratore. Il mutamento delle mansioni deve essere seguito, nei casi previsti, dall'assolvimento dell'obbligo formativo;
- i **contratti collettivi**, territoriali o aziendali possono individuare ulteriori ipotesi di assegnazione del dipendente a mansioni inferiori;
- in caso di demansionamento al lavoratore deve essere garantito lo **stesso trattamento retributivo** della precedente prestazione lavorativa; tuttavia, nei casi in cui ci sia un interesse del lavoratore a conservare l'occupazione, ad acquisire una diversa professionalità o a migliorare le proprie condizioni di vita, il lavoratore può acconsentire a una riduzione della retribuzione con un accordo individuale con il datore di lavoro;

- in caso di assegnazione a mansioni superiori, il lavoratore ha diritto al **trattamento corrispondente** all'attività svolta e l'assegnazione diviene definitiva dopo il periodo fissato dai contratti collettivi o, in mancanza, dopo sei mesi continuativi.

Più mansioni vengono raggruppate in una **qualifica**, che di solito identifica una precisa figura professionale. È obbligo del datore di lavoro comunicare al dipendente la sua qualifica al momento dell'assunzione. La qualifica identifica lo status professionale del lavoratore e permette di stabilire la posizione gerarchica del lavoratore all'interno dell'azienda e il suo trattamento economico, normativo e previdenziale. Rispetto alla mansione, che individua l'oggetto specifico dell'obbligo lavorativo, cioè i compiti concreti da svolgere, la qualifica indica l'oggetto generico e definisce la **posizione giuridica** del lavoratore.

esempio Le attività di registrazione delle fatture, gestione della corrispondenza, tenuta dei libri contabili ecc. appartengono alla qualifica di impiegato.

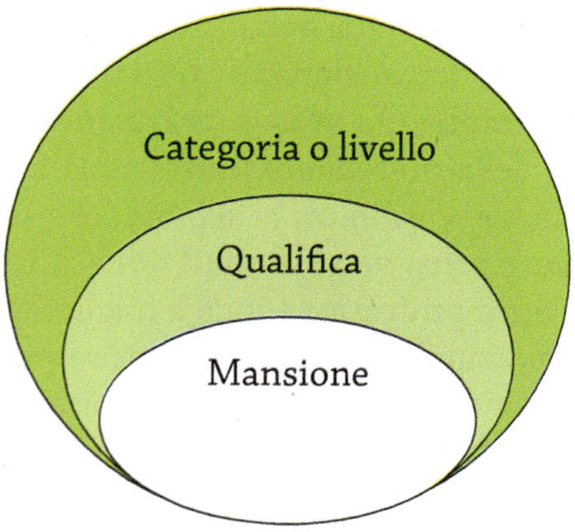

Le qualifiche sono ulteriormente raggruppabili in **categorie**; le categorie disposte dalla legge sono indicate dall'art. 2095 del codice civile e dalla legge 190/1985.

- **Dirigenti**: hanno funzioni qualificate di direzione e di gestione e un alto grado di autonomia decisionale: collaborano con l'imprenditore, soprattutto sul piano dell'organizzazione economica, per il raggiungimento degli obiettivi dell'impresa. Ai dirigenti è riservato un trattamento giuridico del tutto particolare rispetto a retribuzione, orari di lavoro e modalità di assunzione e di licenziamento.
- **Quadri**: questa categoria comprende quei prestatori di lavoro subordinato che si collocano in una posizione intermedia tra quella dei dirigenti, di cui non possiedono i requisiti di autonomia gestionale, e quella degli impiegati, da cui si discostano per le loro funzioni direttive.
- **Impiegati**: sono coloro che esercitano in modo professionale un'attività non manuale con funzione di collaborazione tanto di concetto che di ordine (r.d. 1825/1924): l'impiegato collabora all'impresa esercitando mansioni di tipo intellettuale e rispettando le direttive provenienti dal datore di lavoro, dai dirigenti o dai quadri. Si distingue però tra impiegato di concetto, che esegue l'attività affidatagli esprimendo una certa capacità di iniziativa nel recepire e interpretare gli ordini, e impiegato d'ordine, che ha invece mansioni meramente esecutive.
- **Operai**: una categoria residuale a cui appartengono i lavoratori che svolgono mansioni puramente esecutive e prevalentemente di tipo manuale. Tuttavia, la distinzione tra operai e impiegati è divenuta nella pratica del tutto irrilevante, anche perché con l'innovazione tecnologica dei processi produttivi l'attività meramente manuale è praticamente scomparsa.

esempio In una stessa industria lavorano: Christian, addetto allo scarico e immagazzinamento della merce (operaio), Caterina, addetta alla registrazione delle fatture e alla contabilità aziendale (impiegata), Hassan, caporeparto con il compito di organizzare e controllare lo svolgimento della linea produttiva (quadro) e la dott.ssa Emilia, direttrice responsabile dell'azienda (dirigente).

Le categorie legali sono state praticamente superate dal nuovo sistema di **inquadramento unico** professionale stabilito dalla contrattazione collettiva. Secondo questo nuovo criterio di classificazione, i lavoratori non vengono più divisi tra operai e impiegati, ma vengono inseriti in un unico inquadramento suddiviso in diversi **livelli professionali** (in genere 7 o 8), ciascuno dei quali può comprendere sia impiegati sia operai. L'appartenenza a un determinato livello viene stabilita secondo precise **declaratorie** che definiscono l'attività prestata. La contrattazione collettiva ha poi introdotto nuove categorie, come quella degli **intermedi**, che è la massima categoria degli operai con mansioni di responsabilità e controllo di gruppi di operai, e dei **funzionari**, che si collocano in posizione intermedia tra impiegati e dirigenti.

La tabella contiene un esempio di classificazione dei lavoratori per livelli professionali tratto dal Contratto collettivo del commercio e terziario:

Livello	Qualifica	Declaratoria
Primo	Quadri e impiegati con funzioni direttive	Lavoratori con funzioni ad alto contenuto professionale anche con responsabilità di direzione esecutiva, che sovrintendano alle unità produttive o a una funzione organizzativa con carattere di iniziativa e di autonomia operativa nell'ambito delle loro responsabilità
Secondo	Impiegati di concetto	Lavoratori di concetto che svolgono compiti operativamente autonomi e/o con funzioni di coordinamento e controllo, nonché personale che esplica la propria attività con carattere di creatività nell'ambito di una specifica professionalità tecnica e/o scientifica
Terzo	Impiegati di concetto e operai specializzati provetti	Lavoratori che svolgono mansioni di concetto o prevalentemente tali, che comportano particolari conoscenze tecniche ed esperienza, e lavoratori specializzati provetti che, in condizioni di autonomia operativa, svolgono lavori che comportino una specifica e adeguata capacità professionale acquisita mediante approfondita preparazione teorica e tecnico-pratica
Quarto	Impiegati d'ordine e operai specializzati	Lavoratori che eseguono compiti operativi anche di vendita e relative operazioni complementari, nonché lavoratori adibiti a lavori che richiedono specifiche conoscenze tecniche e particolari capacità tecnico-pratiche
Quinto	Impiegati d'ordine e operai qualificati	Lavoratori che eseguono lavori qualificati che richiedono normali conoscenze e capacità tecnico-pratiche
Sesto	Operai comuni	Lavoratori che compiono lavori che richiedono il possesso di semplici conoscenze pratiche
Settimo	Operai comuni	Lavoratori che svolgono mansioni di pulizia o equivalenti e garzoni

3. L'obbligo di diligenza, obbedienza e fedeltà

La prestazione lavorativa deve essere svolta con **diligenza**, **disciplina** e **fedeltà** (artt. 2104 e 2105 c.c.).

Si tratta di un'obbligazione di **mezzi**, in quanto non obbliga il lavoratore a un determinato risultato produttivo ma a svolgere l'attività nel miglior modo possibile, e a **carattere personale**, pertanto il lavoratore non può farsi sostituire da altri, a meno che non sia autorizzato dal datore di lavoro.

esempio Caterina, dell'esempio precedente, nell'orario di lavoro previsto deve mettersi a disposizione del datore di lavoro per svolgere le mansioni assegnatele: non potrebbe eseguire prestazioni diverse, né potrebbe incaricare qualcun altro di eseguirle al posto suo.

Il lavoratore subordinato deve anzitutto svolgere la propria attività con **diligenza**, vale a dire con le opportune cautele e attenzioni. La diligenza deve essere valutata in relazione alla natura della prestazione dovuta, cioè in base alle mansioni svolte e alle qualifiche e livelli professionali per le quali il lavoratore è assunto, e all'interesse dell'impresa, cioè alle esigenze del datore di lavoro.
Il lavoratore è anche tenuto all'**obbedienza**, cioè all'osservanza delle disposizioni impartite dall'imprenditore e dai collaboratori dell'imprenditore per l'esecuzione e la disciplina del lavoro.

esempio Per un'impiegata come Caterina, la normale diligenza significa non commettere errori di ortografia nella scrittura, interloquire educatamente con le altre persone e tenere sufficientemente ordinate le pratiche d'ufficio.

L'art. 2105 del codice civile prevede l'obbligo di **fedeltà**: il lavoratore è cioè tenuto a un comportamento leale nei confronti del datore di lavoro e deve astenersi da ogni atto che possa nuocergli, anche solo potenzialmente. In sostanza, l'obbligo di fedeltà si traduce nell'osservanza da parte del lavoratore di due distinti doveri.
Deve osservare il **divieto di concorrenza**, cioè per tutta la durata del rapporto di lavoro non deve trattare affari, per conto proprio o di terzi, in concorrenza con l'imprenditore. È consentito alle parti di estendere questo divieto a un periodo successivo alla cessazione del rapporto (art. 2125 c.c.).

esempio Caterina violerebbe questo divieto se, mentre lavora come dipendente in un negozio di scarpe, gestisse in proprio un negozio dello stesso tipo o svolgesse attività di amministratrice di una società avente come oggetto sociale la vendita di scarpe.

Deve osservare l'**obbligo di riservatezza**, cioè non deve divulgare notizie attinenti all'organizzazione e ai metodi di produzione dell'impresa né farne uso in modo da danneggiarla. Questo obbligo perdura **anche dopo** la cessazione del rapporto di lavoro, fino a quando l'ex datore di lavoro svolgerà la propria attività in quello specifico settore.

esempio Caterina violerebbe il dovere di riservatezza se rivelasse ai concorrenti del proprio datore di lavoro informazioni riservate riguardanti accordi con clienti o fornitori o se svelasse segreti industriali attinenti al processo di lavorazione.

attività

A. VERO/FALSO

Indica se le seguenti affermazioni sono vere o false

1. Il demansionamento:
- **a.** consiste nella riduzione della retribuzione del lavoratore Ⓥ Ⓕ
- **b.** si verifica con il passaggio a una categoria legale inferiore Ⓥ Ⓕ
- **c.** è consentito in certi casi ma senza riduzione della retribuzione Ⓥ Ⓕ
- **d.** richiede una valida ragione attinente alle esigenze organizzative dell'azienda Ⓥ Ⓕ
- **e.** può avvenire, ma soltanto all'interno della categoria legale di appartenenza del lavoratore Ⓥ Ⓕ

2. I livelli professionali stabiliti nei contratti collettivi:
- **a.** sostituiscono le categorie legali Ⓥ Ⓕ
- **b.** corrispondono alle qualifiche professionali Ⓥ Ⓕ
- **c.** distinguono tra operai e impiegati Ⓥ Ⓕ
- **d.** prevedono l'inquadramento unico Ⓥ Ⓕ
- **e.** sono di solito 7 o 8 Ⓥ Ⓕ

B. CACCIA ALL'ERRORE

Sottolinea gli errori e riscrivi le frasi corrette

1. L'obbligo di riservatezza rientra nel più generale dovere di subordinazione del lavoratore.

2. L'obbligazione che il lavoratore assume con il contratto di lavoro subordinato è di risultato e personale.

3. Una qualifica professionale comprende più categorie.

4. In caso di assegnazione a mansioni inferiori il lavoratore ha diritto al trattamento corrispondente all'attività svolta.

C. COMPLETA LO SCHEMA

Inserisci i termini mancanti

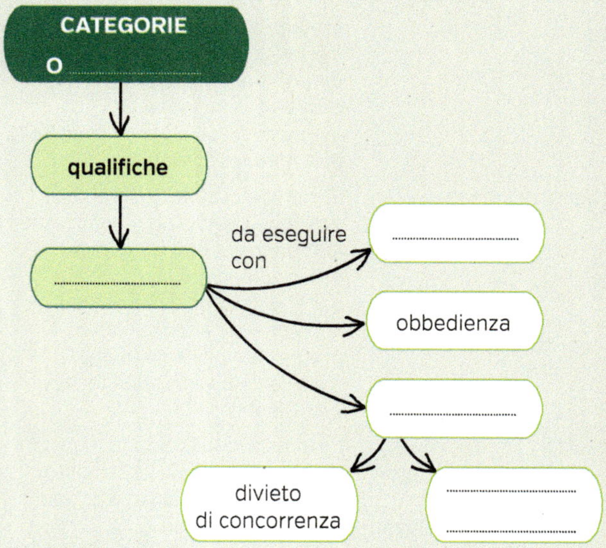

D. IL CASO

Leggi il caso e rispondi alle domande

Brunella lavora come addetta alla produzione di torte nella pasticceria di Rinaldo. Rinaldo scopre che Brunella ha aperto un'altra pasticceria in un paese vicino, ha realizzato un sito internet per la promozione e la vendita dei prodotti online e sta oltretutto utilizzando la ricetta segreta di Rinaldo del panettone. In conseguenza di ciò, Rinaldo ha inviato a Brunella una lettera di licenziamento per giusta causa.

1. In quale categoria legale rientra Brunella?

2. Che tipo di violazione è quella commessa da Brunella?

3. Una volta licenziata, Brunella potrà continuare a svolgere l'attività in proprio?

4. Una volta licenziata, Brunella può continuare a utilizzare la ricetta segreta di Rinaldo?

Lezione **12**

I diritti del lavoratore subordinato

1. Diritto alla retribuzione

A fronte degli obblighi assunti, il lavoratore dispone di numerosi diritti nei confronti del datore di lavoro; si tratta di diritti di varia natura, patrimoniali, personali, sindacali, previdenziali e assistenziali, generalmente riconosciuti e garantiti dalla Costituzione. Il principale diritto patrimoniale del lavoratore è il diritto alla retribuzione.

La **retribuzione** è il trattamento economico cui è obbligato il datore di lavoro nei confronti del lavoratore come corrispettivo della prestazione lavorativa svolta.

L'art. 36 della Costituzione prevede che la retribuzione sia **proporzionata** alla quantità e alla qualità del lavoro svolto e in ogni caso **sufficiente** ad assicurare al lavoratore e alla sua famiglia un'esistenza libera e dignitosa.

A tale norma viene riconosciuto sia un contenuto programmatico, che impegna il legislatore a dare attuazione al principio della retribuzione minima, sia un carattere precettivo direttamente vincolante per i soggetti privati e per i giudici. Il giudice è chiamato pertanto a intervenire ogni qualvolta il contratto individuale di lavoro non preveda l'ammontare della retribuzione o quando la sua misura sia ritenuta insufficiente. La giurisprudenza ha individuato come **retribuzione minima** quella stabilita nei **contratti collettivi** per ciascuna categoria.

La mancanza di una previsione legislativa circa la retribuzione minima del lavoratore e il riferimento alla contrattazione collettiva per la sua determinazione, avevano determinato un ingiustificato vuoto normativo per tutti quei contratti di lavoro per i quali non era prevista la contrattazione collettiva, come i contratti di collaborazione coordinata e continuativa e altri atipici. Per ovviare a questa mancanza la legge delega 183/2014 (Jobs Act) ha previsto l'introduzione del **compenso orario minimo**, applicabile ai rapporti aventi per oggetto una prestazione di lavoro subordinato, nonché, fino al loro superamento, ai rapporti di collaborazione coordinata e continuativa, nei settori non regolati da contratti collettivi sottoscritti dalle organizzazioni sindacali dei lavoratori e dei datori di lavoro comparativamente più rappresentative sul piano nazionale. Il compenso orario minimo verrà stabilito previa consultazione delle parti sociali comparativamente più rappresentative sul piano nazionale.

L'art. 2099 del codice civile prevede varie **forme di retribuzione**. Le forme ordinarie sono:

- a **tempo**: la retribuzione è stabilita in ragione del tempo di lavoro (una determinata quantità di euro per ora, giorno, mese o anno di lavoro). Si distingue una retribuzione mensile, stipendio, corrisposta a dirigenti, quadri e impiegati e una retribuzione oraria, salario, pagata agli operai;
- a **cottimo**; la retribuzione è determinata tenendo conto del risultato produttivo conseguito, per esempio un muratore che viene pagato a metri quadrati di muro intonacato. Nella maggior parte dei casi il cottimo costituisce un'integrazione della retribuzione minima stabilita a tempo, cosiddetto cottimo misto; solo eccezionalmente (soprattutto nel lavoro a domicilio) esso si presenta nella sua forma pura. La disciplina del cottimo, per il rinvio operato negli artt. 2100 e 2101 del codice civile, è quasi interamente riservata alla contrattazione collettiva.

esempio Caterina, per il suo lavoro di segretaria, percepisce uno stipendio di 1000 euro al mese. La sua retribuzione è a tempo. Se percepisse 1 euro per ogni lettera spedita o per ogni fattura registrata, la sua retribuzione sarebbe stata a cottimo. Se invece avesse percepito una retribuzione fissa di 500 euro al mese e 50 centesimi per ogni lettera spedita o fattura registrata la sua retribuzione sarebbe stata a cottimo mista. e

L'ammontare della retribuzione è stabilito dalla contrattazione collettiva sindacale e dall'accordo delle parti espresso nel contratto individuale. Più precisamente, l'accordo **collettivo** individua la misura **minima** della retribuzione per i lavoratori appartenenti a una determinata categoria rispetto alla quale la contrattazione individuale non potrà che apportare modifiche di tipo migliorativo, i cosiddetti **superminimi**, per il lavoratore. Se manca la determinazione collettiva o individuale, la retribuzione è stabilita dal giudice (art. 2099 c.c.).

La retribuzione consiste in una somma di denaro che il lavoratore spende prevalentemente per procurarsi ciò di cui ha bisogno. Se i prezzi dei beni e dei servizi aumentano a causa dell'inflazione (⇒ *lezione 88* del volume principale) il valore reale della retribuzione diminuisce. Il salario nominale resta lo stesso ma non è più sufficiente a procurare gli stessi beni. Quando ciò accade, si dice che il potere di acquisto del salario, cioè il **salario reale**, è diminuito.
Il compito di adeguare la retribuzione al costo della vita è affidato oggi alla contrattazione collettiva che deve periodicamente provvedere ad aggiornare il valore nominale della retribuzione per difenderne il potere di acquisto.

2. Diritto al luogo e all'orario di lavoro

Il luogo e la durata del lavoro sono, al pari della retribuzione e del tipo di attività, aspetti molto importanti del rapporto di lavoro, che possono condizionare e influire direttamente sugli interessi economici, familiari e sociali, del lavoratore, fino al punto di fargli perdere la convenienza allo svolgimento o alla prosecuzione del rapporto. L'ordinamento stabilisce quindi regole precise al riguardo.

L'orario normale di lavoro è di 40 ore settimanali, solitamente suddivise in otto ore al giorno per cinque giorni

Il **luogo di lavoro** è anzitutto quello determinato dalle parti nel contratto; in mancanza di tale previsione la prestazione deve eseguirsi nel luogo dove l'attività deve essere esercitata (art. 1182 c.c.). Il datore di lavoro può modificare il luogo di lavoro, trasferendo il lavoratore da un'unità produttiva a un'altra, soltanto se ricorrono comprovate ragioni tecniche, organizzative e produttive (art. 2103 c.c.).
La regolamentazione dell'**orario di lavoro** ha il principale scopo di salvaguardare la salute e l'integrità fisica dei lavoratori. Per questo motivo, la durata del lavoro deve tener conto della natura dell'attività svolta (ripetitiva, continuativa, faticosa, logorante ecc.) e della particolare condizione di debolezza del lavoratore (per esempio nel caso dei minorenni). Si ritiene comunque che il lavoro costituisca una causa di logorio fisico e psichico. Per questa ragione l'ordinamento si preoccupa di fissare un **orario massimo** di lavoro e impone l'osservanza di periodi di **riposo** per il lavoratore.

È la stessa Costituzione, all'art. 36, a occuparsi di questo aspetto del rapporto di lavoro, stabilendo due importanti principi:
- la durata massima della giornata lavorativa è stabilita dalla legge;
- il lavoratore ha diritto al riposo settimanale e a ferie annuali retribuite, ai quali non può rinunciare.

Attualmente la legge (d.lgs. 66/2003) stabilisce dei limiti massimi precisi all'orario di lavoro:
- l'orario **normale** di lavoro è fissato in **40 ore** settimanali;
- l'orario **giornaliero** massimo è di 10 ore (8 ordinarie e 2 straordinarie);
- l'orario **settimanale** massimo è di 48 ore (40 ordinarie e 8 straordinarie).

I contratti collettivi possono stabilire una durata minore. È assai diffusa oggi la settimana corta che prevede 36 o 38 ore settimanali di solito distribuite su 5 giorni lavorativi, con sabato e domenica di riposo.

Il **lavoro straordinario** è quello che eccede le 40 ore settimanali massime stabilite dalla legge. In tal caso il lavoratore deve essere compensato per le ore straordinarie con un aumento di retribuzione rispetto a quella dovuta per il lavoro

ordinario oppure, in alternativa o in aggiunta, con riposi compensativi. Nel consentire il ricorso al lavoro straordinario, la legge affida alla contrattazione collettiva la sua regolamentazione specifica. Un limite al lavoro straordinario è rappresentato dalla durata massima dell'orario di lavoro stabilita dalla legge.
Quando l'orario si protrae oltre i limiti massimi stabiliti dalla contrattazione collettiva, ma non supera quelli indicati dalla legge, si parla più propriamente di **lavoro supplementare**. Anche per esso sono previste maggiorazioni sulla paga base.

esempio L'orario di Caterina è di 40 ore settimanali, così distribuite: dalle nove alle tredici e dalle quattordici alle diciotto, per cinque giorni la settimana, con sabato e domenica di riposo. Nei periodi di maggior lavoro, tuttavia, fa un'ora di straordinario tutti i giorni, e smette di lavorare alle diciannove. Non potrebbe invece fare due ore di straordinario giornaliere, perché in tal caso il suo orario di lavoro salirebbe a 50 ore settimanali e violerebbe il limite massimo di 48 ore stabilito dalla legge.

Lo svolgimento del lavoro durante il periodo **notturno** è considerato dalla legge come particolarmente penoso, causa di disagio e di disordine nella vita sociale del lavoratore. Il d.lgs. 66/2003 definisce notturno il lavoro svolto per almeno 7 ore consecutive che ricade nell'intervallo di tempo tra le 24 e le 5 del mattino e lavoratore notturno colui che svolge in via non eccezionale almeno tre ore del suo lavoro durante tale periodo.

L'orario giornaliero dei lavoratori notturni non può superare le 8 ore nell'arco delle 24 ore o nell'arco di tempo più lungo eventualmente stabilito dai contratti collettivi. Sono previste maggiorazioni retributive per il lavoro notturno. Leggi speciali vietano il ricorso al lavoro notturno per determinate categorie di lavoratori (donne, minori, apprendisti ecc.).

3. Diritto ai riposi e alle ferie

Normalmente spettano al lavoratore **undici ore giornaliere** di riposo consecutivo, possibilmente comprendenti le ore notturne. Sono previste anche **soste intermedie** per la consumazione dei pasti o per lo svolgimento di particolari attività: per esempio, la lavoratrice madre ha diritto a due periodi di riposo giornaliero di un'ora ciascuno per allattare i figli. Il lavoratore ha inoltre diritto ad almeno **un giorno** di riposo per ogni sette giorni, di regola in coincidenza con la domenica (art. 2109 c.c.): si tratta di un diritto riconosciuto dalla Costituzione come irrinunciabile (art. 36 Cost.).
Il lavoratore ha infine diritto alla sospensione dell'attività lavorativa in occasione delle **festività** civili e religiose indicate dalla legge.

esempio Caterina potrebbe lavorare tredici ore consecutive? Se considerassimo esclusivamente le regole sui riposi giornalieri potremmo rispondere di sì. Prendendo però in considerazione anche i limiti legali dell'orario giornaliero, che prevedono un massimo di 10 ore, si conclude che non sarebbe possibile.

Il lavoratore ha diritto ogni anno a un periodo di **ferie** retribuito, possibilmente continuativo. Il periodo minimo di ferie è stabilito dalla legge in non meno di **quattro settimane** all'anno (d.lgs. 66/2003), con l'obbligo per il datore di lavoro di farne fruire al lavoratore almeno **due consecutive** nel corso dell'anno di maturazione. I contratti collettivi possono stabilire periodi di ferie più lunghi.
La scelta del periodo in cui svolgere le ferie è rimessa al datore di lavoro che deve però tener conto delle esigenze dell'impresa e degli interessi del prestatore di lavoro (art. 2109 c.c.).

esempio Nell'ufficio di Caterina lavora un'altra impiegata, Simonetta. Considerato che l'impresa dove lavorano non chiude mai e che deve essere garantita la presenza in azienda di almeno un impiegato, le due colleghe si accordano con il datore di lavoro per distribuire le ferie nel modo seguente: Caterina andrà in ferie le prime due settimane di luglio e le ultime due di agosto, Simonetta le ultime due settimane di luglio e le prime due di agosto. Così facendo vengono soddisfatte le esigenze del datore di lavoro e rispettate le disposizioni della legge.

Il diritto alle ferie è **irrinunciabile** (art. 36 Cost.): ciò significa che l'eventuale patto con cui il lavoratore rinunciasse alle ferie sarebbe nullo. La legge vieta, in linea generale, la cosiddetta monetizzazione delle ferie, vale a dire la rinuncia alle ferie da parte del lavoratore in cambio della retribuzione. Tuttavia, in alcuni casi eccezionali essa è permessa, come nei contratti a tempo determinato di durata inferiore all'anno o nel caso di cessazione del rapporto di lavoro nel corso dell'anno.

attività

A. VERO/FALSO

Indica se le seguenti affermazioni sono vere o false

1. La retribuzione del lavoratore:
   - **a.** deve essere aggiornata periodicamente secondo l'inflazione per mantenere inalterato il suo potere di acquisto (V) (F)
   - **b.** può essere a cottimo o a tempo (V) (F)
   - **c.** è liberamente stabilita dalle parti del contratto senza un limite minimo preciso (V) (F)
   - **d.** può essere superiore a quella stabilita nei contratti collettivi (V) (F)
   - **e.** non è dovuta quando il lavoratore è in ferie (V) (F)
2. Il lavoratore ha diritto:
   - **a.** al luogo di lavoro (V) (F)
   - **b.** al tempo di lavoro (V) (F)
   - **c.** all'orario di lavoro (V) (F)
   - **d.** ai riposi giornalieri e settimanali (V) (F)
   - **e.** al riposo mensile (V) (F)

B. CACCIA ALL'ERRORE

Sottolinea gli errori e riscrivi le frasi corrette

1. Per le 4 ore eccedenti le 36 settimanali un impiegato percepisce un'indennità per orario straordinario.

   ....

2. L'inflazione fa diminuire il valore del salario nominale del lavoratore.

   ....

   ....

3. I contratti collettivi possono stabilire una durata del periodo di ferie inferiore a quella stabilita dalla legge.

   ....

4. Il superminimo è la retribuzione riconosciuta al lavoratore nel contratto individuale di lavoro al di sotto di quella stabilita nei contratti collettivi.

   ....

C. COMPLETA LO SCHEMA

Inserisci i termini mancanti

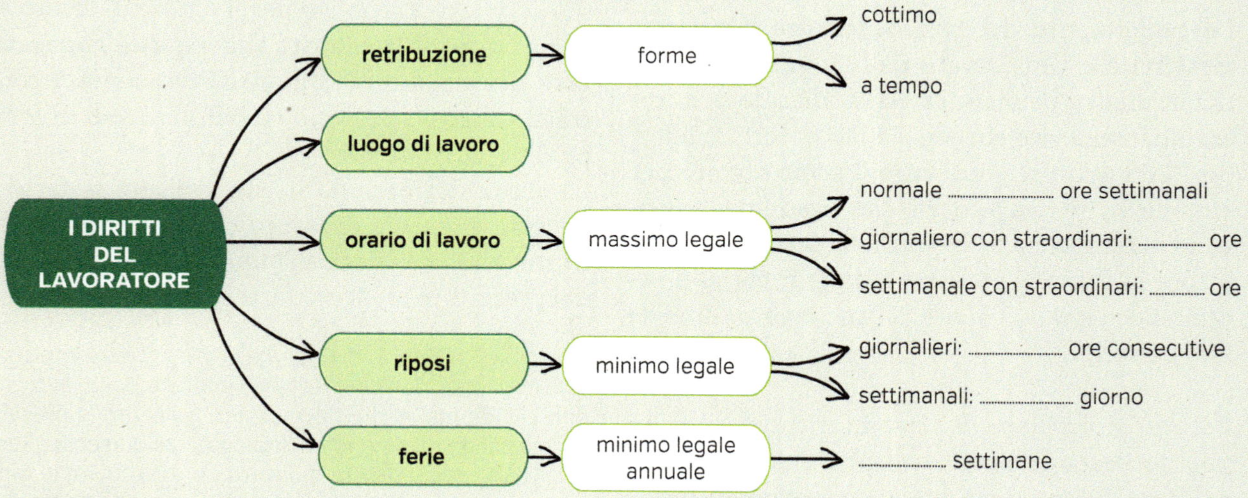

D. IL CASO

Leggi i casi e rispondi alle domande

1. Serena ha rinunciato alle ferie a causa di un incremento del lavoro nell'impresa in cui lavora come impiegata. È consentito?
2. Fabio viene trasferito dal suo posto di lavoro in una città molto distante dal luogo in cui abita. È consentito?
3. L'orario di lavoro settimanale di Marzia è di 38 ore; il datore di lavoro pretende straordinari giornalieri che superano le 2 ore. È consentito?
4. Il contratto individuale di lavoro di Gianni prevede una retribuzione inferiore rispetto a quella stabilita nel contratto collettivo di lavoro del settore cui appartiene Gianni. Il contratto è valido o nullo?
5. Alfio, pizzaiolo, svolge il proprio lavoro ogni giorno dalle ore 18 alle ore 2 del mattino seguente con l'eccezione della domenica e del lunedì. Svolge lavoro notturno?
6. Il contratto collettivo della categoria cui appartiene Anna prevede un orario massimo settimanale di 38 ore. Tuttavia, in accordo con il datore di lavoro e i sindacati, Anna lavora 40 ore settimanali. Come vanno considerate le due ore di lavoro in più?
7. Mirella lavora a domicilio per un calzaturificio: incolla le tomaie alle suole percependo un compenso fisso di 500 euro mensili più 1 euro per ogni tomaia incollata. Di quale tipo di retribuzione si tratta?

Lezione 13

Obblighi e poteri del datore di lavoro

1. Gli obblighi del datore di lavoro

Anche la posizione giuridica del datore di lavoro è una combinazione di obblighi e di poteri.
Il datore di lavoro ha degli obblighi ogni qualvolta al lavoratore sono riconosciuti dei diritti. Pertanto egli è tenuto a corrispondere la retribuzione e tutte le altre prestazioni patrimoniali, deve garantire il libero esercizio dei diritti sindacali, previsti prevalentemente dallo Statuto dei lavoratori (l. 300/1970), ha l'obbligo di rispettare gli oneri e gli adempimenti in materia assicurativa e previdenziale ecc.

Un importante obbligo del datore di lavoro è quello di tutelare le **condizioni di lavoro**. A questo riguardo, l'art. 2087 del codice civile dispone che l'imprenditore adotti nell'esercizio dell'impresa le misure che, secondo il tipo di lavoro, l'esperienza e la tecnica, siano necessarie a tutelare l'integrità fisica e la personalità morale dei lavoratori.

Tutelare l'**integrità fisica** significa prevenire gli infortuni e l'insorgere di malattie professionali, anche assicurando idonee condizioni igieniche di lavoro. Ai lavoratori è riconosciuto un diritto/dovere di controllo sull'applicazione delle misure di sicurezza e di promozione di misure nuove.

Il datore di lavoro è tenuto ad assicurare l'integrità fisica dei lavoratori

La tutela della **personalità morale** dei lavoratori consiste nel rispettare la dignità e la libertà del lavoratore; di essa si occupa lo Statuto dei lavoratori in diversi articoli della prima parte.

L'art. 2087 del codice civile ha un contenuto ampio ed elastico: infatti all'imprenditore non è richiesto soltanto di adottare le misure preventive prescritte dall'ordinamento in materia di sicurezza, ma anche di andare oltre quanto disposto dalla legge, ponendo in essere tutti gli interventi di volta in volta necessari a tutelare il lavoratore. In questo modo la norma si **rinnova continuamente**, si adegua al progredire delle tecnologie e all'evoluzione dei rischi del lavoro, si modella sulla realtà prima e meglio di quanto possa fare un provvedimento legislativo, realizzando così a pieno la sua funzione preventiva. La violazione della norma dà luogo alla responsabilità contrattuale del datore di lavoro.

esempio Nell'ufficio di Caterina vengono utilizzati computer di vecchio tipo, con monitor nocivi per la vista se utilizzati per periodi lunghi. Qualche anno fa il datore di lavoro aveva dotato ciascun monitor di un moderno schermo protettivo che riduceva in parte il problema. Con l'evoluzione della tecnologia, sono stati recentemente immessi sul mercato monitor con totale assenza di emissioni nocive; in questo caso il datore di lavoro, per adempiere al proprio obbligo di tutelare la salute dei lavoratori e adeguandosi all'evoluzione della tecnica, dovrebbe sostituire i monitor con quelli più sicuri.

La sicurezza sul posto di lavoro è stata oggetto di una particolare attenzione del legislatore. La stessa Unione europea, in numerose direttive, ha sollecitato gli ordinamenti nazionali ad adottare norme incisive volte a prevenire il preoccupante fenomeno degli infortuni sul lavoro. Il legislatore, aderendo all'invito dell'Unione, è intervenuto emanando numerose leggi in materia, poi raccolte, integrate e modificate nel **Testo unico** in materia di salute e sicurezza nei luoghi di lavoro, noto anche con l'acronimo **Tusl** (d.lgs. 81/2008).

La normativa ha stabilito a carico del datore di lavoro una serie di obblighi penalmente sanzionati, tra cui:

- valutare i **rischi** per la sicurezza e per la salute dei lavoratori;
- mettere in pratica le misure di **prevenzione** ritenute utili a rimuovere i rischi accertati;

- redigere un **piano di sicurezza** contenente la valutazione dei rischi, le misure di prevenzione individuate e il programma degli interventi per garantire il miglioramento della sicurezza;
- designare un **responsabile** del servizio prevenzione e protezione;
- assicurarsi che il lavoratore riceva un'adeguata **formazione** in materia di sicurezza.

esempio Per rispettare alcune delle norme sulla sicurezza sul posto di lavoro, nell'azienda dove lavora Caterina in ogni stanza è appesa una piantina con l'indicazione della via di fuga in caso di emergenza; periodicamente un ingegnere tiene dei corsi di aggiornamento per informare il personale dei rischi sul lavoro e sulle procedure per evitarli; le porte di uscita all'esterno sono tutte dotate di maniglioni antipanico e le scale sono provviste di strisce adesive antiscivolo. **e**

Il disposto normativo sancisce degli obblighi anche a carico dei lavoratori, che sono chiamati a prendersi cura della propria sicurezza e della propria salute e a collaborare con il datore di lavoro per tutelare la sicurezza e la salute dei lavoratori.

esempio Caterina ha notato che una presa elettrica posta sotto la sua scrivania si è rovinata e presenta dei fili scoperti; di conseguenza ha l'obbligo di segnalare subito il rischio al personale addetto alla prevenzione o direttamente al datore di lavoro. **e**

Un fenomeno che viene ricondotto alla violazione della tutela delle condizioni psicofisiche del lavoratore è il cosiddetto **mobbing**. Il mobbing è una forma di terrore psicologico che viene esercitato sul posto di lavoro attraverso attacchi ripetuti da parte dei colleghi o dei datori di lavoro nei confronti di un lavoratore in posizione di inferiorità rispetto all'aggressore.
Il mobbing mira a eliminare il lavoratore che è divenuto scomodo inducendolo a dimettersi e ha conseguenze devastanti sulla salute psicofisica. Il lavoratore vittima del mobbing può ricorrere al giudice per il risarcimento dei danni subiti.

esempio Sono considerate azioni di mobbing, se ripetute per un certo periodo di tempo, le critiche e i rimproveri ingiustificati, gesti e insinuazioni con significato ostile, minacce, limitazioni delle capacità espressive e della libertà di pensiero, isolamento sistematico del lavoratore, attribuzione di mansioni dequalificanti, senza senso, umilianti o nocive per la salute, attacchi alla reputazione, molestie sessuali, minacce di violenza fisica ecc. **e**

Il datore di lavoro ha anche l'obbligo di tutelare la **privacy** dei lavoratori, cioè la loro riservatezza, raccogliendo, consultando, diffondendo e utilizzando i loro dati personali con la dovuta cautela. Il codice della privacy (d.lgs. 196/2003) obbliga il datore di lavoro a informare il lavoratore sulle finalità e le modalità del trattamento dei dati e a richiedere il consenso del lavoratore al trattamento. Una particolare attenzione è riservata ai cosiddetti **dati sensibili**, per i quali gli obblighi di riservatezza sono maggiori. Si tratta di tutti quei dati idonei a rilevare l'origine razziale ed etnica, le convinzioni religiose o filosofiche, le opinioni politiche, l'adesione a partiti, sindacati o associazioni, nonché i dati personali idonei a rivelare lo stato di salute e la vita sessuale.

Incide sulla privacy anche la possibilità per il datore di lavoro di controllare l'utilizzo da parte del lavoratore degli **strumenti** di cui si serve per rendere la prestazione lavorativa e per la registrazione degli accessi e delle presenze, come tablet, smartphone, portatili, badge ecc.
Nei decreti attuativi della legge 183/2014 (Jobs Act) sono state introdotte importanti novità anche in questa materia. Diversamente da quanto previsto dalla precedente disciplina (art. 4 Statuto dei lavoratori), per il controllo di questi strumenti non è più necessaria l'autorizzazione sindacale preventiva. Il datore deve tuttavia utilizzare le informazioni acquisite esclusivamente per ragioni strettamente connesse al rapporto di lavoro e deve preventivamente informare il lavoratore sulla presenza dei dispositivi di controllo e sulle modalità di utilizzo.

La riforma non ha invece modificato la disciplina relativa all'installazione e utilizzo di telecamere

Il mobbing è una forma di terrore psicologico causato da attacchi ripetuti sul luogo di lavoro da parte di colleghi o superiori

e altri strumenti audiovisivi per il **controllo a distanza** dei lavoratori che quindi restano vietati, salvo eccezionali ragioni organizzative e produttive, di sicurezza del lavoro e per la tutela del patrimonio aziendale e comunque previo accordo sindacale o specifica richiesta alla Direzione territoriale del lavoro.

esempio È consentita l'installazione di videocamere in una banca per ragioni di sicurezza o in un'impresa orafa per controllare che gli impiegati non sottraggano merce preziosa.

2. I poteri del datore di lavoro

L'imprenditore, per la sua condizione di capo dell'impresa (art. 2086 c.c.), gode di una posizione di **supremazia** all'interno del rapporto di lavoro. Egli esercita i propri diritti con un certo margine di discrezionalità, nell'interesse dell'impresa, tanto che tali diritti vengono comunemente definiti **poteri**. Nell'esercitare i propri poteri il datore di lavoro deve essere imparziale, cioè non deve discriminare i lavoratori per motivi sindacali, politici, religiosi, di sesso, di lingua, di razza, di handicap, di età, per l'orientamento sessuale o per le convinzioni personali (art. 15 dello Statuto dei lavoratori). Gli atti discriminatori sarebbero nulli.
I principali poteri del datore di lavoro sono il potere direttivo e il potere disciplinare.

Il **potere direttivo** consiste nel potere dell'imprenditore di organizzare, indirizzare, controllare e disciplinare l'attività lavorativa dei singoli prestatori di lavoro.
A tale potere corrisponde l'obbligo di obbedienza e diligenza del lavoratore (art. 2104 c.c.).
Il potere direttivo comprende l'attività diretta a verificare che l'esecuzione del lavoro si svolga secondo le direttive impartite. Questo potere di controllo potrebbe tuttavia sconfinare in atti lesivi dei diritti della personalità fisica e morale dei lavoratori. Per evitare che ciò avvenga lo Statuto dei lavoratori ha sottoposto l'attività di vigilanza ad alcuni limiti e divieti, come il divieto di svolgere indagini sulla vita privata dei dipendenti.

Il **potere disciplinare** consiste nel potere concesso al datore di lavoro di applicare sanzioni ai lavoratori che non osservano gli obblighi di diligenza, obbedienza e fedeltà previsti dagli artt. 2104 e 2105 del codice civile.
I tipi di sanzione, in ordine di gravità, sono:
- il richiamo **verbale**;
- l'ammonizione **scritta**;
- la **multa**;
- la **sospensione** dal lavoro e dalla retribuzione;
- il **licenziamento**, cosiddetto disciplinare.

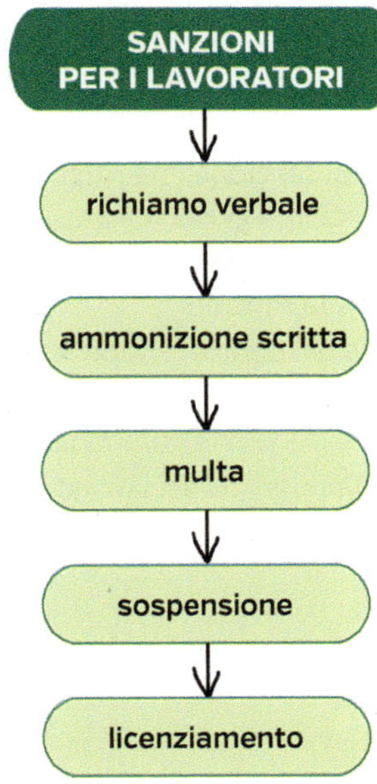

esempio Caterina ha l'abitudine di arrivare in ritardo al lavoro. Il datore di lavoro, dopo il terzo ritardo, le ha fatto un richiamo verbale formale, ricordandole i suoi doveri. Nonostante ciò, Caterina ha continuato ad arrivare in ritardo. Il datore di lavoro l'ha allora invitata ufficialmente a cessare questo comportamento con una lettera di ammonizione scritta, minacciando l'applicazione di sanzioni più severe, fino al licenziamento, nel caso continuasse ad arrivare tardi.

L'esercizio del potere disciplinare può compromettere la dignità e la libertà del lavoratore. Per tale ragione la legge, in particolare l'art. 7 dello Statuto dei lavoratori, ha stabilito rigorosi limiti. Le infrazioni e le relative sanzioni devono essere predeterminate nel **codice disciplinare**, che deve essere affisso in luogo accessibile a tutti. Le contestazioni devono essere immediate e circostanziate e comunicate per iscritto al lavoratore al quale deve essere data la possibilità di difendersi entro un termine stabilito. L'entità delle sanzioni deve essere proporzionata alla gravità della violazione commessa e a tale scopo molti contratti collettivi stabiliscono una relazione tra le sanzioni applicabili e le mancanze più frequenti. Contro i provvedimenti disciplinari ritenuti ingiusti, il lavoratore può fare **ricorso** all'autorità giudiziaria.

A. VERO/FALSO

Indica se le seguenti affermazioni sono vere o false

1. Il datore di lavoro è obbligato a:
   - **a.** tutelare la salute dei lavoratori sul posto di lavoro Ⓥ Ⓕ
   - **b.** controllare a distanza i lavoratori Ⓥ Ⓕ
   - **c.** rispettare la privacy dei lavoratori Ⓥ Ⓕ
   - **d.** applicare le sanzioni disciplinari Ⓥ Ⓕ
   - **e.** tutelare la personalità morale dei lavoratori Ⓥ Ⓕ
2. Nell'esercizio del potere disciplinare, il datore di lavoro:
   - **a.** applica i tipi di sanzione che ritiene arbitrariamente più giusti Ⓥ Ⓕ
   - **b.** è libero di stabilire le modalità applicative delle sanzioni Ⓥ Ⓕ
   - **c.** deve rispettare il codice disciplinare Ⓥ Ⓕ
   - **d.** deve comunicare preventivamente al lavoratore la sanzione comminata Ⓥ Ⓕ
   - **e.** può vedere impugnato dal lavoratore davanti al giudice il proprio provvedimento Ⓥ Ⓕ

B. CACCIA ALL'ERRORE

Sottolinea gli errori e riscrivi le frasi corrette

1. Il datore di lavoro deve tutelare l'integrità fisica e la personalità giuridica dei prestatoti di lavoro.

   ....

2. Il datore di lavoro può controllare a distanza il lavoratore sul posto di lavoro soltanto per specifiche ragioni e previo accordo con il lavoratore o richiesta alla Direzione territoriale del lavoro.

   ....

   ....

3. Il potere direttivo del datore di lavoro consiste nel potere di applicare sanzioni al lavoratore.

   ....

   ....

4. Le sanzioni disciplinari possono consistere in richiamo verbale, ammonizione scritta, contravvenzione, sospensione dal lavoro e dalla retribuzione, licenziamento.

   ....

C. COMPLETA LA TABELLA

Inserisci i termini mancanti

PRINCIPALI OBBLIGHI E DIRITTI DEI SOGGETTI DEL RAPPORTO DI LAVORO SUBORDINATO

Il lavoratore ha l'obbligo di:	**Il datore di lavoro ha l'obbligo di:**
• eseguire la .... lavorativa (art. 2094 c.c.) con diligenza (art. 2104, c. 1 c.c.), obbedienza (art. 2104, c. 2 c.c.) e .... (art. 2105) • divieto di .... • divieto di divulgare notizie	• pagare la .... e il Tfr • tutelare le .... di lavoro per salvaguardare l'integrità psicofisica e la .... dei lavoratori • garantire la tutela assicurativa e .... • garantire la ....
Il lavoratore ha diritto a:	**Il datore di lavoro ha il potere:**
• una retribuzione .... e sufficiente • il trattamento di .... rapporto • l'.................... fisica e morale • eseguire la prestazione nel .... stabilito e secondo un .... predeterminato • riposi giornalieri, ..., annuali • esercitare i diritti	• .... e di vigilanza • ....

D. IL CASO

Leggi il caso e rispondi alle domande

Corrado Fato, operaio in un'impresa metalmeccanica, è arrivato in ritardo al lavoro molte volte. Una mattina il capo del personale gli ha consegnato di persona sul posto di lavoro la seguente comunicazione:

COMUNICAZIONE DI AMMONIZIONE

Egr. Sig. Corrado Fato

via ....

15 giugno 2016

Oggetto: Provvedimento disciplinare

Facendo seguito alla nostra lettera di contestazione disciplinare del 30 maggio 2016 trasmessa con raccomandata A/R che qui deve intendersi integralmente riportata e da Lei ricevuta in data 4 giugno 2016, nonché in funzione della mancanza di giustificazioni da Lei fornite nel termine stabilito, Le comunichiamo, ai sensi dell'art. 9, Sezione Quarta, Titolo VII, del vigente Contratto Collettivo Nazionale di Lavoro per l'Industria Metalmeccanica e della Installazione di Impianti, di aver applicato nei Suoi confronti il provvedimento di:

ammonizione scritta

Distinti saluti.

Timbro e firma del datore di lavoro

Io sottoscritto Mario Rossi ho ricevuto a mani copia della presente comunicazione.
15 giugno 2016

Firmato
Corrado Fato

1. Che cosa conteneva la raccomandata del 30 maggio 2016?
2. Cosa avrebbe potuto fare Corrado per impedire la sanzione?
3. Come può fare Corrado per verificare che la sanzione applicata sia corretta?
4. Come avrebbe potuto il datore di lavoro comunicare la sanzione a Corrado se non lo avesse trovato personalmente?
5. Quali sanzioni potrebbero essere applicate a Corrado nel caso persistesse nel suo comportamento?

Lezione **14**

La sospensione del rapporto di lavoro subordinato

1. La sospensione per fatto del lavoratore

Può accadere che, per varie ragioni, una delle parti di un rapporto di lavoro non possa più garantire l'adempimento della propria obbligazione di lavoro per un certo periodo di tempo. In alcuni di questi casi previsti dalla legge il rapporto contrattuale non si risolve per inadempimento, ma viene sospeso, e trova applicazione una disciplina diversa a seconda che la causa della sospensione derivi dal **fatto del lavoratore** o dal **fatto del datore di lavoro**.

Le cause di sospensione per fatto del lavoratore sono indicate in linea generale dall'art. 2110 del codice civile (infortunio e malattia; gravidanza e puerperio) e dall'art. 2111, che rinviano tuttavia alle leggi speciali e alla contrattazione collettiva per la determinazione della disciplina.
Alcune cause di sospensione sono diretta attuazione di principi costituzionali o sono il risultato di conquiste sindacali: aspettative a tutela della lavoratrice madre, assenze giustificate per motivi personali, per l'adempimento di funzioni pubbliche elettive o di doveri, assenze per l'esercizio del diritto di sciopero.

Durante il periodo di sospensione il lavoratore ha diritto alla **conservazione del posto** di lavoro e in alcuni casi a un particolare **trattamento economico**. Quest'ultimo può consistere nella corresponsione della retribuzione nella misura e nei limiti indicati dalla legge o dai contratti collettivi, o in una particolare indennità cui sono tenuti gli istituti previdenziali: Inps, Istituto nazionale della previdenza sociale, e Inail, Istituto nazionale per gli infortuni e le malattie professionali. Inoltre, il periodo di sospensione viene nella maggior parte dei casi computato ai fini dell'anzianità di servizio del lavoratore, per esempio per il calcolo della pensione e del Tfr (⇒ *lezione 15*).

In caso di malattia al lavoratore subordinato è riconosciuta un'**indennità di malattia** per tutti i giorni coperti da certificazione medica fino a un massimo di 180 giorni l'anno. L'indennità viene calcolata in percentuale rispetto alla retribuzione media e la misura varia in relazione al tipo di lavoratore e alla durata della malattia. Il diritto all'indennità decorre a partire dal quarto giorno di malattia. I primi tre giorni, detti **di carenza**, non sono dunque a carico dell'Inps: solitamente i contratti collettivi prevedono che siano indennizzati dal datore di lavoro.

esempio Ai lavoratori dipendenti spetta una indennità del 50% della retribuzione media giornaliera dal quarto al ventesimo giorno, del 66,66% dal ventunesimo al centottantesimo giorno. Ai dipendenti pubblici spetta invece un'indennità dell'80% della retribuzione media giornaliera per tutto il periodo di malattia.

Al fine di controllare l'effettiva condizione di malattia del lavoratore, il datore di lavoro può richiedere all'Inps visite mediche a domicilio, le cosiddette **visite fiscali**, pagate dal datore di lavoro. Le visite fiscali sono effettuate da personale medico qualificato nei periodi previsti dalla legge.
Cause di sospensione del rapporto di lavoro si verificano in particolar modo per consentire ai genitori lavoratori di provvedere alla **cura dei figli**. L'esigenza di conciliare i compiti della maternità e della cura dei figli con quelle delle imprese è tenuta in particolare considerazione dal legislatore. La stessa Costituzione all'art. 37, dopo aver affermato il principio di parità di trattamento tra uomini e donne, stabilisce che «le condizioni di lavoro devono consentire [alla lavoratrice] l'adempimento della sua essenziale funzione familiare e assicurare alla madre e al bambino una speciale adeguata protezione». Per conciliare queste esigenze, il legislatore ha introdotto nel corso degli anni vari strumenti di sostegno per la lavoratrice madre, concedendole congedi e permessi per provvedere a quelle che vengono definite **cure parentali**.

Le tutele avevano riguardato in un primo tempo soltanto le madri lavoratrici per poi estendersi parzialmente anche ai **padri** lavoratori e ciò con lo scopo di favorire una più equa ripartizione dei carichi familiari tra i genitori e consentire una pari possibilità di carriera. Molti provvedimenti riguardano inoltre anche le lavoratrici autonome e quelle parasubordinate. I provvedimenti legislativi sono poi confluiti nel Testo unico 151/2001, a sua volta modificato nel corso degli anni.

Di recente, il Jobs Act (legge delega 183/2014) ha potenziato la tutela delle cure parentali, cercando nel contempo di rispettare le esigenze delle imprese. Il d.lgs. 80/2015, attuativo della legge delega (Conciliazione vita lavoro), ha apportato alcune modifiche, molte delle quali valide in via sperimentale e soggette a conferma per gli anni a venire in base alla possibilità di copertura finanziaria. La tabella riepiloga i principali interventi a favore dei lavoratori genitori.

Principali strumenti a tutela della maternità e paternità	
Congedo di maternità	Astensione obbligatoria dal lavoro per la lavoratrice durante la gravidanza e il puerperio da 2 mesi precedenti la data presunta del parto a tre mesi dopo il parto. Vale anche in caso di adozione e affidamento. Nel periodo di congedo spetta un'indennità giornaliera dell'80% della retribuzione e il periodo viene computato ai fini dell'anzianità
Congedo di paternità	Astensione obbligatoria concessa al padre, anche se lavoratore autonomo, per lo stesso periodo previsto per il congedo di maternità o per il periodo residuo in caso di morte della madre, di abbandono del figlio da parte sua o affidamento esclusivo del bambino al padre. Al padre è riconosciuto lo stesso trattamento economico e previdenziale previsto per la madre
Congedi parentali	Diritto di astenersi dal lavoro per un massimo di 10 mesi per ciascuno dei genitori nei primi 12 anni di vita del bambino. Al genitore va un'indennità giornaliera pari al 30% della retribuzione entro i primi 6 anni di vita del bambino; tra i 6 e gli 8 anni di età l'indennità spetta soltanto se l'interessato ha redditi al di sotto di una determinata soglia; dagli 8 ai 12 anni non è previsto indennizzo. Il congedo può essere usufruito anche su base oraria. In alternativa al congedo sono previsti vantaggi economici per sostenere i costi dell'accudimento dei figli (es. per pagare baby sitter)
Congedi per malattia del figlio	Entrambi i genitori possono astenersi dal lavoro non contemporaneamente per un periodo che varia in relazione all'età del figlio: fino ai 3 anni per tutta la durata della malattia; dai 3 agli 8 anni per un massimo di 5 giorni all'anno. I periodi non sono retribuiti ma vengono conteggiati per l'anzianità
Riposi giornalieri	Permessi giornalieri per l'allattamento fino a un massimo di due ore usufruibili fino al raggiungimento di un anno di età del figlio

2. Il trattamento degli infortuni e delle malattie professionali

Un caso del tutto particolare di sospensione del rapporto di lavoro è quello relativo agli infortuni o alle malattie professionali che possono capitare in **conseguenza del lavoro** svolto e che influiscono negativamente sulla salute e sulla capacità di lavorare. Questa situazione è diversa da quella esaminata nel paragrafo precedente, in cui la malattia non è conseguenza del lavoro svolto.

esempio Se il lavoratore prende l'influenza il trattamento è quello previsto in caso di sospensione per malattia. Ma se il lavoratore si ammala per aver respirato sostanze nocive sul lavoro, allora il trattamento sarà diverso e le prestazioni delle assicurazioni sociali cambieranno.

L'assicurazione obbligatoria contro gli infortuni sul lavoro e le malattie professionali è gestita dall'**Istituto nazionale per l'assicurazione contro gli infortuni** (Inail) ed è regolata dal Testo unico approvato con d.p.r. 1124/1965 variamente modificato con leggi successive.

Questa forma previdenziale si prefigge di garantire il risarcimento del lavoratore che subisca danni alla salute a causa di un infortunio sul lavoro o di una malattia professionale.

In alcuni lavori si rischia di entrare in contatto con sostanze tossiche che possono causare malattie professionali

L'Inail opera sotto il controllo del Ministero del lavoro e della sanità, mediante sedi provinciali dislocate presso ogni capoluogo di provincia.

I datori di lavoro sono obbligati al pagamento dei contributi in quanto soggetti assicuranti. Nell'industria i contributi prendono la denominazione di premi la cui misura varia in relazione alla retribuzione percepita dal dipendente e alla natura e pericolosità dell'attività lavorativa.

esempio Leo si è infortunato mentre lavorava al tornio. È stato tempestivamente portato al pronto soccorso, dove gli hanno medicato la ferita e riconosciuto una prognosi di 15 giorni. Il datore di lavoro si è quindi attivato per adempiere agli obblighi che la legge impone in questo caso: ha denunciato l'infortunio all'Inail e all'autorità di Pubblica sicurezza del Comune dove si è verificato l'incidente.

L'assicurazione contro gli infortuni e le malattie professionali riguarda soltanto i lavoratori maggiormente esposti ai rischi.
Il rischio assicurato, cioè l'oggetto del rapporto assicurativo, è l'infortunio sul lavoro e la malattia professionale.

Si ha **infortunio sul lavoro** quando per una causa violenta, in occasione di lavoro, si è verificato un evento lesivo che determina la morte o riduce la capacità lavorativa del dipendente.

Dunque affinché ci sia infortunio sul lavoro occorrono i seguenti requisiti:

- la lesione per il lavoratore deve dipendere da una **causa violenta**, cioè qualunque evento esterno che agisca in modo improvviso e immediato sul lavoratore;

esempio Sono cause violente la caduta di un laterizio sul cantiere edile che colpisce un muratore sulla testa; la caduta di un operaio da un'impalcatura; le esalazioni tossiche respirate dall'operatore chimico a causa di un difetto del recipiente; le ustioni causate dal contatto con un forno ecc.

- l'infortunio deve inoltre avvenire **in occasione di lavoro**; questa espressione è volutamente generica e indica che l'evento lesivo non deve essere direttamente e strettamente collegato all'attività lavorativa, ma è sufficiente che avvenga all'interno del contesto di lavoro. Per occasione di lavoro si intende infatti qualsiasi situazione ricollegabile in modo diretto o indiretto allo svolgimento dell'attività lavorativa.

esempio Per un elettricista è rischio diretto o specifico quello di prendere una scarica elettrica o per un installatore di antenne televisive quello di cadere dal tetto; è rischio indiretto, occasionato dalle particolari condizioni di lavoro, quello per l'elettricista e per l'installatore di antenne di rimanere folgorati da un fulmine. In entrambi i casi è prevista la copertura assicurativa.

Rientra nella copertura assicurativa anche l'infortunio che colpisce il lavoratore durante il percorso verso il posto di lavoro o per ritornare a casa, il cosiddetto **infortunio in itinere**. È importante precisare che rientrano in tale categoria soltanto gli infortuni che avvengono nel normale tragitto dal luogo di residenza al posto di lavoro, e viceversa. Pertanto un'eventuale deviazione dal percorso compiuta dal lavoratore per motivi non attinenti al lavoro esclude la copertura assicurativa;

esempio Angelo è rimasto vittima di un incidente stradale mentre, al mattino, andava in auto al lavoro; si trovava su un tratto di strada diverso da quello che conduce al posto di lavoro, perché aveva deciso di passare a trovare un amico prima di cominciare l'orario di servizio. In tal caso Angelo non ha diritto alle prestazioni assicurative dell'Inail. Se invece il cambio di tragitto fosse stato provocato da cause di forza maggiore (l'interruzione della strada per un incidente) o per una precisa disposizione del datore di lavoro, la copertura assicurativa avrebbe avuto valore.

- altro requisito richiesto è che l'infortunio provochi al lavoratore una lesione che **incida sulla sua capacità lavorativa**. L'evento lesivo può determinare la morte o l'inabilità al lavoro; quest'ultima può essere permanente o temporanea, a seconda che sia definitiva o limitata a un periodo di tempo; assoluta o parziale, a seconda che escluda del tutto oppure riduca soltanto le capacità lavorative dell'infortunato.

La copertura assicurativa dell'Inail comprende anche il cosiddetto **danno biologico**, definito come «la lesione all'integrità psicofisica, suscettibile di valutazione medico legale, della persona» (d.lgs. 38/2000). Le prestazioni per il risarcimento del danno biologico sono determinate da criteri indipendenti dalla capacità di produzione del reddito del danneggiato.

esempio Monica si è ustionata con una stiratrice mentre stava lavorando. L'incidente le ha lasciato una cicatrice che non riduce la sua capacità di lavorare ma che l'ha danneggiata esteticamente. Questa lesione altera la sua condizione psicofisica e costituisce quindi danno biologico. L'indennità verrà corrisposta a Monica nella misura della gravità della lesione e dell'età.

La **malattia professionale** è quella contratta nell'esercizio e a causa del lavoro. A differenza dell'infortunio, la malattia non deriva da una causa violenta ma dalla lenta e progressiva aggressione sull'individuo dei fattori nocivi utilizzati nell'attività lavorativa.

esempio Il minatore è esposto al progressivo depositarsi della polvere di silicio nei polmoni, la qual cosa, con l'andare del tempo, provoca l'insorgere di una grave malattia professionale, la silicosi.

La malattia deve essere inoltre strettamente e direttamente collegata all'esercizio di determinate attività indicate dalla legge in un'apposita tabella. La Corte costituzionale (sentenza 179 del 1988) ha ritenuto illegittimo il carattere tassativo della tabella, consentendo così al lavoratore di poter dimostrare il carattere professionale anche di malattie non menzionate nell'elenco.

infortunio → deriva da un evento esterno violento e istantaneo che avviene in occasione del lavoro

malattia professionale → deriva da una lenta e progressiva azione nociva sull'individuo di fattori dannosi utilizzati nell'attività lavorativa

Il lavoratore infortunato o ammalato ha diritto alle prestazioni sanitarie ed economiche da parte dell'Inail. Bisogna considerare che il lavoratore conserva il diritto alle prestazioni dell'Inail anche nel caso in cui il datore di lavoro non abbia versato i contributi obbligatori (cosiddetta automaticità delle prestazioni).

La tabella indica le caratteristiche delle prestazioni economiche nei casi di evento lesivo.

PRINCIPALI PRESTAZIONI ECONOMICHE PER INFORTUNIO SUL LAVORO O MALATTIA PROFESSIONALE

Evento lesivo	Prestazione	Descrizione
Inabilità temporanea assoluta	Indennità giornaliera	Viene corrisposta dall'Inail a partire dal quinto giorno dall'infortunio o dall'insorgere della malattia. La misura corrisponde al 60% della retribuzione media giornaliera per i primi 90 giorni e al 75% per il successivo periodo fino alla completa guarigione
Inabilità permanente assoluta (tra l'80 e il 100%)	Rendita	La rendita è pari al 100% della retribuzione annua dei 12 mesi precedenti l'infortunio o il manifestarsi della malattia
Inabilità permanente parziale	Rendita	La rendita è calcolata con riferimento alla retribuzione dell'anno precedente in percentuali variabili secondo il grado d'invalidità
Morte	Rendita ai superstiti	Pari al 100% della retribuzione annua; viene distribuita tra gli aventi diritto in proporzioni diverse

3. La sospensione per fatto del datore di lavoro

Può accadere che l'attività lavorativa debba essere sospesa per cause che dipendono dalle vicende dell'attività produttiva e che rientrano tra i rischi di impresa. L'impossibilità del regolare svolgimento del rapporto non è da imputare all'imprenditore, ma a eventi **accidentali** e imprevedibili, a particolari congiunture economiche o a esigenze di **ristrutturazione** aziendale che costringono l'imprenditore a ridurre o sospendere l'attività produttiva.

In tali circostanze, per evitare che il rischio di impresa ricada sul lavoratore o venga a gravare troppo sul datore di lavoro, fino al punto di costringerlo a cessare l'attività, la legge ha predisposto un sistema di protezione.

Per le **sospensioni brevi** (fino a 60 minuti nell'arco della giornata lavorativa) i contratti collettivi pongono a carico del datore di lavoro l'obbligo di corrispondere la normale retribuzione ai lavoratori.

Per le **sospensioni di durata maggiore** la legge prevede un sistema di interventi ordinari e straordinari a favore del lavoratore da parte di appositi organismi previdenziali gestiti dall'Inps, i cosiddetti ammortizzatori sociali, che hanno prevalentemente funzione di integrazione salariale (⇒ *lezione 17*).

A. VERO/FALSO

Indica se le seguenti affermazioni sono vere o false

1. I congedi parentali:

a. spettano tanto alla madre quanto al padre Ⓥ Ⓕ

b. non sono mai indennizzati Ⓥ Ⓕ

c. consistono in un'astensione obbligatoria dal lavoro Ⓥ Ⓕ

d. possono essere usufruiti nei primi 12 anni di vita del figlio Ⓥ Ⓕ

e. possono avere una durata massima di 10 mesi Ⓥ Ⓕ

2. Può qualificarsi come infortunio sul lavoro:

a. l'insorgenza di un tumore negli operai addetti alla lavorazione dell'amianto Ⓥ Ⓕ

b. la faringite cronica che colpisce l'insegnante costretto ad alzare spesso la voce Ⓥ Ⓕ

c. l'amputazione di un dito provocata dalla taglierina elettrica usata dall'operaio per il taglio dei tessuti Ⓥ Ⓕ

d. la lesione alla cornea di cui è rimasto vittima un muratore per uno schizzo di calce viva durante la stesura di un intonaco Ⓥ Ⓕ

e. le fratture riportate dall'addetto alla manutenzione di una funivia per la caduta in un dirupo durante il tragitto di ritorno dal lavoro Ⓥ Ⓕ

B. CACCIA ALL'ERRORE

Sottolinea gli errori e riscrivi le frasi corrette

1. Il congedo obbligatorio di maternità consiste nel divieto per la lavoratrice di lavorare nei primi due mesi antecedenti il parto e nei 5 mesi successivi.

2. Per ottenere le prestazioni dell'assicurazione sociale dell'Inail, l'infortunio deve essere avvenuto a causa del lavoro.

3. In caso di malattia il lavoratore ha diritto a un'indennità di malattia a carico dell'Inps a decorrere dal quarto giorno in poi e per un massimo di 80 giorni all'anno.

4. Le indennità e le rendite per le malattie professionali sono a carico dell'Inps.

C. COMPLETA LO SCHEMA

Inserisci i termini mancanti

D. APPLICA LE CONOSCENZE

Leggi il testo e rispondi alle domande

In caso di infortunio sul lavoro la legge prescrive un preciso comportamento che sia il datore di lavoro sia il lavoratore devono tenere per poter beneficiare delle prestazioni assicurative e non incorrere in sanzioni. Ecco i principali passaggi.

a. Il lavoratore deve comunicare l'incidente al datore di lavoro che deve inviarlo subito al pronto soccorso.

b. Il pronto soccorso esegue la visita medica e rilascia un primo certificato medico.

c. Il datore di lavoro deve presentare per via telematica il modello di denuncia infortunio sul lavoro Inail, nel caso in cui i giorni di prognosi dovessero superare i 3 giorni oltre la giornata in cui si è verificato l'incidente.

d. Il lavoratore infortunato, due o tre giorni prima della scadenza della prognosi indicata sul certificato medico del pronto soccorso, deve recarsi alla visita medica presso gli ambulatori Inail.

e. A seguito della visita medica l'Inail provvede a fissare un nuovo appuntamento: in caso di continuazione della prognosi rilascia un certificato medico Inail da consegnare al datore di lavoro, oppure chiude l'infortunio temporaneo rilasciando un certificato di chiusura definitiva da consegnare in azienda per poter riprendere il lavoro.

1. L'obbligo per il lavoratore di comunicare l'infortunio al datore di lavoro vale per ogni tipo di infortunio?

2. A parte le prestazioni sanitarie, quale ruolo formale svolge il pronto soccorso in caso di infortunio sul lavoro?

3. L'obbligo per il datore di lavoro di denunciare l'infortunio all'Inail vale per ogni tipo di infortunio?

Lezione **15**

La cessazione del rapporto di lavoro subordinato

1. La cessazione del rapporto di lavoro

Il rapporto di lavoro subordinato si può estinguere per varie cause dipendenti da eventi naturali o di forza maggiore, dalla volontà di uno o di entrambi i contraenti o da specifiche previsioni di legge.
Il rapporto di lavoro a tempo determinato si estingue anche per **scadenza** del termine finale. Quello a tempo indeterminato scade con il sopraggiungere dell'età pensionabile.
È causa di estinzione la **morte** del lavoratore ma non quella del datore di lavoro; in quest'ultimo caso il rapporto prosegue con coloro che succedono nella titolarità dell'impresa.
Anche l'**impossibilità** sopravvenuta della prestazione o il verificarsi di eventi di forza maggiore possono determinare la cessazione del rapporto.

esempio L'insorgere nel lavoratore di un'allergia ai materiali utilizzati nel processo produttivo o la distruzione degli impianti aziendali causata da un terremoto rendono impossibile la prosecuzione della prestazione e giustificano la cessazione del rapporto.

Le parti di un contratto di lavoro hanno la facoltà di recedere: il recesso del lavoratore prende il nome di dimissioni, mentre il recesso del datore di lavoro è detto licenziamento

Le ipotesi più frequenti e problematiche di cessazione del rapporto sono quelle riconducibili alla **volontà** delle parti. Se ne individuano due grandi tipi, a seconda che la volontà di scioglimento sia comune a entrambe le parti, cosiddetto mutuo consenso, o provenga da una soltanto di esse, cosiddetto recesso.

Il **recesso** del lavoratore prende il nome di **dimissioni**; quello del datore di lavoro viene comunemente definito **licenziamento**. Va premesso che il recesso nel contratto di lavoro a tempo determinato non è consentito per nessuna delle due parti prima della scadenza, a meno che non si verifichi una giusta causa.

Assai diversa è invece la disciplina delle dimissioni e del licenziamento del contratto a tempo indeterminato. Solitamente la parte che recede deve dare all'altra un **preavviso**, deve avvertirla cioè in anticipo della sua volontà di sciogliere il contratto (art. 2118 c.c.). In questo modo, la parte che resta ha il tempo di prepararsi al momento previsto per lo scioglimento, senza subire i traumi di una rottura immediata e improvvisa: il datore di lavoro avrà modo di scegliere e reclutare il personale da collocare al posto del recedente, e il lavoratore potrà dedicarsi alla ricerca di una nuova occupazione. La durata del periodo di preavviso è stabilita nei contratti collettivi e varia in relazione alle qualifiche e all'anzianità dei lavoratori. La parte che recede ha facoltà di sostituire il periodo di preavviso con un'**indennità sostitutiva del preavviso** pari alla retribuzione che sarebbe spettata se tale periodo fosse stato lavorato.

esempio Per il rapporto di lavoro tra Bruno e il suo datore di lavoro è previsto un periodo di preavviso di 15 giorni sia per il licenziamento sia per le dimissioni. Se il datore di lavoro volesse licenziare Bruno con effetto immediato dovrebbe pagargli la retribuzione anche per i 15 giorni di preavviso non lavorati. Se invece fosse Bruno a dimettersi con effetto immediato, il datore di lavoro tratterrà dalla liquidazione l'importo che gli sarebbe spettato in tale periodo.

Per le dimissioni e per le risoluzioni consensuali, con un decreto legislativo attuativo del Jobs Act è stata prevista una particolare procedura, con lo scopo di contrastare il fenomeno delle cosiddette **dimissioni in bianco**, cioè le dimissioni o le risoluzioni consensuali firmate dal lavoratore senza però che fosse indicata la data; il datore di lavoro si faceva rilasciare questo documento al momento dell'assunzione per utilizzarlo poi arbitrariamente in caso intendesse far cessare il rapporto, eludendo così i divieti di licenziamento previsti dalla legge. In base alle nuove disposizioni, le dimissioni possono essere effettuate esclusivamente con modalità **telematiche** su appositi moduli resi disponibili dal Ministero del lavoro. Le dimissioni devono essere trasmesse al datore di lavoro e alla Direzione territoriale del lavoro e comunque il lavoratore avrà diritto di revocarle entro 7 giorni dall'invio. Il mancato utilizzo dei moduli ministeriali determina l'inefficacia delle dimissioni o della risoluzione consensuale.

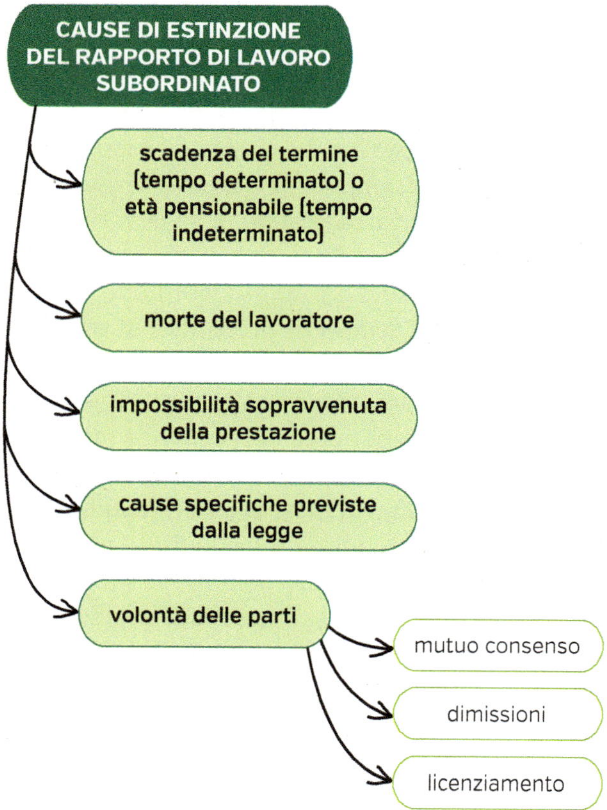

2. Il licenziamento individuale

Per il licenziamento la legge stabilisce una disciplina caratterizzata da una considerevole serie di limitazioni il cui scopo principale è quello di tutelare il lavoratore contro eventuali abusi del datore di lavoro:

- divieti di licenziamento;
- necessità di giusta causa o giustificato motivo;
- rispetto di particolari procedure di intimazione.

Il licenziamento è **vietato** (nullo) quando si verificano determinate situazioni previste dalla legge e per un periodo di tempo stabilito, solitamente, dai contratti collettivi, detto periodo di comporto. Si tratta per lo più di circostanze che configurano sospensioni del rapporto, che vedono il lavoratore in una condizione particolarmente vulnerabile, della quale potrebbe profittare il datore di lavoro, se non vi fosse il divieto di legge.

Esempio Non può essere licenziata la lavoratrice in considerazione del matrimonio (dalle pubblicazioni fino a un anno dopo la celebrazione delle nozze) o del suo stato di gravidanza e di puerperio (dall'inizio della gravidanza fino a un anno di età del bambino); non può essere licenziato il lavoratore infortunato o che ha contratto una malattia professionale o generica; non possono essere licenziati i lavoratori eletti a svolgere funzioni pubbliche o aventi incarichi di dirigenti delle rappresentanze sindacali aziendali; è vietato il licenziamento dei lavoratori che partecipano a uno sciopero.

In particolare è vietato, indipendentemente dalla motivazione adottata, il cosiddetto licenziamento per **motivi discriminatori**, cioè quello determinato da ragioni di credo politico o fede religiosa, dalla partecipazione ad attività sindacali o a uno sciopero, nonché da discriminazione razziale, di lingua o di sesso, di handicap, di età o basata sull'orientamento sessuale o sulle convinzioni personali (l. 604/1966, art. 4; l. 300/1970, art. 15).

A parte i casi in cui il licenziamento è vietato, negli altri casi esso non è libero ma è sottoposto dalla legge a forti limitazioni. Così, la legge 604/1966 consente il licenziamento soltanto in presenza di una **giusta causa** o di un **giustificato motivo**. Viene quindi escluso, salvo alcune eccezioni, il cosiddetto licenziamento a semplice discrezione e senza motivazione, cosiddetto licenziamento *ad nutum* (in latino: "con un cenno").

Esempio È possibile il licenziamento *ad nutum*, per dirigenti, lavoratori in prova, lavoratori ultrasessantenni che abbiano maturato i requisiti per la pensione, sportivi professionisti e lavoratori domestici.

Si ha **giusta causa** quando si verifica una causa che non consenta la prosecuzione, anche provvisoria, del rapporto di lavoro (art. 2119 c.c.). Secondo l'orientamento prevalente, il concetto di giusta causa non è riferibile esclusivamente a gravi inadempienze degli obblighi contrattuali, ma si estende a comprendere ogni comportamento, **anche esterno** al rapporto di lavoro, che incida in modo determinante e irrimediabile sulla fiducia esistente tra le parti e sulle aspettative di una puntuale esecuzione degli obblighi contrattuali.

Un dipendente sorpreso a rubare sul posto di lavoro può essere licenziato per giusta causa

Proprio perché in presenza di una giusta causa la prosecuzione del rapporto diventa intollerabile, in questi casi il datore di lavoro non ha l'obbligo di dare preavviso né di pagare l'indennità sostitutiva (art. 2119 c.c.).

esempio Rientra tra le cause di licenziamento per giusta causa il fatto che il lavoratore abbia tentato di uccidere il datore di lavoro o che sia stato sorpreso a rubare in azienda o che sia dedito allo spionaggio industriale.

Il licenziamento per **giustificato motivo** può essere determinato da due ordini di ragioni:

- il giustificato motivo **soggettivo**, cioè un notevole **inadempimento** degli obblighi contrattuali del prestatore di lavoro. Il giustificato motivo soggettivo si distingue dalla giusta causa soltanto sotto l'aspetto quantitativo: consiste in un inadempimento contrattuale grave (altrimenti troverebbero applicazione sanzioni disciplinari meno severe), ma non al punto da giustificare la risoluzione immediata del rapporto. Inoltre, a differenza della giusta causa, non hanno qui rilevanza i fatti esterni al rapporto, perché la norma si riferisce esplicitamente a violazioni di obblighi interni;

esempio In giurisprudenza è stato ritenuto giustificato motivo soggettivo di licenziamento lo scarso rendimento del lavoratore, purché il datore di lavoro riesca a provare il mancato raggiungimento degli standard normali degli altri lavoratori e che lo scarso rendimento derivi da negligenza nell'espletamento delle mansioni.

- il giustificato motivo **oggettivo** non dipende da un particolare comportamento del lavoratore, ma da ragioni riguardanti il regolare funzionamento dell'**attività produttiva** e l'organizzazione del lavoro: non si tratta di reagire a un inadempimento, ma di rispondere a una precisa esigenza dell'impresa. L'interesse dell'impresa prevale quindi su quello del lavoratore alla conservazione del posto.

Il datore di lavoro deve tuttavia provare l'esistenza in concreto di un nesso tra la scelta tecnico-produttiva e il licenziamento effettuato.

esempio La decisione di introdurre i computer nell'azienda comporta una riorganizzazione aziendale che può giustificare il licenziamento per giustificato motivo oggettivo del personale divenuto improduttivo.

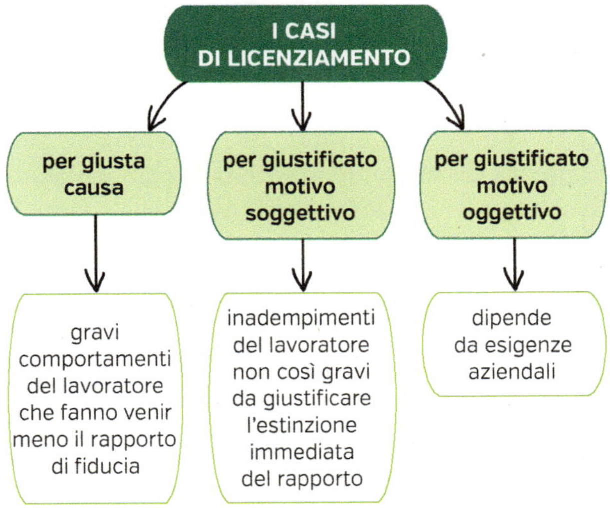

Il datore di lavoro deve comunicare il licenziamento al lavoratore in forma **scritta** e con **immediatezza** rispetto al verificarsi della causa che lo giustifica. Il licenziamento deve essere motivato. Se il lavoratore lo ritiene illegittimo può **impugnarlo** con qualsiasi atto scritto in cui manifesta la volontà di non accettare il licenziamento, indicandone le ragioni.

3. Le conseguenze del licenziamento illegittimo

Una questione assai dibattuta negli ultimi decenni riguarda le conseguenze giuridiche del licenziamento illegittimo, cioè di quello disposto in mancanza di giusta causa o giustificato motivo. Il dibattito si è concentrato in particolare intorno all'art. 18 dello Statuto dei lavoratori (l. 300/1970) che, nella versione precedente la riforma del 2015, stabiliva l'obbligo della **reintegrazione** sul posto di lavoro del lavoratore licenziato illegittimamente, la cosiddetta tutela reale. Tale norma riguardava solo le imprese che occupavano più di 15 dipendenti; per quelle più piccole c'era invece la facoltà di scegliere tra la riassunzione del lavoratore o il pagamento di una indennità, la cosiddetta tutela obbligatoria.

Il d.lgs. 23/2015 (attuativo della legge delega 183/2014, cosiddetto Jobs Act) in vigore dal 7/3/2015, ha profondamente modificato la disciplina dei licenziamenti viziati nell'intento di rendere il rapporto di lavoro più flessibile in uscita. La nuova normativa si applica esclusivamente ai contratti di lavoro stipulati successivamente all'entrata in vigore del decreto. La riassumiamo nella tabella di questa pagina.

Il licenziamento deve essere intimato in forma scritta e deve essere motivato. Il lavoratore può **impugnarlo** entro 60 giorni dalla comunicazione con qualunque atto scritto, nel quale contesta al datore di lavoro la legittimità del licenziamento. Quindi, entro 180 giorni da questa comunicazione, può ricorrere al giudice del lavoro.

4. I licenziamenti collettivi

Le imprese, specialmente quelle di medie e grandi dimensioni, si trovano spesso nella necessità di operare drastici tagli del personale per risanare la struttura produttiva o per renderla più efficiente e concorrenziale. In tali casi il licenziamento riguarda non uno, ma una **pluralità di dipendenti**.

La legge 223/1991 è intervenuta a disciplinare il fenomeno con il preciso intento di garantire ai lavoratori licenziati una nuova occupazione in cui possano esprimere le capacità professionali acquisite. Il licenziamento collettivo riguarda le imprese dei datori di lavoro privati non imprenditori con più di 15 dipendenti, che a seguito di una riduzione o trasformazione di attività o di lavoro, o della cessazione dell'attività, intendano effettuare almeno cinque licenziamenti nell'arco di 120 giorni nell'ambito della medesima unità produttiva o di più unità produttive della stessa Provincia (l. 223/1991, art. 24).

Le imprese con più di 15 addetti alle loro dipendenze, se intendono procedere con i licenziamenti collettivi, devono anzitutto avviare una consultazione con i sindacati, per concordare con loro le modalità con cui scegliere i lavoratori in esubero. In mancanza di accordo si seguiranno i criteri di selezione stabiliti dalla legge.

IL TRATTAMENTO DEL LICENZIAMENTO VIZIATO PREVISTO PER I CONTRATTI DI LAVORO STIPULATI A PARTIRE DAL 7/3/2015

Vizio del licenziamento	Conseguenza
Licenziamento discriminatorio, nullo, orale, per difetto di giustificazione o per motivo consistente nella disabilità fisica o psichica del lavoratore	Reintegrazione del lavoratore nel posto di lavoro. A seguito dell'ordine di reintegrazione, il rapporto di lavoro si intende risolto se il lavoratore non riprende servizio entro 30 giorni dall'invito del datore di lavoro, salvo il caso in cui abbia richiesto l'indennità di 15 mensilità. Risarcimento del danno, con un minimo stabilito di circa 5 mensilità
Licenziamento per mancanza di giustificato motivo e giusta causa	Indennità pari a 2 mensilità per ogni anno di servizio, non meno di 4 e non più di 24 mensilità. La misura è dimezzata nelle piccole imprese e non può superare le 6 mensilità
Licenziamento disciplinare per mancanza di giustificato motivo soggettivo/giusta causa, in cui sia direttamente dimostrata in giudizio l'insussistenza del fatto materiale contestato al lavoratore (escluso per le imprese fino a 15 dipendenti)	Annullamento del licenziamento e condanna del datore di lavoro: a) alla reintegrazione del lavoratore nel posto di lavoro; b) al pagamento di un'indennità risarcitoria commisurata all'ultima retribuzione di riferimento per il calcolo del Tfr, corrispondente al periodo dal giorno del licenziamento fino a quello dell'effettiva reintegrazione, fino a un massimo di 12 mensilità; c) al versamento dei contributi previdenziali e assistenziali dal giorno del licenziamento fino a quello dell'effettiva reintegrazione, senza applicazione di sanzioni per omissione contributiva. Il lavoratore può optare per le 15 mensilità
Vizi formali e vizi procedurali, come assenza di motivazione, mancato rispetto della procedura di licenziamento	Indennità, non assoggettata a contribuzione previdenziale, pari a 1 mensilità dell'ultima retribuzione per ogni anno di servizio, in misura comunque non inferiore a 2 e non superiore a 12 mensilità, a meno che il giudice, sulla base della domanda del lavoratore, accerti la sussistenza dei presupposti per l'applicazione delle tutele previste per i casi di licenziamento per i quali sia ancora prevista la reintegrazione. L'importo è dimezzato nelle piccole imprese entro massimo 6 mensilità

esempio La legge privilegia nella conservazione del posto i dipendenti che hanno un'età più avanzata, e quindi minori possibilità di trovare un nuovo lavoro, oppure quelli con moglie e figli da mantenere.

Per i licenziamenti collettivi il d.lgs. 23/2015 stabilisce che, in caso di violazione delle procedure o dei criteri di scelta, si applica sempre il regime dell'indennizzo monetario che vale per i licenziamenti individuali (da un minimo di 4 a un massimo di 24 mensilità). Soltanto in caso di violazione della forma scritta è prevista la tutela reale e risarcitoria.

5. Il Trattamento di fine rapporto

L'art. 2120 del codice civile prevede che in ogni caso di cessazione del rapporto di lavoro subordinato, il prestatore di lavoro ha diritto a un Trattamento di fine rapporto (Tfr) anche detto **liquidazione**.
Si tratta in sostanza di una somma di denaro il cui importo varia in relazione alla durata del rapporto di lavoro e alla retribuzione percepita. La somma viene **accantonata** obbligatoriamente dal datore di lavoro trattenendo una parte della retribuzione spettante al lavoratore, per essere corrisposta al lavoratore in un'unica soluzione, alla fine del rapporto.
Al Tfr viene comunemente riconosciuta la natura di retribuzione accantonata, che svolge una funzione di **risparmio forzoso** per il lavoratore. In tal modo il lavoratore si troverà ad aver risparmiato, anche suo malgrado, una somma di una certa consistenza che potrà impiegare per le proprie necessità future, quando cesserà il rapporto di lavoro.

Per garantire ai lavoratori la corresponsione del Tfr anche nell'ipotesi di insolvenza del datore di lavoro, è stato istituito presso l'Inps il **Fondo di garanzia** per il Tfr, alimentato con un contributo a carico dei datori di lavoro nella misura dello 0, 15% delle retribuzioni (l. 297/1982, art. 2).

In caso di morte del lavoratore, il Tfr spetta al coniuge, ai figli e ai parenti entro il terzo grado e affini entro il secondo se vivevano a carico del lavoratore. La ripartizione, in mancanza di accordo, deve farsi secondo il bisogno di ciascuno (art. 2122 c.c.).

Dal 1° gennaio 2007 è entrata in vigore la nuova disciplina delle **forme pensionistiche complementari** (d.lgs. 252/2005), vale a dire di quelle forme di previdenza mediante le quali i lavoratori dipendenti, pubblici e privati, e autonomi predispongono una prestazione pensionistica integrativa rispetto a quella offerta dal sistema previdenziale. Le forme pensionistiche complementari si attuano prevalentemente attraverso lo strumento dei fondi di investimento, detti **fondi pensione**, a cui i lavoratori dipendenti destinano le somme del loro trattamento di fine rapporto futuro. Il dipendente privato che intende mantenere il vecchio Tfr deve dichiarare espressamente questa sua volontà, altrimenti il Tfr si convertirà automaticamente in un fondo pensione. Chi sceglie di destinare il Tfr al fondo pensione dunque non riceverà più la liquidazione alla fine del rapporto, ma beneficerà di una prestazione economica che va a integrare la pensione.

Per determinate cause (spese sanitarie, acquisto della prima casa per sé o per i figli, spese da sostenere durante i congedi parentali e per la formazione), il lavoratore può richiedere un'**anticipazione** sul Tfr maturato. Il lavoratore matura il diritto all'anticipazione dopo 8 anni di servizio presso lo stesso datore di lavoro e può richiederla una sola volta. La somma richiesta non può superare il 70% del Tfr maturato.

La legge di stabilità 2015 (l. 190/2014) ha previsto, anche se in via sperimentale fino al 30/6/2018, la possibilità per i lavoratori dipendenti del settore privato di richiedere il pagamento mensile della quota del Tfr direttamente in busta paga, come parte integrativa della retribuzione.

Quando un rapporto di lavoro termina, il lavoratore ha diritto al trattamento di fine rapporto

A. VERO/FALSO

Indica se le seguenti affermazioni sono vere o false

1. Il licenziamento:

a. esonera il datore di lavoro dall'obbligo del preavviso se avviene per giustificato motivo oggettivo Ⓥ Ⓕ

b. è nullo per motivi discriminatori Ⓥ Ⓕ

c. della lavoratrice durante lo stato di gravidanza è nullo Ⓥ Ⓕ

d. *ad nutum* non è mai ammesso Ⓥ Ⓕ

e. deve essere comunicato con gli appositi modelli forniti dal Ministero del lavoro Ⓥ Ⓕ

2. Il Trattamento di fine rapporto:

a. spetta al lavoratore al momento della cessazione del rapporto di lavoro Ⓥ Ⓕ

b. è oggi obbligatoriamente versato nei fondi pensione Ⓥ Ⓕ

c. in caso di inadempienza del datore di lavoro il lavoratore può farne domanda al fondo di garanzia dell'Inps Ⓥ Ⓕ

d. in casi eccezionali può essere parzialmente anticipato al lavoratore durante il rapporto di lavoro Ⓥ Ⓕ

e. si forma grazie all'accantonamento mensile di un importo uguale per tutti i lavoratori Ⓥ Ⓕ

B. CACCIA ALL'ERRORE

Sottolinea gli errori e riscrivi le frasi corrette

1. Il licenziamento deve essere intimato al lavoratore con immediatezza, in forma orale e deve essere motivato.

2. Dal 7 marzo 2016 trova applicazione il contratto di lavoro subordinato a tutele crescenti.

3. Per scegliere i lavoratori in esubero nei licenziamenti cumulativi si seguono i criteri definiti negli accordi presi con i sindacati e in mancanza quelli legali.

4. Il lavoratore può licenziarsi liberamente con l'obbligo di preavviso che può tuttavia sostituire con una speciale indennità a favore del datore di lavoro.

C. COMPLETA LO SCHEMA

Inserisci i termini mancanti

D. IL CASO

Leggi il caso e rispondi alle domande

La pasticceria "Rinaldo s.r.l." è una impresa con 16 dipendenti tra cui Maddalena, assunta il 10 marzo del 2015. Il 10 marzo 2017 arriva a Maddalena una raccomandata in cui si legge:

Oggetto: notifica di licenziamento per giusta causa, violazione obbligo di fedeltà, articolo 2105 del codice civile

Gentile sig.ra Maddalena,
con la presente la informiamo che abbiamo deciso di procedere al suo licenziamento, che dovrà intendersi operativo a partire dalla data odierna. Tale provvedimento viene adottato per la seguente motivazione: in violazione dell'articolo 2105 del codice civile e dell'obbligo di fedeltà del lavoratore subordinato, nei confronti dell'azienda datrice di lavoro, Ella ha intrapreso attività autonoma con partita Iva n. XXXXX, offrendo servizi di pasticceria in palese e illegittima concorrenza con la ditta scrivente. A conferma della violazione dell'obbligo di cui all'articolo 2105 del codice civile, è possibile visionare il sito web www.XXXXXX.it che promuove la sua attività autonoma.
Trattandosi di un licenziamento per giusta causa, per i giorni di mancato preavviso non Le verrà corrisposta alcuna indennità sostitutiva.

1. Quale normativa si applica al licenziamento di Maddalena?
2. Cosa potrebbe fare Maddalena se non fosse d'accordo con il licenziamento?
3. Se il giudice ritenesse non giusta la causa del licenziamento, quale provvedimento potrebbe adottare?
4. Il giudice potrebbe ordinare la reintegrazione di Maddalena sul posto di lavoro e se sì, in quale caso?
5. Maddalena ha diritto al Tfr?

Lezione **16**

Sciopero e diritto al servizio

La tutela sindacale dei lavoratori

1. L'autotutela sindacale

Le tutele stabilite dal legislatore a favore dei lavoratori subordinati non sono sembrate sufficienti a rispondere alle loro esigenze, anche perché le leggi dello Stato sono spesso espressione della classe economicamente egemone. Si è per questo ritenuto necessario riconoscere ai sindacati, gli organismi rappresentativi dei lavoratori, particolari poteri di autotutela; la Costituzione stessa ha affidato a queste organizzazioni importanti strumenti di tutela dei lavoratori. Storicamente, i sindacati nascono dal principio che l'unità dei lavoratori fa la loro forza: se il datore di lavoro può ignorare la voce del singolo lavoratore, difficilmente può disconoscere il coro di protesta di tutti i suoi dipendenti.

I **sindacati** sono associazioni volontarie di lavoratori che agiscono collettivamente per la protezione degli interessi professionali della categoria rappresentata.

L'insieme delle norme giuridiche che regola l'attività dei sindacati costituisce il **diritto sindacale**, le cui fonti sono le stesse di quelle del diritto del lavoro.

2. L'organizzazione sindacale

L'art. 39 della Costituzione stabilisce che l'organizzazione sindacale è **libera**, ma con l'obbligo della **registrazione** dei sindacati nei modi previsti dalla legge. La registrazione è condizione necessaria affinché il sindacato acquisti personalità giuridica.
La legge istitutiva del registro tuttavia non è mai stata emanata, per la diffidenza dei sindacati verso ogni genere di controllo da parte dello Stato, che invece la registrazione implicherebbe. Sotto il profilo strettamente giuridico i sindacati sono pertanto associazioni private non riconosciute, prive della personalità giuridica (enti di fatto) per le quali trova applicazione la disciplina degli artt. 36-38 del codice civile.

L'organizzazione dei sindacati dei **lavoratori** e dei datori di lavoro è strutturata secondo un ordinamento verticale e orizzontale.
In senso **verticale** l'organizzazione sindacale dei lavoratori vede alla base i sindacati comunali di categoria; questi confluiscono nei sindacati provinciali di categoria che a loro volta convergono nelle Federazioni nazionali (per esempio, Fiom, Fim e Uilm per il settore metalmeccanico). Infine, le Federazioni danno vita alle Confederazioni (Cgil, Cisl, Uil). I sindacati provinciali possono essere organizzati anche su base territoriale **orizzontale** nelle Camere del lavoro, Unioni sindacali o Camere sindacali.

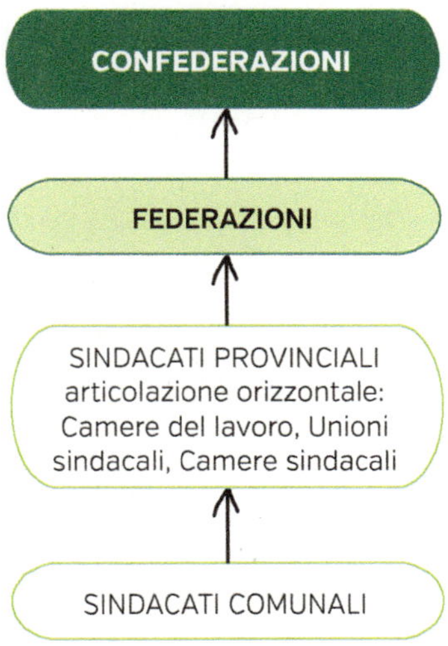

L'**organizzazione dei datori di lavoro** vede alla base le Associazioni provinciali, composte orizzontalmente da numerose sezioni locali, le quali confluiscono nelle Federazioni nazionali che, a loro volta, formano le Confederazioni nazionali.

Tra le principali confederazioni dei datori di lavoro ricordiamo la **Confindustria** (per il settore industriale), la Confapi (piccole e medie imprese), la Confederazione Nazionale dell'artigianato, la **Confcommercio** e la Confesercenti (per il settore commerciale), la Confagricoltura, la **Coldiretti** e la Confcoltivatori (per il settore agricolo).

I lavoratori sono organizzati anche all'interno delle singole aziende, attraverso una struttura rappresentativa, la **Rappresentanza sindacale unitaria** (Rsu). Si tratta di un organismo sindacale presente in ogni luogo di lavoro, costituito da non meno di tre membri eletti periodicamente da **tutti** i lavoratori, iscritti e non iscritti al sindacato. I membri delle Rsu rappresentano tutti i lavoratori, non rappresentano dunque il sindacato, bensì le esigenze di tutti i lavoratori all'interno di una stessa realtà lavorativa. La Rsu rimane in carica tre anni.
Le Rsu non vanno confuse con le Rappresentanze sindacali aziendali (Rsa), elette esclusivamente dagli **iscritti** a un particolare sindacato, che, a differenza delle Rsu, non hanno la rappresentanza generale dei lavoratori e non partecipano alla contrattazione aziendale.

3. Le libertà sindacali

L'art. 39 della Costituzione afferma che l'organizzazione sindacale è libera. Si è soliti riconoscere in tale generico concetto quattro diversi significati:

- libertà dei lavoratori e dei datori di lavoro di **costituire** sindacati, senza impedimenti e senza bisogno di autorizzazione;
- libertà dei lavoratori di **esercitare** l'attività sindacale, anche all'interno dei luoghi di lavoro, senza impedimenti da parte dei datori di lavoro;
- libertà di **aderire o non aderire**; ai lavoratori non può essere imposto l'obbligo di associarsi e i datori di lavoro non devono subordinare l'occupazione di un lavoratore alla condizione che aderisca o meno a un'associazione sindacale;
- libertà dell'**organizzazione** sindacale in quanto tale (autonomia sindacale), il che significa potere d'autoregolarsi dettando, mediante Statuti interni, le norme fondamentali della propria organizzazione.

Allo scopo di dare effettiva attuazione ai principi costituzionali in materia sindacale è stata emanata la legge 300/1970, meglio conosciuta come **Statuto dei lavoratori**, che rappresenta il primo vero intervento statale a sostegno e tutela dell'attività sindacale dei lavoratori. Lo Statuto ha due obiettivi principali: tutelare la libertà e la dignità del lavoratore e assicurare la libertà sindacale all'interno dei luoghi di lavoro.
In particolare, l'art. 28 dello Statuto è diretto alla repressione della **condotta antisindacale** dei datori di lavoro. La norma consente agli organismi locali delle associazioni sindacali di ricorrere al giudice per denunciare il datore di lavoro che impedisca o limiti l'esercizio dell'attività sindacale e del diritto di sciopero. Il giudice si pronuncia con un decreto ordinando eventualmente al datore di lavoro di cessare il comportamento illecito e di rimuovere le conseguenze; se il datore di lavoro non obbedisce al decreto incorre in sanzioni penali.

esempio È una condotta antisindacale il rifiuto del datore di lavoro di concedere ai lavoratori eletti nelle Rsu i permessi sindacali riconosciuti dallo Statuto. È antisindacale il comportamento del datore di lavoro che sostituisce i lavoratori in sciopero con lavoratori autonomi o con altri operai che non aderiscono allo sciopero.

4. Il diritto di sciopero

I lavoratori si avvalgono di un importante strumento di autotutela a sostegno della loro azione rivendicativa: lo sciopero.

Lo **sciopero** è l'astensione totale e concordata dal lavoro di gruppi di lavoratori subordinati per la tutela dei loro interessi collettivi.

I lavoratori sospendono l'attività lavorativa provocando l'interruzione della produzione con conseguenze economiche per i datori di lavoro. Questo strumento della lotta sindacale è utilizzato sia come mezzo di **protesta** sia in funzione **intimidatoria** e persuasiva, per costringere la controparte ad accogliere le richieste dei lavoratori. L'art. 40 della Costituzione riconosce espressamente lo sciopero qualificandolo come **diritto** e subordinandone l'esercizio a una regolamentazione legislativa.

Oggi, in quanto diritto costituzionale, lo sciopero non può essere soppresso o limitato dalle leggi dello Stato. Inoltre esso non costituisce inadempimento del contratto di lavoro: il suo esercizio determina solamente una sospensione del rapporto e degli obblighi gravanti per le parti, ma non giustifica la risoluzione del contratto. Il lavoratore **perde la retribuzione** per il periodo in cui si è astenuto dal lavoro, ma ha diritto alla **conservazione** del posto.

Titolare del diritto di sciopero è il singolo lavoratore, a prescindere dalla sua appartenenza a un sindacato, ma il suo esercizio è **collettivo**, riservato cioè all'organizzazione sindacale, in quanto strumento di tutela di interessi collettivi. L'astensione dal lavoro è quindi consentita soltanto dopo che il sindacato ha proclamato lo sciopero; da quel momento ogni lavoratore, iscritto o meno al sindacato, ha diritto di partecipare o meno allo sciopero.

esempio Marina non condivide il contenuto del contratto collettivo firmato dai sindacati e vuole protestare facendo sciopero, sebbene nessun sindacato l'abbia proclamato. Il suo giorno di assenza dal lavoro sarà valutato dal datore di lavoro come inadempimento contrattuale e quindi verrà sanzionato. Per legittimare il comportamento di Marina sarebbe sufficiente che uno dei sindacati nazionali di cui è riconosciuta la rappresentatività dei lavoratori proclamasse lo sciopero, indipendentemente dal fatto che Marina sia iscritta a quel sindacato, a un altro sindacato o a nessuno.

La regolamentazione dello sciopero è un requisito richiesto dalla stessa Costituzione (art. 40 Cost.). Essa ha avuto parziale attuazione con la legge 146/1990, che ha dettato norme sull'esercizio del diritto di sciopero nei **servizi pubblici essenziali**. Questa legge è stata poi modificata in senso più restrittivo per i lavoratori (l. 183/2000). La normativa ha voluto conciliare l'esercizio del diritto di sciopero dei lavoratori impiegati in settori di particolare importanza per la collettività, con i diritti costituzionalmente garantiti della persona (alla vita, alla salute, alla libertà ecc.). I settori essenziali sono elencati dalla legge (trasporti, sanità ecc.); con la riforma del 2000 è stato esteso il concetto di servizio pubblico anche a certi lavoratori autonomi (come i tassisti), a certi professionisti (per esempio medici e avvocati), e a certi piccoli imprenditori.

La legge subordina l'esercizio del diritto di sciopero al rispetto di alcuni requisiti:

- devono essere assicurate le prestazioni **indispensabili** (pronto soccorso, treni a lunga percorrenza, scrutini finali ecc.) individuate dalla contrattazione collettiva;
- le organizzazioni sindacali devono proclamare lo sciopero con almeno 10 giorni di **preavviso**;
- deve essere indicata la data e la **durata** massima dello sciopero.
- tra uno sciopero e l'altro devono trascorrere **intervalli** minimi per evitare accavallamenti;
- nel corso delle agitazioni i servizi devono funzionare almeno al **50%** e un terzo del personale deve rimanere al suo posto.

Anche i datori di lavoro hanno a disposizione uno strumento di autotutela analogo allo sciopero: la **serrata**. Si tratta della chiusura da parte del datore di lavoro dei locali in cui si svolge l'attività lavorativa, in modo da impedire ai lavoratori di eseguire le loro prestazioni. La serrata non è prevista da alcuna norma, anzi è stata per molto tempo considerata un reato dall'art. 502 del codice penale. Oggi è ammessa solo per sostenere le rivendicazioni dei datori di lavoro in merito al contratto di lavoro. Anche se penalmente lecita, la serrata comporta conseguenze sul piano civile a carico dell'imprenditore che deve risarcire i danni ai lavoratori cui impedisce di lavorare. Per la dottrina dominante è inadempimento contrattuale e quindi il datore di lavoro resta tenuto al pagamento della retribuzione.

Lo sciopero è l'interruzione della produzione da parte dei lavoratori a scopo di protesta o di rivendicazione

A. VERO/FALSO

Indica se le seguenti affermazioni sono vere o false

1. I sindacati:

- **a.** sono enti pubblici che difendono gli interessi dei lavoratori V F
- **b.** sono associazioni non riconosciute a cui i lavoratori devono iscriversi V F
- **c.** sono associazioni private il cui riconoscimento è subordinato all'iscrizione in appositi registri V F
- **d.** possono proclamare lo sciopero dei lavoratori V F
- **e.** sottoscrivono i contratti collettivi di lavoro che contengono le norme sul rapporto di lavoro di un'intera categoria di lavoratori V F

2. Lo sciopero:

- **a.** è una forma di protesta dei lavoratori per tutelare i loro interessi V F
- **b.** può essere esercitato da ciascun lavoratore indipendentemente da una decisione dei sindacati V F
- **c.** una volta proclamato dai sindacati obbliga tutti i lavoratori a partecipare V F
- **d.** comporta per il lavoratore la perdita della retribuzione per tutto il periodo di protesta V F
- **e.** se prolungato può portare al licenziamento del lavoratore V F

B. CACCIA ALL'ERRORE

Sottolinea gli errori e riscrivi le frasi corrette

1. Le Rsa hanno la rappresentanza generale dei lavoratori in azienda e partecipano alla contrattazione aziendale.

2. Il complesso delle Camere di lavoro forma la confederazione sindacale.

3. Nel rispetto della Costituzione, attualmente soltanto lo sciopero dei servizi pubblici essenziali è regolato dalla contrattazione collettiva.

4. La sostituzione degli operai in sciopero da parte del datore di lavoro potrebbe configurare condotta sindacale penalmente sanzionabile.

C. COMPLETA LO SCHEMA

Inserisci i termini mancanti

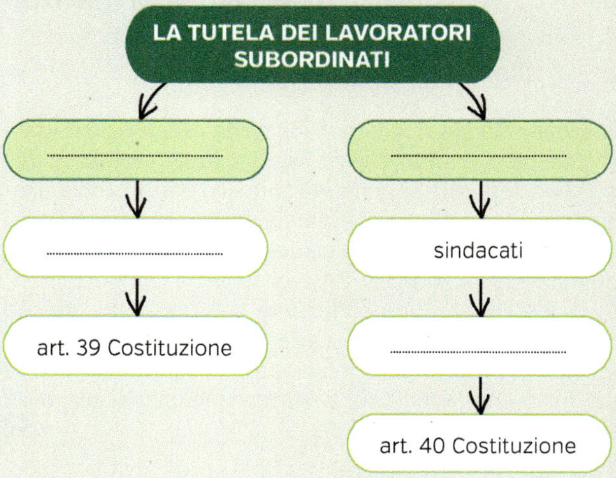

D. IL CASO

Leggi l'articolo e rispondi alle domande

Alitalia, accordo con i sindacati. Revocato sciopero del 22 settembre.

La firma di Filt-Cgil, Fit-Cisl, Uil Trasporti e Ugl. Manca l'intesa con Anpac, domani nuovo incontro.

ROMA - Fumata bianca nella vertenza Alitalia. I sindacati di categoria Filt-Cgil, Fit-Cisl, Uil Trasporti e Ugl hanno sottoscritto con l'azienda l'accordo sulle problematiche del personale navigante. È quanto si apprende da fonti vicine alla trattativa.

In conseguenza della firma dell'accordo è stato revocato lo sciopero di 24 ore proclamato per il 22 settembre.

Non ha invece firmato l'associazione professionale Anpac, che però, secondo quanto riferiscono le stesse fonti, potrebbe tornare a vedersi con i rappresentanti della compagnia già domani.

Fonte: repubblica.it, 18/09/2016

1. Quali associazioni sindacali sono citate nell'articolo?
2. Qual è il datore di lavoro?
3. Per quando era stato proclamato lo sciopero?
4. Qual era l'argomento su cui i sindacati protestavano?
5. Quale notizia dà l'articolo?
6. Qual è la situazione di Anpac?

Lezione 17

La previdenza sociale

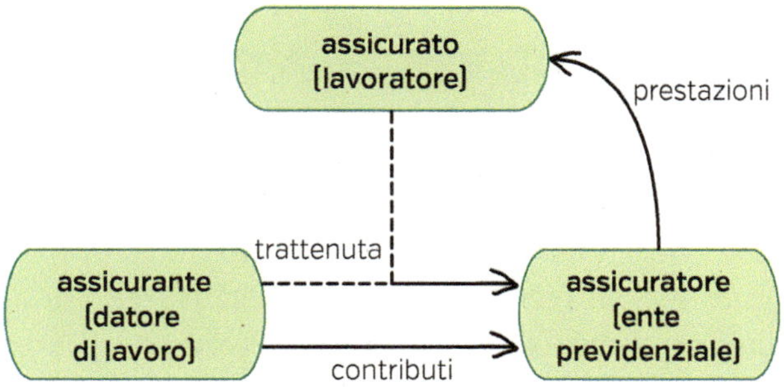

1. Il rapporto previdenziale

L'ordinamento giuridico italiano prevede un sistema di tutela del lavoratore contro alcuni eventi della vita, per lo più inevitabili, che possono privarlo della capacità di lavorare e di procurarsi un reddito: vecchiaia, malattia, invalidità e morte (con riguardo, in quest'ultimo caso, alla tutela della famiglia del lavoratore). Di fronte a questi eventi il lavoratore si troverebbe privo di tutela; occorre quindi prevenirli. La legge ha previsto un rapporto **assicurativo obbligatorio** con enti pubblici, a cui lavoratore e datore di lavoro versano durante il rapporto lavorativo una somma periodica, i contributi, e dai quali riceveranno protezione nel momento del bisogno. Questo sistema di tutela, detto **previdenza sociale**, ha lo scopo di impedire che le conseguenze economiche o sanitarie di questi eventi ricadano interamente sul lavoratore o sul datore di lavoro.

La previdenza sociale realizza i suoi scopi di tutela tramite le **assicurazioni sociali**. La previdenza sociale è strutturata sul tipo di un rapporto assicurativo con la principale caratteristica di essere obbligatoria e di avvalersi di assicuratori che hanno natura di enti pubblici, i principali dei quali sono l'**Inps** (Istituto nazionale della previdenza sociale) e l'**Inail** (Istituto nazionale delle assicurazioni contro gli infortuni sul lavoro, ⇒ *lezione 14*).

I soggetti dell'assicurazione sociale sono:

- il **lavoratore**, soggetto assicurato, che beneficia delle prestazioni previdenziali;
- il **datore** di lavoro, soggetto assicurante;
- l'**ente previdenziale**, soggetto assicuratore.

Tra questi soggetti viene a instaurarsi un vero e proprio rapporto giuridico, denominato **rapporto giuridico previdenziale**.

I datori di lavoro sono obbligati a versare periodicamente una somma di denaro, **contributi**, a favore dell'ente previdenziale, per esempio, l'Inps. La misura della contribuzione dipende dalla retribuzione del dipendente. I contributi sono in minima parte anche a carico del lavoratore; tuttavia il versamento viene materialmente eseguito dal datore di lavoro, che provvede poi a recuperare dalla retribuzione del dipendente una parte dei contributi versati, detta **trattenuta**.

Sebbene l'obbligo di pagare i contributi spetti prevalentemente ai datori di lavoro, capita che lo Stato effettui dei finanziamenti contributivi, volti da un lato a risanare i deficit degli enti previdenziali e dall'altro a far ricadere sullo Stato (e quindi sui tutti i contribuenti) una parte degli oneri dei datori di lavoro; si parla in questo senso di fiscalizzazione degli oneri sociali.

Anche i **lavoratori autonomi** devono versare i contributi: assumono così la duplice veste di assicurato e assicurante e sono integralmente responsabili del versamento dei propri contributi.

Se il datore di lavoro non versa i contributi il lavoratore non perde il diritto alle prestazioni (art. 2116 c.c.), in base al principio di **automaticità** delle prestazioni previdenziali.

L'ente previdenziale impiega le somme ricevute con i contributi per effettuare, in caso si verifichi una delle circostanze assicurate, determinate **prestazioni** di tipo economico e di tipo sanitario a favore del lavoratore. Le prestazioni economiche sono somme di denaro corrisposte al lavoratore per un determinato periodo di tempo o per tutta la vita, oppure in un'unica soluzione. Tali prestazioni possono essere, secondo le circostanze, pensioni, indennità, rendite, assegni.

2. I rischi assicurati

I rischi assicurati non necessariamente attengono allo svolgimento dell'attività lavorativa, come l'invalidità, ma possono riguardare eventi naturali prevedibili nel loro verificarsi, vecchiaia o la morte del lavoratore. Non sempre i **destinatari** delle prestazioni coincidono con i soggetti assicurati; è il caso della pensione in caso di morte del lavoratore che viene corrisposta ai parenti superstiti. La tabella riassume le principali forme di previdenza sociale in base al rischio assicurato e alla natura della prestazione erogata.

Si può verificare il **cumulo** tra più pensioni, cioè l'assicurato può essere titolare contemporaneamente di più trattamenti pensionistici; può avvenire anche il cumulo tra pensione e redditi quando un soggetto percepisce redditi per attività lavorativa svolta dopo il conseguimento della pensione.

esempio La signora Elvira, 67 anni, è pensionata e vive con il marito, anche lui pensionato. Rimasta vedova, Elvira continuerà a percepire la propria pensione e in più percepirà quella prevista per i superstiti per morte del coniuge (cumulo tra pensioni). Qualora Elvira decidesse di svolgere un'attività lavorativa, per esempio un lavoro autonomo come quello di sarta, oltre al reddito da lavoro continuerebbe a percepire le due pensioni (cumulo tra pensioni e reddito).

3. La pensione di vecchiaia e la pensione anticipata

Per gli eventi dannosi che colpiscono più di frequente il lavoratore, quali l'invalidità, la vecchiaia e la morte, si provvede corrispondendo una somma periodica di denaro detta **pensione**. Esistono due principali tipi di pensioni, quella di vecchiaia e quella anticipata.

La **pensione di vecchiaia** è corrisposta a favore dei lavoratori che hanno raggiunto un limite minimo di età e che hanno versato contributi per un certo numero di anni, normalmente 20.

La pensione di vecchiaia è corrisposta ai lavoratori che hanno raggiunto una determinata età e che hanno versato contributi per un certo numero di anni

PRINCIPALI PRESTAZIONI PREVIDENZIALI

Rischio assicurato	Soggetti beneficiari	Prestazione previdenziale	Ente assicuratore
Invalidità	Infermi con capacità di lavoro ridotta a meno di 1/3	Assegno di invalidità	Inps
Inabilità	Inabili al lavoro assoluti e permanenti	Pensione di inabilità	Inps
Vecchiaia	Chi ha i requisiti minimi di età anagrafica e di anni di contribuzione	Pensione di vecchiaia	Inps
Anzianità di servizio	Lavoratori con un determinato numero di anni di servizio	Pensione anticipata	Inps
Morte	Coniuge, figli e altri parenti del lavoratore defunto	Pensione ai superstiti	Inps
Reddito insufficiente	Ultra 65enni senza redditi adeguati	Assegno sociale	Inps
Infortuni sul lavoro e malattie professionali	Infortunati sul lavoro o ammalati a causa del lavoro	Rendita/indennità	Inail
Disoccupazione involontaria	Disoccupati o lavoratori sospesi o con riduzioni di orario	Integrazioni salariali/ indennità	Inps
Aumento dei carichi familiari	Lavoratori con coniuge, figli, genitori a carico	Assegni familiari e per nucleo familiare	Inps

L'età anagrafica per andare in pensione varia in relazione a vari parametri, ed è stata progressivamente innalzata nel corso degli anni. In base all'attuale legge, a partire dal 2018 l'età pensionabile sarà di 66 anni e 7 mesi sia per gli uomini che per le donne (dipendenti privati, pubblici e autonomi) e crescerà progressivamente di anno in anno, sulla base delle stime della speranza di vita elaborate dall'Istat, fino ad arrivare a 70 anni nel 2049. Tuttavia, anche per questa legge sono in discussione proposte di riforma.

esempio Claudio ha iniziato a lavorare come operaio a 16 anni. Dopo venti anni di lavoro e di contributi regolarmente versati, all'età di 36 anni, decide di dimettersi per svolgere un'attività in proprio. Claudio non ha ancora diritto a percepire la pensione sebbene abbia versato i contributi richiesti: potrà percepirla solo quando avrà raggiunto l'età anagrafica prevista dalla legge (probabilmente 70 anni).

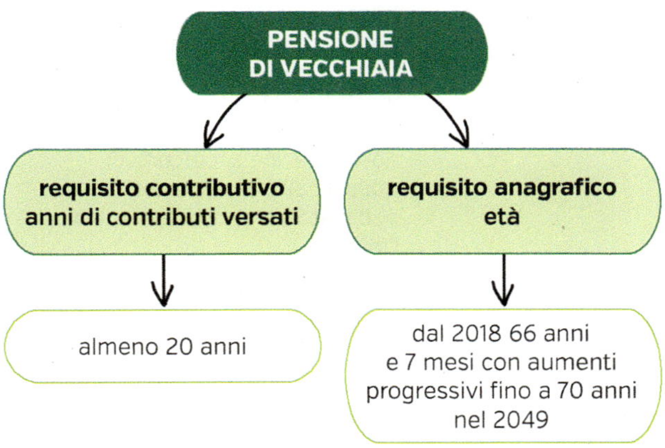

La **pensione anticipata** (un tempo detta di anzianità) trova applicazione al raggiungimento di un determinato numero di anni di contribuzione (anzianità di servizio) indipendentemente dall'età anagrafica. Ovviamente gli anni di contribuzione richiesti in questo caso sono assai maggiori di quelli richiesti per aver diritto alla pensione di vecchiaia. Sebbene l'età anagrafica non sia un requisito per aver diritto a questa pensione, la legge prevede una riduzione dell'importo se il requisito viene raggiunto prima dei 62 anni di età: semplificando, possiamo dire che per ogni anno di anticipo dai 62 ai 60 anni la penalizzazione è dell'1% per ogni anno, mentre per ogni anno di anticipo precedente i 60 è del 2%.
In base alla legge attuale il requisito contributivo minimo per aver diritto alla pensione anticipata sarà, nel 2019, di 43 anni e 3 mesi per gli uomini e di 42 anni e 3 mesi per le donne, ed è previsto un incremento progressivo fino a raggiungere, nel 2049, i 46 anni e tre mesi per gli uomini e 45 anni e 3 mesi per le donne.

esempio Claudio ha cominciato a lavorare a 16 anni come operaio. Nel 2019, all'età di 60 anni, ha già raggiunto il requisito per la pensione anticipata, ma non quello per la pensione di vecchiaia, per la quale dovrebbe aspettare di aver compiuto 66 anni e 7 mesi di età. Tuttavia, se richiedesse subito la pensione anticipata subirebbe una riduzione dell'importo pari all'1% per ogni anno di anticipo rispetto ai 62 anni, quindi del 2%.

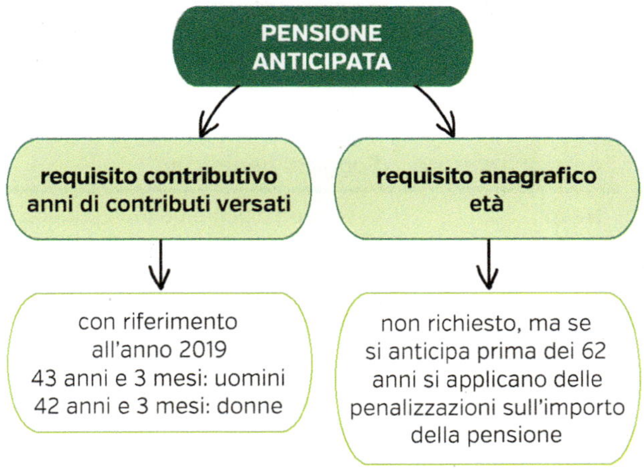

La legge ha predisposto forme previdenziali obbligatorie anche per tutelare i lavoratori da quegli eventi che possono far venir meno o far diminuire la loro capacità di guadagno.
Il lavoratore può perdere completamente il suo reddito in caso di disoccupazione involontaria o licenziamento, oppure può subire una diminuzione del reddito a causa di sospensione o riduzione temporanea dall'attività lavorativa, o ancora, in particolari circostanze come la nascita di figli, può avere l'esigenza di aumentare il reddito per far fronte alla nuova situazione.
In queste circostanze lo Stato interviene con una serie di strumenti previdenziali che hanno lo scopo di assicurare al lavoratore una fonte di reddito sufficiente per provvedere al suo sostentamento e quello della sua famiglia. Proprio per questa finalità di attenuare l'impatto della privazione o della riduzione improvvisa del reddito e consentire eventualmente al lavoratore in difficoltà di trovare soluzioni e fonti reddituali alternative, questi interventi vengono comunemente denominati **ammortizzatori sociali**.

In tale materia è intervenuta la riforma della legge delega 183/2014, cosiddetta Jobs Act, e in particolare uno dei suoi decreti attuativi (d.lgs. 22/2015) che ha riformato i vecchi ammortizzatori sociali introducendo nuove figure in sostituzione di precedenti istituti quali la **Naspi** (Nuova prestazione di assicurazione sociale per l'impiego), la **Dis-Coll** (Disoccupazione dei collaboratori) e l'**Asdi** (Assegno di disoccupazione) e ha modificato alcuni precedenti istituti, come la **Cassa integrazione e guadagni**. Ne riepiloghiamo gli aspetti salienti nella tabella che segue.

Per ottenere l'indennità prevista dalla Naspi e dalla Asdi, il disoccupato deve partecipare ai corsi di orientamento e riqualificazione professionale proposti dal centro per l'impiego

Ammortizzatore	Soggetti beneficiari	Prestazione
Naspi	Lavoratori dipendenti (non pubblici e non agricoli) che hanno perso involontariamente il lavoro e che avevano versato 13 settimane di contributi negli ultimi 4 anni e hanno lavorato almeno 30 giorni nei 12 mesi precedenti	Indennità calcolata in base all'ultima retribuzione percepita (massimo 1300 euro mensili) per un periodo pari alla metà del periodo di contribuzione degli ultimi 4 anni (massimo 24 mesi). Il disoccupato perde il diritto all'indennità se non partecipa ai percorsi di riqualificazione professionali obbligatori proposti dal centro per l'impiego
Dis-Coll	Collaboratori coordinati e continuativi e lavoratori a progetto disoccupati in possesso di determinati requisiti	Assegno calcolato in base all'ultima retribuzione per una durata pari alla metà del periodo di contribuzione effettuata a partire dal 1° gennaio dell'anno precedente
Asdi	Spetta a coloro che, dopo aver usufruito per intero delle prestazioni della Naspi, non hanno trovato un nuovo impiego e si trovano in una delle particolari condizioni di disagio previste dalla legge. Per poter accedere alla prestazione occorre firmare un "**patto di servizio**" presso un centro per l'impiego con il quale il disoccupato si impegna attivamente a cercare un lavoro, a frequentare corsi di orientamento e formazione e ad accettare adeguate proposte di lavoro	Ha una durata massima di 6 mesi e un importo pari al 75% dell'ultima indennità Naspi percepita
Cassa integrazione ordinaria	Lavoratori che sono **sospesi momentaneamente** dall'attività per cause non imputabili al datore di lavoro o ai lavoratori. Presuppone la prospettiva di una ripresa dell'attività produttiva	Indennità commisurata in percentuale alla retribuzione percepita dal lavoratore per un massimo di 24 mesi
Cassa integrazione straordinaria	Lavoratori che sono **sospesi momentaneamente** dall'attività per gravi situazioni di eccedenza occupazionale dovute a riorganizzazione aziendale (esigenze di ristrutturazione, riorganizzazione, riconversione aziendale), crisi aziendale, stipula di contratti di solidarietà (contratti stipulati tra l'azienda e le rappresentanze sindacali che prevedono la riduzione dell'orario di lavoro al fine di mantenere l'occupazione in caso di crisi aziendale e quindi evitare la riduzione del personale oppure di favorire nuove assunzioni attraverso una contestuale e programmata riduzione dell'orario di lavoro e della retribuzione). Presuppone la prospettiva di una ripresa dell'attività produttiva	Indennità commisurata in percentuale alla retribuzione percepita dal lavoratore per un massimo di 24 mesi in alcuni casi prorogabili fino a 36

A. VERO/FALSO

Indica se le seguenti affermazioni sono vere o false

1. La pensione di vecchiaia:
   - **a.** matura dopo aver versato almeno venti anni di contributi e aver raggiunto una determinata età anagrafica Ⓥ Ⓕ
   - **b.** si può percepire dopo venti anni di contributi Ⓥ Ⓕ
   - **c.** è generalmente pagata dall'Inps Ⓥ Ⓕ
   - **d.** viene definita ammortizzatore sociale Ⓥ Ⓕ
   - **e.** viene finanziata con i contributi versati dai datori di lavoro Ⓥ Ⓕ
2. La Naspi:
   - **a.** è uno strumento di tutela del lavoratore che perde involontariamente il posto di lavoro Ⓥ Ⓕ
   - **b.** consiste in un'indennità commisurata all'ultima retribuzione Ⓥ Ⓕ
   - **c.** spetta a qualunque lavoratore, indipendentemente dal periodo lavorato Ⓥ Ⓕ
   - **d.** riguarda anche i lavoratori parasubordinati Ⓥ Ⓕ
   - **e.** ha una durata limitata nel tempo Ⓥ Ⓕ

B. CACCIA ALL'ERRORE

Sottolinea gli errori e riscrivi le frasi corrette

1. La Cassa integrazione e guadagni interviene a sostenere e integrare il reddito del lavoratore quando il rapporto di lavoro è cessato.

   ....

2. La pensione anticipata consente di andare in pensione a un'età contributiva anteriore rispetto a quella prevista per la pensione di vecchiaia, purché siano versati gli anni di contributi richiesti dalla legge.

   ....

3. Il datore di lavoro versa i contributi previdenziali anche per conto del lavoratore recuperando la quota versata dalla retribuzione del dipendente (cosiddetta automaticità).

   ....

4. Il mancato pagamento dei contributi non fa perdere al lavoratore il diritto alle prestazioni per il principio di perequazione delle prestazioni previdenziali.

   ....

C. COMPLETA LO SCHEMA

Inserisci i termini mancanti

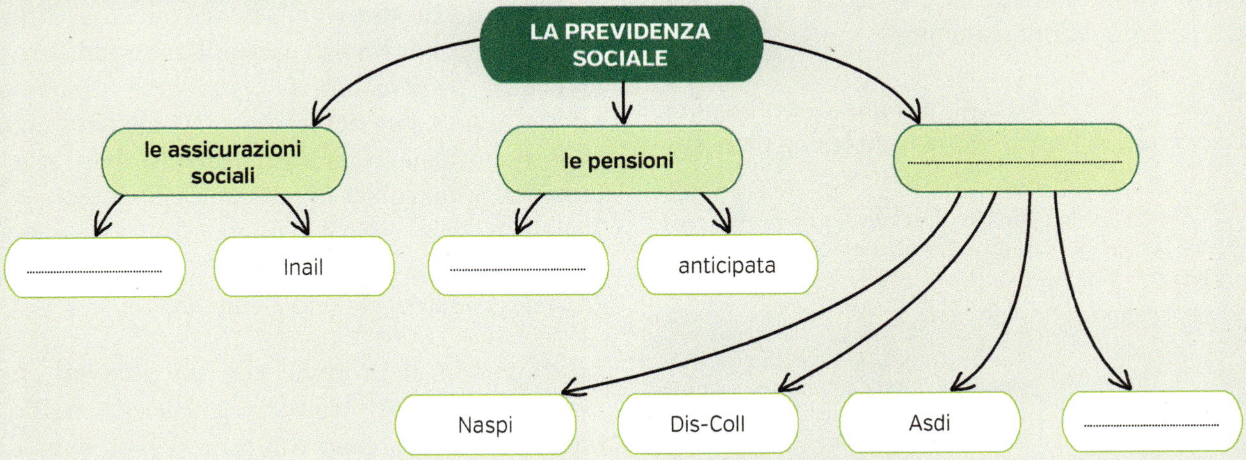

D. COMPLETA LA TABELLA

Indica il tipo di prestazione previdenziale cui avrebbero diritto i soggetti indicati

Situazione	Prestazione previdenziale erogabile
Lavoratore licenziato dopo aver lavorato ininterrottamente per due anni versando regolarmente i contributi	
Lavoratore dipendente di 61 anni che ha versato 44 anni di contributi	
Lavoratore single di 62 anni con 35 anni di contributi versati	
Lavoratore sospeso dal lavoro a causa dell'alluvione che ha temporaneamente impedito l'utilizzo dei locali aziendali	
Disoccupato da più di due anni di 56 anni	
Lavoratore di 67 anni con 20 anni di contributi versati	

Lezione **18**

Il contenzioso nel rapporto di lavoro

1. Le controversie relative al rapporto di lavoro

La mancata osservanza delle regole del rapporto di lavoro fa nascere un contenzioso tra lavoratore e datore di lavoro. La soluzione giudiziale di un simile contenzioso, con un lungo e costoso processo, pone però il lavoratore subordinato in una condizione di **svantaggio** rispetto al datore di lavoro, sia dal punto di vista economico, sia per la difficoltà di continuare regolarmente l'attività lavorativa durante l'iter processuale. Per queste ragioni il lavoratore potrebbe essere scoraggiato dall'intraprendere un'azione legale nei confronti del proprio datore di lavoro.

Il legislatore ha tentato dunque di proteggere il lavoratore subordinato, garantendogli un effettivo il diritto alla tutela dei propri diritti: da un lato ha modificato il processo ordinario, istituendo un **rito speciale del lavoro** dalle caratteristiche più consone alle esigenze del lavoratore, e dall'altro ha offerto **strumenti** di composizione delle controversie **alternativi** a quello giudiziale (conciliazione, mediazione, arbitrato).

La legge prevede un rito speciale per i processi del lavoro, più rapido e con un ampio ricorso alla conciliazione

2. Il processo del lavoro

Il rito speciale del **processo del lavoro** è stato introdotto con la legge 533/1973, per la trattazione di tutte le controversie relative a rapporti di lavoro e in materia di previdenza e assistenza obbligatorie (impugnazione dei licenziamenti, dei trasferimenti, applicazione di sanzioni disciplinari, violazioni degli obblighi contrattuali, pretese di natura retributiva ecc.). Le norme si trovano negli artt. 409 e seguenti del codice di procedura civile.

Il rito speciale si caratterizza per una maggiore **celerità**, per i più ampi **poteri istruttori** riconosciuti al giudice del lavoro, e per l'ampio ricorso alla **conciliazione** della controversia. A differenza del rito ordinario, in cui il contraddittorio si svolge principalmente attraverso memorie scritte, il processo del lavoro si svolge per lo più in forma orale e in tempi ristretti, stabiliti rigorosamente dal codice di procedura civile.
Il giudice del lavoro è il Tribunale, in composizione monocratica, del luogo in cui è sorto il rapporto, o quello in cui si trova l'azienda.

La domanda si propone con un **ricorso** che deve essere depositato nella cancelleria del Tribunale. Il giudice fissa il giorno dell'udienza di prima comparizione a cui le parti devono partecipare personalmente. All'udienza il giudice interroga le parti e tenta la **conciliazione**. Se la conciliazione riesce, il giudice redige un verbale con efficacia di titolo esecutivo. Se non riesce, il giudizio procede con l'esame delle varie questioni pregiudiziali e quindi con l'ammissione e l'esame delle prove richieste dalle parti e la discussione. Il processo si conclude con una **sentenza** immediatamente esecutiva.
Una caratteristica del processo del lavoro è la parziale **gratuità** per il lavoratore, che è tenuto soltanto al pagamento di un contributo unificato in forma ridotta per iniziare il procedimento.

LE FASI DEL PROCESSO DEL LAVORO PER CONTROVERSIE DIVERSE DA QUELLE SUI LICENZIAMENTI

Conciliazione stragiudiziale facoltativa	Prima di esercitare l'azione giudiziaria le parti hanno facoltà di tentare la conciliazione extragiudiziale
Fase introduttiva	Si propone depositando ricorso alla cancelleria del tribunale dove è sorto il rapporto o dove ha sede l'impresa
	Entro 5 giorni il giudice fissa l'udienza di discussione che deve cadere entro 60 giorni dalla data del deposito del ricorso
	Il ricorrente notifica all'altra parte il decreto
	Il convenuto ha l'onere di costituirsi almeno 10 giorni prima dell'udienza depositando in cancelleria una memoria difensiva
Istruzione e discussione	Le parti compaiono di persona davanti al giudice, che le interroga e tenta la conciliazione formulando una proposta transattiva. Se la conciliazione riesce viene redatto processo verbale esecutivo. Se non riesce il giudice può decidere la causa oppure disporre il proseguimento dell'istruttoria al fine di acquisire ulteriori mezzi di prova
Decisione	Il giudice, esaurita la discussione orale e udite le conclusioni delle parti, pronuncia in udienza la sentenza con cui definisce il giudizio, dando lettura del dispositivo ed esponendo le ragioni di fatto e di diritto della decisione. La sentenza è provvisoriamente esecutiva
Impugnazione	Contro le sentenze del Tribunale può essere proposto appello davanti alla Corte d'Appello competente
Cassazione	Contro le sentenze emesse in appello si può ricorrere in Cassazione per motivi di legittimità

3. Le tecniche alternative di risoluzione delle controversie

Nel contenzioso del lavoro il legislatore ha fatto ampio uso di strumenti alternativi a quello giudiziario. Questi strumenti vengono di solito accomunati sotto la sigla **Adr**, acronimo dell'espressione inglese *Alternative Dispute Resolutions* (risoluzioni alternative delle controversie): questi strumenti nascono infatti negli Usa degli anni Settanta del secolo scorso. I vantaggi di questi sistemi alternativi sono quelli di evitare i costi elevati, l'eccessiva durata e la mancanza di riservatezza dei sistemi tradizionali. A differenza di quello che avviene nel contenzioso giudiziario, dove la sentenza determina la parte che vince e quella che soccombe, le tecniche alternative cercano di avvicinare le posizioni delle parti litiganti per farle pervenire a un **accordo** capace di soddisfare gli interessi di entrambe.
Le tre principali tecniche Adr sono l'arbitrato, la mediazione e la conciliazione.

Nell'**arbitrato** la soluzione del conflitto non è affidata a un giudice, ma a un soggetto terzo e imparziale, l'arbitro, al quale le parti attribuiscono volontariamente il potere decisionale vincolante di risolvere il conflitto insorto tra di loro. È la procedura che più assomiglia al procedimento ordinario giudiziale, perché anche in questo caso il terzo, come il giudice, è chiamato a dare ragione a uno dei litiganti. La decisione dell'arbitro si chiama **lodo arbitrale**.

Anche la **mediazione** si svolge davanti a un terzo imparziale scelto liberamente dai litiganti, il mediatore, ma questi non ha il compito di valutare i torti e le ragioni, quanto piuttosto di aiutare le parti a ricomporre il rapporto tra loro. Il mediatore non ha dunque potere decisionale ma svolge un ruolo di **facilitatore** che persegue l'obiettivo della pacificazione tra i litiganti.

Molto simile alla mediazione è la **conciliazione**: si tratta di una procedura che si svolge secondo fasi e norme comportamentali prestabilite, attraverso la quale le parti cercano di avvicinare i loro diversi punti di vista facendo ricorso all'opera di un soggetto terzo qualificato, il conciliatore.

Da tempo l'Unione europea cerca di diffondere l'adozione di questi strumenti tra i paesi membri. In Italia un passo importante è stato fatto con il d.lgs. 28/2010, che ha introdotto l'istituto della **mediazione civile** addirittura come passaggio preliminare obbligatorio con riguardo a importanti materie di contenzioso come locazione, successioni ereditarie, condominio, danni da circolazione dei veicoli, responsabilità medica, contratti assicurativi, bancari ecc. Per le controversie in queste materie la mediazione costituisce una condizione di procedibilità del processo: vale a dire che in sua mancanza, il giudice chiamato dalla parte a decidere, dovrà respingere la domanda.

4. Le tecniche alternative nel contenzioso del lavoro

In materia di contenzioso di lavoro sono previsti alcuni strumenti alternativi di risoluzione delle controversie.

In primo luogo, prima di iniziare il processo del lavoro, le parti hanno la facoltà di fare un tentativo di **conciliazione stragiudiziale** presso svariate sedi e in base a diverse procedure, essendo addirittura concesso alle parti di poter costituire collegi di conciliazione *ad hoc*. Il procedimento di conciliazione in questi casi segue le regole stabilite nei regolamenti dell'organismo di conciliazione cui le parti si sono rivolte.

Le parti possono anzitutto ricorrere, oggi facoltativamente, alle **commissioni di conciliazione** istituite dalla Direzione territoriale del lavoro nel rispetto di regole precise riguardo alla loro composizione, con rappresentanti dei lavoratori designati dalle associazioni sindacali con più forte rappresentatività a livello territoriale. Questo tipo di conciliazione, che ricalca quella obbligatoria previgente, deve seguire le precise regole procedurali stabilite dall'art. 410 del codice di procedura civile.
Se le parti raggiungono un accordo, si procede alla redazione del processo verbale che è reso esecutivo qualora ne sia stata accertata la regolarità formale. Se invece non pervengono a una soluzione, si deve formulare una **proposta conciliativa** che le parti sono libere di accettare o respingere. La mancanza di adeguata motivazione che giustifichi il rifiuto della proposta costituisce però un elemento valutabile dal giudice in sede di giudizio.

Anziché ricorrere alla Direzione territoriale del lavoro, le parti possono tentare la conciliazione presso le sedi **sindacali** con procedimento regolato dai contratti collettivi.

La legge prevede inoltre che le parti possano fare ricorso al procedimento dell'**arbitrato**. Vi sono a questo riguardo varie possibilità.

- In ogni fase del procedimento di conciliazione davanti alla commissione di conciliazione o in caso di fallimento del tentativo di conciliazione, il procedimento può trasformarsi in **arbitrale** (art. 412 c.p.c.). Le parti conferiscono mandato alla commissione di conciliazione specificando il termine per l'emanazione del lodo, le norme sulle quali si basano le loro pretese ed eventualmente la richiesta agli arbitri di decidere secondo equità. L'efficacia di titolo esecutivo deve essere esplicitamente richiesta dalle parti.

- Le parti possono rivolgersi per la decisione arbitrale anche alle sedi previste dai **contratti collettivi**, ma solo se questi ultimi siano stati sottoscritti dalle associazioni sindacali più rappresentative (art. 413 *ter* c.p.c.). In tal caso la composizione e il procedimento sono disciplinati esclusivamente dalla contrattazione collettiva, mentre non è prevista la possibilità che il lodo costituisca titolo esecutivo, a prescindere da un'espressa richiesta delle parti.

- Infine l'art. 412 *quater* del codice di procedura civile prevede la possibilità per le parti di avvalersi di **qualsiasi procedura** di conciliazione e arbitrato prevista dalla legge, introducendo al contempo la facoltà di portare la controversia davanti a collegi di conciliazione e arbitrato, la cui composizione è completamente rimessa alla scelta dei soggetti coinvolti e per il cui funzionamento si contemplano procedure alternative rispetto a quelle dettate per le sopracitate ipotesi di arbitrato in sede sindacale e presso la Direzione territoriale del lavoro. Si prevede, infatti, che – in questi casi – il collegio sia costituito da un rappresentante di ciascuna delle parti coinvolte nella lite e da un soggetto terzo, scelto – di comune accordo dagli altri due arbitri – fra professori universitari di materie giuridiche e avvocati cassazionisti. Il lodo può acquisire efficacia esecutiva con decreto qualora il giudice ne abbia accertato la regolarità formale e l'esecutività sia stata espressamente richiesta da una parte.

Glossario

Composizione monocratica: in un tribunale composto in modo monocratico è chiamato a decidere un solo magistrato.

Direzioni territoriali del lavoro (Dtl): strutture periferiche del Ministero del lavoro e delle politiche sociali, su base provinciale, con competenze di ispezione e controllo del rispetto della normativa sul lavoro oltre che di soluzione dei conflitti tra lavoratori e datori di lavoro.

A. VERO/FALSO

Indica se le seguenti affermazioni sono vere o false

1. Il processo del lavoro:
- **a.** inizia con un ricorso Ⓥ Ⓕ
- **b.** è estremamente oneroso per il lavoratore Ⓥ Ⓕ
- **c.** si conclude con una sentenza Ⓥ Ⓕ
- **d.** ha tempi di svolgimento più lunghi del processo ordinario Ⓥ Ⓕ
- **e.** prevede che il giudice tenti la conciliazione delle parti Ⓥ Ⓕ

2. La conciliazione delle parti nei contenziosi di lavoro:
- **a.** deve essere tentata presso le Dtl prima di iniziare il processo Ⓥ Ⓕ
- **b.** può svolgersi in ogni momento anche presso le sedi sindacali Ⓥ Ⓕ
- **c.** può trasformarsi in arbitrato Ⓥ Ⓕ
- **d.** è sempre compiuta al di fuori del processo Ⓥ Ⓕ
- **e.** consente di risolvere la vertenza con un accordo delle parti Ⓥ Ⓕ

B. CACCIA ALL'ERRORE

Sottolinea gli errori e riscrivi le frasi corrette

1. Le Direzioni territoriali del lavoro sono strutture periferiche del sindacato con compiti di ispezione e controllo.

....

2. Nell'arbitrato la decisione del conflitto tra le parti viene presa da un conciliatore con una decisione detta lodo arbitrale.

....

3. Mediazione e arbitrato sono procedure alternative per la soluzione non giudiziale dei conflitti e prevedono un accordo finale delle parti.

....

4. Il processo del lavoro si svolge prevalentemente in forma orale e in tempi rapidi davanti al Tribunale in composizione democratica.

....

C. COMPLETA LO SCHEMA

Inserisci i termini mancanti

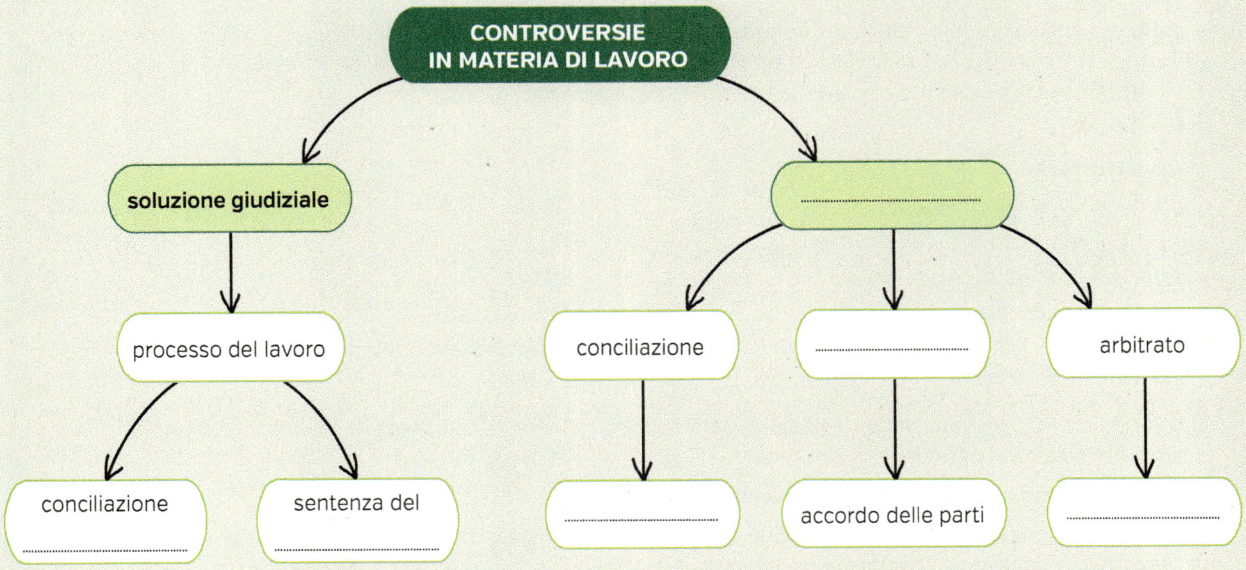

D. IL CASO

Leggi il documento e rispondi alle domande

ON.LE TRIBUNALE DI .... SEZIONE LAVORO

Ricorso ex art. 414 c.p.c.

Per: il sig. ...., (C.F. ....) residente in ...., alla via .... n. ...., rappresentato e difeso dall'avv. ...., presso il cui studio in .... alla .... elegge domicilio, giusta procura a margine del presente atto. - ricorrente

Contro:

La .... s.p.a. (P. Iva ....), in persona della legale rappresentante *pro tempore*, corrente in .... alla via .... - resistente

Fatto e Diritto

Il sig. ...., nel periodo compreso fra il .... e il .... ha lavorato presso gli stabilimenti della società .... come sopra meglio identificata con contratto di lavoro subordinato a tempo determinato con la qualifica di operaio di terzo livello con mansioni di .... Per tale qualifica il Ccnl della categoria prevede un minimo retributivo di euro .... mensili. Tuttavia il sig. ha percepito una somma inferiore a quella dovuta e precisamente la somma complessiva di euro .... anziché di euro .... con una differenza di euro ....

Tutto quanto sopra premesso e considerato, tanto in fatto quanto in diritto, il ricorrente come sopra rappresentato, difeso e domiciliato

RICORRE

all'On.le Tribunale, in funzione di giudice del lavoro, affinché, fissata l'udienza di discussione a norma dell'art. 415, c. 2 c.p.c., voglia condannare la .... s.p.a. al pagamento in favore del sig. .... di una somma di € ...., a titolo di conguaglio della retribuzione versata pari a € .... mensili oltre agli interessi legali maturati dalla data di cessazione del rapporto stesso a quella dell'effettivo soddisfo.

Con vittoria di spese, diritti e onorari del presente procedimento.

Salvis iuribus.

In via istruttoria

Si producono i seguenti documenti

- copia del contratto di assunzione del sig. ....
- copia della lettera di dimissioni del sig. ....
- buste paga relative al periodo ....
- copia del "Contratto Collettivo Nazionale di Lavoro per i lavoratori dipendenti delle aziende che svolgono attività nel settore. ....

Si richiede fin d'ora, in caso di contestazione delle somme richieste, Consulenza tecnica d'ufficio per la quantificazione delle differenza retributive.

Dichiarazione ai fini del contributo unificato

Ai sensi dell'art. 14 del Dpr 30 maggio 2002 n. 115 si dichiara che il presente procedimento è esente dal pagamento del contributo unificato trattandosi di controversia di lavoro.

Luogo, ...

Avv. ....

1. Come poteva il lavoratore evitare di presentare il ricorso?
2. Se i fatti presentati fossero veri, il lavoratore vincerebbe il ricorso?
3. Dove va presentato il ricorso?
4. Che cosa accade subito dopo la presentazione del ricorso?
5. Con quale atto si concluderà il processo?
6. Contro la decisione del giudice la parte soccombente che cosa potrà fare?

Lezione **19**

Particolari rapporti di lavoro

1. La particolarità di alcuni rapporti di lavoro

L'esigenza di **flessibilità** del rapporto di lavoro non riguarda soltanto la fase dell'entrata nel rapporto (assunzione) o dell'uscita (licenziamento), ma anche la possibilità di regolamentare il rapporto in maniera differenziata in base alle effettive necessità del datore di lavoro. Un solo tipo di contratto potrebbe non rispondere alle concrete esigenze dell'impresa o a quelle del lavoratore, con il risultato di ostacolare l'occupazione. Proprio con lo scopo di rendere flessibile il contratto di lavoro, il legislatore ha introdotto nel corso degli anni figure contrattuali particolari che per alcuni aspetti si discostano dalla normativa generale prevista per il tradizionale contratto di lavoro subordinato a tempo indeterminato.

2. L'apprendistato

La **formazione professionale** dei lavoratori consiste nell'addestrare il personale a svolgere attività lavorative qualificate. L'acquisizione di particolari professionalità, oltre a essere funzionale alle esigenze delle imprese, favorisce l'occupazione dei lavoratori, soprattutto i giovani privi di esperienza lavorativa. Il principale contratto di lavoro speciale caratterizzato dalla funzione formativa è il contratto di apprendistato.

Con il contratto di apprendistato il datore di lavoro, oltre a versare un corrispettivo per l'attività svolta, garantisce all'apprendista una formazione professionale. Il datore di lavoro ha quindi un obbligo particolare, quello di impartire al lavoratore l'**istruzione professionale**. L'attività formativa corre su due piani tra loro connessi e integrati: uno esterno all'azienda, svolto anche presso istituti di istruzione superiore; l'altro, interno all'azienda, effettuato con l'ausilio di un **tutor aziendale**. L'apprendista, oltre agli obblighi tipici di ogni lavoratore subordinato, ha anche quello di seguire gli insegnamenti e di frequentare con assiduità i corsi professionali cui è assegnato.

Sono previste tre tipologie di apprendistato, che si distinguono per la funzione, i destinatari, la durata e le modalità di svolgimento della formazione.

- Apprendistato per la qualifica e il **diploma professionale**, il diploma di istruzione secondaria superiore e il certificato di specializzazione tecnica superiore. Questa tipologia riguarda i giovani che hanno compiuto tra i 15 e i 25 anni. La durata del contratto è determinata in considerazione della qualifica o del diploma da conseguire e non può in ogni caso essere superiore a tre anni, quattro nel caso di diploma professionale quadriennale. Il datore di lavoro sottoscrive un **protocollo** con l'istituzione formativa cui lo studente è iscritto, nel quale vengono stabiliti il contenuto e la durata degli obblighi formativi del datore di lavoro. Per le ore di formazione svolte nella istituzione formativa il datore di lavoro è esonerato da ogni obbligo retributivo. Per le ore di formazione a carico del datore di lavoro è riconosciuta al lavoratore una retribuzione pari al 10% di quella che gli sarebbe dovuta. Successivamente al conseguimento della qualifica o del diploma è data la possibilità di trasformare il contratto in apprendistato professionalizzante.

- Apprendistato **professionalizzante**. In questo caso il contratto è finalizzato al conseguimento di una **qualificazione** professionale

Il contratto di apprendistato prevede che il datore di lavoro, oltre a versare un corrispettivo per l'attività svolta dall'apprendista, garantisca anche una formazione professionale

determinata dai contratti collettivi in relazione al settore di riferimento. Riguarda i soggetti tra i 18 e i 29 anni. La durata del periodo di apprendistato non può essere superiore a tre anni, cinque per i profili professionali caratterizzanti la figura dell'artigiano. La formazione è svolta sotto la responsabilità del datore di lavoro ed è integrata dall'offerta formativa pubblica, interna o esterna all'azienda, per un monte complessivo non superiore a centoventi ore per la durata del triennio.

- Apprendistato di **alta formazione e ricerca**. Scopo di questo tipo di apprendistato è il conseguimento di titoli di studio universitari e della alta formazione, compresi i **dottorati** di ricerca, nonché il praticantato per l'accesso alle professioni ordinistiche. Riguarda i soggetti tra i 18 e i 29 anni in possesso di diploma di istruzione secondaria superiore o equivalente. Il datore di lavoro deve sottoscrivere un protocollo con l'istituzione formativa o l'ente di ricerca cui lo studente è iscritto, nel quale sono stabilite la durata e le modalità della formazione a carico del datore di lavoro e il relativo numero di crediti formativi riconoscibili a ciascuno studente. La formazione esterna all'azienda è svolta nell'istituzione formativa e non può, di norma, essere superiore al 60% dell'orario ordinamentale. Per le ore di formazione svolte nella istituzione formativa il datore di lavoro è esonerato da ogni obbligo retributivo. Per le ore di formazione a carico del datore di lavoro è riconosciuta al lavoratore una retribuzione pari al 10% di quella che gli sarebbe dovuta.

Il contratto è stipulato in forma scritta e deve contenere obbligatoriamente il **piano formativo** individuale e l'indicazione di un tutor o referente aziendale che avrà il compito di seguire il percorso di formazione del lavoratore. Il contratto ha una durata minima non inferiore a 6 mesi. Al termine del periodo di apprendistato le parti possono recedere dal contratto, dandone preavviso. Se nessuna parte recede, il rapporto prosegue come ordinario rapporto di lavoro subordinato a tempo indeterminato. La disciplina normativa del contratto è rimessa alla contrattazione collettiva, mentre quella attinente alla formazione è generalmente stabilita dalle Regioni. Si applicano agli apprendisti la maggior parte delle norme sulla previdenza e assistenza sociale obbligatoria.

esempio Valentina, iscritta al secondo anno dell'istituto alberghiero, intende smettere di frequentare la scuola e andare a lavorare come aiutante cuoca in un ristorante. Il proprietario di un ristorante la assume in qualità di apprendista per tre anni. Nomina come tutor aziendale il dipendente Omar, cuoco qualificato. Oltre a lavorare in cucina ed essere istruita dal personale interno, Valentina dovrà frequentare, presso l'istituto di istruzione superiore, un certo numero di ore di lezioni teoriche su determinate materie attinenti al profilo professionale da lei scelto. Per l'attività lavorativa percepirà una retribuzione ridotta rispetto a quella ordinaria e le saranno versati i contributi previdenziali.

3. I contratti di lavoro speciali in relazione all'orario di lavoro

Alcuni contratti di lavoro si caratterizzano per le modalità di svolgimento del rapporto di lavoro secondo una durata e un'articolazione dell'orario di lavoro diverse rispetto a quelle normalmente previste per il rapporto di lavoro subordinato.

Tipologia di apprendistato	Età richiesta	Durata massima	Scopo
Apprendistato per la qualifica e il diploma professionale, il diploma di istruzione secondaria superiore e il certificato di specializzazione tecnica superiore	15-25	3/4anni	Conseguimento qualifica o diploma
Apprendistato professionalizzante	18-29	3/5 anni	Conseguimento di una qualificazione professionale
Apprendistato di alta formazione e ricerca	18-29	in base agli accordi tra datore di lavoro e istituzione formativa	Conseguimento di titoli di studio universitari e di alta formazione e il praticantato per l'accesso alle professioni ordinistiche

Rientrano in questo ambito il lavoro a tempo parziale (o part-time) e il lavoro intermittente.

Il lavoro part-time

Il lavoro a tempo parziale è quello che si svolge secondo un **orario ridotto** rispetto a quello ordinario (40 ore settimanali o il numero inferiore eventualmente previsto dai contratti collettivi).
Si tratta dunque di un contratto di lavoro subordinato, a tempo determinato o indeterminato, caratterizzato da un orario di lavoro inferiore a quello normale.
Il contratto deve avere la forma scritta ai fini della prova e deve contenere un'indicazione precisa della durata della prestazione lavorativa e della collocazione temporale dell'orario.

Con la riforma del 2015 è stata concessa al datore di lavoro la facoltà di richiedere prestazioni di **lavoro supplementare**, cioè ore prestate in aggiunta a quelle indicate nel contratto, fino al limite dell'orario normale di lavoro (40 ore settimanali). In tal modo si è voluto favorire la flessibilità della prestazione lavorativa per adattarla alle esigenze aziendali.

Sempre allo scopo di dare maggiore flessibilità al rapporto di lavoro, la legge consente di inserire nel contratto le cosiddette **clausole elastiche** che permettono al datore di lavoro di modificare, con almeno due giorni di preavviso, la collocazione temporale della prestazione di lavoro.

La legge prevede inoltre il diritto al part-time in caso di gravi patologie del lavoratore o dei familiari. Il lavoratore part-time ha la precedenza per la trasformazione a tempo pieno del rapporto nel caso di nuove assunzioni.

esempio Lorenzo è dipendente comunale ma svolge anche attività di cantautore. Per avere più tempo a disposizione per questa sua seconda attività, ha scelto il lavoro part-time di tipo verticale: in pratica anziché lavorare 5 giorni alla settimana per 8 ore al giorno lavora solo 4 giorni alla settimana, ma sempre per 8 ore al giorno. Dunque il suo orario settimanale è di 32 ore. Una collega di Lorenzo, Marta, lavoratrice madre con i figli in età scolare, ha preferito un part-time di tipo orizzontale che le consente di accudire i figli e poterli riprendere ogni giorno all'uscita di scuola. Lavora tutti e 5 i giorni della settimana, ma con un orario di 6 ore al giorno, per un totale di 30 ore settimanali.

Il lavoro intermittente

Recentemente riformato dal d.lgs. 81/2015 e detto anche lavoro a chiamata, questa tipologia contrattuale viene spesso utilizzata dai lavoratori dello spettacolo, centralinisti, guardiani e soprattutto nel settore del turismo.
Con questo contratto un lavoratore che abbia meno di 24 o più di 55 anni si mette a disposizione di un datore di lavoro, che può utilizzare le prestazioni in modo **discontinuo** o **intermittente**, secondo quanto indicato dai contratti collettivi. In pratica il datore di lavoro è libero di utilizzare il lavoratore nei periodi in cui ne ha bisogno.
I casi in cui si può fare ricorso a questa figura contrattuale sono individuati dai contratti collettivi e in mancanza con decreto del Ministro del lavoro e delle politiche sociali.

Il contratto è ammesso per ciascun lavoratore e con il medesimo datore di lavoro per un periodo complessivamente non superiore alle 400 giornate nell'arco di tre anni solari, con l'eccezione dei settori del turismo, dei pubblici esercizi e dello spettacolo.
Nel caso in cui sia superato questo periodo, il rapporto di lavoro intermittente si trasforma in un rapporto a tempo pieno e indeterminato.

Nei periodi in cui non ne viene utilizzata la prestazione, il lavoratore intermittente non matura alcun trattamento economico e normativo, salvo che abbia garantito al datore di lavoro la propria disponibilità a rispondere alle chiamate, nel qual caso gli spetta una speciale indennità.

esempio Laura è una guida turistica che lavora a Firenze per accompagnare le comitive di turisti in visita alla città e ai suoi musei. Ha concluso un contratto di lavoro a chiamata con un'importante agenzia turistica in base al quale svolgerà le sue prestazioni con la retribuzione prevista dai contratti collettivi di categoria soltanto quando le verrà richiesto dall'agenzia. Tuttavia, avendo dato la disponibilità a rispondere alle chiamate, anche quando non lavora Laura percepisce un'indennità di disponibilità.

4. I contratti di lavoro speciali in relazione al luogo di lavoro

Una caratteristica del rapporto di lavoro subordinato è che il lavoratore svolge la propria attività nel luogo indicato dall'imprenditore, solitamente nei locali aziendali.

Eccezionalmente, la prestazione lavorativa si svolge presso il domicilio del lavoratore (lavoro a domicilio, telelavoro); in altri casi il luogo di lavoro non è la sede aziendale, ma la residenza familiare (lavoro domestico).

Il lavoro a domicilio

Il lavoro a domicilio è svolto in locali non di pertinenza del datore di lavoro, eventualmente con il supporto di membri della famiglia conviventi a carico del lavoratore ma senza manodopera salariata o apprendisti, e impiegando materiale e attrezzature del lavoratore o dell'imprenditore.

Esempio Un'impresa di abbigliamento affida l'esecuzione di una fase della lavorazione, la cucitura delle etichette sui capi, a lavoranti a domicilio. L'impresa consegna i capi da lavorare e tutto il materiale necessario (etichette, filo per cucire ecc.), stabilisce i criteri di lavorazione e i tempi di esecuzione e, a lavoro ultimato, ritira i capi finiti.

Si tratta di un rapporto di **lavoro subordinato**, e non di lavoro autonomo, in quanto i lavoratori sono tenuti a osservare le direttive impartite dall'imprenditore.
I lavoratori a domicilio devono obbligatoriamente essere retribuiti a **cottimo pieno** (⇒ *lezione 12*), cioè in base al prodotto realizzato (l. 877/1973, art. 8).

Il telelavoro

Il telelavoro è, più che un contratto atipico, una particolare modalità di svolgimento della prestazione lavorativa, che avviene fuori dai locali aziendali, solitamente nell'abitazione o in ambienti nella disponibilità del lavoratore, e che si avvale di speciali **tecnologie informatiche** e telematiche, cioè prevalentemente mediante il computer e la connessione internet.
Grazie a questi strumenti tecnologici molte attività lavorative possono svolgersi a casa o in qualunque altro luogo ritenuto idoneo.

La normativa sul telelavoro per il settore pubblico è contenuta nel d.p.r. 70/1999, mentre per il settore privato è contenuta principalmente nell'accordo interconfederale del 9/6/2004.
Il datore di lavoro è tenuto a fornire al dipendente tutte le **attrezzature** informatiche e a sopportarne i costi di fornitura, manutenzione e riparazione, mentre il lavoratore ha l'obbligo di averne cura. Al lavoratore spettano tutti i diritti riconosciuti ai lavoratori tradizionali.

Quello di badante è un esempio di lavoro domestico

Il Jobs Act ha previsto benefici di vario genere per i datori di lavoro privato che facciano ricorso al telelavoro per venire incontro alle esigenze di cure parentali dei loro dipendenti.

Esempio Una società specializzata nella compilazione di manuali per apparecchiature elettroniche ha, alle sue dipendenze, traduttori specializzati per molte lingue, sparsi in vari paesi. Il rapporto di lavoro subordinato si svolge con la modalità del telelavoro: grazie a internet e a un software specifico, la società è in grado di affidare immediatamente l'incarico ai singoli traduttori, seguirne il lavoro e farli interagire. Il dipendente lavora da casa, collegandosi al server aziendale e, a lavoro ultimato, invia per e-mail il lavoro alla società.

Il lavoro domestico

Non sempre il lavoro subordinato si svolge all'interno dell'impresa e per le necessità dell'attività produttiva. In determinate occasioni la prestazione lavorativa, benché abbia il carattere della subordinazione, consiste in attività che non sono inerenti all'esercizio dell'impresa. Il lavoratore domestico presta un'attività lavorativa continuativa per le necessità della **vita familiare** del datore di lavoro.

Esempio Rientrano nella categoria dei lavoratori domestici badanti, colf, baby sitter, camerieri, autisti e cuochi così come i lavoratori che prestano la loro attività a favore di comunità religiose, militari, o senza scopo di lucro, come ricoveri per anziani ecc.

La categoria degli addetti ai servizi domestici si individua non tanto sulla base della natura della prestazione svolta, quanto per la destinazione di essa al **funzionamento della famiglia** (l. 339/1958, art. 1).

esempio Non sono lavoratori domestici l'autista che guida un'auto aziendale, il portiere addetto a più abitazioni o a un condominio o l'inserviente adibito alla pulizia dei locali aziendali. **e**

5. Il lavoro parasubordinato, autonomo e accessorio

Alcune tipologie di contratti di lavoro non rientrano per le loro caratteristiche tra i rapporti di lavoro subordinato, bensì tra quelli di lavoro autonomo, pur svolgendosi con modalità del tutto simili a quelle del lavoro subordinato.

Il contratto di lavoro a progetto

Il contratto di lavoro a progetto è una forma di collaborazione coordinata e continuativa (co.co.pro.) svolta in modo prevalentemente personale e senza vincolo di subordinazione per la realizzazione di uno o più progetti specifici determinati dal committente.

Il collaboratore svolge il proprio lavoro in autonomia, in funzione del risultato prestabilito, senza sottostare al potere direttivo e disciplinare del datore di lavoro: il lavoratore a progetto è considerato infatti dalla legge come **lavoratore autonomo**. Tuttavia la sua libertà è limitata dal fatto che deve operare all'interno del ciclo produttivo dell'organizzazione aziendale e deve coordinare la propria attività ai tempi di lavoro e alle necessità del committente.

Il contratto, redatto in forma scritta ai fini della prova, deve contenere il progetto al quale il lavoratore viene assegnato, la durata del rapporto, il corrispettivo, i tempi e modi di pagamento, le modalità di coordinamento del lavoratore con il committente, che non devono però pregiudicare l'autonomia del lavoratore. In questo genere di rapporto **non ci sono orari** di lavoro determinati e manca il vincolo di subordinazione, il lavoratore è cioè **libero** di organizzarsi come crede nello svolgimento della prestazione, purché il risultato corrisponda a quello richiesto.

La legge impone al datore di lavoro oneri contributivi a tutela del lavoratore, il quale beneficia di prestazioni assistenziali e previdenziali simili a quelle del lavoratore subordinato. È inoltre prevista la conversione a lavoro a tempo indeterminato della collaborazione qualora il giudice accerti la mancanza del progetto e dei requisiti di autonomia della prestazione lavorativa.

esempio Per regolarizzare la sua posizione di collaboratore, Marco ha stipulato con la società di software un contratto di lavoro a progetto. Il progetto predisposto dal committente, allegato al contratto, è: «aggiornare i computer e le reti informatiche dei clienti con la nuova versione del software X, prodotto dal committente per la gestione della contabilità». La durata del progetto viene prevista in sei mesi. **e**

Oltre al lavoro a progetto, un'altra modalità impropria di utilizzo del lavoro autonomo è quella di avvalersi di prestatori di lavoro autonomi, titolari di **partita Iva**, che offrono, dietro corrispettivo e senza vincolo di subordinazione nei confronti del committente, un servizio o la realizzazione di un bene materiale. Questo tipo di situazione può facilmente essere utilizzata dal datore di lavoro per eludere la normativa del lavoro subordinato.

esempio Anziché assumere un operaio nella sua falegnameria, l'imprenditore stipula ripetutamente e in modo continuativo singoli contratti d'opera con un titolare di partita Iva. È evidente che in questo modo il suo rapporto risulterebbe estremamente flessibile e non dovrebbe sottostare agli obblighi contributivi previsti per il lavoro subordinato. **e**

La riforma nota come Jobs Act ha inciso profondamente su queste tipologie contrattuali, praticamente **vietandole** nella maggior parte dei casi, con l'eccezione di quelle tassativamente indicate. Si è voluto in questo modo eliminare la pratica diffusa nel vecchio regime di utilizzare questi strumenti per nascondere veri e propri contratti di lavoro subordinato.
Il d.lgs. 81/2015 ha infatti disposto che dal 25 giugno 2015 non è più possibile stipulare contratti di collaborazione coordinata e continuativa a progetto; a partire dal 1° gennaio 2016, ogni forma di collaborazione o di lavoro autonomo che consista in prestazioni di lavoro esclusivamente personali, continuative e organizzate dal committente rispetto al luogo e all'orario di lavoro, è considerato come lavoro subordinato.

Sono tuttavia ancora consentite le collaborazioni:
- per le quali gli **accordi collettivi nazionali** stipulati dalle associazioni sindacali più rappresentative prevedono discipline specifiche riguar-

Alcuni lavori, come quello di baby sitter, spesso non sono inquadrati in un regolare rapporto; allo scopo di regolarizzarli, l'ordinamento prevede la fattispecie del lavoro accessorio

danti il trattamento economico e normativo, in ragione delle particolari esigenze produttive e organizzative del relativo settore;

- prestate nell'esercizio di professioni intellettuali per le quali è necessaria l'iscrizione in appositi **albi** professionali;
- prestate dai componenti degli organi di **amministrazione** e **controllo** delle società e dai partecipanti a collegi e commissioni;
- rese a fini istituzionali in favore delle associazioni e società **sportive** dilettantistiche affiliate alle federazioni sportive nazionali, alle discipline sportive associate e agli enti di promozione sportiva riconosciuti dal Coni.

Il lavoro accessorio

Il fenomeno del lavoro sommerso (anche detto lavoro nero) è molto diffuso, soprattutto nel settore domestico, della cura della casa e dei familiari, dove spesso le prestazioni fornite dai collaboratori (colf, badanti, baby sitter, giardinieri ecc.) risultano non inquadrate in un regolare rapporto di lavoro. Spesso queste prestazioni saltuarie vengono svolte da soggetti che sono fuori dal mercato del lavoro o perché non ne hanno ancora cercato uno (per esempio studenti) o perché sono alla ricerca della prima occupazione (i cosiddetti inoccupati) o perché hanno perduto il lavoro e sono in attesa di una nuova occupazione. Per molti questi lavori accessori rappresentano una fonte di reddito importante. Allo scopo di regolarizzare questi rapporti, il legislatore ha introdotto una particolare disciplina per le prestazioni di lavoro meramente **occasionali** e **accessorie**. Anche questo tipo di contratto è stato riformato dal d.lgs. 81/2015.

esempio Per legge possono svolgere lavoro accessorio pensionati, chi percepisce prestazioni integrative del salario, lavoratori part-time, inoccupati, prestatori di lavoro extracomunitari.

Le prestazioni di lavoro accessorio hanno natura "meramente occasionale" e possono riguardare tutti i settori produttivi, entro il limite di compensi stabiliti dalla legge, vale a dire **7000 euro annui** netti complessivi, riferito alla totalità dei committenti (2020 euro annui netti, con riferimento al singolo committente, se svolte a favore di imprenditori commerciali o di professionisti). Il compenso resta esente da qualsiasi imposizione fiscale e non incide sullo stato di disoccupato o inoccupato del prestatore di lavoro accessorio.

Il pagamento delle prestazioni di lavoro accessorio avviene attraverso speciali **buoni lavoro**, detti *voucher*, che i committenti devono acquistare preventivamente. Ogni buono corrisponde al pagamento di un'ora di lavoro. Il valore nominale di ciascun buono (circa 10 euro) comprende il compenso per il lavoratore (circa 7, 50 euro) e una quota di contributi sociali.

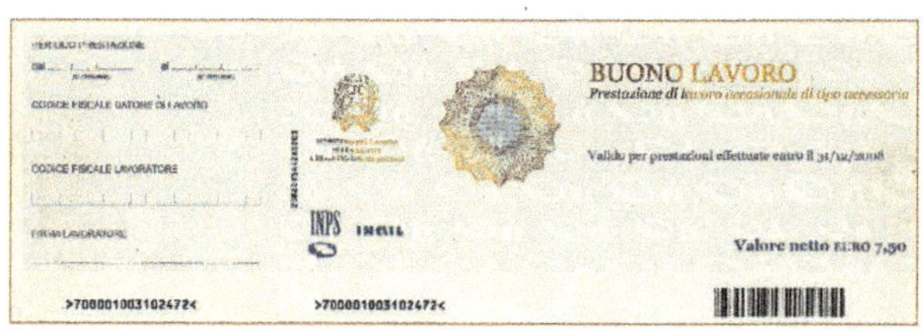

Il lavoro accessorio è soggetto anche a un limite temporale. Infatti, la legge prevede che nel caso di utilizzo di *voucher* oltre i 30 giorni, la prestazione sia considerata prestazione di fatto in nero fin dall'inizio e sia di conseguenza trasformata in rapporto di lavoro subordinato a tempo indeterminato.

6. La somministrazione di lavoro

Con questo contratto, un soggetto che voglia assumere manodopera, magari per **esigenze momentanee**, anziché assumerla definitivamente, se la fa "prestare" da un particolare soggetto intermediario, detto somministratore. Il somministratore è una società, appositamente autorizzata dalla legge e iscritta in un Albo, la cui attività consiste proprio nella fornitura professionale di manodopera.

L'istituto ha il pregio di rispondere alle esigenze di **flessibilità** del lavoro sentite dai datori di lavoro e dovrebbe pertanto invogliarli all'utilizzazione. Le imprese possono infatti far fronte ai temporanei incrementi di attività senza l'obbligo di assumere definitivamente i dipendenti occupati per quella occasione e senza dover ricorrere al lavoro straordinario dei lavoratori già in servizio.

La somministrazione coinvolge tre soggetti:
- l'agenzia (somministratore);
- il lavoratore;
- l'impresa (utilizzatore).

Tra questi soggetti sorgono due diversi rapporti contrattuali:
- il contratto di **somministrazione**, cioè quello tra l'utilizzatore e l'agenzia di somministrazione, per il quale è richiesta la forma scritta, in mancanza della quale il rapporto di lavoro del lavoratore con l'utilizzatore viene considerato a tempo indeterminato;
- il contratto di **lavoro subordinato**, cioè quello tra l'agenzia di somministrazione e il lavoratore.

Entrambi questi contratti possono essere stipulati a tempo **determinato o indeterminato** e per qualunque causa. Mentre non sussistono limiti legislativi per i contratti a tempo determinato, la riforma del 2015 ha stabilito il limite massimo di lavoratori assumibili con la somministrazione nella misura del 20% del personale assunto a tempo indeterminato dall'utilizzatore. Una figura particolare di somministrazione è il cosiddetto *staff leasing*, che consiste nell'utilizzo di intere squadre di lavoratori somministrati, per il quale sussiste lo stesso limite del 20%.

Il rapporto si svolge secondo i seguenti passaggi principali:
- il somministratore assume il lavoratore;
- l'impresa utilizzatrice che ha stipulato il contratto di somministrazione chiede all'agenzia il lavoratore per far fronte alle proprie necessità produttive;
- il lavoratore svolge l'attività presso l'utilizzatore per il periodo previsto ed è sottoposto al suo potere disciplinare e direttivo, sebbene il datore di lavoro resti per lui l'agenzia di somministrazione;
- la retribuzione del lavoratore utilizzato deve corrispondere a quella prevista per i lavoratori di pari livello e mansioni ed è erogata dal somministratore stesso, il quale ha successivamente diritto al rimborso da parte dell'utilizzatore degli oneri retributivi e contributivi effettivamente versati. Tra l'utilizzatore e l'agenzia sussiste responsabilità solidale per il pagamento delle retribuzioni e degli oneri contributivi;
- il lavoratore assunto a tempo indeterminato dall'agenzia di lavoro ha diritto a un'indennità di disponibilità per i periodi in cui non è in missione presso un utilizzatore.

A. VERO/FALSO

Indica se le seguenti affermazioni sono vere o false

1. Non può essere stipulato un contratto di:

a. apprendistato per conseguire il diploma con lavoratore quindicenne V F

b. somministrazione in forma orale V F

c. lavoro accessorio per un importo superiore a 7000 euro netti all'anno V F

d. collaborazione o lavoro autonomo che consista in prestazioni di lavoro esclusivamente personali, continuative e organizzate dal committente rispetto al luogo e all'orario di lavoro V F

e. lavoro intermittente per più di 300 giornate di lavoro in tre anni V F

2. Gli abbinamenti corretti tra rapporto di lavoro e tipo di remunerazione sono:

a. apprendistato - stipendio V F

b. lavoro accessorio - *voucher* V F

c. lavoro domestico - cottimo V F

d. lavoro a domicilio - stipendio V F

e. lavoro autonomo - fattura V F

B. CACCIA ALL'ERRORE

Sottolinea gli errori e riscrivi le frasi corrette

1. Nel part-time il datore di lavoro può chiedere al lavoratore di svolgere ore integrative rispetto all'orario.

....

2. L'utilizzo continuativo di lavoratori accessori al posto dei lavoratori subordinati è praticamente vietato dalla riforma del 2015.

....

3. Il lavoratore domestico svolge la propria prestazione lavorativa nella sua abitazione ed è remunerato a cottimo.

....

....

4. Se il contratto di apprendistato prosegue oltre il termine massimo stabilito dalla legge senza che nessuna delle parti receda, si trasforma in contratto di lavoro subordinato a tempo determinato.

....

....

C. COMPLETA LA MAPPA

Inserisci i termini mancanti

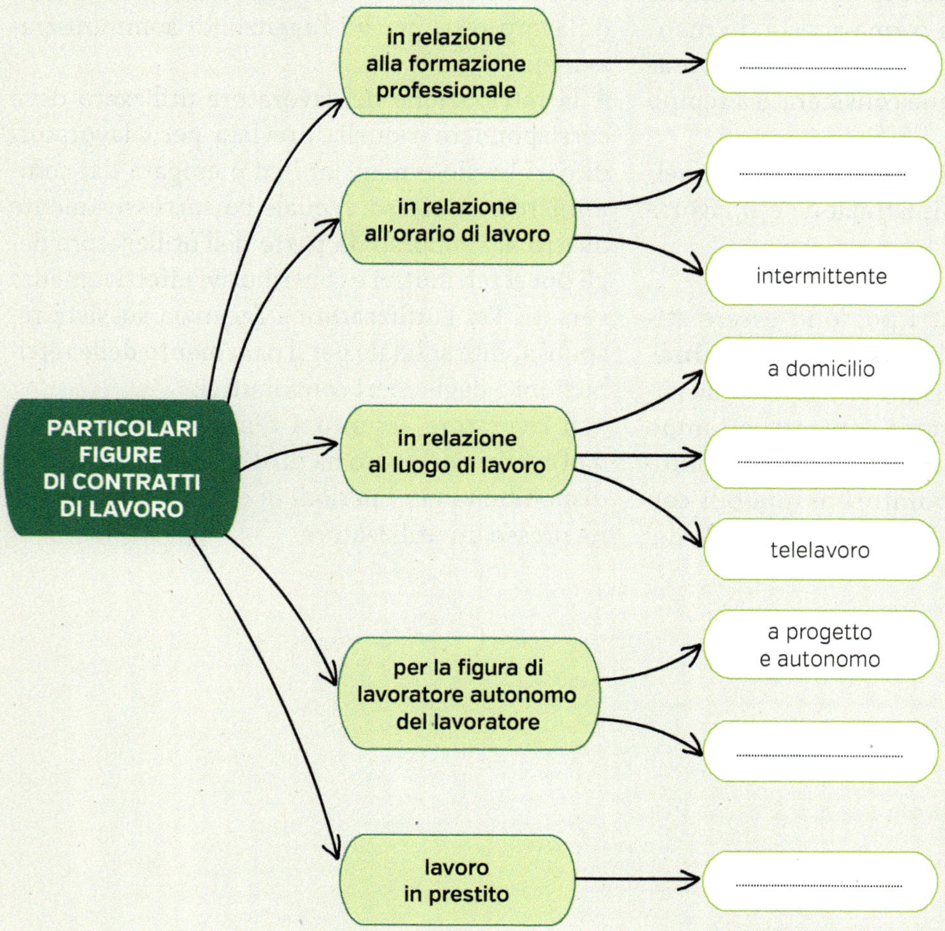

D. IL CASO

Dopo aver letto la bozza di contratto di somministrazione, rispondi alle domande

Filiale di ....

CONTRATTO DI SOMMINISTRAZIONE DI LAVORO A TEMPO DETERMINATO
ex art. 21 d.lgs. 276/2003 e succ. modif. e integr.

Addì, ..., ...

Tra la Somministratrice .... e la Società .... con sede legale in ....,

Via .... CAP .... P. IVA .... qui rappresentata dal Legale Rappresentante/procuratore (di seguito denominata "Utilizzatrice")

Di seguito congiuntamente le "Parti" o singolarmente "Parte";

Premesso che:

a) la Somministratrice è un'Agenzia per il Lavoro, autorizzata a tempo indeterminato dal Ministero del lavoro e P. S. ai sensi del d.lgs. 276/03 e succ. modif. e integr art. 4 c. 1 lett. A);

b) l'Utilizzatrice ha dichiarato:

- di voler ricorrere alla somministrazione di lavoro a tempo determinato ai sensi dell'art. 20, comma 4 del d.lgs. 276/2003;
- di non trovarsi nelle condizioni di cui all'art. 20, comma 5 del d.lgs. 276/2003;
- di conoscere art. 20 e ss. del d.lgs.276/2003 e la loro interpretazione giurisprudenziale;
- di aver effettuato la valutazione dei rischi ex d.lgs. 81/2008 e successive modifiche e integrazioni e di aver individuato la presenza di rischi per l'integrità e la salute dei lavoratori nonché di aver adottato le misure di prevenzione adeguate;
- che tutte le informazioni fornite alla Somministratrice in relazione alla stipula del presente contratto sono corrette e veritiere.

c) La Somministratrice si dichiara disponibile a somministrare i lavoratori dei quali l'Utilizzatrice intende avvalersi nei limiti di legge e di contratto collettivo.

Tutto ciò premesso le Parti convengono e stipulano quanto segue:

1. Le premesse e gli allegati sono patti essenziali e costituiscono parte integrante del presente contratto;
2. L'Utilizzatrice affida alla Somministratrice l'incarico di somministrare a tempo determinato i lavoratori da quest'ultima assunti per le ragioni e alle condizioni di seguito indicate;
3. ELEMENTI RELATIVI AL CONTRATTO DI PRESTAZIONE DI LAVORO DICHIARATI DALL'UTILIZZATRICE

- Numero lavoratori richiesti : ....
- Motivi del ricorso alla somministrazione a tempo determinato: ....
- Durata della somministrazione: dal .... al ....
- Mansioni: Area amministrativa .... Qualifica: ....
- Periodo di prova lavoratori: n. .... giorni di effettiva prestazione .
- Ccnl applicabile: Comparto ....
- Livello di inquadramento: ....
- Inquadramento per la categoria delle Agenzie di somministrazione di lavoro: ....
- Luogo di lavoro dei lavoratori somministrati: ....
- Ore settimanali di lavoro: ....
- Ore giornaliere di lavoro: nel caso di orario settimanale di 36 ore l'orario giornaliero non può superare le 7 ore e 12 minuti al giorno e non è riconosciuto il ticket mensa.

TRATTAMENTO ECONOMICO E NORMATIVO DEI LAVORATORI

Verrà riconosciuta una retribuzione lorda oraria di € 15 salvo adeguamento contrattuale desumibile dalle tabelle contrattuali .... Sulle ore effettivamente svolte dal lavoratore somministrato all'Agenzia di Somministrazione verrà riconosciuta una remunerazione pari a € 2 + Iva per ogni ora.

1. Tra le parti del contratto ci sono anche i lavoratori?
2. Che tipo di contratto verrà a instaurarsi tra lavoratori e utilizzatrice?
3. Qual è il vantaggio economico che dal contratto ritrae la somministratrice?
4. Qual è il vantaggio che ricava l'utilizzatrice dall'operazione?
5. Una volta concluso il lavoro, che cosa succede al lavoratore?

La sintesi

Lettura ad alta accessibilità

M2 in breve

1. Il lavoro subordinato è regolato da un insieme di norme (**diritto del lavoro**) basato su diverse fonti: leggi statali e regionali, diritto europeo, trattati internazionali, **contratti individuali** e **collettivi**.

2. Il **contratto individuale** di lavoro subordinato, con il quale il lavoratore si obbliga a fornire al datore di lavoro la propria attività in cambio di una **retribuzione**, dura di per sé fino al raggiungimento dei limiti di anzianità (contratto **a tempo indeterminato**); può però fissare un termine ravvicinato, alla cui scadenza si estingue automaticamente (contratto **a tempo determinato**).
Oltre alla retribuzione, altri obblighi gravano sull'imprenditore, a cominciare dalla **tutela del luogo di lavoro**; egli deve poi garantire la riservatezza delle informazioni che riguardano il lavoratore. Esercita i poteri **direttivo** (organizzazione dell'attività) e **disciplinare** (sanzione di inosservanze).
Il lavoratore ha l'obbligo di eseguire i compiti specifici (**mansioni**) affidatigli dal datore di lavoro, raggruppati in **qualifiche** (inquadrate in una gerarchia di sette **livelli**), che identificano precise figure professionali. Ulteriori obblighi del lavoratore sono la **diligenza**, la **disciplina** e la **fedeltà**.

3. Il contratto di lavoro si **estingue** alla scadenza, per morte del lavoratore, impossibilità della prestazione, forza maggiore, oppure per volontà delle parti (mutuo consenso o recesso unilaterale). Il recesso del datore di lavoro è detto **licenziamento**, quello del lavoratore **dimissioni**. Il licenziamento, vietato in certi casi, deve essere motivato da una rottura del rapporto di fiducia (**giusta causa**), da grave inadempimento (**giustificato motivo soggettivo**) o da esigenze aziendali (**giustificato motivo oggettivo**). L'illegittimità del licenziamento comporta la reintegrazione del lavoratore o il semplice risarcimento.

4. Secondo la Costituzione, la **retribuzione** del lavoratore deve poter garantire un'esistenza libera e dignitosa a lui e alla sua famiglia; il legislatore ha di conseguenza stabilito un livello retributivo **minimo**. Regole precise definiscono le caratteristiche del **luogo** di lavoro e del tempo a esso dedicato (**orario di lavoro**), e la durata e distribuzione dei periodi di riposo e di ferie. Cause personali (malattia, gravidanza, cura dei figli), l'esercizio di funzioni pubbliche e lo sciopero danno diritto a una **sospensione** del rapporto di lavoro. Particolari tutele intervengono in caso di **infortunio**, di **malattia professionale** e di sospensione dell'attività per congiunture sfavorevoli o ristrutturazioni. Un sistema pubblico di assicurazione (**previdenza sociale**) si fa carico di situazioni di debolezza legate a malattia, invalidità, vecchiaia, anzianità di servizio, disoccupazione, carichi familiari, morte; esso prevede il versamento di contributi e l'erogazione di prestazioni specifiche (pensioni, rendite, assegni, indennità, integrazioni).

5. I lavoratori possono liberamente organizzarsi in associazioni per la difesa dei propri interessi (**sindacati**); il principale strumento a loro disposizione è lo **sciopero**, l'astensione totale dal lavoro, indetta dai sindacati e regolata dalla legge. Anche gli imprenditori si organizzano in proprie associazioni.
La risoluzione delle controversie giuridiche tra le parti del contratto di lavoro è inquadrata nel **rito speciale del lavoro**, che ha caratteristiche proprie rispetto al processo ordinario; sono previsti anche percorsi stragiudiziali (arbitrato, mediazione, conciliazione).

6. Accanto al contratto tradizionale, esistono altre tipologie contrattuali, che rendono il lavoro subordinato sempre più precario. L'**apprendistato** mira a far conseguire al lavoratore una qualificazione professionale. Un'articolazione differente dell'orario di lavoro è al centro del lavoro **part-time** e del lavoro **intermittente**. Contratti legati a un luogo di lavoro particolare sono il lavoro **a domicilio**, il **telelavoro** e il lavoro **domestico**. A cavallo tra lavoro subordinato e autonomo si collocano contratti stipulati per lo svolgimento di un compito delimitato: il lavoro **a progetto** e il lavoro **accessorio** saltuario. Infine la **somministrazione** di lavoro: un'impresa mette a disposizione di un'altra propri dipendenti con contratto di lavoro subordinato, indennizzandoli nei periodi di non utilizzo.

La mappa

Mappa personalizzabile

Per prepararti alla verifica orale, ripassa ad alta voce aiutandoti con la mappa e inserisci i numeri nelle caselle man mano che tratti gli argomenti

- ☐ Il lavoro subordinato
  - ☐ Il diritto al lavoro
    - ☐ Il rapporto di lavoro subordinato
      - ☐ Il contratto di lavoro subordinato
        - ☐ La durata
          - ☐ A tempo indeterminato
          - ☐ A tempo determinato
        - ☐ L'assunzione
          - ☐ Il mercato del lavoro
        - ☐ Obblighi e diritti del lavoratore
          - ☐ La prestazione
            - ☐ Mansioni qualifiche categorie
          - ☐ La retribuzione
        - ☐ Obblighi e poteri del datore di lavoro
          - ☐ Il potere disciplinare
          - ☐ Tutela del luogo di lavoro
      - ☐ Le vicende del rapporto
        - ☐ La sospensione
          - ☐ Le cure parentali
        - ☐ La cessazione
          - ☐ Il licenziamento
          - ☐ Le dimissioni
      - ☐ La tutela del lavoratore
        - ☐ La tutela sindacale
          - ☐ I sindacati
          - ☐ Lo sciopero
          - ☐ La contrattazione collettiva
        - ☐ La tutela previdenziale
          - ☐ Le pensioni
        - ☐ La tutela giurisdizionale
          - ☐ Il processo del lavoro
      - ☐ Particolari figure di contratti di lavoro

Verifica di fine modulo 2

Verifica in autovalutazione

A. VERO/FALSO

Indica se le seguenti affermazioni sono vere o false

1. I contratti collettivi sono stati introdotti dallo Statuto dei lavoratori. Ⓥ Ⓕ
2. Il datore di lavoro, in base al potere disciplinare può comminare sanzioni ai dipendenti che non rispettano i propri obblighi. Ⓥ Ⓕ
3. Le liste di collocamento non esistono più. Ⓥ Ⓕ
4. Il potere di acquisto del salario reale viene mantenuto grazie ad aumenti del salario nominale. Ⓥ Ⓕ
5. Il lavoratore non può rinunciare alle ferie in cambio della retribuzione. Ⓥ Ⓕ
6. Il processo del lavoro viene introdotto con un ricorso davanti al Tribunale competente. Ⓥ Ⓕ

B. SCELTA MULTIPLA

Indica la risposta corretta

1. La durata del contratto di lavoro subordinato:
   - a. ◯ può essere determinata o indeterminata
   - b. ◯ di regola è determinata, salvo cause eccezionali
   - c. ◯ viene denominata periodo di prova
   - d. ◯ può essere ordinaria, straordinaria o supplementare
2. Il lavoro straordinario:
   - a. ◯ viene retribuito allo stesso modo del lavoro ordinario
   - b. ◯ è quello che eccede l'orario massimo stabilito dalla legge
   - c. ◯ può essere utilizzato senza limiti dal datore di lavoro
   - d. ◯ è detto anche supplementare
3. Il Testo unico in materia di salute e sicurezza nei luoghi di lavoro (Tusl):
   - a. ◯ contiene norme a tutela della privacy dei lavoratori
   - b. ◯ contiene regole il cui inadempimento comporta per il datore di lavoro una responsabilità esclusivamente civile contrattuale
   - c. ◯ è rivolto soltanto alle imprese private
   - d. ◯ stabilisce obblighi sulla sicurezza anche a carico dei lavoratori
4. Il licenziamento per giusta causa:
   - a. ◯ è richiesto soltanto per le imprese che superano i 15 dipendenti
   - b. ◯ è dovuto a ragioni che attengono al regolare funzionamento dell'impresa
   - c. ◯ è vietato
   - d. ◯ non deve essere preceduto dal preavviso
5. Le rappresentanze sindacali unitarie:
   - a. ◯ sono presenti sui luoghi di lavoro e rimangono in carica finché i lavoratori non decidono di eleggerne una nuova
   - b. ◯ partecipano attivamente alla contrattazione aziendale
   - c. ◯ sono anche dette confederazioni sindacali
   - d. ◯ sono elette soltanto dagli iscritti a un particolare sindacato
6. Il processo del lavoro:
   - a. ◯ segue le regole ordinarie previste per il processo civile
   - b. ◯ deve essere sempre preceduto da un tentativo stragiudiziale di conciliazione
   - c. ◯ si svolge davanti al conciliatore
   - d. ◯ prevede che alla prima udienza il giudice tenti la conciliazione delle parti

C. LESSICO

Individua a quali concetti si riferiscono le definizioni che seguono

1. Insieme delle norme giuridiche poste a tutela degli interessi economici dei lavoratori.
2. Forma di assicurazione obbligatoria che protegge il lavoratore dai rischi connessi allo svolgimento dell'attività lavorativa.
3. Periodo che di solito precede l'inizio del rapporto di lavoro.
4. Somma di denaro che il lavoratore riceve al termine del rapporto di lavoro.
5. Contratto di lavoro che prevede un orario ridotto rispetto a quello ordinario.

D. DOMANDE APERTE

Rispondi alle seguenti domande

1. Quali sono i vari tipi di rapporto di lavoro?
2. Quali sono le caratteristiche salienti del contratto di lavoro subordinato?
3. Quale capacità è richiesta per lavorare?
4. Che cosa sono i contratti collettivi di lavoro e quale influenza hanno sul contenuto del rapporto di lavoro subordinato individuale?
5. Quali sono gli obblighi del lavoratore subordinato?
6. Quali sono i diritti del lavoratore subordinato?
7. Distingui i termini mansione, qualifica, categoria.
8. Quali sono le caratteristiche del rapporto previdenziale?
9. Quali sono le diverse forme di apprendistato?
10. Come funziona la somministrazione del lavoro?

Verifica delle competenze

Paola ha sostenuto un colloquio di lavoro con una società di commercio all'ingrosso e pochi giorni dopo ha ricevuto la notizia di essere stata scelta. La società le ha quindi inviato una lettera di assunzione da firmare per accettazione. Paola ha però molti dubbi e perplessità, anche perché il contenuto della lettera è davvero ridotto e non basta a sciogliere le sue comprensibili curiosità. Prima di firmare si rivolge quindi a un consulente del lavoro per chiarirsi le idee.

ALFA S.P.A.
Via Finta 1
Città Firenze
Partita Iva xxxxxxxxxxxxxxxxxx

Data 10/12/2016

Sig.ra
Paola Bianchi
Via Vera 2
Codice fiscale xxxxxxxxxxxxxxxxxx

LETTERA DI ASSUNZIONE A TEMPO INDETERMINATO

A seguito di accordi intercorsi siamo a confermare la sua assunzione presso questa ditta con decorrenza dal 01/01/2017. L'assunzione avviene alle seguenti condizioni:

Qualifica

Impiegato di concetto: Lei viene inquadrata al livello quarto del Ccnl del Commercio e Terziario con registrazione del suo nominativo nel Libro unico del lavoro aziendale.

Mansioni

Lei svolgerà mansioni di addetta al centralino, smistamento della corrispondenza, accoglienza di clienti e fornitori con funzioni esecutive.

Periodo di prova

30 giorni.

Durata

Il rapporto di lavoro è a tempo indeterminato.

Luogo

La sua attività lavorativa verrà svolta presso la sede in via Finta 1.

Ccnl

La misura di ferie e permessi, i termini di preavviso, il trattamento retributivo e tutti gli altri istituti contrattuali sono commisurati, in relazione al livello di appartenenza, alla durata del rapporto e all'orario di lavoro, alle disposizioni del Contratto collettivo nazionale di lavoro del Commercio e Terziario. Per quanto non espressamente previsto nella presente, si rimanda alla suddetta contrattazione collettiva.

Timbro e firma
del datore di lavoro/legale rappresentante

per ricevuta e accettazione

Data e firma del lavoratore

A. RISPONDI

Nelle vesti del consulente del lavoro rispondi alle domande di Paola.

1. Quale sarà il mio stipendio?

....

2. Il mio stipendio potrà aumentare in futuro?

....

3. Quante ore alla settimana dovrò lavorare al massimo?

....

4. Da quando comincerò a ricevere lo stipendio?

....

5. Sarò pagata nel periodo di prova?

....

6. Potrò essere licenziata in ogni momento e senza giustificazione nel periodo di prova?

....

7. E una volta finito il periodo di prova?

....

8. Il livello Quarto corrisponde a una qualifica elevata?

....

9. Posso continuare a vendere libri e fumetti usati nei mercatini rionali nel fine settimana, come facevo prima?

....

10. Il datore di lavoro potrebbe trasferirmi in un'altra sede operativa?

....

11. Nel caso dovessi avere dei figli, potrò assentarmi dal lavoro durante la gravidanza?

....

12. Devo preoccuparmi di aprire una posizione all'Inps e di versare i contributi della pensione?

....

13. Se dovessi decidere che il lavoro non mi piace più, potrei dimettermi quando voglio?

....

B. RICERCA LE FONTI

Cerca in internet il Contratto collettivo della categoria che interessa Paola.

C. INTERPRETA IL DOCUMENTO

Esaminato il Ccnl rispondi alle seguenti domande.

1. Da chi è stato firmato il contratto?

....

2. Qual è la durata del contratto?

....

3. Quale retribuzione minima è prevista per Paola?

....

4. Con una verifica su internet potresti controllare se ci sono stati scioperi dei lavoratori in questo settore?

....

5. Quali sigle sindacali sono presenti in questo settore?

....

Impresa e produzione

Gli strumenti dell'impresa socialmente responsabile

m3 economia

Prerequisiti
- Nozioni di microeconomia
- Saper utilizzare i grafici cartesiani per rappresentare semplici fenomeni

Conoscenze
- Funzione dell'imprenditore nell'attività di impresa
- I vari tipi di fattori produttivi
- Funzione di produzione
- Concetti di produttività media, marginale e totale dei fattori produttivi
- I diversi tipi di costi di produzione
- Concetti di ottimo tecnico e di ottimo economico
- Relazioni dell'attività dell'impresa con l'ambiente circostante

Abilità
- Valutare l'importanza del ruolo dell'imprenditore nello svolgimento dell'attività di impresa e la sua responsabilità sociale
- Considerare e distinguere i risultati produttivi in base alla scelta dei fattori produttivi impiegati
- Rappresentare sul piano cartesiano l'andamento dei costi di produzione
- Distinguere i costi di produzione in relazione alle caratteristiche e alle relazioni con i volumi produttivi
- Distinguere il punto di ottimo tecnico dal punto di ottimo economico dell'impresa

Competenze
- Considerare il ruolo e la responsabilità sociale dell'imprenditore
- Riconoscere in situazioni concrete i diversi fattori produttivi impiegati dall'impresa
- Riconoscere in situazioni concrete i diversi tipi di costi di impresa
- Considerare la diversa incidenza dei costi fissi e variabili nel costo medio e marginale di impresa
- Saper individuare la posizione ottimale dell'impresa in relazione al massimo profitto e al minor costo

Lezione **20**

Il problema delle scelte per l'imprenditore

1. Impresa e imprenditore

Al soggetto economico **impresa** è affidata l'importante attività della **produzione**.

L'**impresa** è un'organizzazione di persone e di cose il cui compito consiste nell'acquisire fattori produttivi per impiegarli nel processo produttivo al fine di realizzare il prodotto.

La **produzione** è l'attività economica diretta alla trasformazione di beni ed energie (fattori produttivi o input, quali la natura, il lavoro, il capitale reale e il capitale monetario) in beni o servizi destinati a soddisfare bisogni (output).

L'attività di impresa consiste nell'accrescere l'utilità dei beni, creando valore aggiunto. Grazie alla trasformazione operata dall'impresa, i fattori impiegati nel processo produttivo trovano nel prodotto realizzato un'utilità maggiore rispetto a quella posseduta all'origine. Attraverso l'attività produttiva vengono offerti beni e servizi economici che non sono direttamente reperibili in natura, e che sono necessari per soddisfare i bisogni degli uomini.

esempio Quotidianamente usufruiamo di beni e servizi che non sono disponibili liberamente in natura e che provengono da imprese di varia natura, dimensione e nazionalità. I generi alimentari, gli articoli di abbigliamento, i mezzi di trasporto, i servizi destinati alla salute, all'istruzione, alla difesa personale, allo svago e al divertimento, sono solo alcuni esempi di beni e servizi che vengono erogati da imprese italiane e straniere, private e pubbliche. **e**

L'insieme delle operazioni necessarie per trasformare i fattori produttivi in prodotto finito è detto **ciclo produttivo**.

All'interno dell'impresa opera l'**imprenditore**. È lui il centro propulsore dell'attività di impresa, l'unità decisionale cui sono demandati i compiti organizzativi. Usando una similitudine possiamo paragonare la sua funzione a quella del sistema operativo di un computer, senza il quale ogni elaboratore si riduce a un inservibile ammasso di componenti e di programmi.

Soltanto con gli economisti moderni dell'Ottocento (Say, Marshall) si è iniziato a distinguere la figura dell'imprenditore da quella del capitalista considerando quest'ultimo come proprietario dei fattori produttivi, mentre l'imprenditore utilizza spesso fattori produttivi di cui non è proprietario, avendone acquistata la disponibilità dal proprietario-capitalista.
Il caso in cui le due figure corrispondono alla stessa persona è quello dell'impresa individuale, in cui l'imprenditore è anche il proprietario dei mezzi di produzione, circostanza questa che si presenta sempre di meno.

esempio Pensiamo all'imprenditore che insedia la propria attività in un fabbricato preso in locazione dal proprietario al quale paga un canone periodico, o a quello che utilizza macchinari concessigli in uso da società di leasing in cambio di un periodico corrispettivo. **e**

L'imprenditore organizza i fattori produttivi e dirige la produzione a proprio **rischio**, svolgendo un ruolo di intermediario tra coloro che offrono i fattori (capitalisti, proprietari terrieri, lavoratori) e i consumatori. Ai primi paga un compenso (interessi, rendite, salari); ai secondi vende i beni e i servizi prodotti ricevendo in cambio un prezzo. Se i suoi ricavi sono maggiori degli esborsi, ottiene un **profitto**; in caso contrario sopporta delle **perdite**.

LA PRODUZIONE

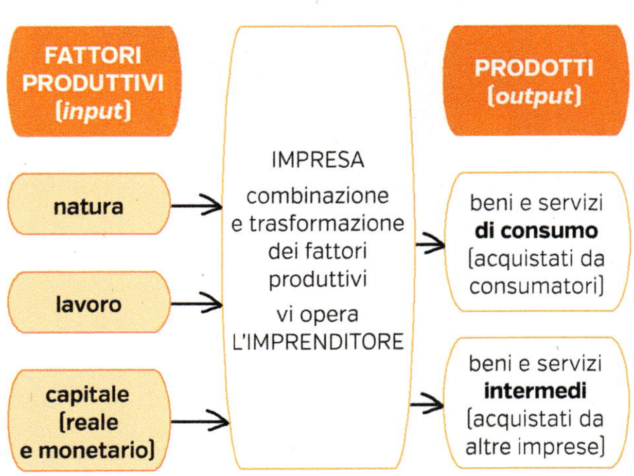

2. Le scelte dell'imprenditore

Nello svolgimento della propria attività, l'imprenditore deve compiere innumerevoli scelte. Egli deve:

- scegliere il ramo di attività da intraprendere e, quindi, **che cosa** e **quanto** produrre;
- stabilire le **dimensioni** dell'impresa (se piccola, media o grande), la **forma giuridica** da attribuirle (se impresa individuale oppure società di persone o di capitali), la sua **collocazione geografica** e logistica (per esempio, in quale località insediare le unità produttive);
- reperire e organizzare i **fattori produttivi**, combinandoli nel miglior modo possibile al fine di rispondere efficacemente alla domanda di un mercato in continua evoluzione, dando la risposta al noto problema del come produrre;
- sostenere in anticipo i **costi** dei fattori produttivi impiegati;
- **innovare** i processi produttivi e i prodotti per mantenere efficiente e redditizia l'attività, al passo con la concorrenza delle altre imprese;
- **collocare i prodotti sul mercato**, elaborando a questo scopo strategiche campagne di marketing e di promozione pubblicitaria dell'impresa e dei suoi prodotti.

L'**obiettivo finale** che l'imprenditore si pone è quello di incrementare il fatturato dell'impresa e di **massimizzare il profitto**. L'impresa non è mossa da nobili intenti altruistici, di puro valore morale, ma è un'attività squisitamente egoistica che mira direttamente al vantaggio personale di chi la esercita.
Si comprende come l'imprenditore debba possedere, oltre a indispensabili doti organizzative, anche spiccate capacità decisionali; deve essere in grado di operare scelte in situazioni di incertezza, dovendo prevedere tempestivamente il mutare delle variabili economiche.

Attualmente il fenomeno della globalizzazione rende estremamente interdipendenti le sorti delle imprese che operano nello scenario internazionale, ponendo l'imprenditore nelle condizioni di dover controllare un numero di variabili sempre più elevato e su vasta scala: da quelle meteorologiche (che possono influenzare determinate produzioni o la domanda di alcuni beni), a quelle finanziarie,

Nel contesto della new economy anche un piccolo produttore di formaggio è in grado di vendere in ogni parte del mondo, passando dal mercato locale a quello globale

legate all'andamento dei titoli delle imprese societarie, a quelle politiche (i mutamenti dei regimi politici possono avere ripercussioni sull'economia), ma anche valutarie (le variazioni del valore di cambio delle valute straniere possono favorire o meno le esportazioni) ecc.

L'ampliamento dell'attuale scenario economico coinvolge non solo l'imprenditore di aziende di grandi dimensioni, già abituate a operare in ambito internazionale, ma anche quelle più piccole che con l'avvento della new economy e del commercio elettronico sono passate dalla realtà circoscritta del mercato locale a un mercato globale trovando la concorrenza con imprese di ogni parte del mondo e di ogni dimensione.

3. Le scelte organizzative e di gestione

Una importante questione che l'imprenditore deve affrontare nell'esercizio dell'impresa riguarda l'ottimizzazione delle risorse di cui dispone per raggiungere i risultati produttivi prefissati.

Le risorse possono essere raggruppate in due grandi categorie:

- le **risorse umane**, cioè il personale che, a vari livelli, con differenti mansioni e responsabilità, opera nell'attività d'impresa;
- le **risorse economiche e finanziarie**, costituite dal capitale monetario, dai beni mobili e immobili, dalle attrezzature, dai macchinari, dalle merci, dai brevetti ecc.

L'organizzazione delle **risorse umane** consiste nell'assegnare ai lavoratori compiti specifici (mansioni) e sfere di influenza e responsabilità, in armonia con le attitudini di ciascuno, stabilendo regole di coordinamento tra i compiti assegnati e dei processi attraverso cui vengono prese ed eseguite le decisioni. Nelle strutture più complesse, come quelle societarie, devono anche essere definite con precisione le relazioni di potere tra i soggetti e i centri di responsabilità, in modo da evitare contrasti, incertezze, indecisioni che ostacolerebbero i processi decisionali influendo negativamente sull'attività dell'impresa.

Nell'operare queste scelte l'imprenditore dovrà tener conto di svariati fattori, non solo di carattere tecnico (obiettivi perseguiti, forma e dimensione dell'impresa, tipologia di attività svolta dall'impresa ecc.), ma anche di ordine psicologico, sociale e culturale: un ambiente di lavoro sereno ed equilibrato dove c'è collaborazione e coinvolgimento sicuramente influirà favorevolmente sul rendimento produttivo, mentre una situazione lavorativa conflittuale e frustrante avrà inevitabilmente ripercussioni negative oltre che sulle persone, anche sul lavoro che queste svolgono.

esempio Adibire un lavoratore a mansioni altamente ripetitive, come quelle alla catena di montaggio (descritta efficacemente da Charlie Chaplin nel celebre film del 1936 *Tempi moderni*), sebbene tecnicamente possa apparire la soluzione più efficiente, potrebbe rivelarsi sbagliato, perché demotivante per il lavoratore e quindi, alla fine, risultare scarsamente produttivo.

Un altro aspetto di cui bisogna tenere conto è che le decisioni organizzative non sono immutabili nel tempo, ma sono suscettibili di variazioni in relazione a diversi fattori, quali per esempio cambiamenti nelle dimensioni e nelle attività dell'impresa o alle mutate richieste del mercato.

esempio Può accadere infatti che la piccola officina che inizialmente produceva artigianalmente biciclette su misura, crescendo di dimensioni, decida di produrre in serie grandi quantità di prodotti standard e modifichi quindi il processo produttivo predisponendo una catena di montaggio in cui ogni dipendente viene adibito a singole, ripetitive, operazioni.

Oltre all'organizzazione del lavoro umano, l'imprenditore deve occuparsi della gestione delle **risorse economiche e finanziarie**, provvedendo a tutte le operazioni necessarie per il raggiungimento delle finalità produttive.
Possiamo individuare quattro ordini di operazioni.

Finanziamento

Il finanziamento consiste nel reperire le **risorse monetarie**. Queste potranno essere fornite dall'imprenditore stesso (nel caso dell'impresa individuale) o dal gruppo dei soci (nel caso dell'impresa societaria) o, qualora le somme così raccolte non siano sufficienti, anche richiedendo prestiti a terzi, in particolare alle banche. Riassumiamo i tradizionali canali di finanziamento nella tabella che segue.

La scelta del come e quanto finanziarsi deve essere opportunamente rapportata alle necessità delle imprese onde evitare un eccessivo indebitamento dell'impresa rispetto al reale fabbisogno o una carenza di liquidità rispetto alle effettive esigenze, circostanze in entrambi i casi che potrebbero influire negativamente sulla crescita dell'impresa.

Capitale di proprietà Conferito a tempo indeterminato; ha remunerazione variabile	Apporti di capitale proprio dell'imprenditore individuale	Capitale proprio
	Conferimenti dei soci (i quali ricevono quote o azioni del capitale sociale)	
	Utili prodotti dall'impresa che non vengono prelevati dall'imprenditore individuale o non sono distribuiti ai soci	Capitale di risparmio
Capitale di terzi Conferito a tempo determinato, a breve, medio e lungo termine; la remunerazione è fissa	Contratti di finanziamento, quali mutui, aperture di credito, anticipazioni bancarie, scoperti di conto corrente, leasing ecc., stipulati con banche o altre società finanziarie	Debiti di finanziamento
	Prestito obbligazionario richiesto dalle società di capitali direttamente al pubblico dei risparmiatori	
	Dilazioni di pagamento ottenute da parte dei fornitori dell'impresa	Debiti di funzionamento

Investimento

I mezzi monetari reperiti vengono utilizzati per **procurarsi i fattori produttivi specifici** indispensabili alla produzione, vale a dire il **capitale reale** (fabbricati, macchinari, materie prime, merci ecc.) e il **lavoro**. Anche in questa fase occorre effettuare scelte oculate, reperendo i fattori più adatti, in termini di costo e di produttività. Il rischio è di dotarsi di strutture dalle dimensioni inadeguate, sovradimensionate o sottodimensionate rispetto alle effettive esigenze e alle reali potenzialità dell'impresa, facendo conseguentemente diminuire il profitto.

Il procacciamento dei fattori produttivi avviene solitamente sulla base di un accordo con il fornitore nel quale, oltre al prezzo di vendita, viene stabilita la distribuzione degli oneri fra le parti (costi di trasporto, premi di assicurazione ecc.). L'imprenditore si procurerà determinati fattori produttivi, come le materie prime, acquistandoli in proprietà, magari con pagamento differito del prezzo, mentre altri fattori, come i grandi e costosi macchinari, preferirà prenderli in prestito, stipulando appositi contratti (come per esempio il leasing).

Trasformazione tecnico-economica

L'**organizzazione del processo produttivo** prevede che i vari fattori produttivi siano combinati adeguatamente al fine di raggiungere l'obiettivo fissato. Si tratta di compiere operazioni quali la lavorazione di materie prime, l'assemblaggio di parti componenti, il trasferimento dei prodotti dai magazzini alle filiali di vendita, la conservazione dei prodotti ecc. È evidente quanto sia determinante in questa fase una efficace gestione delle risorse umane.

L'organizzazione del processo produttivo ha sempre l'obiettivo di ottenere la massima efficienza abbinata a un controllo in termini di costi e qualità del prodotto, sempre tenendo conto degli svariati fattori che possono intervenire in tale processo.

esempio Così, una sartoria artigianale produrrà in modo intermittente, cioè solo quando riceve la commessa del cliente, e non dovrà preoccuparsi dello stoccaggio dei prodotti, mentre una industria di jeans produrrà in modo continuo, rifornendo il magazzino di prodotti standard sulla base delle previsioni di vendita. L'industria, che si avvale di molteplici macchinari collegati funzionalmente, organizzerà il ciclo produttivo secondo il sistema in linea, la cosiddetta catena di montaggio. Nella sartoria, invece, dove ciascun operatore o gruppo di operatori deve curare la realizzazione del prodotto specifico, la dislocazione dei macchinari potrebbe essere disposta a isole o per reparti in modo da consentirne l'utilizzo a ciascun gruppo secondo le esigenze della lavorazione. In questo caso infatti il prodotto non è sempre uguale e il processo di lavorazione potrebbe subire notevoli differenziazioni.

Lo scambio dei prodotti sul mercato

Il risultato del processo produttivo è destinato allo **scambio sul mercato** contro il pagamento del prezzo di vendita. La collocazione sul mercato del risultato produttivo e il conseguente introito monetario che ne deriva, rappresentano l'ultima fase della gestione in cui è impegnato l'imprenditore. Essa impegna l'organizzazione aziendale a vari livelli e si avvale spesso di imprese commerciali esterne, impegnate nella distribuzione dei prodotti. L'organizzazione di un'efficiente rete commerciale, capace di distribuire capillarmente e incisivamente sul mercato i prodotti dell'impresa, costituisce un elemento determinante del successo dell'impresa. La distribuzione, nelle imprese di piccole dimensioni, può essere svolta direttamente dallo stesso produttore (cosiddetta vendita diretta); più spesso tuttavia l'impresa si rivolge ad altre imprese (grossisti, dettaglianti). In molti casi poi per favorire la vendita dei prodotti, l'impresa si avvale di agenti che assumono stabilmente il compito di procurare contratti con i clienti.

Le scelte organizzative e di gestione determinano i livelli di efficienza e di efficacia dell'impresa. L'**efficienza** indica la capacità di sfruttare al meglio le risorse disponibili senza sprechi e disfunzioni; l'**efficacia** esprime invece la possibilità di raggiungere gli obiettivi prefissati.

È bene precisare che un'attività produttiva può essere efficiente pur non riuscendo a realizzare i risultati prefissati.

esempio Un'industria di gelati in grado di produrre, con il minor spreco di materie prime e senza interruzioni nella produzione [efficienza], gelati può, tuttavia, non incontrare le preferenze dei consumatori sul mercato e la merce restare invenduta [inefficacia].

attività

A. VERO/FALSO

Indica se le seguenti affermazioni sono vere o false

1. I fattori produttivi:
- **a.** rappresentano un costo per l'impresa Ⓥ Ⓕ
- **b.** sono sempre di proprietà dell'imprenditore Ⓥ Ⓕ
- **c.** comprendono anche il lavoro Ⓥ Ⓕ
- **d.** sussistono soltanto nelle imprese di grandi dimensioni Ⓥ Ⓕ
- **e.** devono essere opportunamente combinati dall'imprenditore Ⓥ Ⓕ

2. Una scelta che l'imprenditore deve effettuare riguardo alla gestione delle risorse economiche dell'impresa è:
- **a.** occuparsi della vendita dei prodotti Ⓥ Ⓕ
- **b.** adibire il personale alle corrette mansioni Ⓥ Ⓕ
- **c.** acquistare i fattori produttivi Ⓥ Ⓕ
- **d.** organizzare il processo produttivo Ⓥ Ⓕ
- **e.** motivare il personale Ⓥ Ⓕ

B. CACCIA ALL'ERRORE

Sottolinea gli errori e riscrivi le frasi corrette

1. Le risorse aziendali possono essere umane, economiche e materiali. Queste ultime sono costituite dal capitale monetario necessario per procurarsi gli altri fattori produttivi.

....

2. L'efficienza dell'impresa esprime la possibilità di raggiungere gli obiettivi prefissati.

....

3. L'impresa può finanziarsi anche attraverso gli incassi realizzati e non prelevati dall'imprenditore individuale o non distribuiti ai soci.

....

4. Le scelte che l'imprenditore deve compiere hanno come obiettivo finale quello di incrementare il fatturato dell'impresa e di massimizzare il ricavo.

....

C. COMPLETA LO SCHEMA

Inserisci i termini mancanti

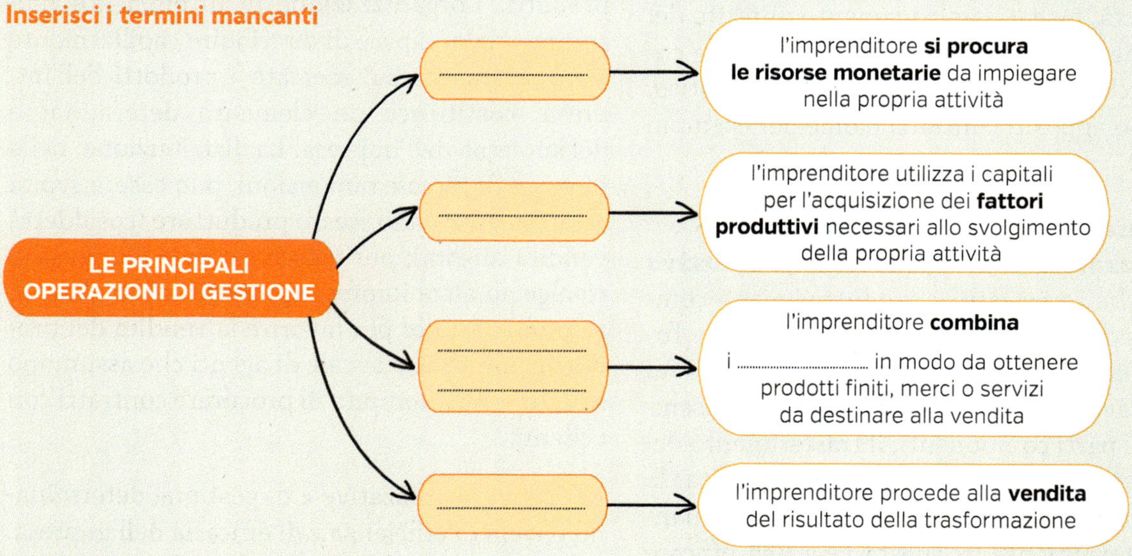

D. COMPLETA LA TABELLA

Inserisci il problema delle scelte relative alle questioni che si pongono all'imprenditore

Scelta che l'imprenditore deve compiere	Problemi da risolvere per compiere correttamente la scelta
Scelta della modalità di finanziamento	
Scelta della dimensione degli impianti e del numero dei dipendenti da assumere	
Scelta del tipo di impianti da acquistare	
Modalità di organizzazione del personale	
Modalità di organizzazione del ciclo di produzione	
Scelta di modificare l'organizzazione produttiva	
Scelta del canale distributivo da utilizzare per la vendita dei prodotti	

Lezione **21**

L'impresa e l'ambiente

1. Gli stakeholder

L'attività produttiva interagisce in modo significativo con l'**ambiente** circostante.

In senso lato, per **ambiente** si intende la combinazione di elementi di varia natura, che influenzano o che sono influenzati dall'attività dell'impresa.

Il concetto di ambiente è in questa accezione molto ampio; in esso rientrano innanzitutto i soggetti con cui l'impresa entra in rapporto: i **lavoratori** e le loro associazioni rappresentative; i fornitori, presso cui le imprese si procurano le materie prime e i prodotti semi lavorati; i **clienti**, a cui vendono il risultato dell'attività produttiva; le **banche**, da cui ottengono i finanziamenti; gli **enti pubblici** (Stato, Comune, Provincia, Regione ecc.), che rilasciano autorizzazioni, effettuano controlli, concedono finanziamenti, riscuotono tributi; le **imprese concorrenti**, che rappresentano, sul mercato, le rivali con cui l'impresa deve confrontarsi; la **comunità** di cittadini che vivono dove ha sede l'impresa e che risultano direttamente interessati dalla sua attività (per esempio per l'inquinamento da essa provocato, ma anche per le occasioni di lavoro da essa offerte). Più in generale l'intera **collettività** risente dell'attività d'impresa, per esempio per il cattivo uso delle risorse naturali esauribili, per la scarsa qualità dei prodotti realizzati (magari dannosi alla salute o pericolosi per l'incolumità di chi li utilizza). Le attività d'impresa coinvolgono indirettamente anche le **future generazioni**, poiché il cattivo utilizzo delle risorse naturali o un negativo impatto della produzione sull'ambiente comporteranno effetti negativi irreversibili anche e soprattutto a lungo termine.

Ciascuno di questi soggetti è portatore di un interesse legato a quello dell'impresa e condiziona, positivamente o negativamente, l'attività produttiva. I soggetti coinvolti dall'impresa vengono solitamente denominati **stakeholder** (dall'inglese *to hold a stake*, possedere un interesse, un titolo, un diritto), termine coniato dall'economista americano R. Edward Freeman, che ha elaborato una famosa teoria sull'impresa socialmente responsabile.

Per Freeman, gli *stakeholder* vengono distinti in due principali categorie:

- **primari**, cui appartengono tutti i soggetti e i gruppi da cui l'impresa dipende per la propria sopravvivenza, quali, per esempio, gli azionisti, i dipendenti, i clienti, i fornitori, ma anche le agenzie governative e le istituzioni che forniscono le infrastrutture, le leggi, i regolamenti, i mercati;
- **secondari**, cioè tutti quegli individui o gruppi che, pur non essendo indispensabili per la sopravvivenza dell'impresa, possono influenzarne l'attività o esserne influenzati a loro volta. Rientrano in questa categoria le associazioni dei consumatori, i sindacati, la stampa, e anche le generazioni future, interessate a che l'impresa ponga in essere un modello di sviluppo sostenibile con le risorse ambientali.

Secondo la **teoria degli stakeholder**, l'impresa non agisce isolata ma in costante relazione con altri soggetti portatori di interessi che interagiscono tra loro, condizionando l'attività dell'impresa e, allo stesso tempo, rimanendone a loro volta condizionati. In un tale contesto, le decisioni dell'imprenditore devono tenere conto degli interessi di tutti questi *stakeholder* e non solo della proprietà dell'impresa, cioè degli azionisti (denominati *shareholder*). In questa nuova prospettiva, il fine dell'impresa non è più solo la massimizzazione del profitto immediato a qualunque costo, ma l'accrescimento del valore dell'impresa inteso in un senso più largo, e il benessere di tutti gli *stakeholder*.

Per raggiungere obiettivi di crescita sostenibile e compatibile con i valori sociali e ambientali, l'impresa deve adottare comportamenti virtuosi ed etici.

La logica del profitto, esasperata dalla pressante competizione tra le imprese, induce gli imprenditori a comportamenti che possono risultare lesivi dei difficili equilibri economici, ecologici, sociali, del sistema.

Spesso la spinta al contenimento dei costi di produzione per aumentare gli utili dell'impresa ha avuto conseguenze lesive per la collettività che di questi aspetti si è resa consapevole e che non è più disposta a tollerare. Si pensi alla piaga dello sfruttamento del lavoro in genere e del lavoro minorile in particolare, al crescente inquinamento dovuto alla mancanza di sistemi di depurazione e di smaltimento di produzioni altamente inquinanti o all'utilizzo indiscriminato di materie prime e di risorse energetiche in via di esaurimento. Questi costituiscono veri e propri costi sociali (cosiddette **esternalità negative**). Ormai il perseguimento dell'obiettivo utilitaristico del profitto non può più giustificare qualunque genere di produzione o di processo produttivo, soprattutto se a **danno dell'ambiente** e dei **diritti fondamentali** delle persone.

2. La responsabilità sociale dell'imprenditore

Gli stessi imprenditori stanno progressivamente prendendo consapevolezza dell'importanza delle loro scelte per il futuro della società e delle nuove generazioni. Si parla al riguardo di responsabilità sociale d'impresa o *Corporate social responsibility* (Csr), per indicare questa nuova sensibilità e senso di responsabilità dell'imprenditore nei confronti di tematiche sociali e ambientali che lo portano a ridefinire gli obiettivi dell'impresa verso anche valori etici e non solo di profitto.

Nel mondo dell'impresa si sta diffondendo una sensibilità alle tematiche sociali e ambientali che non considera più in modo esclusivo il profitto

Le scelte degli imprenditori stanno progressivamente cambiando anche grazie alla crescente sensibilità dei consumatori e degli utenti verso un **consumo critico e consapevole**. Il mercato mostra infatti di premiare le imprese che tengono conto dell'impatto ambientale e sociale della loro attività. L'azienda che adotta un comportamento virtuoso, "etico", acquisisce un valore aggiunto che la rende maggiormente competitiva sul mercato. L'agire virtuoso è divenuto, cioè, una importante leva di marketing aziendale; infatti un prodotto realizzato dall'impresa che fa propri dei valori etici viene percepito come portatore di una qualità maggiore, data, oltre che dalle sue caratteristiche intrinseche, dalle modalità con le quali si è svolto il processo produttivo ed è stato realizzato il prodotto.

esempio Il consumatore si mostra sensibile e attento, per esempio, al fatto che l'impresa produca senza inquinare l'ambiente, senza sfruttare i lavoratori, utilizzando fonti energetiche rinnovabili, impiegando materie prime riciclate ecc. Anche gli aspetti legati alla sicurezza e alla salute dei consumatori hanno un peso rilevante nella scelta di acquisto: si pensi alla salubrità di prodotti alimentari, realizzati per esempio senza l'impiego di sostanze chimiche o senza avvalersi di tecniche di manipolazione genetica (cosiddetti prodotti biologici) o di grassi nocivi.

L'impresa **responsabile** o etica è quella che, oltre ad adempiere agli obblighi previsti dalla legislazione vigente, adotta volontariamente comportamenti e strategie aziendali in sintonia con il rispetto delle questioni ambientali e sociali.

Essa evidenzia in modo trasparente tutte le responsabilità etico-sociali e ambientali del suo agire, facendo emergere i collegamenti e le conseguenze della sua condotta e cerca di valutare l'impatto della propria azione con riguardo a tutti i soggetti che ne sono coinvolti, in modo da realizzare un percorso virtuoso, rispettoso dei diritti dei lavoratori e dell'ambiente.

Per bilanciare i contrapposti interessi, rispettare i valori sociali e ambientali assunti e condividerli con i vari *stakeholder*, l'impresa deve dotarsi di una struttura organizzativa adeguata, che le permetta di identificare i vari *stakeholder* comprendendone le esigenze e il grado di importanza e predisporre le opportune strategie e comportamenti coerenti da seguire. Altrettanto importante è la possibilità di comunicare all'esterno la correttezza del proprio operato, al fine di ritrovarne i benefici effetti di consenso sul mercato e quindi di acquisire maggiore competitività.

A tale scopo l'impresa etica si avvale di particolari strumenti, quali:

- **il codice etico**. È l'insieme delle regole di condotta che ogni partecipante all'organizzazione aziendale è tenuto a seguire per il perseguimento dei fini sociali e ambientali dell'impresa. L'inosservanza delle regole del codice non comporta l'applicazione di sanzioni propriamente dette, visto il loro carattere volontario, ma soltanto le conseguenze che l'organizzazione stessa ha previsto per i trasgressori;

esempio Il mancato rispetto del codice da parte di un fornitore dell'azienda che, per esempio, si avvale di lavoratori non assicurati, potrebbe essere considerato, in conseguenza di una clausola del contratto di fornitura, motivo di risoluzione contrattuale; l'inosservanza del codice da parte di un dirigente potrebbe essere causa di licenziamento per la previsione di uno specifico obbligo previsto nel contratto di lavoro.

- **l'adesione a standard** emanati da organismi nazionali o internazionali. Si tratta di acquisire particolari certificazioni, rilasciate da appositi enti certificatori, i quali garantiscono il rispetto da parte dell'impresa di comportamenti virtuosi (cosiddetti "standard") stabiliti dagli stessi enti certificatori;

esempio Ricordiamo il marchio Ecolabel, creato dall'Unione europea per certi prodotti, il cui simbolo è rappresentato da una margherita. L'etichetta viene rilasciata, su richiesta dell'impresa, da un ente certificatore solo a seguito di opportuni controlli. Apposta sui prodotti dell'impresa, essa certifica il loro ridotto impatto ambientale in ogni fase, dalla fabbricazione, all'utilizzo e allo smaltimento dopo l'impiego.

- **il bilancio sociale e ambientale**. È un sistema di rendicontazione mediante il quale l'impresa o qualunque altra organizzazione (associazione, ente ecc.) dà conto del proprio operato comunicando all'esterno i propri valori, obiettivi, e risultati. A differenza del bilancio di esercizio, il bilancio sociale e ambientale non analizza soltanto gli aspetti quantitativi dell'impresa, come quelli economici, patrimoniali e finanziari, ma spinge la propria analisi fino a valutare gli aspetti etici dell'attività di impresa, come il rispetto per l'ambiente, dei diritti sociali, delle condizioni dei lavoratori e il miglioramento del benessere generale, aspetti che pure costituiscono un valore per la società nel suo complesso. Trattandosi di uno strumento volontario, non ha un contenuto preciso stabilito per legge, come invece ha il bilancio di esercizio, né specifici criteri redazionali. Tuttavia, in quanto strumento di rendicontazione, esso dovrà essere redatto secondo i criteri di veridicità e di trasparenza. Inoltre dovrà necessariamente collegarsi al bilancio d'esercizio, poiché scelte aziendali di carattere etico hanno comunque un impatto sui costi e quindi delle inevitabili ripercussioni sul piano economico e finanziario.

esempio Così, la realizzazione da parte di una conceria di un depuratore da adibirsi alla depurazione dei reflui industriali e civili, verrà sicuramente riportata nel bilancio sociale e ambientale come diseconomia esterna positiva, e saranno forniti dati sulla diminuzione dell'inquinamento e sul miglioramento dello stato di salute della popolazione, ma sarà al contempo inserita nel bilancio di esercizio per i relativi costi sostenuti. Anzi, proprio dalla lettura del bilancio d'esercizio e quindi dei dati dello sforzo economico sostenuto dall'impresa a salvaguardia di certi interessi, si potrà percepire la misura e l'autenticità dell'impegno etico assunto dall'impresa.

3. Localizzazione e delocalizzazione

L'ambiente in cui l'impresa opera comprende, oltre ai soggetti, anche una molteplicità di fattori quali quelli geografici, climatici, socioculturali, politici e istituzionali ecc., che condizionano ugualmente l'attività di impresa influenzandone la scelta del luogo dove insediare l'attività produttiva.

Il bilancio sociale dell'Azienda sanitaria locale di Potenza

Per l'impresa è importante poter disporre di **infrastrutture** adeguate ed efficienti, quali per esempio, vie di comunicazione, strade, autostrade efficienti, che consentano di distribuire agevolmente il prodotto finito sul mercato nazionale; istituti di istruzione e formazione tecnica, capaci di formare maestranze esperte. In relazione al tipo di attività saranno poi richiesti particolari **requisiti climatici** e territoriali, come la presenza di corsi d'acqua, dai quali approvvigionarsi e nei quali scaricare i reflui della lavorazione. È anche importante l'aspetto **socio-culturale** dell'ambiente in cui l'impresa opera: basti pensare alla moda, che induce i consumatori a compiere determinati acquisti invece di altri. Non meno rilevante è l'ambiente **politico-istituzionale** nel quale l'imprenditore dovrà agire per ottenere permessi, per ricevere finanziamenti e contributi stanziati dalle istituzioni pubbliche, per pagare tributi ecc.

Gli elementi ambientali sono quindi fondamentali ai fini della scelta del luogo dove insediare l'impresa, la cosiddetta **localizzazione dell'impresa**. Oltre agli aspetti già citati, sono altrettanto importanti altri elementi come la vicinanza dei mercati, la disponibilità dei fattori produttivi e in particolare di lavoro a basso costo, l'esistenza di un valido sistema di infrastrutture (strade, porti, aeroporti, reti informatiche ecc.), l'efficienza e la stabilità delle istituzioni, l'esistenza di incentivi pubblici che inducono l'imprenditore a preferire una certa località per l'insediamento della propria attività.
La ricerca da parte dell'imprenditore della sede ottimale che risponda a tali caratteristiche, ha portato negli ultimi decenni al fenomeno della **delocalizzazione produttiva** delle imprese, intesa come la tendenza degli imprenditori a spostare la produzione in luoghi diversi da quelli di origine per sfruttare il minore costo del lavoro, i vantaggi fiscali o la vicinanza con i mercati di vendita dei prodotti. Molto spesso la produzione, o anche soltanto alcune fasi di essa, viene trasferita all'estero in paesi in via di sviluppo con economie instabili, in cui la scarsa protezione dei lavoratori e l'assenza di normative a tutela dell'ambiente (per esempio, nei paesi asiatici) consentono alle imprese di pagare bassi salari, di non dotarsi di costosi impianti di depurazione o delle attrezzature di protezione del personale, di non sottostare alla burocrazia e agli adempimenti amministrativi a tutela dei lavoratori, dell'ambiente ecc. La delocalizzazione, come è evidente, comporta gravi implicazioni economiche, sociali, morali, giuridiche, ambientali, che investono direttamente la responsabilità degli imprenditori e che la politica è chiamata ad affrontare e risolvere.

esempio La stessa Fiat nel corso degli ultimi decenni aveva delocalizzato a Togliattigrad, nell'ex Unione Sovietica, e poi in Polonia, dove aveva trasferito la produzione di modelli di auto non più prodotte nel nostro paese, e, più di recente, ha delocalizzato in Serbia, dove il salario mensile è di soli 400 euro, a fronte dei circa 1200 euro degli operai italiani.

Le imprese delocalizzano anche all'interno dello stesso paese, con l'apertura di filiali nel proprio territorio nazionale, anche se distanti dal luogo di insediamento della casa madre.

esempio È quanto accaduto in Italia nel secolo scorso dove molte grandi imprese come la Fiat, l'Alfa Romeo, l'Ilva hanno aperto fabbriche nel Sud per sfruttare le ricche sovvenzioni offerte dallo Stato con la Cassa del Mezzogiorno.

Il fenomeno della delocalizzazione non riguarda soltanto le imprese di grandi dimensioni, ma anche quelle piccole e medie che nel nostro paese rappresentano oltre il 95% di tutte le imprese.

esempio In Italia circa quarant'anni fa cominciò a delocalizzare la piccola e media impresa toscana del settore della lavorazione della pelle, della calzatura e delle stoffe, seguita poi dalle imprese venete che delocalizzarono soprattutto nella vicina Slovenia.

È evidente che la delocalizzazione comporti ripercussioni negative sia nel paese di origine dell'impresa sia in quello dove l'azienda viene delocalizzata. Nel primo si assiste a una flessione della manodopera occupata e, a causa della concorrenza con i bassi salari esteri, al ribasso delle pretese dei sindacati nazionali; nel secondo, provoca lo sfruttamento delle risorse ambientali e umane che non sempre è ripagato dai vantaggi economici derivanti dall'incremento dell'occupazione e della produzione.

Tuttavia, nel corso degli ultimi anni, si sta assistendo a un comportamento in controtendenza degli imprenditori italiani, soprattutto di determinati settori produttivi, come quello dell'abbigliamento, che stanno riportando in patria le loro produzioni. Mentre da un lato i vantaggi di produrre all'estero si stanno gradualmente riducendo, dall'altro assume sempre più valore il fatto che il prodotto sia realizzato interamente in Italia. Il made in Italy è infatti molto apprezzato sui mercati di tutto il mondo e rappresenta una garanzia di qualità che giustifica anche prezzi di vendita mediamente più elevati. Questo fenomeno, in atto un po' in tutta Europa ma in modo particolare in Italia, viene definito **rilocalizzazione** o **back reshoring**.

4. I distretti industriali

L'influenza ambientale sull'attività di impresa è testimoniata dal successo che nel nostro paese hanno avuto i cosiddetti **distretti industriali**. Si tratta di aree territoriali, individuate dall'Istat, caratterizzate dalla presenza di imprese e persone collegate da legami di natura socio economica e appartenenti allo stesso settore economico. Le imprese che vi operano sono solitamente numerose e di piccola-media dimensione (vale a dire con non più di 250 dipendenti) e sono impegnate prevalentemente in attività collegate a un'industria principale, ora producendo prodotti o parti del prodotto ora svolgendo fasi della lavorazione del processo produttivo tipico. Tra le imprese del distretto vengono a instaurarsi rapporti di interdipendenza e di cooperazione che consentono di migliorare efficienza, qualità e riduzione dei costi. Si parla a questo proposito di filiera produttiva.

Si assiste, negli ultimi tempi, a un'inversione di tendenza, per cui alcuni imprenditori italiani del settore dell'abbigliamento stanno riportando la produzione in patria

Si è soliti distinguere i settori caratterizzanti l'attività produttiva dei distretti in due gruppi:

- **settori core business**, in cui si svolge l'attività produttiva che caratterizza ciascun distretto;
- **settori non core business**, in cui si svolgono attività di supporto dei settori core, collocati lungo la filiera produttiva.

esempio Nei distretti della pelle, calzatura e cuoio troveremo concerie, manifatture di scarpe, confezioni di abbigliamento in pelle (settori *core*) ma anche suolifici, tomaifici, imprese che commerciano prodotti chimici per la lavorazione della pelle, magazzini per lo stoccaggio della pelle, rivenditori e produttori di macchine per la lavorazione della pelle, imprese di trasporti e di import export ecc. (settori *non core business*).

Basti pensare alla presenza in loco di maestranze altamente qualificate, che si tramandano conoscenze e competenze professionali non facilmente reperibili in altre zone o alla possibilità di approvvigionarsi agevolmente sul territorio di materie prime o di assistenza tecnica specializzata o ancora alla possibilità di costituire consorzi di imprese per lo svolgimento di fasi comuni della lavorazione (per esempio, lo smaltimento di rifiuti) o la promozione dei prodotti (per esempio, l'effettuazione di fiere campionarie) con notevole riduzione dei costi di produzione.

I distretti individuati dall'Istat con il censimento del 2011 sono 141 e rappresentano circa un quarto dell'intero sistema produttivo del paese. Il sistema dei distretti rappresenta uno dei punti di forza dell'economia italiana.

A. VERO/FALSO

Indica se le seguenti affermazioni sono vere o false

1. L'ambiente in cui opera l'impresa:
   - **a.** influenza esclusivamente le imprese agricole Ⓥ Ⓕ
   - **b.** condiziona la localizzazione produttiva Ⓥ Ⓕ
   - **c.** non è rilevante per l'attività produttiva Ⓥ Ⓕ
   - **d.** comprende anche i soggetti che interagiscono con l'impresa Ⓥ Ⓕ
   - **e.** influenza l'impresa ma da questa non rimane influenzato Ⓥ Ⓕ
2. L'impresa etica:
   - **a.** si interessa unicamente del profitto Ⓥ Ⓕ
   - **b.** si preoccupa di accrescere il valore dell'impresa Ⓥ Ⓕ
   - **c.** cerca di perseguire il benessere dei vari *stakeholder* Ⓥ Ⓕ
   - **d.** è così definita perché rispetta le leggi in materia di tutela ambientale e del lavoro Ⓥ Ⓕ
   - **e.** fa emergere tutte le implicazioni sociali e ambientali del proprio agire Ⓥ Ⓕ

B. CACCIA ALL'ERRORE

Sottolinea gli errori e riscrivi le frasi corrette

1. L'impresa socialmente responsabile è quella che adotta obbligatoriamente comportamenti e strategie aziendali in sintonia con il rispetto delle questioni ambientali e sociali.
2. La delocalizzazione di solito viene attuata per sfruttare i maggiori costi del lavoro vigenti nei luoghi ove si delocalizza.
3. I distretti industriali sono aree territoriali, individuate dall'Istat, caratterizzate dalla presenza di grandi imprese e persone collegate da legami di natura socio economica e appartenenti allo stesso settore economico.
4. Il bilancio sociale e ambientale è un documento obbligatorio che le imprese redigono periodicamente per dar conto ai propri *stakeholder* del proprio comportamento socialmente responsabile.

C. COMPLETA LO SCHEMA

Inserisci i termini mancanti

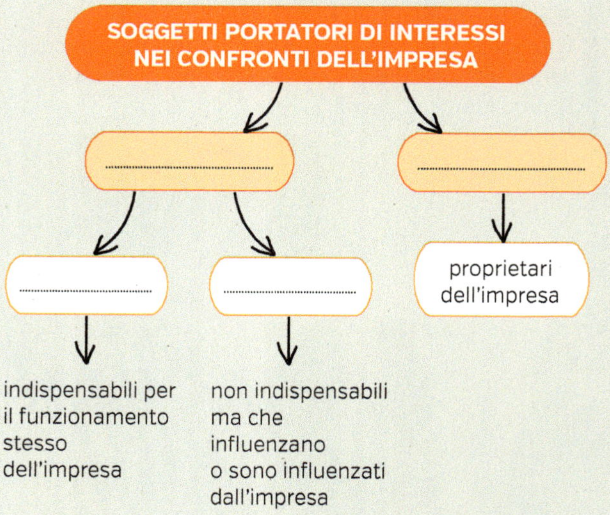

D. COMPLETA LA TABELLA

Individua lo *stakeholder* o *shareholder* portatore dei seguenti interessi, distinguendo se di tipo primario o secondario

Interesse	*Stakeholder/shareholder*	Primario/secondario
Realizzazione immediata di utili		
Stabilità del posto di lavoro		
Crescita della impresa		
Equa retribuzione del lavoro		
Rispetto dell'ambiente		
Condizioni di lavoro sicure		
Crescita dell'occupazione		
Pagamento regolare dei fattori produttivi utilizzati dall'impresa		

Lezione **22**

Le curve della produttività

La funzione di produzione

1. Fattori produttivi e processo di produzione

Come sappiamo i fattori produttivi sono sostanzialmente tre: **terra** o natura, **lavoro** e **capitale** (reale e monetario). A questi si aggiunge il fattore **imprenditorialità**, cioè l'indispensabile capacità organizzativa dell'imprenditore, senza la quale gli altri fattori rimarrebbero funzionalmente scollegati. Solitamente questo fattore viene ricompreso nel lavoro. Vi è anche chi ricomprende tra i fattori produttivi l'**attività della Pubblica amministrazione** che fornisce quei servizi pubblici (rete viaria, ordine pubblico, giustizia, istruzione ecc.) senza i quali non sussisterebbero le condizioni per lo svolgimento dell'attività economica.

I fattori vengono opportunamente combinati dall'imprenditore dando vita a un **processo produttivo** al termine del quale si ottiene il prodotto finito, bene o servizio, destinato alla vendita (cosiddetto *output*). Il processo produttivo risente delle conoscenze e della tecnologia applicate e tende a evolversi con esse: il modo in cui vengono impiegati i fattori migliora con l'esperienza e con l'applicazione di ritrovati scientifici, che rendono il prodotto finito di qualità sempre migliore e il costo di produzione sempre più contenuto. Capacità imprenditoriale e tecnologie impiegate nel processo di produzione sono due caratteri basilari per rendere competitiva l'impresa sul mercato.

esempio Sappiamo quale radicale mutamento economico e sociale abbia comportato l'applicazione della macchina a vapore e della spoletta volante, un congegno automatizzato del telaio tessile, nella produzione di tessuti nell'Inghilterra del XVIII secolo.

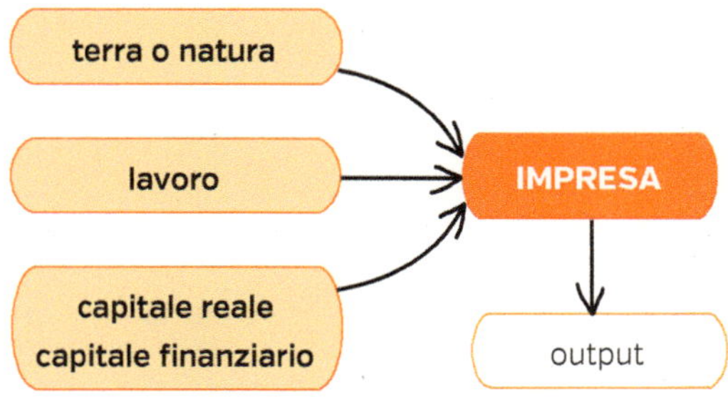

In base al modo di utilizzo, i fattori produttivi possono essere distinti in due grandi categorie:

- **fattori fissi**, che, utilizzati più volte nel ciclo produttivo, contribuiscono alla produzione di più prodotti; si tratta principalmente degli impianti e delle attrezzature;
- **fattori variabili**, che invece sono impiegati una sola volta nella produzione e quindi finiscono interamente per essere assorbiti nel prodotto realizzato; è il caso delle materie prime o dell'energia elettrica necessaria al funzionamento degli impianti.

esempio In un'impresa vinicola sono fattori fissi i trattori, gli impianti per la lavorazione dell'uva e la conservazione del vino, l'immobile adibito a cantina ecc., mentre sono variabili l'uva, i prodotti chimici e biologici utilizzati per la vinificazione, le bottiglie di vetro e i tappi per l'imbottigliamento ecc.

L'imprenditore può, con relativa facilità e in tempi brevi, modificare la quantità impiegata di fattori variabili, ma sarà per lui meno semplice richiedendo anche tempi più lunghi sostituire quelli fissi. La decisione sull'incremento dei fattori fissi richiede infatti una scelta strategica di lungo periodo sugli investimenti da effettuare, e questo deve essere fatto tenendo conto della situazione attuale e delle prospettive future del mercato. Dunque si tratta di decisioni non facili e piuttosto rischiose. Al contrario, l'incremento dei fattori variabili per fare fronte a una domanda aumentata richiede tempi brevi per essere attuato e basso rischio per l'imprenditore, il quale si limiterà a sfruttare con maggiore intensità gli impianti a sua disposizione, senza sostituirli.

Per un artigiano del settore conciario, i fattori fissi sono gli attrezzi propri per la lavorazione del pellame, mentre il principale fattore variabile è la pelle grezza

esempio Un'impresa agricola produttrice di vino, per fare fronte a un modesto aumento della domanda, potrebbe incrementare le ore di lavoro straordinario degli operai, la quantità di bottiglie, tappi ecc.; ma se l'aumento della domanda fosse troppo elevato, sarebbe necessario impiantare nuovi vigneti, costruire nuove cantine, con tempi assai più lunghi, costi e rischi più elevati.

In economia si usa distinguere tra **breve** e **lungo periodo** proprio in relazione alla possibilità per l'impresa di variare la produzione modificando soltanto la quantità dei fattori variabili (breve periodo) oppure anche quella dei fattori fissi, vale a dire la propria capacità produttiva (lungo periodo).

Fattore	Caratteristica	Tempo per la modifica
Fattori variabili	Vengono utilizzati una sola volta nel processo produttivo	Possono essere aumentati nel breve periodo per fare fronte a un aumento della domanda
Fattori fissi	Vengono utilizzati più volte nel processo produttivo	Possono essere aumentati solo nel lungo periodo. Determinano la capacità produttiva dell'impresa. Comunque vanno sostituiti per obsolescenza o vetustà

Un altro aspetto di cui tenere conto è che i fattori fissi nel tempo vanno incontro a inevitabile obsolescenza che li rende inadeguati tecnologicamente, quindi è necessario il loro periodico rinnovamento indipendentemente dalla variazione della domanda.

2. Funzione di produzione e rapporti di scala

Esiste un'evidente relazione tecnica tra i fattori produttivi e il prodotto realizzato con il loro impiego, la cosiddetta **funzione della produzione**.

Posto Y come risultato della produzione e x_1, x_2, x_3, ... x_n come quantità dei singoli fattori produttivi impiegati, possiamo esprimere la funzione della produzione con la seguente formula:

$$Y = f(x_1, x_2, x_3, \dots x_n)$$

La **funzione della produzione** può essere definita come la relazione tra la quantità di *output* ottenibile e la quantità di fattori produttivi necessaria per ottenerla.

È chiaro come questa funzione sia strettamente collegata allo stato delle conoscenze tecniche dell'imprenditore e della tecnologia applicata nel processo di produzione, che condizionano l'efficienza produttiva dei fattori impiegati. La funzione risulterà diversa anche utilizzando gli stessi fattori ma con tecniche di impiego differenti.

esempio La funzione di produzione per l'aratura di un ettaro di terreno sarà diversa a seconda che si impieghi esclusivamente il lavoro manuale (per esempio, 50 operai muniti di vanghe per due giorni) o delle potenti ruspe (1 operaio alla guida della ruspa per mezza giornata), o, ancora, se si utilizzino tecniche più efficienti di uso della vanga.

In modo intuitivo si può tuttavia constatare che, generalmente, aumentando semplicemente la sola quantità di tutti i fattori produttivi, fissi e variabili, aumenta anche quella del prodotto finito.

Tuttavia la variazione della produzione non si verifica sempre nella stessa misura. Si possono verificare tre possibilità:

- la produzione cresce in misura proporzionale all'aumento dei fattori produttivi, cioè in rapporto di **scala costante**; si tratta dell'ipotesi che potremmo definire normale in cui la misura dell'aumento di produzione è esattamente proporzionale all'accresciuto apporto di fattori produttivi;

esempio Supponendo che un'impresa vinicola aumenti del 10% i fattori produttivi (estensione dei terreni coltivati, numero di operai, impianti per la coltivazione della vite e la vinificazione ecc.), nell'ipotesi considerata essa avrebbe un aumento della produzione di vino pari al 10%.

- la produzione cresce in misura meno che proporzionale all'aumento dei fattori produttivi, cioè in rapporto di **scala decrescente**, anche detto **diseconomia di scala**.

Nell'esempio considerato, a fronte dell'aumento degli input del 10%, l'impresa vinicola aumenterebbe la produzione di vino in misura inferiore, poniamo del 5%. Una tale evenienza può derivare da varie cause, quali la difficoltà di organizzazione del processo produttivo o di gestione del personale conseguenti all'aumento dei fattori produttivi impiegati e può dipendere dal tipo e dalla quantità dei fattori produttivi utilizzati;

esempio Così, se il numero degli operai impiegati risultasse esorbitante rispetto a quello delle attrezzature, per esempio dei trattori, a seguito dell'incremento alcuni operai rischierebbero di rimanere senza strumenti di produzione, finendo quindi per essere improduttivi.

- la produzione cresce in misura più che proporzionale all'aumento dei fattori produttivi, cioè in rapporto di scala crescente, anche detto **economia di scala**. In questo caso, la nostra impresa vinicola, a seguito del solito incremento del 10% dei fattori produttivi, vede aumentare la produzione in misura maggiore, per esempio del 20%. È ovviamente l'ipotesi auspicabile segno della capacità dell'imprenditore di approfittare dell'incremento per organizzare meglio la produzione.

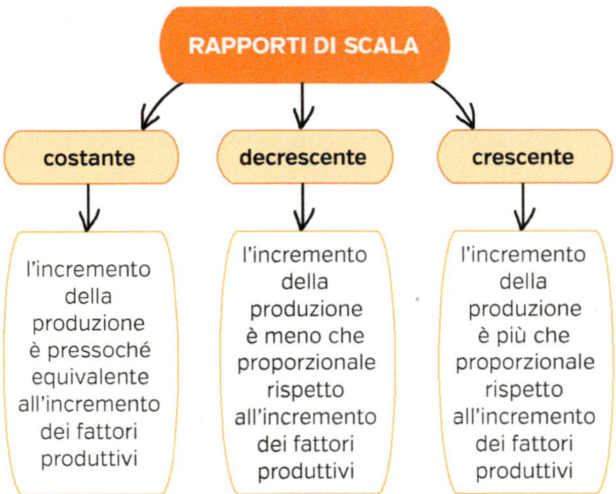

Nei casi di economia di scala, all'aumentare dei fattori produttivi la produzione cresce in modo più che proporzionale

3. La produttività media e marginale dei fattori della produzione

Trattando dei rapporti di scala, abbiamo preso in esame il caso di un incremento di **tutti i fattori** produttivi, notando come la scelta della combinazione dei fattori impiegati sia importante per la buona gestione dell'impresa e per il suo successo sul mercato.
Ci occupiamo ora della scelta ottimale dei fattori di produzione, cioè la combinazione che realizza il massimo risultato produttivo. A tal fine è necessario acquisire prima alcuni concetti fondamentali: tenendo come riferimento un solo fattore produttivo e la produzione ottenuta, possiamo introdurre il concetto di **produttività del fattore produttivo**, articolandolo nei suoi tre aspetti principali di produttività totale, marginale e media.

Per **produttività totale** si intende la produzione ottenuta con una determinata quantità del fattore produttivo considerato.

esempio Riprendendo l'esempio precedente dell'impresa vinicola, se supponiamo che siano due gli operai e 210 gli ettolitri di vino prodotti in un anno, questa ultima sarebbe la produttività totale del fattore produttivo lavoro in quella impresa.

La **produttività marginale** è la variazione del prodotto totale che si verifica aumentando di una unità il fattore produttivo considerato.

esempio Supponendo di assumere un terzo operaio e vedendo aumentare la produzione totale da 210 a 360 ettolitri di vino, la produttività marginale del terzo operaio sarà pari a 150 ettolitri (360 – 210).

Il dato della **produttività marginale** è sensibile alle variazioni della produzione realizzate con l'aggiunta di un'unità di fattore e, solitamente, segnala il contributo apportato soltanto da questa alla produzione.
È bene osservare, tuttavia, come in certi casi il miglioramento produttivo attribuibile apparentemente all'ultimo fattore impiegato, dipenda invece effettivamente da un più efficiente sfruttamento di tutti i fattori.

esempio Si pensi a uno studio notarile in cui sono impiegate dieci segretarie che riescono a preparare venti contratti al giorno, con una produttività media per segretaria di due contratti al giorno. Poniamo che venga assunta un'undicesima segretaria e che il numero dei contratti giornalieri passi da venti a trenta, con una produttività marginale riferita alla undicesima segretaria di dieci contratti. Questo consistente incremento produttivo non dipende necessariamente dalle particolari abilità della neoassunta, ma potrebbe essere stato determinato da altre circostanze, per esempio dal fatto che le segretarie, tutte le segretarie, a seguito della nuova assunzione, siano state liberate da alcune incombenze (per esempio, recarsi quotidianamente presso uffici pubblici, tenere la contabilità dello studio ecc.) e abbiano avuto quindi più tempo e maggiore concentrazione per la stesura dei contratti. Pertanto, l'incremento della produzione totale non sarebbe da attribuire all'undicesima segretaria, ma alla migliorata efficienza di tutto il personale. e

La **produttività media** di un fattore è data dal rapporto tra il prodotto totale e la quantità di fattore utilizzato.

esempio Nel caso dell'impresa con tre operai sopra considerato, la produttività media sarà pari a 120 (360 : 3). e

Produttività **totale** del fattore produttivo	Produzione ottenuta con una determinata quantità del fattore produttivo considerato
Produttività **marginale** del fattore produttivo	Variazione del prodotto totale che si verifica aumentando di una unità il fattore produttivo considerato
Produttività **media** del fattore produttivo	Valore del rapporto tra il prodotto totale e la quantità di fattore utilizzato

Secondo la legge dei rendimenti decrescenti, un aumento eccessivo di un fattore produttivo, per esempio il lavoro, risulta svantaggioso per la produzione

4. La legge dei rendimenti decrescenti

Dobbiamo chiederci ora che cosa accada alla produzione qualora aumenti **un solo fattore** produttivo, mentre restano invariati tutti gli altri. È questa una situazione diversa rispetto a quella dei rapporti di scala prima considerata in cui si supponeva un incremento di tutti i fattori.

esempio Tornando all'esempio dell'impresa vinicola, supponiamo che essa produca 100 ettolitri di vino con l'impiego di un solo operaio. Assumendo nuovi operai e lasciando invariata la quantità degli altri fattori produttivi (terra, cantine, trattori ecc.), la produzione presumibilmente crescerà. Ma in che modo? e

Gli economisti, soprattutto quelli della scuola marginalista, hanno constatato che solitamente la produzione cresce a seguito dei primi incrementi del fattore produttivo, ma che gli incrementi successivi provocano aumenti di produzione sempre minori, fino al punto in cui diventano irrilevanti, se non addirittura svantaggiosi per la produzione; questo principio è detto **legge dei rendimenti decrescenti**.
Infatti, restando invariati gli impianti e tutti gli altri fattori produttivi, l'incremento di un solo fattore produttivo, per esempio di operai, permette inizialmente uno sfruttamento sempre più razionale e sistematico delle risorse dell'impresa fino al punto in cui ulteriori operai non sono più in grado di apportare aumenti significativi della produzione o, addirittura, rischiano di provocare danni.

esempio Riferendoci all'esempio trattato precedentemente, un secondo operaio consentirebbe all'impresa di mettere a coltura una nuova vigna, prima improduttiva, con notevole incremento di produzione e così le successive nuove assunzioni potrebbero consentire un migliore sfruttamento degli impianti, con benefico effetto sulla produzione. Il maggior numero di operai, per esempio, grazie ai turni di lavoro, permetterebbe all'impresa di essere produttiva tutto l'anno, senza interruzioni dovute al periodo di riposo settimanale o di ferie annuali. Ulteriori assunzioni potrebbero ancora consentire di ottimizzare, per esempio, il lavoro nella cantina, con ancora qualche benefico effetto sulla produzione. Ma se il numero di operai continuasse ad aumentare, arriveremmo a un punto in cui non vi sarebbero più spazi di crescita della produzione. Anzi, a un certo punto il numero di operai risulterebbe eccessivo e le nuove assunzioni si tradurrebbero inevitabilmente in una riduzione della produzione. e

La circostanza trattata nell'esempio evidenzia la presenza dei cosiddetti **aggravi di costo**. Il caos che si viene a creare per l'aumento eccessivo del fattore produttivo favorisce errori e incidenti.

esempio Così, nella cantina dove prima lavorava un solo operaio e adesso ce ne sono dieci o venti, il numero delle bottiglie rotte è più elevato, poiché l'affollamento di persone nel solito ambiente lavorativo fa aumentare il numero degli incidenti. **e**

Inoltre l'intenso utilizzo degli impianti sottopone le strutture a un **maggiore logorio** e ciò causa **rotture e avarie** con conseguente rallentamento della produzione.

esempio Si pensi al caso dell'unico trattore utilizzato non più da un unico operaio per una media di 4 ore al giorno, ma da dieci operai a turno per 15 ore giornaliere e per tutto l'anno. **e**

È bene ricordare che queste osservazioni sono plausibili solo se riferite al modello considerato, in cui varia un solo fattore produttivo; infatti, se potessero variare anche gli altri si verificherebbe un armonico adeguamento della capacità produttiva dell'impresa.

esempio Se i dieci operai potessero disporre di dieci trattori, cioè un trattore ciascuno, ed essere assegnati ad appezzamenti di terreno distinti certamente non si verificherebbero aggravi di costo. **e**

Seguendo la legge dei rendimenti decrescenti costruiamo una tabella numerica riprendendo l'esempio dell'impresa vinicola in cui varia solo il fattore lavoro (operai).

Numero operai	Prodotto totale (in ettolitri di vino)	Produttività media del fattore lavoro (prodotto totale/numero operai)	Produttività marginale del fattore lavoro (produzione ottenuta dall'ultimo operaio)
1	100	100	100
2	210	105	110
3	360	120	150
4	520	130	160
5	600	120	80
6	630	105	30
7	644	92	14
8	656	82	12
9	657	73	1
10	640	64	–17

Come si vede, con un solo operaio l'impresa produce complessivamente 100 ettolitri di vino. Con il secondo la produzione passa a 210 ettolitri con un incremento imputabile al neoassunto di 110 ettolitri che corrisponde alla sua produttività marginale.
Dividendo la produzione totale (210) per il numero degli operai occupati (due) otteniamo il dato della produttività media (105) che, come si può notare, trattandosi di un dato statistico, non corrisponde alle produttività marginali del primo e del secondo operaio (rispettivamente di 100 e 110). Fino alla quarta assunzione gli incrementi della produzione sono di entità sempre maggiore (100, 110, 150, 160), ma già dal quinto operaio la produzione cresce in misura inferiore rispetto agli incrementi ottenuti con le precedenti assunzioni. I rendimenti continuano progressivamente a calare fino al punto, in corrispondenza della decima assunzione, in cui si realizza una diminuzione del prodotto totale (produttività marginale negativa).

Glossario

Obsolescenza: perdita di efficienza di un fattore produttivo causata dal progresso tecnologico, cioè dall'avvento di nuove tecnologie che rendono poco conveniente l'uso di quelle precedenti.

Un impiego eccessivo di un fattore della produzione ne causa l'avaria e il logorio

A. VERO/FALSO

Indica se le seguenti affermazioni sono vere o false

1. Sono fattori produttivi fissi di un'impresa edile:
   - **a.** l'immobile per il ricovero degli automezzi V F
   - **b.** il cemento V F
   - **c.** gli utensili V F
   - **d.** i mattoni V F
   - **e.** la betoniera V F
2. Se con 5 operai un'impresa produceva 1000 kg di pane al giorno e adesso con l'assunzione di un sesto operaio ne produce 1260, la produttività del fattore lavoro è la seguente:
   - **a.** la produttività marginale è 260 kg V F
   - **b.** la produttività totale è 1000 kg V F
   - **c.** la produttività media è 210 kg V F
   - **d.** la produttività marginale è più alta di quella media V F
   - **e.** la produttività marginale è più bassa di quella media V F

B. CACCIA ALL'ERRORE

Sottolinea gli errori e riscrivi le frasi corrette

1. Posto un incremento dei fattori produttivi pari al 10%, si verifica un'ipotesi di economia di scala qualora la produzione subisca un incremento inferiore al 10%.

   ....

   ....

   ....

2. Per la legge dei rendimenti costanti, incrementi successivi di un solo fattore produttivo determinano aumenti sempre minori della produzione fino a provocarne una diminuzione.

   ....

   ....

   ....

3. I fattori fissi devono essere sostituiti trascorso un certo numero di anni per obsolescenza, perché tecnologicamente non più adeguati, o per anzianità, perché logorati dall'uso e dal tempo.

   ....

   ....

   ....

4. I rapporti di scala sono la causa della diminuzione della produttività marginale del fattore produttivo e derivano dall'inadeguatezza dei fattori fissi dell'impresa rispetto all'incremento del fattore medesimo.

   ....

   ....

   ....

C. COMPLETA LO SCHEMA

Inserisci i termini mancanti

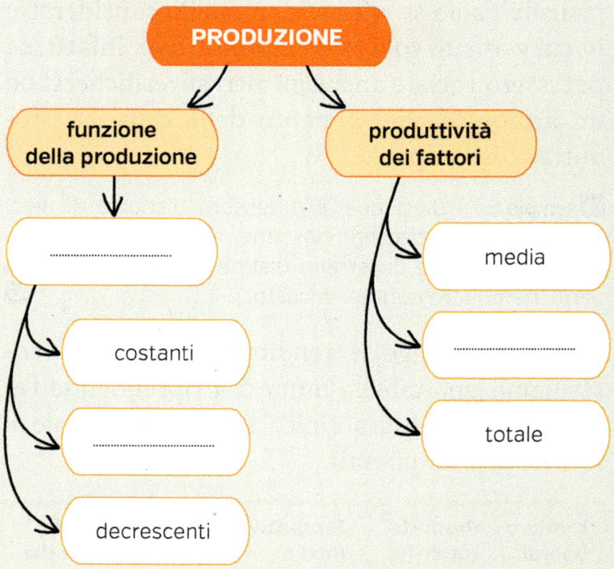

D. COMPLETA LA TABELLA

Inserisci il valore del prodotto marginale e del prodotto medio del fattore lavoro

Rappresenta quindi su uno stesso piano cartesiano i valori del prodotto totale, del prodotto marginale e di quello medio.

Numero lavoratori	0	1	2	3	4	5	6	7	8	9	10
Produzione totale	0	8	30	54	80	110	120	119	112	99	80
Prodotto marginale											
Prodotto medio											

Lezione **23**

La scelta del come produrre

1. La scelta della combinazione ottimale dei fattori produttivi

Il problema delle scelte si presenta all'imprenditore nel momento in cui deve decidere con quali e quanti fattori produttivi intende realizzare la produzione. Egli deve dare risposta a una delle domande economiche fondamentali: **come produrre?** Di fronte a innumerevoli combinazioni produttive, date da fattori e tecniche produttivi differenti, l'imprenditore dovrà preferire quella economicamente ottimale al fine di ottenere la massima quantità di prodotto possibile.

esempio All'imprenditore di un'impresa vinicola si presentano varie soluzioni produttive, alcune incentrate sull'utilizzo di impianti meccanizzati ad alta efficienza, altre basate prevalentemente sull'impiego della manodopera, altre ancora, intermedie alle prime due, in cui si utilizzano sia macchinari sia manodopera in modo equilibrato. Fra tutte egli dovrà scegliere la combinazione di capitale e lavoro più congeniale alle caratteristiche della propria impresa.

È bene chiarire però che la scelta dell'imprenditore potrebbe essere dettata da ragioni non propriamente quantitative; esiste infatti l'eventualità, tutt'altro che remota, in cui egli potrebbe preferire combinazioni di fattori apparentemente meno efficienti sul piano della quantità prodotta ma ritenute ugualmente vincenti sul mercato, per esempio perché migliorano la qualità del prodotto finale, o risultano più rispettose dell'ambiente e degli interessi dei vari *stakeholder*.

La produzione su larga scala non sempre risulta essere quella ottimale: i liutai artigiani sono per esempio in grado di produrre un numero limitato di strumenti di altissima qualità, molto amati e richiesti dai musicisti

esempio L'impresa agricola che punta sulla genuinità del prodotto e vuole distinguersi dalle imprese concorrenti facendo leva sul carattere artigianale della lavorazione (la pigiatura manuale dell'uva, la fermentazione in botti di legno con lieviti naturali, la frangitura delle olive a freddo con la macina di pietra, l'uso di fertilizzanti non chimici ecc.), fa una scelta dove la produttività a livello quantitativo è posta in secondo piano rispetto al miglioramento qualitativo del prodotto.

Per maggior chiarezza è opportuno ricordare alcuni concetti già acquisiti, e cioè:

- i fattori produttivi hanno produttività diversa;
- per la legge dei rendimenti decrescenti la produttività di un fattore inizialmente è crescente ma da una certa quantità in poi tende a diminuire per ogni unità aggiuntiva;
- è possibile ottenere lo stesso risultato combinando diversamente i fattori produttivi; per esempio, posso ottenere 500 ettolitri di vino sia impiegando tre operai e un trattore, sia un operaio e due trattori;
- l'imprenditore dispone di una determinata somma da spendere nell'acquisto dei fattori produttivi e questi hanno costi diversi.

Con tali premesse cerchiamo di capire come individuare la combinazione di fattori produttivi, tra le varie molteplici possibili, che soddisfa al meglio le esigenze produttive dell'imprenditore.

2. La scelta secondo il metodo delle produttività marginali ponderate

Il ragionamento da seguire è quello della scuola marginalista, l'unica scuola di economisti che ha studiato in modo sistematico e con criteri scientifici il comportamento microeconomico. Se per un momento trascurassimo il diverso prezzo dei fattori produttivi, potremmo facilmente risolvere il problema. La combinazione ottimale sarebbe quella ottenuta spendendo tutto il capitale nell'acquisto di quantità dei fattori di volta in volta a più alta produttività, fino al punto in cui le produttività marginali di tutti i fattori si equivalgono.

e sempio Supponiamo che i fattori produttivi siano materie prime (M), lavoro (L) e capitale (K) e che abbiano differenti gradi di produttività, ma il medesimo prezzo unitario. In tal caso le scelte di impiego dell'imprenditore seguiranno l'ordine rigorosamente dettato dal grado di produttività (indicato tra parentesi accanto al valore della produttività marginale).
La prima scelta cadrà sulle materie prime con produttività 120, ben superiore a quella del lavoro (80) e del capitale (60). Anche la seconda scelta cadrà sulle materie prime, poiché, sebbene la loro produttività sia scesa a 100, essa rimane pur sempre superiore a quella delle prime unità degli altri due fattori (80 e 60). Alla terza scelta, però, l'imprenditore acquisterà un'unità del fattore lavoro che gli offre una produttività pari a quella che riceverebbe da una terza unità delle materie prime e comunque superiore a quella che otterrebbe dalla prima del capitale (60). Così procedendo, si raggiunge la combinazione ottimale che nel nostro esempio sarà composta di quattro unità di M e di L e tre di K, in cui le produttività marginali dei tre fattori sono tutte uguali (pari a 40).

TAVOLA DELLE PRODUTTIVITÀ MARGINALI

M (materie prime)	L (lavoro)	K (capitale)
120 (scelta 1)	80 (scelta 3)	60 (scelta 6)
100 (scelta 2)	70 (scelta 5)	50 (scelta 8)
80 (scelta 4)	60 (scelta 7)	40 (scelta 9)
40 (scelta 11)	40 (scelta 10)	30
30	30	20
10	15	5

e

Avendo tuttavia i fattori produttivi costi diversi, l'imprenditore non potrà non tenerne conto.

e sempio Un trattore munito di aratro rispetto a quello di una zappa per il lavoro manuale darà una produttività di gran lunga superiore a quella della zappa; tuttavia l'imprenditore sarà condizionato nella scelta anche dal diverso costo che egli deve sopportare per procurarsi questi strumenti. e

Il dato che egli considererà sarà dunque non quello della produttività marginale bensì quello della **produttività marginale ponderata**, dato dal rapporto tra la produttività marginale e il prezzo del fattore produttivo (P/p).

$$\text{produttività marginale ponderata} = \frac{\text{prodotto marginale}}{\text{prezzo del fattore produttivo}}$$

e sempio Quindi, se la produttività del trattore fosse pari a 200 ettolitri di vino e il costo a 100.000 euro e quella della zappa fosse pari a 1 ettolitro e il costo a 10 euro, la prima scelta cadrebbe sulla zappa; infatti 200/100.000 = 0,002 (produttività marginale ponderata del trattore); 1/10 = 0,1 (produttività marginale della zappa). Come si può capire alla luce di queste considerazioni, l'ordine delle scelte poc'anzi indicato sulla base della sola produttività deve essere completamente rivisto.
Ripartiamo dai dati della tabella dell'esempio precedente; questa volta però consideriamo anche il diverso prezzo dei tre fattori produttivi: il fattore M 20 euro, il fattore L 10 euro e il fattore K 5 euro. Di conseguenza la tabella delle produttività marginali ponderate sarà la seguente con conseguente modifica dell'ordine delle scelte.

TAVOLA DELLE PRODUTTIVITÀ MARGINALI PONDERATE

M (prezzo 20 €)	L (prezzo 10 €)	K (prezzo 5 €)
60	8	12
50	7	10
40	6	8
20	4	6
1,5	3	4
0,5	1,5	1

e

Pertanto, in sintonia con i marginalisti, possiamo giungere alla seguente definizione.

La **combinazione ottimale** di fattori produttivi, quella che realizza la massima quantità di prodotto in rapporto alla somma spesa, si ha nel momento in cui le produttività marginali ponderate dei fattori sono uguali.

3. La crescita della produttività

La combinazione ottimale di fattori produttivi non rimane costante. Molteplici circostanze possono modificare i prezzi e le produttività dei fattori rendendo necessario l'adeguamento della tecnica produttiva per conservare e migliorare la condizione di equilibrio.

e sempio Gli aumenti del prezzo del petrolio o dei salari dei lavoratori possono indurre l'imprenditore a rivedere la scelta produttiva, privilegiando il fattore lavoro o il fattore capitale. e

Un ruolo importante da questo punto di vista è svolto dalle innovazioni introdotte dal **progresso tecnico** inteso come l'acquisizione di nuove conoscenze e tecnologie innovative che consentono all'impresa di migliorare il processo produttivo (innovazione di processo) o di creare nuovi prodotti o servizi migliorandone

la qualità e le caratteristiche (innovazione di prodotto).
Il progresso tecnico può anche dipendere, oltre che dall'innovazione, anche da altri fattori quali per esempio una migliore organizzazione del lavoro o della gestione aziendale. In entrambi i casi c'è vero progresso tecnico quando questo consente di ridurre sprechi ed errori e accresce il rendimento produttivo dei fattori produttivi.

esempio L'invenzione del trattore ha permesso di sostituire un grande numero di lavoratori prima indispensabile per la coltivazione dei campi; l'applicazione dei sistemi informatici di elaborazione e di conservazione dei dati ha consentito all'impresa di fare a meno di molti impiegati e di ingombranti apparati di archiviazione di documenti cartacei.

Le innovazioni che consentono di ottenere un risparmio di lavoro vengono definite *labour saving*, mentre quelle che permettono di risparmiare capitale sono dette *capital saving*.

esempio L'introduzione di impianti di lavorazione automatizzati è tipicamente innovazione *labour saving* in quanto spesso determina esuberi di manodopera e quindi licenziamenti. L'utilizzo di materie prime più economiche (per esempio tappi per bottiglie in plastica anziché in sughero) è invece una innovazione *capital saving*.

L'**innovazione del processo produttivo** comporta un aumento della produttività dei fattori produttivi e, di conseguenza, determina un aumento della produzione totale. Si tratta di un fenomeno consueto, che accompagna da sempre la storia dell'economia.

Introdurre impianti di lavorazione automatica è una tipica innovazione labour saving, cioè che permette di ottenere un risparmio sulla forza lavoro

Affinché le innovazioni si traducano in una maggiore competitività delle imprese, non è sufficiente che l'imprenditore abbia idee geniali o rimanga al passo con i tempi, ma occorre anche che il sistema economico nel suo complesso sia pronto ad accoglierle, se non a stimolarle. L'adeguatezza del sistema si misura sotto vari aspetti, quali quello delle **infrastrutture**, della **formazione professionale** e dell'**ordinamento giuridico**. Si tratta per lo più di un compito affidato alle pubbliche autorità nazionali e, con l'allargamento del mercato, anche a quelle europee.

esempio L'invenzione del computer non avrebbe nessuna conseguenza sulla produttività del lavoro delle segretarie se la scuola non insegnasse a usare i programmi applicativi, se le linee telefoniche per la trasmissione dei dati fossero inadeguate, se gli uffici pubblici con cui le imprese devono interfacciarsi per comunicare i loro dati non utilizzassero lo stesso sistema informatizzato di archiviazione dei dati, se l'ordinamento giuridico non consentisse la registrazione dei dati su supporto informatico anziché su carta.

La modifica della combinazione produttiva può incontrare ostacoli anche all'interno dell'impresa. L'imprenditore può trovare diverse difficoltà variando i propri piani di spesa. Intanto non è semplice tecnicamente adattare la struttura produttiva ai cambiamenti, considerando che spesso si tratta di interventi che richiedono tempi piuttosto lunghi e quindi una strategia di azione ben congegnata, per evitare contrattempi come, per esempio, dover ricorrere momentaneamente alla sospensione della produzione.
Inoltre l'adeguamento è, spesso, economicamente così oneroso da rendere la variazione non conveniente.

esempio L'impresa agricola che voglia dotarsi di un nuovo macchinario, altamente produttivo, per la vendemmia automatizzata, deve considerare la necessità di adeguare gli impianti di coltivazione e di sostituire molte attrezzature aziendali.

Quando poi la variazione della combinazione riguarda il **fattore lavoro**, sono da tenere in considerazione le possibili resistenze che si possono incontrare in fase di contrattazione sindacale, qualora il cambiamento venisse considerato dalle associazioni sindacali come peggiorativo per le condizioni dei lavoratori. L'azione sindacale, infatti, si avvale di forme di protesta, come lo sciopero, che determinano una notevole perdita economica per l'impresa.

A. VERO/FALSO

Indica se le seguenti affermazioni sono vere o false

1. La combinazione ottimale di fattori produttivi si realizza:
   - **a.** quando si riesce a produrre la massima quantità possibile indipendentemente dal costo sostenuto V F
   - **b.** quando si spende tutto il capitale nella combinazione di fattori tale da rendere uguali le produttività marginali ponderate V F
   - **c.** quando l'output realizzato è quello massimo possibile V F
   - **d.** quando non vi sono perdite nell'attività di impresa V F
   - **e.** al valore più elevato della capacità produttiva totale V F
2. Costituisce una innovazione *labour saving*:
   - **a.** quella che aumenta l'occupazione lavorativa V F
   - **b.** l'introduzione di un macchinario per l'esecuzione di azioni ripetitive V F
   - **c.** il telelavoro V F
   - **d.** la formazione professionale V F
   - **e.** la robotizzazione delle linee produttive V F

B. CACCIA ALL'ERRORE

Sottolinea gli errori e riscrivi le frasi corrette

1. Le innovazioni che consentono di ottenere un risparmio di lavoro vengono definite *capital saving*.

   ....

   ....

   ....

   ....

2. La produttività marginale ponderata è data dal rapporto tra la produttività marginale e il prezzo del prodotto.

   ....

   ....

   ....

   ....

3. Grazie al progresso tecnico l'imprenditore introduce varianti nel processo produttivo o nel bene prodotto realizzando un miglioramento della produttività.

   ....

   ....

   ....

4. La produttività marginale ponderata cresce in caso di aumento del prezzo del fattore produttivo.

   ....

   ....

   ....

C. COMPLETA LO SCHEMA

Inserisci i termini mancanti

D. COMPLETA LA TABELLA

Individua la combinazione ottimale dei fattori produttivi le cui produttività marginali ponderate sono indicate nella tabella

TAVOLA DELLE PRODUTTIVITÀ MARGINALI PONDERATE

M (materie prime)	L (lavoro)	K (capitale)
1000	800	600
500	600	200
100	300	100
50	100	10
10	5	0
0	0	

Domanda	Risposta
M	
L	
K	

Lezione **24**

I costi della produzione

1. La forbice costi-ricavi

L'imprenditore, per perseguire l'obiettivo del **massimo profitto**, può agire in due modi: ridurre le spese necessarie per la produzione (costi) o aumentare le entrate derivanti dalla vendita dei propri prodotti (ricavi). Quanto più la **forbice costi-ricavi** si divarica, tanto maggiore sarà il guadagno per l'impresa.

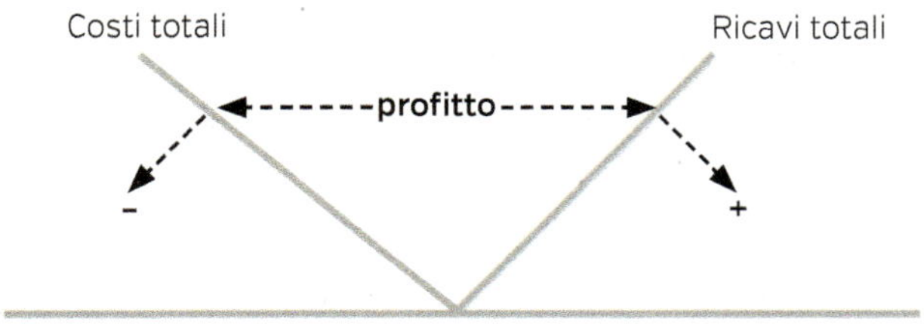

L'incremento dei ricavi dipende dal **prezzo** di vendita e dalla **quantità** venduta. Si tratta di variabili che solo in parte dipendono da decisioni imprenditoriali, in quanto più spesso sono stabilite dalle dinamiche di mercato.
L'imprenditore può cercare di prevedere le preferenze dei consumatori o di indirizzarne le scelte verso i propri prodotti. È questo il compito del **marketing**, l'attività diretta a stabilire che cosa produrre in futuro, quali caratteristiche deve avere il prodotto, i tempi e i modi della vendita. Attraverso tecniche sempre più sofisticate come ricerche di mercato, sondaggi, analisi di mercato, si studiano i **gusti** dei consumatori, si cerca di prevedere e suscitare nuove esigenze, si indaga sul grado di apprezzamento che potrebbe avere un nuovo prodotto.

La leva su cui l'imprenditore può agire con maggiore efficacia per accrescere la concorrenzialità della propria impresa e incrementare i propri guadagni è comunque quella che incide sui costi di produzione. Si tratta forse della prova più importante per l'imprenditore, sulla quale si misura la sua capacità di essere competitivo sul mercato.

2. I costi dell'impresa

I **costi di produzione**, nel linguaggio economico, sono i sacrifici che l'impresa deve sopportare per procurarsi i fattori produttivi.

Vi rientrano quindi i salari e gli stipendi pagati ai lavoratori, le rendite corrisposte ai proprietari dei terreni, gli interessi pagati alle banche finanziatrici, i prezzi dei beni intermedi (macchinari, attrezzature ecc.) e dei servizi (assicurazione, trasporto ecc.) offerti da altre imprese.

In senso economico, i costi di produzione non consistono necessariamente, come nel significato contabile, in un esborso monetario. L'economista, a differenza del contabile, considera tra i costi di produzione anche i cosiddetti costi opportunità sopportati ogniqualvolta l'impresa si avvale nella produzione di beni propri o di lavoro non retribuito per i quali non paga denaro.

esempio Prendiamo il caso di un imprenditore agricolo che coltivi un terreno di sua proprietà, per il quale non deve quindi pagare alcuna rendita. Si potrebbe pensare che l'utilizzo del terreno non debba essere considerato tra i costi di produzione. In effetti, da un punto di vista squisitamente contabile, è così, perché quel costo non verrà preso in considerazione dalla contabilità aziendale in quanto non comporta alcuna spesa monetaria. Ma da un punto di vista economico la valutazione è diversa. Infatti, un determinato impiego del fattore produttivo impedisce all'imprenditore un utilizzo alternativo dello stesso. L'imprenditore, anziché coltivarlo, potrebbe concedere il terreno in affitto, ricevendo in tal caso una rendita, poniamo di 10.000 euro l'anno. La mancata rendita può configurarsi quindi per l'imprenditore come il costo per l'uso del terreno. Allo stesso modo l'imprenditore che investe nell'impresa denaro proprio deve imputare tra i costi di produzione l'interesse che avrebbe ricavato se avesse impiegato i propri risparmi in altro modo, magari depositandoli presso un istituto di credito o acquistando titoli di Stato.

Questa nozione più ampia del costo di produzione nella letteratura economica prende il nome di **costo opportunità**: il costo dell'impiego di un fattore in un ciclo produttivo è dato dall'opportunità perduta per non averlo impiegato nel miglior modo alternativo. Il costo opportunità fa riferimento non tanto quindi a un'uscita di denaro dall'impresa, quanto a una mancata entrata. Esso può essere definito il **valore di ciò a cui si rinuncia** per utilizzare il fattore produttivo. In questo senso, allora, possiamo distinguere i fattori produttivi che l'imprenditore si procura da

terzi e per i quali il costo coincide con la somma di denaro pagata, dai fattori produttivi di proprietà dell'impresa, per i quali il costo, cosiddetto **figurativo**, è imputato facendo riferimento ai prezzi di mercato.
Nel costo economico di produzione viene anche fatto rientrare il compenso minimo riconosciuto all'imprenditore per lo svolgimento della sua attività, definito **profitto normale** per distinguerlo dal profitto vero e proprio (detto anche extraprofitto), che matura soltanto nel caso in cui i ricavi dell'impresa superino i costi di produzione. Quindi, quando parleremo di profitto ci si riferirà all'extraprofitto e non al profitto normale che, tecnicamente, rappresenta un costo economico.

Esiste un'altra importante nozione di costo che non può essere contabilizzata e che sfugge all'analisi dei bilanci aziendali ma non a quella degli economisti. Si tratta dei costi che l'attività di impresa provoca alla collettività e per i quali l'impresa non sarebbe chiamata a pagare una somma di denaro.

esempio L'impresa che utilizza prodotti chimici inquinanti danneggia l'ambiente e quindi procura danni a tutta la collettività, senza che per questo sia chiamata a pagare alcun prezzo. **e**

Queste conseguenze negative per la collettività (cosiddette **esternalità negative**) possono essere qualificate come veri e propri **costi sociali**.

Accade che a fronte di un vantaggio per l'impresa privata corrisponde un danno per la collettività che non viene fatto rientrare dall'imprenditore tra i costi di produzione.
Questo determina uno squilibrio che lo Stato cerca di sanare almeno in parte con interventi di vario genere: indennizzi alle famiglie danneggiate dall'inquinamento, una severa legislazione antinquinamento che impone alle imprese l'utilizzo di impianti di depurazione, un regime fiscale particolarmente oneroso per le imprese più inquinanti ecc.

3. I costi fissi

Acquisita la nozione di costo economico di produzione, vediamo adesso le principali categorie di costi, iniziando dalla fondamentale distinzione tra costi fissi e costi variabili.

I **costi fissi** (CF) sono quelli che non variano al variare della quantità prodotta.

esempio Sono tali i costi per l'assicurazione, i canoni di affitto, gli interessi pagati alle banche per i finanziamenti concessi, le quote di ammortamento dei macchinari ecc. I costi fissi devono essere sopportati anche se l'impresa non produce niente. Se i locali dell'impresa sono presi in affitto, l'impresa dovrà pagare ogni mese il canone al proprietario dell'immobile, anche se non produce, e nel periodo di chiusura per ferie. **e**

Una particolare attenzione va dedicata alle **quote di ammortamento**. Come abbiamo detto in precedenza, gli impianti, i macchinari, gli automezzi, e in genere tutti i fattori produttivi che vengono utilizzati più volte nel ciclo produttivo (cosiddetti fissi), sono soggetti a deterioramento, devono quindi essere sostituiti dopo un determinato periodo di tempo. Gli impianti e i macchinari invecchiano sia meccanicamente, a causa del prolungato utilizzo che ne determina il logoramento fino alla rottura delle varie parti, sia economicamente, in conseguenza dei progressi della tecnologia che li rende obsoleti, e quindi inadeguati agli standard produttivi del momento.

esempio Una tipografia non potrebbe più fare ricorso ai vecchi macchinari di una volta con i caratteri mobili in piombo capaci di stampare un numero limitato di copie con grande dispendio di manodopera e di manutenzione, ma, per soddisfare le esigenze della clientela e rimanere al passo con i tempi, dovrà sostituirli con i più moderni ed efficaci sistemi digitali di stampa. **e**

L'imprenditore deve pertanto prevedere il momento in cui sarà necessario acquistare nuovi impianti e accantonare, anno dopo anno, la somma di denaro che si renderà necessaria per tale evenienza. Questo è possibile mediante l'**ammortamento**, ossia l'accantonamento di quote annuali calcolate in modo piuttosto approssimativo, tenendo conto del tempo di invecchiamento presunto dell'impianto e del prezzo che dovrebbe avere quello futuro.

Siccome i costi fissi sussistono anche nell'ipotesi che l'impresa non produca niente e comunque rimangono insensibili al variare della quantità prodotta, la loro incidenza sul costo di ogni singola unità prodotta varia notevolmente con l'aumentare della produzione.

esempio Se i costi fissi di un'impresa che produce biciclette sono di 50.000 euro l'anno, e l'impresa in un anno produce una sola bicicletta, tutto il costo fisso dovrà essere sopportato da quell'unico pezzo che, per rispetto del criterio di economicità, dovrà essere venduto sul mercato a un prezzo non inferiore a 50.000 euro (tralasciando, per semplificare, la quota del costo variabile). Con l'aumentare della produzione, l'incidenza del costo fisso su ogni unità prodotta diminuisce notevolmente: con mille pezzi l'anno, per esempio, è di appena 50 euro per bicicletta!

Si capisce come dipenda dall'abilità dell'imprenditore saper dimensionare opportunamente gli impianti per sfruttarli al meglio delle loro potenzialità. Si tratta di un compito non semplice, perché occorre prevedere sia l'andamento della domanda, sia l'evolversi del mercato. Gli impianti, infatti, possono essere variati in un arco di tempo non breve e scelte sbagliate potrebbero avere conseguenze per la sopravvivenza dell'impresa, costretta a produrre con impianti sottodimensionati (rinunciando quindi a ricavi maggiori) o sovradimensionati (sopportando alti costi per ogni unità prodotta).

Per queste ragioni l'imprenditore è alla ricerca costante di soluzioni che consentano un'ampia flessibilità di impiego dei fattori produttivi, preferendo strutture che permettano all'impresa di adattare la propria configurazione con rapidità ed efficacia al mutare delle condizioni di mercato.

Una strategia molto praticata al riguardo è quella dell'**outsourcing**, che consiste nell'affidare un processo organizzativo a un fornitore esterno il quale ne assume completamente il governo, incluse le problematiche relative alla gestione, e diventa unico responsabile e proprietario degli investimenti e delle risorse necessari per fare funzionare il processo stesso nel tempo.
In tal modo l'impresa riduce i costi per lo sviluppo operativo, libera il capitale per nuovi investimenti, ottimizza la qualità di tutti i processi, abbatte i rischi e le responsabilità.

esempio Si pensi al diffuso fenomeno dei call center, imprese specializzate a cui altre imprese affidano il servizio di assistenza tecnica o commerciale alla propria clientela via telefono o via web. O ancora, alle lavanderie industriali, cui si rivolgono gli alberghi evitando così di acquistare costose apparecchiature per sopperire alle necessità dei periodi di alta stagione in cui l'attività è più intensa.

L'immutabilità dei costi fissi al variare della quantità prodotta ha tuttavia determinati limiti. Ogni impianto è in grado di sopportare fino a un certo livello di produzione, oltre il quale è necessario sostituirlo con un altro più adeguato.

esempio Supponiamo che un'impresa produttrice di gelato abbia preso a noleggio o a leasing, pagando un determinato canone annuale, un macchinario automatizzato per la confezione di cornetti alla panna, in grado di preparare fino a 1000 pezzi al giorno. Il canone dovrà essere pagato sia nel caso in cui l'impresa non produca niente, sia nel caso in cui raggiunga i massimi livelli produttivi consentiti. Tuttavia, se l'impresa, per aderire alla cresciuta domanda, volesse aumentare la produzione giornaliera di cornetti gelato oltre la soglia dei mille, dovrebbe procurarsi un macchinario più potente e più costoso.

Possiamo affermare dunque che i costi fissi non variano all'interno della capacità produttiva dell'impresa.

COSTI FISSI NEL BREVE PERIODO

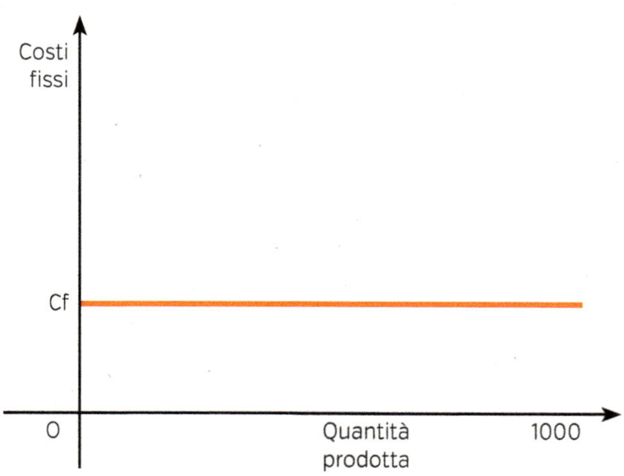

COSTI FISSI NEL LUNGO PERIODO

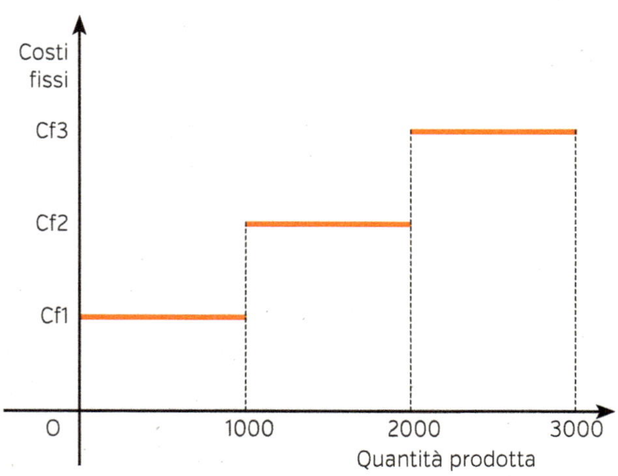

4. Costi variabili e costo totale

I **costi variabili** [CV] variano in funzione della quantità prodotta.

Sono variabili per esempio i costi per le materie prime e per l'energia.

esempio I costi che deve sopportare l'impresa produttrice di gelati per i coni, lo zucchero, l'energia elettrica dipendono direttamente dalla quantità di gelati prodotti.

La natura variabile o fissa del costo della **manodopera** è fonte di perplessità. La questione attiene essenzialmente alla possibilità giuridica dell'impresa di assumere e licenziare liberamente i propri dipendenti in relazione alle reali necessità produttive del momento (cosiddetta flessibilità del lavoro). In Italia, nonostante le recenti riforme legislative (ultima quella denominata Jobs act), le imprese non hanno facilità di adeguare rapidamente l'organico in relazione al loro fabbisogno produttivo. Pertanto il costo della manodopera, soprattutto quello relativo alla retribuzione dei lavoratori subordinati, potrebbe essere considerato di tipo fisso. Infatti, anche in presenza di cali di produzione, l'impresa dovrebbe continuare a corrispondere regolarmente i salari ai propri dipendenti. Diversamente, il costo di alcuni tipi di rapporti di lavoro, come quello straordinario, a tempo determinato e le collaborazioni coordinate e continuative, stante la loro maggiore correlazione con i livelli di produzione, rientrerebbero tra i costi variabili.
Dubbi di inquadramento sussistono anche per taluni costi tradizionalmente considerati come variabili. Ci riferiamo per esempio ai **costi delle utenze** per elettricità, gas, acqua, telefono ecc. Infatti, se è vero che la principale componente di tali costi è correlata ai volumi di produzione, è altrettanto vero che alcune voci delle bollette (per esempio il cosiddetto canone fisso) debbono essere pagate indipendentemente dal consumo.

Osserviamo tuttavia che le spese per l'acquisto di questi fattori produttivi non aumentano in modo uniforme. Quando la produzione è pari a zero, essi sono nulli. Nella fase iniziale della produzione aumentano piuttosto lentamente, con incrementi meno che proporzionali, quindi sempre più rapidamente, sino al punto di subire incrementi elevatissimi anche al minimo aumento produttivo. Per comprendere questo fenomeno occorre richiamare la **legge della produttività marginale decrescente**. Come ricorderemo, la produttività dei fattori variabili era inizialmente crescente, quindi, da una certa quantità in poi, decrescente, fino addirittura ad arrivare al risultato paradossale per cui un'ulteriore aggiunta di fattore determinava una riduzione della produzione. Ora, siccome i fattori variabili comportano un costo, variabile appunto, evidentemente quest'ultimo risentirà dell'andamento della loro produttività. Pertanto, inizialmente, quando la produttività è alta, il costo diminuirà, a partire dal punto in cui il costo è più basso (coincidente con quello di maggiore produttività) comincerà a crescere.

La somma dei costi fissi [CF] e dei costi variabili [CV] forma il **costo totale** [CT], che può dunque definirsi come l'insieme delle spese sostenute dall'imprenditore per realizzare l'intera produzione:
CT = CF + CV

I COSTI VARIABILI

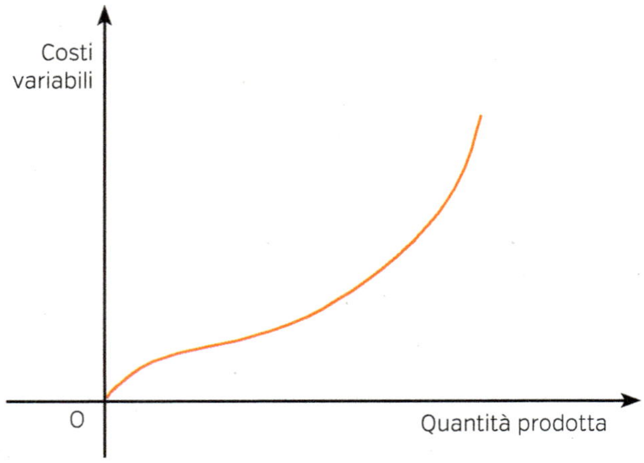

IL COSTO TOTALE

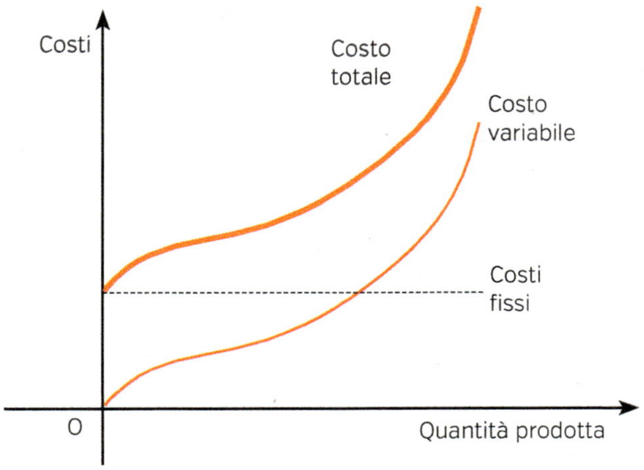

A. VERO/FALSO

Indica se le seguenti affermazioni sono vere o false

1. I costi di produzione comprendono:
   - **a.** le retribuzioni dei lavoratori V F
   - **b.** i costi sociali V F
   - **c.** gli interessi bancari passivi V F
   - **d.** l'extraprofitto V F
   - **e.** i servizi di altre imprese V F
2. Rientrano tra i costi contabili di produzione:
   - **a.** i costi sociali V F
   - **b.** il profitto normale V F
   - **c.** l'extraprofitto V F
   - **d.** le quote di ammortamento V F
   - **e.** le retribuzioni dei lavoratori V F

B. CACCIA ALL'ERRORE

Sottolinea gli errori e riscrivi le frasi corrette

1. Il costo totale è dato dalla somma dei costi fissi e dei costi opportunità.
2. Per adeguare i costi di produzione alle effettive esigenze produttive l'imprenditore ricorre alla pratica del surfing.
3. Le quote di ammortamento appartengono alla categoria dei costi variabili; esse variano al mutare degli impianti cui si riferiscono.

   ....

4. Nel linguaggio economico il profitto normale rientra tra i costi contabili di impresa.

   ....

C. COMPLETA I GRAFICI

Sulla base delle caratteristiche dell'andamento dei costi indicate nel testo, completa i grafici indicando quali tipi di costi di impresa sono rappresentati

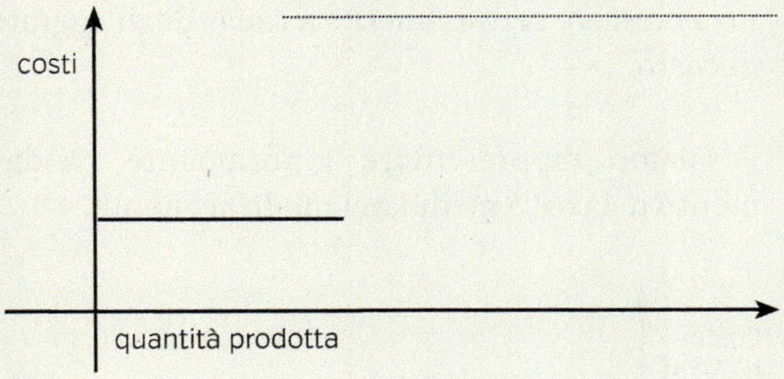

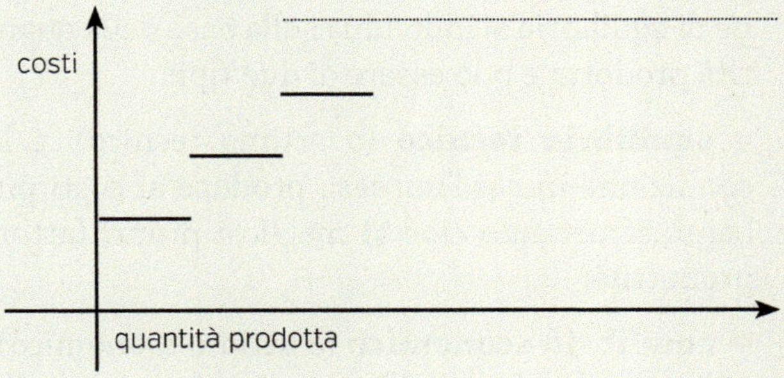

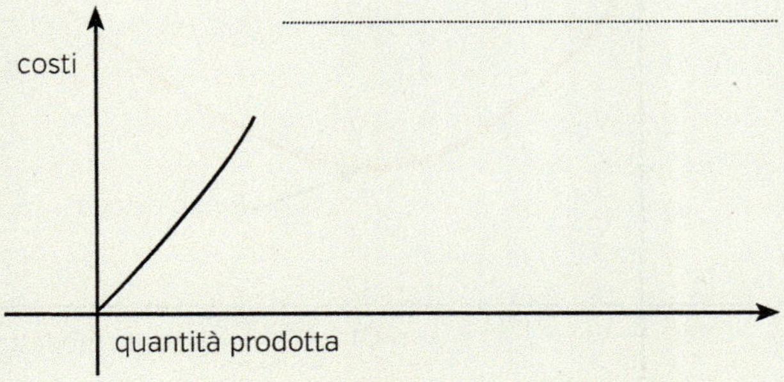

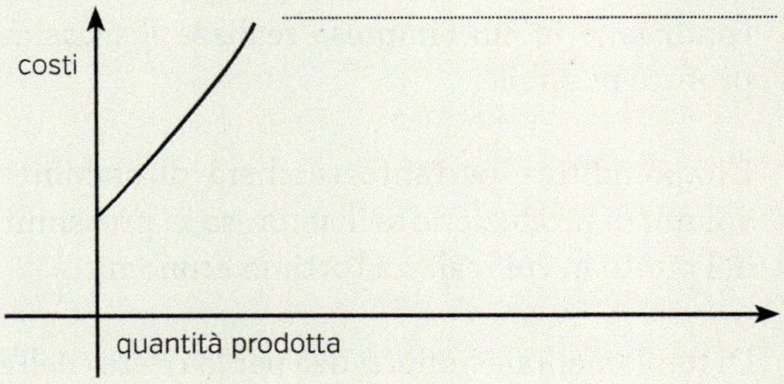

D. IL CASO

Leggi il caso e rispondi alle domande

L'imprenditore Mario lavora gratuitamente nell'impresa per circa 50 ore settimanali (costo opportunità 50.000 euro) e, nei fine settimana, viene aiutato gratuitamente dalla moglie e dal figlio, per complessive 10 ore settimanali (costo opportunità, 6000 euro). Il terreno dove si svolge l'attività è di proprietà dell'impresa (costo opportunità 10.000 euro). Inoltre Mario, per pagare le attrezzature, ha sborsato di tasca propria 20.000 euro (costo opportunità 200 euro). Il ragioniere che tiene la contabilità dell'impresa, presenta il bilancio di fine anno in cui vengono riportatI i ricavi per le vendite (120.000 euro), i costi contabili (per esempio, per materiali, mano d'opera, costi di esercizio, costi globali ecc. per circa 85.000 euro) e l'utile netto che residua detraendo le imposte e altri oneri (per euro 5000). Il contabile è soddisfatto di questa situazione, e fa i suoi complimenti a Mario, il quale, tuttavia, utilizzando il metro economico, sa di non potersi rallegrare della situazione che gli è stata prospettata.

1. A quanto ammonta l'utile netto contabile?
2. Di quali valori occorrerà tener conto nella valutazione del costo economico?
3. A quanto ammonta il costo economico?
4. Qual è il risultato economico della gestione?

Lezione **25** L'equilibrio costi-ricavi

L'equilibrio dell'impresa

1. L'equilibrio tecnico ed economico

Una volta compresa la nozione di costo totale, nella sua composita combinazione di costi fissi e variabili, possiamo adesso cercare di comprendere il concetto di **equilibrio dell'impresa** inteso come la condizione ottimale dalla quale all'impresa non conviene discostarsi. Questa condizione di equilibrio si individua sulla base della quantità prodotta e può essere di due tipi:

- **equilibrio tecnico** (o ottimo tecnico): è la condizione in cui l'impresa produce ai costi più bassi, sfruttando cioè al meglio i propri fattori produttivi;
- **equilibrio economico** (o ottimo economico): è il vero obiettivo dell'impresa e consiste nella condizione in cui l'impresa realizza il massimo profitto possibile.

L'imprenditore pertanto cercherà di stabilire i volumi di produzione dell' impresa in prossimità del punto in cui realizza l'ottimo economico.

Di fondamentale importanza per la ricerca dell'equilibrio di impresa è lo studio del **costo medio** e del **costo marginale**.

2. Il costo unitario medio

Il **costo unitario medio** o costo medio (CUM) è dato dal rapporto tra il costo totale e la quantità prodotta:
CUM = CT/Q

esempio Un'impresa che produce 10.000 biciclette l'anno con il costo totale di 1.000.000 di euro ha un costo medio per bicicletta pari a 100 euro (1.000.000/10.000). In questo costo una parte è dovuta ai costi variabili e una parte dipende dai costi fissi.

Il costo medio varia al variare della quantità prodotta. Tali variazioni sono influenzate sia dalla componente dei costi fissi, sia da quella dei costi variabili. Inizialmente diminuisce decisamente, per effetto della ripartizione dei costi fissi su un maggior numero di prodotti e dell'effetto positivo della legge della produttività marginale; quindi, a partire dal livello produttivo in cui le produttività marginali iniziano a essere decrescenti, le diminuzioni si fanno più modeste, fino a un punto minimo in corrispondenza del quale il costo medio comincia a crescere. Tale punto minimo del costo medio è definito punto di fuga.
L'inversione di andamento si spiega con il fatto che le diminuzioni sul costo per unità di prodotto dovute alla ripartizione dei costi fissi non bastano più a compensare gli aumenti dei costi variabili che, come sappiamo, raggiunto un certo livello di sfruttamento degli impianti, cominciano a crescere sensibilmente a causa degli aggravi di costo.

Possiamo rappresentare graficamente l'andamento del costo medio nel modo seguente.

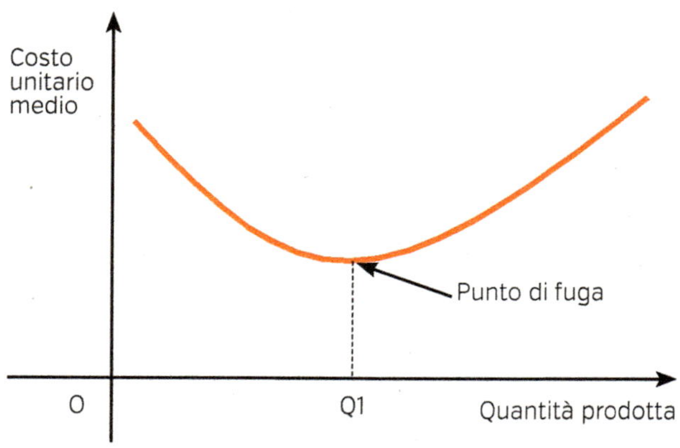

Quindi possiamo dire che l'andamento a U del costo medio è conseguenza delle sue due componenti, quella del costo fisso, che fa diminuire il costo medio all'aumentare della produzione e quella del costo variabile, che inizialmente contribuisce a far diminuire il costo medio ma che poi, a partire da una certa produzione, quando l'effetto di ribasso dei costi fissi si è affievolito, determina il suo aumento.

Se l'impresa produce la quantità OQ1 il costo di produzione sarà il più basso possibile. È questa la condizione di equilibrio tecnico. Tuttavia all'imprenditore non interessa tanto avere il costo di produzione più basso, quanto realizzare il guadagno più elevato possibile. Per individuare questo punto che abbiamo definito di ottimo economico, dobbiamo introdurre ed esaminare un altro tipo di costo: il costo marginale.

3. Il costo marginale

Il **costo marginale** (CMg) corrisponde alla variazione del costo totale che deriva dalla produzione di una unità aggiuntiva di prodotto:
CMg = CT – CT (n – 1)

esempio Se l'impresa che produce 10.000 biciclette l'anno con il costo totale di 1.000.000 di euro, producesse un'altra bicicletta e il costo totale passasse a 10.102 euro, il costo marginale, imputabile all'ultima bicicletta prodotta, sarebbe pari a 102 euro (10.102-10.000).

Anche il costo marginale segue l'aumentare della produzione con andamento prima **decrescente** e poi **crescente**, ma l'intensità delle variazioni è decisamente più repentina.
Infatti nel costo marginale la componente dei costi fissi non esercita alcuna influenza: le variazioni dipendono esclusivamente dai costi variabili.

Proponiamo di seguito un esempio numerico (semplificato per la necessità di non considerare variazioni infinitesimali di produzione) e la relativa rappresentazione grafica da cui emerge la caratteristica configurazione a "U" delle curve dei costi.

ANDAMENTO DEI COSTI (IN EURO)

Q	Costi fissi (CF)	Costi variabili (CV)	Costo totale (CT) CF + CV	Costo medio (CM) CT/Q	Costo marginale (CMg)
0	100	0	100	0	0
1	100	20	120	120	20
2	100	30	130	65	10
3	100	37,5	137,5	45,8	7,5
4	100	42,5	142,5	35,6	5
5	100	50	150	30	7,5
6	100	80	180	30	30
7	100	125	225	32	45
8	100	200	300	37,5	75

Si può notare che a produzione zero sia il costo medio sia quello marginale sono nulli. Quindi, fino alla quantità 4, i due costi diminuiscono entrambi ma, a partire dalla quantità 5, il costo marginale comincia a crescere mentre il medio continua la sua discesa. Alla quantità 6 il costo medio ha il suo valore minimo e coincide con il valore del costo marginale: è il cosiddetto **punto di fuga**. Superato questo punto, entrambi i costi aumentano, seppure con intensità diverse.

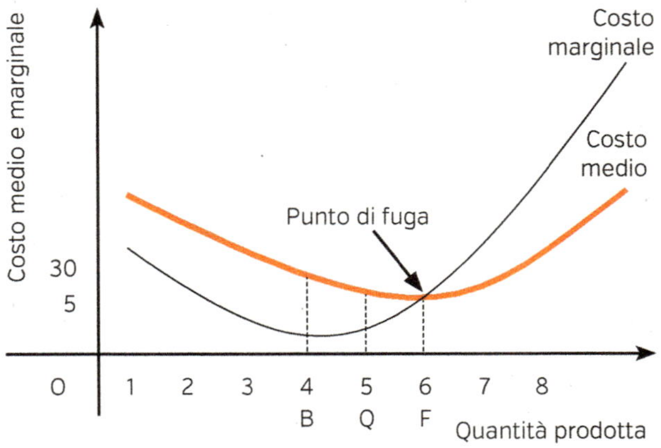

Per l'imprenditore l'analisi dei costi è di fondamentale importanza se vuole ridurre il rischio di impresa. Intuitivamente potremmo dire che egli avrà convenienza a spingere la produzione fino al punto di fuga dove il valore del costo medio è minimo. Così facendo, infatti, sfrutterà i propri impianti al costo più basso (cosiddetto **ottimo tecnico**), ma dovendo conseguire anche i massimi profitti, potremmo dire allora che fino a quando l'imprenditore ricaverà da una unità di prodotto venduto (cosiddetto **ricavo marginale**) più del costo marginale di quell'unità, avrà convenienza a produrre e vendere il prodotto.

esempio Utilizzando l'esempio numerico riportato nel paragrafo 3 della lezione precedente, possiamo constatare che, qualora il prezzo di vendita del bene prodotto sia pari a 75, l'impresa avrebbe convenienza a offrire fino alla quantità 8 e non a fermarsi alla quantità 6, in cui i costi sono più bassi. Se si fermasse alla condizione di ottimo tecnico, essa perderebbe infatti i profitti conseguibili alla quantità 7 in cui il ricavo marginale è ancora superiore al costo marginale; alla quantità 8 il ricavo marginale è uguale al costo marginale e quindi il profitto è nullo. Oltre questa quantità, l'aumento del costo marginale comporta perdite per l'impresa.

L'individuazione del punto di **equilibrio economico** dipende quindi dall'andamento dei ricavi dell'impresa e in particolare del ricavo marginale. Questi tuttavia variano in relazione alla forma di mercato in cui l'impresa opera.

Possiamo però constatare che più alto sarà il prezzo, e quindi il ricavo per unità venduta, maggiore sarà la quantità che l'impresa è disposta a offrire. Possiamo dare quindi la seguente definizione al concetto di legge dell'offerta.

La **legge dell'offerta** prevede che la quantità offerta sia in funzione diretta del prezzo di vendita: essa aumenta all'aumentare del prezzo e viceversa.

Rappresentiamo la curva dell'offerta nel grafico seguente. Come si noterà la curva ha lo stesso andamento di quella del costo marginale a partire dal punto di fuga in poi, con la quale finisce per coincidere. Infatti, ogni aumento del prezzo del bene sul mercato comporta un corrispondente aumento della quantità che l'impresa è disposta a offrire, fino al punto in cui il costo marginale eguaglia il nuovo prezzo. Qualora i prezzi fossero più bassi del costo medio minimo (punto di fuga), l'impresa dovrebbe uscire dal mercato perché produrrebbe in perdita, in quanto il ricavato della vendita di ciascun prodotto sarebbe sempre inferiore al costo per produrlo. Nel grafico che segue simuliamo la variazione del prezzo in aumento da P a P1 cui corrisponde un aumento dell'offerta da Q a Q1.

LA CURVA DELL'OFFERTA

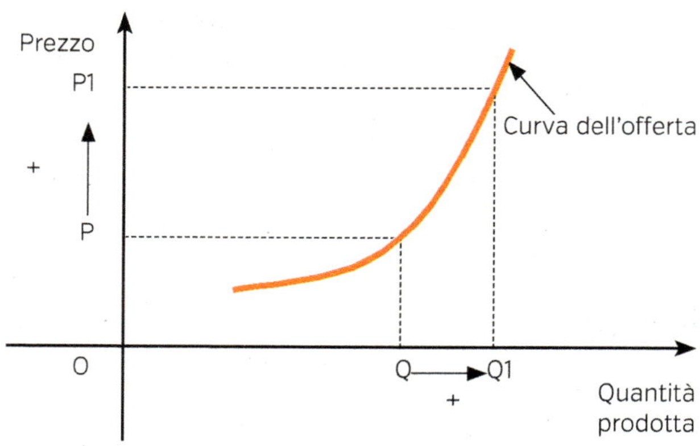

A differenza dell'offerta individuale, che si riferisce alla quantità di bene o servizio che l'impresa è disposta a offrire a un determinato prezzo, l'**offerta aggregata** è la quantità complessiva di prodotti (beni e servizi) che le imprese sono disposte a offrire sul mercato in corrispondenza di diversi livelli di prezzo.
L'offerta aggregata corrisponde praticamente alla somma delle offerte individuali e la sua rappresentazione grafica può dirsi sostanzialmente identica a quella della offerta individuale sopra esposta.

4. L'equilibrio costi-ricavi

L'imprenditore deve evitare che i ricavi ottenuti dalla vendita siano inferiori ai costi sostenuti per realizzarla. Quando i ricavi eguagliano i costi si ha un punto di pareggio che si configura come uno sbarramento tecnico per l'imprenditore, un minimo oltre il quale egli non può scendere. Possiamo rappresentare questa situazione nel grafico seguente in cui vengono riportate le curve del costo totale e la semiretta del ricavo totale passante per l'origine.

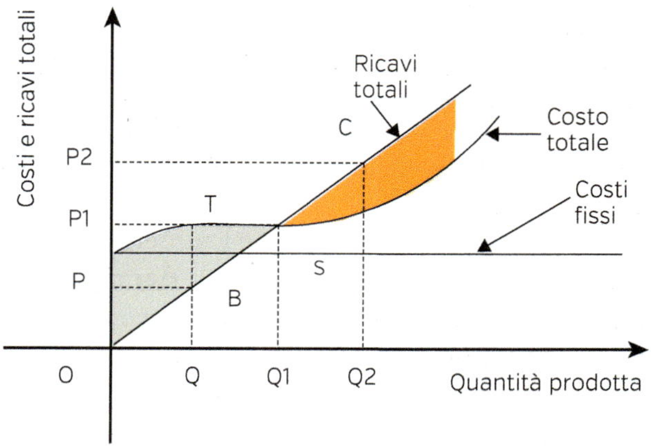

Se l'impresa producesse la quantità OQ, otterrebbe un ricavo pari a OP, ma costi maggiori (QT). Se producesse la quantità OQ1, in corrispondenza della quale costi e ricavi sono uguali (cosiddetto **break-even point** o punto di pareggio), non avrebbe perdite ma neppure nessun profitto. Se producesse invece quantità superiori, per esempio OQ2, i ricavi supererebbero i costi, generando così un profitto.

Il punto di pareggio è un dato particolarmente significativo, soprattutto come dato previsionale per le imprese di nuova costituzione che hanno bisogno di ottenere finanziamenti che in genere derivano dalle banche. Saranno le banche a valutare il punto di pareggio presentato al fine di accertare la probabilità per l'impresa di affermarsi sul mercato e di realizzare una redditività sufficiente a garantire la restituzione del prestito e il pagamento degli interessi.

esempio Se dai dati forniti dalla gelateria che ha richiesto un prestito per aprire l'attività in un paese di 500 abitanti, risultasse che il punto di pareggio si raggiunge con la vendita di 1000 gelati al giorno, sicuramente la banca non concederebbe il prestito.

A. VERO/FALSO

Indica se le seguenti affermazioni sono vere o false

1. Le curve del costo marginale e del costo medio:
   a. non si incontrano mai Ⓥ Ⓕ
   b. hanno un tipico andamento a "s" Ⓥ Ⓕ
   c. sono in un primo momento decrescenti poi crescenti Ⓥ Ⓕ
   d. si incontrano nel punto di fuga Ⓥ Ⓕ
   e. sono in un primo momento crescenti poi decrescenti Ⓥ Ⓕ
2. Il punto di pareggio:
   a. si ha quando i costi di produzione sono uguali ai ricavi Ⓥ Ⓕ
   b. si ha quando il costo marginale è uguale al prezzo Ⓥ Ⓕ
   c. è anche detto punto di fuga Ⓥ Ⓕ
   d. è anche detto *break-even point* Ⓥ Ⓕ
   e. è impossibile da raggiungere Ⓥ Ⓕ

B. CACCIA ALL'ERRORE

Sottolinea gli errori e riscrivi le frasi corrette

1. Il punto di pareggio si ha quando il costo marginale è uguale al ricavo totale.
   ....
   ....
   ....
   ....
2. Il punto di fuga segna il livello produttivo in cui il costo unitario marginale è più basso.
   ....
   ....
   ....
   ....
3. L'ottimo tecnico è la condizione in cui si trova l'impresa che sfrutta i fattori produttivi nel modo più efficace possibile.
   ....
   ....
   ....
   ....
4. Secondo la legge dell'offerta la quantità del bene o servizio che l'impresa è disposta a offrire varia in modo proporzionale diretto rispetto al profitto di vendita del bene o servizio stesso.
   ....
   ....
   ....
   ....
   ....

C. COMPLETA Il GRAFICO

Inserisci i termini appropriati, scegliendoli tra quelli proposti

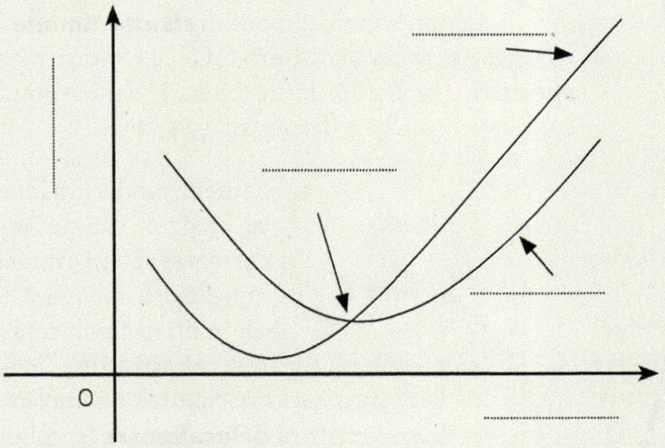

costo medio, profitto, produttività ponderata, costi, isoquanto di produzione, punto di fuga, costo marginale, punto di pareggio, ricavi, quantità prodotta

D. APPLICA LE CONOSCENZE

Completa la tabella con i valori appropriati del costo medio e del costo marginale escludendo i decimali; rispondi quindi alle domande

Quantità prodotta	Costo totale	Costo medio	Costo marginale
0	1.000		
1	1.010		
2	1.020		
3	1.030		
4	1.045		
5	1.062		
6	1.080		
7	1.100		
8	1.140		
9	1.260		
10	1.400		
11	1.560		

1. Confronta l'andamento dei costi medio e marginale. A quale quantità l'andamento dei due costi diverge?
   ....
2. A quale quantità si ha il punto di fuga?
   ....
3. Come si spiega la crescita del costo medio?
   ....
   ....

La sintesi

Lettura ad alta accessibilità

M3 in breve

1. La **produzione** è l'attività economica diretta alla trasformazione di beni ed energie (fattori produttivi, o input) in beni o servizi destinati a soddisfare bisogni (output); a essa si dedica un'organizzazione di persone e di cose detta **impresa**. L'**imprenditore** organizza i fattori produttivi e dirige la produzione a proprio **rischio**, perseguendo la massima efficienza.

L'imprenditore dispone di **risorse umane** (lavoratori) ed **economiche e finanziarie** (risorse monetarie), reperite attraverso diversi canali. Le risorse monetarie vengono utilizzate per acquisire i **fattori produttivi specifici**: il capitale reale (macchinari, materie prime ecc.) e il lavoro. L'output produttivo è destinato allo scambio sul mercato, mediato dal prezzo di vendita.

2. L'attività produttiva interagisce con un insieme di elementi di varia natura, l'**ambiente**. I soggetti con cui l'impresa entra direttamente in rapporto (lavoratori, clienti, banche, enti pubblici, l'intera collettività) sono portatori di interessi (**stakeholder**) legati a quello dell'impresa. Negli ultimi tempi è poi cresciuta la sensibilità dell'impresa nei confronti dell'ambiente naturale e dei diritti umani (**responsabilità sociale**). L'impresa ha bisogno di infrastrutture, requisiti climatici e territoriali; ma altrettanto importanti sono le dinamiche socio-culturali e l'ambiente politico-istituzionale. In quest'ottica, sempre più imprese hanno scelto di **delocalizzare** (spostare la produzione) verso paesi che offrono vantaggi fiscali e un costo del lavoro contenuto.

3. I **fattori produttivi** sono la **terra**, il **lavoro** e il **capitale**, ai quali si aggiunge l'**imprenditorialità**, cioè la capacità organizzativa dell'imprenditore. In base al modo di utilizzo si distinguono fattori produttivi fissi, utilizzati più volte nel ciclo produttivo (impianti, attrezzature), e variabili, impiegati una sola volta (per esempio materie prime). In rapporto ai fattori produttivi (**funzione della produzione**), la produzione cresce in tre modi: a) in misura proporzionale al loro aumentare (rapporto di scala **costante**); b) in misura meno che proporzionale (rapporto di scala **decrescente**); c) in misura più che proporzionale (rapporto di scala **crescente**).

Si parla di produttività **totale** (per quantità di fattore impiegato), **marginale** (variazione per unità di fattore) e **media** (rapporto prodotto totale/fattori). L'incremento della produzione è però frenato da ineludibili aggravi di costo (legge dei **rendimenti decrescenti**).

4. Nel decidere come produrre, l'imprenditore si serve del calcolo della **produttività marginale ponderata**, che tiene conto del prezzo dei fattori produttivi. L'**innovazione** del processo produttivo incrementa la produttività dei fattori produttivi e, di conseguenza, la produzione totale; va però valutata in rapporto al sistema economico, alla struttura dell'azienda e alla risposta del fattore lavoro.

5. In vista del **massimo profitto**, l'imprenditore cercherà di ridurre le spese (costi) e di aumentare le entrate (ricavi): quanto più i due valori divergono (**forbice costi-ricavi**), tanto maggiore sarà il guadagno per l'impresa. L'incremento dei ricavi dipende dal prezzo di vendita e dalla quantità venduta; occorrono operazioni di **marketing** che indirizzino le preferenze e le scelte dei consumatori. Ogni impresa ha costi fissi, che non variano, e costi variabili, che invece variano in funzione della quantità prodotta. Di questi secondi è importante sorvegliare l'aumento, che accelera con il crescere della produzione, a causa della **produttività marginale decrescente**.

6. L'**equilibrio** (o ottimo) è la condizione dalla quale non conviene discostarsi. Si distinguono un equilibrio **tecnico**, legato al livello minimo dei costi, e un equilibrio **economico**, che assicura il massimo profitto. Per determinarli si analizza l'andamento del **costo unitario medio** (rapporto tra il costo totale e la quantità prodotta) e quello del **costo marginale** (costo della produzione di una nuova unità di prodotto). Il costo marginale comincia a crescere prima del medio finché i due valori coincidono e anche il costo medio comincia a crescere (**punto di fuga**): qui si colloca l'ottimo tecnico. Ma il **ricavo marginale** (ricavo della produzione di una nuova unità di prodotto) resta più alto del costo marginale anche al di là del punto di fuga, finché anche questi due valori coincidono: qui si tocca l'ottimo economico. Importante per valutare la capacità di un'impresa di affermarsi sul mercato è il punto in cui costi e ricavi **totali** si equivalgono (**break-even point**).

La mappa

Mappa personalizzabile

Per prepararti alla verifica orale, ripassa ad alta voce aiutandoti con la mappa e inserisci i numeri nelle caselle man mano che tratti gli argomenti

- Impresa
  - Imprenditore
    - Le scelte
      - Organizzazione e gestione
    - La responsabilità sociale
      - Gli stakeholder
      - Ambiente e impresa
        - La delocalizzazione produttiva
  - La produzione
    - La funzione della produzione
      - I rapporti di scala
      - La produttività dei fattori produttivi
        - Media
        - Marginale
          - Ponderata
          - Legge dei rendimenti decrescenti
          - (Ponderata + Legge dei rendimenti decrescenti →) La scelta della combinazione ottimale di fattori produttivi
      - I costi
        - Economici e contabili
        - Fissi o variabili
        - Medio e marginale
          - Equilibrio tecnico
          - L'offerta
          - Equilibrio economico
        - Il punto di pareggio

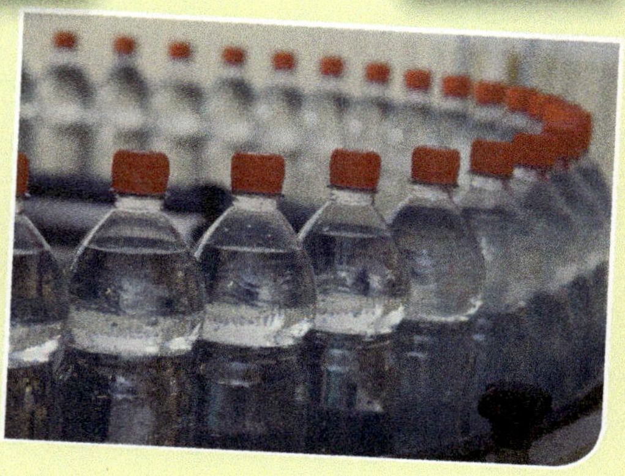

Verifica di fine modulo 3

Verifica in autovalutazione

A. VERO/FALSO

Indica se le seguenti affermazioni sono vere o false

1. L'imprenditore è il proprietario dei mezzi di produzione. V F
2. La cosiddetta responsabilità sociale di impresa riguarda necessariamente ogni impresa che viola disposizioni di legge. V F
3. Si ha economia di scala quando il costo medio per ogni unità prodotta diminuisce all'aumentare della produzione. V F
4. L'ottimo tecnico della produzione corrisponde all'ottimo economico. V F
5. L'impresa che svolge l'attività in un immobile di sua proprietà, sopporta per l'uso di quell'immobile un costo contabile. V F

B. SCELTA MULTIPLA

Indica la risposta corretta

1. Il distretto industriale:
   - **a.** ◯ consente all'impresa di delocalizzare
   - **b.** ◯ comporta la frammentazione delle imprese di un determinato settore produttivo sul territorio nazionale
   - **c.** ◯ ottimizza l'attività produttiva grazie alle sinergie che si determinano tra le imprese di un determinato settore su un territorio circoscritto
   - **d.** ◯ comprende imprese di Stati diversi
2. L'outsourcing:
   - **a.** ◯ consente all'impresa una maggiore flessibilità dei costi di produzione
   - **b.** ◯ è l'attività svolta dall'impresa per stabilire la produzione futura percependo le tendenze del mercato
   - **c.** ◯ rappresenta un costo opportunità
   - **d.** ◯ è una innovazione tecnologica
3. L'impresa di Mario con nove operai produce 500 ombrelli al giorno. Con l'assunzione di un nuovo operaio la produzione è passata a 560 ombrelli, di conseguenza la produttività marginale del lavoro è pari a:
   - **a.** ◯ 560
   - **b.** ◯ 56
   - **c.** ◯ 60
   - **d.** ◯ 50
4. I costi variabili:
   - **a.** ◯ aumentano al variare della produzione in modo esattamente e direttamente proporzionale
   - **b.** ◯ aumentano all'aumentare della produzione con intensità diversa a seconda dell'incidenza degli aggravi di costo
   - **c.** ◯ variano al variare dei fattori produttivi fissi
   - **d.** ◯ a produzione 0 sono coincidenti con i costi fissi
5. All'aumentare del prezzo del bene, l'impresa:
   - **a.** ◯ aumenterà l'offerta
   - **b.** ◯ diminuirà l'offerta
   - **c.** ◯ aumenterà il costo medio
   - **d.** ◯ aumenterà il costo marginale

C. LESSICO

Individua a quali concetti si riferiscono le definizioni che seguono

1. Documento prodotto al fine di rendicontare periodicamente l'attività dell'impresa nei riguardi dei vari *stakeholder*.
2. Spostamento della produzione in luoghi diversi da quelli di origine per sfruttare i vantaggi dei minori costi di produzione, delle agevolazioni fiscali e della assenza di normative a protezione dell'ambiente.
3. Rapporto tra fattori produttivi e produzione tale che all'incremento dei primi corrisponde un aumento meno che proporzionale della seconda.
4. Rapporto tra costo totale e quantità prodotta.
5. Costi che variano in funzione della quantità prodotta.

D. DOMANDE APERTE

Rispondi alle seguenti domande

1. Distingui i concetti di imprenditore, capitalista, impresa, produzione.
2. Rifletti sulla responsabilità sociale dell'imprenditore.
3. Che cosa afferma la teoria degli *stakeholder*?
4. Fornita la spiegazione della funzione di produzione, esponi i differenti rapporti di scala.
5. Esponi, anche avvalendoti di esempi, la legge dei rendimenti decrescenti.
6. Chiarisci il ruolo svolto dal progresso tecnologico nell'evoluzione della produttività dei fattori produttivi.
7. Distingui costi fissi e costi variabili, fornendone la rappresentazione grafica.
8. Distingui il costo di produzione economico da quello contabile.
9. Confronta l'andamento della curva del costo marginale con quella del costo medio e valutane le differenze.
10. Distingui l'equilibrio economico dall'equilibrio tecnico.

Verifica delle competenze

A. COMPLETA LA TABELLA

Considerati i dati forniti, da ritenersi come completi e definitivi, calcola per ogni livello produttivo i costi variabili, i costi fissi, il costo totale, il costo medio e quello marginale, riportandoli sulla tabella.

Output di mais in tonnellate	Terreno n. ettari	Ore di lavoro	Salario per ora di lavoro in euro	Canone per affitto del terreno in euro per ettaro	Costo materie prime per tonnellata in euro
0	2	0	6	100	0
1	2	10	6	100	90
2	2	15	6	100	85
3	2	20	6	100	95
4	2	30	6	100	105

Produzione in tonnellate	Costi variabili	Costi fissi	Costo totale	Costo medio	Costo marginale
0					
1					
2					
3					
4					

B. RISPONDI ALLE DOMANDE

Esaminando i dati da te elaborati rispondi alle domande.

1. A livello produttivo zero quali costi sopporta l'impresa?

....

....

....

....

2. Qual è l'andamento del costo medio e da che cosa dipende ?

3. Qual è l'andamento del costo marginale e da che cosa dipende?

4. Considerato che i valori dell'esempio possono non essere precisi, indicativamente a quale quantità di produzione si ha il punto di fuga?

C. COSTRUISCI IL GRAFICO

Supponendo che l'impresa venda il prodotto al prezzo di 300 euro a tonnellata, determina il break-even point, costruendo il relativo grafico con i dati in tuo possesso.

D. RISPONDI ALLE DOMANDE

Analizzando il grafico disegnato rispondi alle seguenti domande.

1. Quale sarebbe la condizione dell'impresa prima del punto di pareggio?

2. E successivamente?

3. Contraddistingui l'area dei grafici che corrisponde alle due condizioni dell'impresa.

Le banche e la Borsa

m4 economia

Gli accordi di Basilea

Prerequisiti

- Conoscenza dei mercati della moneta
- Conoscenza della teoria generale del contratto e dell'obbligazione

Conoscenze

- Principali operazioni bancarie e contratti bancari
- Caratteristiche degli enti creditizi italiani
- Sistema bancario italiano
- Strumenti di politica monetaria
- Funzionamento della Borsa valori
- Strumenti finanziari trattati nella Borsa valori
- Principali operazioni di Borsa e le operazioni speculative
- Principali strumenti di gestione collettiva del risparmio

Abilità

- Distinguere le operazioni bancarie passive e attive
- Riconoscere le particolarità degli istituti di credito italiani rispetto alla previgente normativa
- Applicare, in situazioni simulate concrete, gli interessi bancari su operazioni attive e passive
- Confrontare e distinguere, cogliendone funzioni e peculiarità, i principali contratti bancari
- Valutare le ripercussioni sul sistema economico dei principali interventi di politica monetaria e creditizia delle autorità monetarie
- Distinguere il ruolo e le funzioni peculiari svolte dalla Borsa valori nei mercati della moneta e il modo di operare degli operatori di Borsa

Competenze

- Saper scegliere, in situazioni concrete simulate, il tipo di operazione bancaria e lo strumento contrattuale più opportuno
- Saper interpretare, dalla lettura dei dati di attualità, gli interventi di politica monetaria e creditizia e la portata di tali interventi
- Riuscire a verificare l'andamento di ipotetici investimenti finanziari attraverso la lettura delle pagine dei quotidiani
- Saper consigliare alle diverse tipologie di operatore lo strumento finanziario e l'operazione di Borsa più adatta

Lezione **26**

A che cosa servono le banche?

L'attività creditizia delle banche

1. Il credito e le banche

L'impresa ha costantemente l'esigenza di finanziarsi, cioè di reperire denaro per procurarsi i fattori produttivi di cui ha bisogno. Tale esigenza è sentita per la verità anche da altri soggetti, per esempio dalle stesse famiglie quando devono compiere acquisti superiori alle loro possibilità economiche.

esempio Quando le famiglie acquistano la casa spesso non dispongono di tutto il denaro sufficiente per pagare il prezzo. Devono allora farsi prestare la somma mancante. A tale scopo ricorrono alle banche, con le quali stipulano contratti di mutuo impegnandosi a restituire il prestito ricevuto in rate periodiche per lunghi periodi di tempo e riconoscendo alla banca un interesse. e

Nell'impresa l'attività di finanziamento è addirittura vitale e si presenta spesso come indispensabile per la nascita e la sopravvivenza dell'impresa.

esempio Nelle fasi iniziali, anzi, quando ancora l'attività produttiva non è iniziata e l'impresa ha cominciato a guadagnare, l'imprenditore ha necessità del denaro per acquistare le attrezzature, le materie prime, per retribuire i lavoratori ecc. e

A fronte di soggetti che sono privi del denaro sufficiente a soddisfare i bisogni, ce ne sono altri, i risparmiatori, che ne dispongono in quantità eccedente e che hanno addirittura il problema opposto di impiegare convenientemente questa eccedenza.
In posizione intermedia tra coloro che hanno bisogno di denaro e coloro che ne hanno in eccedenza si pongono le banche.

La principale attività esercitata dalle banche nel sistema economico è proprio quella di **intermediazione** nella circolazione del denaro, grazie alla quale si rende possibile il passaggio della moneta dai soggetti che ne dispongono in misura eccedente rispetto alle necessità ai soggetti che invece ne sono carenti. Questa attività della banca, detta attività creditizia, facendo circolare il denaro e rendendolo produttivo, svolge un ruolo importante nello sviluppo economico.

Per credito, nella sua accezione più ampia, si intende lo scambio tra una cosa (bene, servizio, denaro) presente e una cosa (bene, servizio, denaro) futura; è cioè uno scambio diviso dal tempo, in cui la prestazione e la controprestazione non sono simultanee. Le operazioni di credito possono concretizzarsi in una merce che viene venduta con pagamento dilazionato (scambio a credito di beni con moneta), oppure in una somma che viene data in prestito dietro promessa della restituzione in futuro di un'altra somma di denaro (scambio a credito di moneta con moneta). Il credito può quindi consistere in una **dilazione** di pagamento, concessa per favorire l'acquisto di beni (per esempio le vendite rateali di elettrodomestici, auto ecc.) o in un'**anticipazione** di una determinata somma di denaro in cambio di un compenso per l'operazione. Questo secondo tipo di credito, a cui ricorrono soprattutto le imprese per finanziare i propri investimenti produttivi e soddisfare le esigenze di liquidità, si è sviluppato tramite le banche, sebbene esistano anche intermediari non bancari, come le società di *leasing* e *factoring* cui le imprese si rivolgono.
La concessione di credito può avvenire anche attraverso intermediari diversi dalle banche, per esempio sui mercati finanziari, come la **Borsa valori** (⇒ *lezione 30*), a opera di intermediari qualificati.

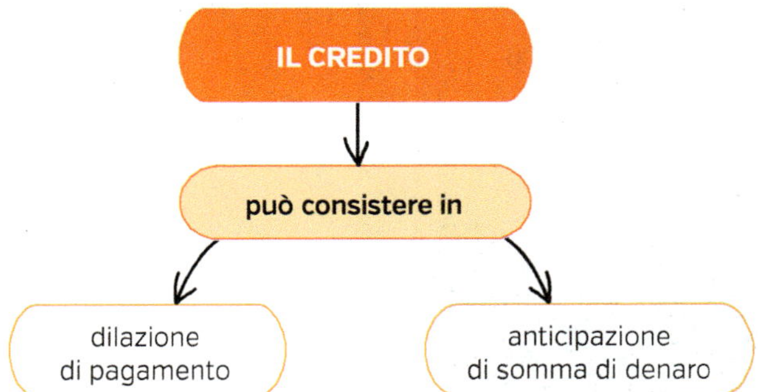

esempio Fabrizio, appena diplomato, decide di iniziare un'attività imprenditoriale nel settore dei trasporti, anche se non dispone del denaro necessario per acquistare le attrezzature. Si rivolge allora a una banca, alla quale chiede un prestito di 100.000 euro. La banca, nel prendere in considerazione la richiesta di Fabrizio, esamina innanzitutto le sue possibilità di restituire il denaro e pagare gli interessi. A tale scopo esamina il progetto imprenditoriale di Fabrizio per valutarne le probabilità di successo e si fa rilasciare adeguate garanzie per la restituzione del denaro (per esempio, un'ipoteca sulla sua casa). Valutate positivamente tutte le condizioni, la banca concede il prestito a Fabrizio in cambio di un interesse. Solo grazie a questo denaro egli può iniziare la propria attività: acquista a *leasing* il primo furgone, comincia a pagare i canoni di locazione del garage, si procura tutta l'attrezzatura necessaria per l'attività e per la tenuta della contabilità. Se le cose andranno come previsto, Fabrizio comincerà a guadagnare e potrà così restituire gradualmente il prestito alla banca e pagare i canoni di *leasing* e le rate della merce acquistata.

La tabella elenca i vari modi di classificare il credito.

CLASSIFICAZIONE DEL CREDITO

Criterio distintivo	Tipo di credito	Caratteristiche
Secondo la categoria economica cui appartiene il debitore	Alla produzione	Concesso alle imprese
	Al consumo	Concesso alle famiglie
Secondo le garanzie del creditore	Personale	Garantito dalla semplice promessa del debitore
	Reale	La garanzia è fondata su un diritto di pegno o di ipoteca su uno o più beni del debitore
Secondo la durata e il ramo di produzione a cui si rivolge	Commerciale	A breve termine, con cui le imprese commerciali e industriali si procurano capitale circolante
	Industriale	A medio e lungo termine, destinato alla costituzione di capitali fissi e a favorire la nascita di nuove imprese
	Agrario	A medio termine, che fornisce agli agricoltori il capitale necessario per la conduzione aziendale
	Fondiario	A lungo e lunghissimo termine, per il miglioramento della proprietà fondiaria
Secondo la presenza o meno di intermediari	Indiretto	Si attua con l'intervento di intermediari che possono essere bancari e non bancari
	Diretto	Si attua senza l'ausilio di intermediari

2. Il titolo di credito

Chi concede denaro in prestito deve attendere la scadenza pattuita per ottenere la restituzione della somma. Il creditore cioè si priva per un certo periodo di tempo della possibilità di disporre del denaro prestato. Del resto il diritto di credito di cui è titolare non è facilmente utilizzabile per poter soddisfare i bisogni che possono presentarsi, poiché per poterlo convertire in denaro il creditore dovrebbe trovare qualcuno che lo acquista, pagando un compenso (cosiddetta cessione del credito, di cui abbiamo parlato nella parte generale del corso). La difficoltà di liquidare prontamente il credito, cioè di trasformarlo di nuovo in denaro contante, rappresenta spesso un ostacolo per la concessione del prestito.

Per ovviare a questo inconveniente e quindi per facilitare il trasferimento del diritto del creditore, il credito viene spesso incorporato in un documento che lo rappresenta, il **titolo di credito**. L'incorporazione nel documento fa sì che il diritto di credito possa facilmente circolare trasferendo il documento stesso. Sono titoli di credito, per esempio, le cambiali, le obbligazioni delle società di capitali, i titoli di Stato, le azioni (sebbene con alcune particolarità), gli assegni bancari.

La trasferibilità dei titoli di credito come gli assegni permette di far circolare facilmente il diritto del creditore

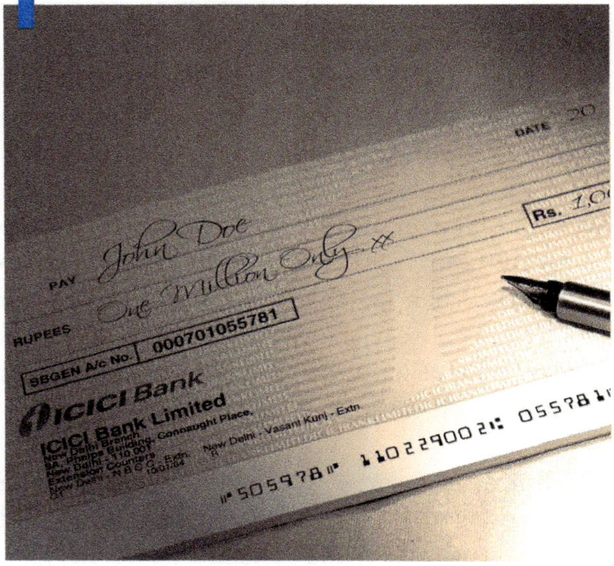

esempio Se concedo un finanziamento a una società, posso ricevere in cambio delle azioni o delle obbligazioni: il primo documento incorpora la mia posizione di socio e quindi il diritto di ricevere gli utili che la società delibererà di distribuire, mentre il secondo incorpora il diritto di credito alla restituzione della somma versata e agli interessi concordati. Ugualmente, i titoli di Stato rappresentano il credito del risparmiatore nei confronti dello Stato. I titoli ricevuti possono essere ceduti anche prima della scadenza del credito con relativa facilità, magari accedendo alla Borsa valori che altro non è che un mercato sottoposto a determinate regole in cui i titoli vengono scambiati. Allo stesso modo, la banca che riceve una somma in deposito dal risparmiatore può obbligarsi a restituirla mediante un apposito titolo, chiamato assegno (bancario o circolare). Quindi grazie al titolo il risparmiatore può disporre della somma prestata alla banca.

3. Le operazioni bancarie

Per svolgere la sua attività intermediatrice, la banca effettua due tipi di operazioni diverse, passive e attive.
Le **operazioni passive** sono dirette a raccogliere denaro dai risparmiatori, i quali se ne privano in cambio dell'impegno della banca di restituire il capitale e pagare gli interessi, detti in questo caso passivi. L'esempio tipico di operazione passiva è il deposito bancario.
Le **operazioni attive** hanno invece lo scopo di impiegare il capitale finanziario raccolto concedendo prestiti in cambio di un determinato compenso, detto interesse attivo.

Oggi l'attività delle banche non si limita alle operazioni tradizionali di raccolta del risparmio e di esercizio del credito, ma è quanto mai varia e diversificata. Si stanno diffondendo sempre più le **operazioni accessorie** e collaterali, come per esempio il servizio di locazione di cassette di sicurezza, il deposito titoli in custodia e amministrazione, il pagamento di bollette, servizi di incasso, deleghe di pagamento di imposte ecc.
Sempre più comune è anche il cosiddetto **home banking**, un particolare modo di erogazione dei servizi bancari grazie al quale il cliente può usufruire dei servizi offerti dalla banca da casa o dall'ufficio, utilizzando videoterminali o collegamenti diretti con i computer della banca stessa.

Ai fini di una corretta gestione della banca, le operazioni attive compiute devono essere tali da consentire la piena capacità di fronteggiare gli impegni assunti con le operazioni passive. In sostanza devono fare in modo di disporre di una sufficiente giacenza di denaro per rispondere alle richieste di restituzione che provengono dai risparmiatori loro clienti. Le banche devono quindi coordinare le diverse **operazioni di provvista** (passive) e di **impiego fondi** (attive) per essere sempre in sufficiente stato di liquidità.

La **liquidità** di una banca è la sua capacità di fare fronte tempestivamente ed economicamente agli impegni di pagamento che ha contratto.

4. Gli interessi

Le banche sono vere e proprie imprese che comprano e vendono denaro e altri mezzi di pagamento il cui prezzo è rappresentato dagli interessi.
In quanto imprese, le banche mirano a conseguire un **profitto**. Per fare questo gli interessi passivi (che rappresentano dei costi per la banca) dovranno essere inferiori a quelli attivi. Gli interessi sono espressi in termini percentuali rispetto al capitale raccolto o prestato e sono considerati su base annua.

esempio La signora Flavia, pensionata, deposita la propria pensione in banca in cambio di un interesse dell'1% annuo al netto delle imposte: ha cioè diritto a ricevere 10 euro all'anno per ogni 1000 depositati. L'artigiano Pietro si rivolge alla stessa banca ottenendo un prestito di 10.000 euro al tasso di interesse del 5% annuo: deve cioè pagare 50 euro all'anno per ogni 1000 ricevuti.

Le banche offrono sempre più servizi accessori, come la locazione di cassette di sicurezza nelle quali i clienti possono custodire per esempio oggetti preziosi

Il tasso di interesse praticato dalle banche dipende da vari fattori:

- la **durata** del prestito; tanto più a lungo il risparmiatore si priva del denaro, tanto maggiori devono essere gli interessi per il sacrificio che egli sopporta;
- il **rischio** dell'operazione finanziata; tanto più incerta è la solvibilità del debitore, cioè la sua capacità di restituire il prestito, tanto maggiore è l'interesse preteso dal creditore;
- il **grado di concorrenzialità** del mercato; in base alle leggi di mercato il tasso di interesse risente dell'aumento o della diminuzione dell'offerta e della domanda di credito;
- il **tasso ufficiale** stabilito dalle autorità monetarie; a condizionare i tassi delle banche sono anche le autorità monetarie, come la Banca centrale europea, che tra le sue attività ha anche quella di finanziare le banche.

Le banche, oltre che ai risparmiatori, chiedono prestiti alla **Banca centrale** per incrementare la loro disponibilità di moneta che presteranno, a loro volta, alla propria clientela. La Banca centrale, detta anche Istituto di emissione per la facoltà che ha di emettere moneta, si fa pagare per il prestito un interesse che prende il nome di **Tasso ufficiale di riferimento** (Tur, chiamato fino al 1998 Tasso ufficiale di sconto o Tus). Esso rappresenta il **costo del denaro**, in primo luogo per le banche e, di conseguenza, per i loro clienti; infatti le banche adeguano il saggio degli interessi che fanno pagare ai clienti, il cosiddetto saggio libero di sconto, a una misura superiore a quella del tasso ufficiale di riferimento; se non facessero così i costi delle banche supererebbero i loro ricavi. Il tasso ufficiale di riferimento è fissato dalle autorità monetarie e rappresenta un importante strumento di politica monetaria.

Il Tur influenza anche un altro importante tasso di interesse bancario, l'**Euribor** (Euro interbank offered rate). Per comprendere l'importanza di questo valore, dobbiamo considerare che quando le banche si trovano in momentanea carenza di liquidità non si rivolgono sempre e comunque alla Banca centrale, ma più frequentemente chiedono in prestito denaro alle altre banche che si trovano in condizione di surplus di fondi. Il costo del prestito è rappresentato appunto dal tasso interbancario Euribor. Si tratta in sostanza del **tasso medio** a cui avvengono le transazioni finanziarie in euro tra le principali banche europee e rappresenta quindi il costo che le banche pagano per procurarsi strumenti finanziari dalle altre banche.

I tassi Euribor sono una quarantina: vengono distinti in base alla durata (c'è per esempio quello a 1 settimana, a 1 mese a 6 mesi ecc.) e al divisore (360 o 365). La differenziazione per periodo è collegata alla durata del deposito, visto che il denaro viene prestato a scadenza. La distinzione del divisore 360 o 365 è puramente matematica e riguarda la considerazione dell'anno commerciale di 360 giorni (12 mesi da 30 giorni) o quello solare di 365 giorni. La banca sceglie se adoperare l'uno o l'altro in funzione dei meccanismi di calcolo impostati sui propri sistemi.

Gli indici Euribor vengono rilevati ogni giorno lavorativo da un comitato di esperti, in base ai dati ricevuti dalle grandi banche, soprattutto europee, tra le quali compaiono anche tre rappresentanti italiane (Monte dei Paschi di Siena, Intesa San Paolo, UniCredit Banca). Di solito le variazioni degli indici anticipano, anche di qualche settimana, le variazioni del costo del denaro effettuate dalla Banca centrale.

esempio Se si prevede un aumento del Tur fra tre mesi, gli Euribor a tre o sei mesi subiranno immediatamente un aumento, mentre quelli a una settimana non varieranno.

L'interesse attivo praticato dalle banche sui prestiti, per esempio sui mutui, può essere **fisso** o **variabile**. Il tasso fisso rimane invariato per tutta la durata del prestito e quindi il debitore sa fin dall'inizio quale sarà l'importo che dovrà pagare. Il tasso fisso è però di solito più alto di quello variabile, perché la banca vuole tutelarsi di fronte a eventuali rialzi futuri dei tassi. Quello variabile è invece inizialmente più basso e muta al variare del tasso Euribor, con il vantaggio per il debitore in caso di riduzione futura dei tassi e lo svantaggio in caso contrario.

attività

A. VERO/FALSO

Indica se le seguenti affermazioni sono vere o false

1. Il credito:
   - **a.** consiste nello scambio tra una cosa presente e una cosa futura V F
   - **b.** può essere incorporato in un'obbligazione V F
   - **c.** si chiama al consumo quando è concesso alle imprese V F
   - **d.** può consistere in una dilazione di pagamento V F
   - **e.** ha come presupposto la simultaneità tra prestazione e controprestazione V F
2. Il titolo di credito:
   - **a.** facilita la circolazione del credito V F
   - **b.** consente al debitore di trasferire il proprio obbligo a terzi V F
   - **c.** è rilasciato esclusivamente dalle banche V F
   - **d.** è un documento che incorpora il diritto del creditore V F
   - **e.** viene sempre rilasciato a colui che concede un prestito V F

B. CACCIA ALL'ERRORE

Sottolinea gli errori e riscrivi le frasi corrette

1. Se aumenta il Tasso ufficiale di riferimento si avrà un incremento della produzione e diminuirà la disoccupazione.

   ....

2. Operazione passiva della banca è quella mediante la quale la banca si priva del denaro depositato per concederlo in prestito a coloro che ne fanno richiesta.

   ....

3. Il tasso di interesse interbancario detto Euribor viene classificato in base alla durata del prestito e al moltiplicatore a 360 o 365 giorni.

   ....

4. La solvibilità di una banca è la sua capacità di far fronte prontamente ai propri impegni di pagamento.

   ....

C. COMPLETA LO SCHEMA

Inserisci i termini mancanti

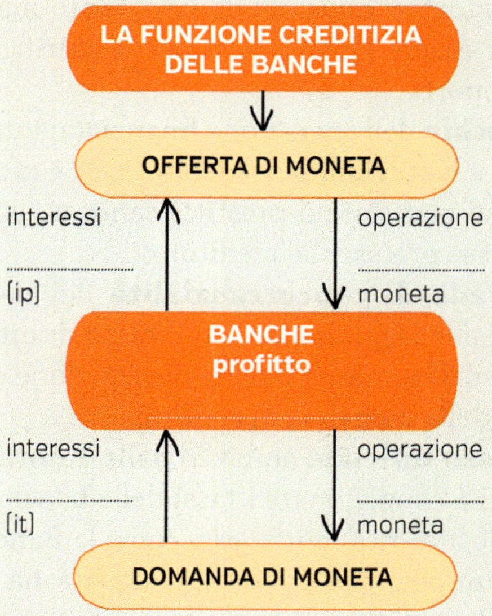

D. IL CASO

Leggi il caso e rispondi alle domande

Una coppia di giovani sposi ha intenzione di acquistare una casa. Non disponendo del denaro sufficiente si rivolge a una banca per chiedere un mutuo per un valore di 80.000 euro. La banca è disposta a concedere il prestito con garanzia ipotecaria sulla casa e con una durata di 15 anni in rate semestrali. Presenta alla coppia la possibilità di scegliere tra un tasso variabile del 2% e un tasso fisso del 3%.

1. Se la Banca centrale annunciasse un rialzo del Tasso ufficiale, che cosa consiglieresti alla coppia?

   ....

2. Se le previsioni di mercato annunciassero un calo del costo del denaro, quale tasso sarebbe consigliabile?

   ....

3. Se si preannunciasse un lungo periodo di stabilità del costo del denaro, quale tasso sarebbe consigliabile?

   ....

4. Se la coppia avesse redditi bassi e certi e destinati a rimanere pressoché inalterati nel tempo, quale tasso sarebbe consigliabile?

   ....

Lezione **27**

Il sistema bancario italiano

1. Le caratteristiche della banca moderna

In generale, il **sistema bancario** è il complesso degli organismi coinvolti a vario titolo nella funzione di intermediazione monetaria e delle regole che li disciplinano.

Il funzionamento del sistema creditizio e delle banche è regolamentato da leggi specifiche. La normativa di riferimento è il **Testo unico** delle leggi in materia bancaria e creditizia, detto Tubc, emanato con il d.lgs. 385/1993, modificato più volte, in vigore dal 1° gennaio 1994. Il Testo comprende le leggi emanate nel corso degli anni Novanta per aggiornare il sistema bancario italiano al sistema economico europeo e aprire il mercato italiano della moneta agli operatori europei.

Dal Testo unico emerge un concetto di banca profondamente diverso da quello previsto dalla precedente legge bancaria del 1936, basata su principi molto rigidi che limitavano l'iniziativa delle banche, prevedendo che la proprietà delle banche fosse pubblica e che l'attività di intermediazione creditizia fosse separata da quella industriale. In base alla vecchia legge bancaria, le banche non potevano concedere finanziamenti sia a breve sia a lungo termine (principio della specializzazione temporale) e dovevano scegliere il settore in cui operare (agrario, industriale, navale ecc.; principio della specializzazione settoriale).

Il Tubc del 1993 nell'intento di accogliere le direttive europee e garantire dinamicità al settore e competitività alle banche italiane, ha abolito i precedenti principi, ridimensionando i limiti operativi delle banche e i controlli pubblici.

Le banche moderne possono infatti:

- esercitare **ogni attività finanziaria**, oltre all'attività principale di raccolta del risparmio e di concessione di prestiti alle imprese e alle famiglie. Le banche possono quindi svolgere attività di *leasing*, di consulenza alle imprese, di gestione di patrimoni mobiliari ecc. Si attua così il principio della despecializzazione settoriale;
- effettuare operazioni **senza limiti di tempo** (banca universale). Si attua così la despecializzazione temporale e scompare pertanto la distinzione prevista dalla vecchia legge bancaria. Tutte le banche possono compiere indifferentemente operazioni a breve e a medio-lungo termine e hanno la stessa denominazione di **enti creditizi**;
- **assumere partecipazioni** entro i limiti e alle condizioni previste dalla legge, nel capitale delle industrie (cosiddetta banca mista). Si afferma così il carattere imprenditoriale della attività bancaria. È anche consentito alle industrie di acquisire partecipazioni nel capitale delle banche. Cade così il cosiddetto principio di separatezza, cioè la tradizionale separazione tra banche e industrie;
- **emettere obbligazioni**, se ciò è previsto dallo statuto della banca; tali titoli, se emessi da banche con azioni quotate in Borsa, sono di diritto ammessi alle quotazioni di Borsa.

Le banche sono quindi ora vere e proprie **imprese private**, non più soggetti di diritto pubblico come per la legge bancaria del 1936 e devono necessariamente rivestire la forma giuridica di società per azioni o società in accomandita per azioni, o cooperativa a responsabilità limitata. Per l'esercizio dell'attività bancaria è tuttavia necessaria l'autorizzazione della Banca d'Italia, rilasciata qualora ricorrano le condizioni previste dalla legge. Le banche autorizzate sono quindi registrate in un apposito **albo** tenuto dalla Banca d'Italia.

Le banche italiane sono vere e proprie imprese private e non più enti di diritto pubblico come in base alle legge bancaria del 1936

2. Gli enti creditizi e i gruppi bancari

Il nuovo sistema bancario prevede la presenza di banche nazionali, comunitarie, extracomunitarie e dei gruppi polifunzionali.

Le **banche nazionali** sono quelle che hanno **sede legale** in Italia.

Le **banche comunitarie** sono quelle che hanno sede legale e amministrazione centrale in uno Stato appartenente all'Unione europea diverso dall'Italia. Le banche dei paesi appartenenti all'Unione europea possono esercitare liberamente la loro attività in ogni paese comunitario, sia direttamente sia istituendovi succursali: il riconoscimento dell'attività compiuto dalle Banche centrali dei paesi di appartenenza viene quindi accettato da tutti i paesi dell'Unione, in base al principio del **mutuo riconoscimento**. Esse sono sottoposte all'autorizzazione e al controllo dell'autorità del paese di appartenenza, in base al principio del *home country control* (in inglese: controllo del paese natale).

esempio Una banca francese riceve autorizzazione dalla Banca di Francia e con ciò stesso risulta autorizzata a operare anche in Italia, senza che debba essere autorizzata anche dalla Banca d'Italia. Questo è possibile perché anche le banche italiane, autorizzate dalla nostra Banca centrale, possono operare liberamente in Francia, senza dovere essere autorizzate dalla Banca centrale francese.

Le **banche extracomunitarie** hanno sede legale in uno Stato non appartenente alla Unione europea. Esse possono svolgere in Italia tutte le attività ammesse al mutuo riconoscimento; è però necessaria l'**autorizzazione** della Banca d'Italia, rilasciata d'intesa con la Consob nel caso l'attività riguardi anche l'intermediazione mobiliare.

Il **gruppo bancario polifunzionale** è formato da un insieme di banche o di società finanziarie autonome, ciascuna con una propria identità giuridica e una propria specializzazione in determinati servizi creditizi e finanziari, governato da una società **capogruppo** che svolge la funzione di pianificazione strategica dell'intero gruppo bancario. Grazie al controllo esercitato sulle società specializzate, la banca capogruppo viene quindi a estendere la propria attività in tutti quei settori un tempo riservati ai singoli istituti bancari (aziende di credito, istituti di credito, società di *leasing* e di *factoring* ecc.).

Il Tubc ha espressamente riconosciuto come modello principale quello della banca universale, ma ha anche previsto e disciplinato il gruppo polifunzionale, lasciando libere le banche di decidere il modello da adottare. A differenza del gruppo polifunzionale, la banca universale dà vita a un'unica struttura organizzativa dalle molteplici attività; al contrario, nel gruppo, le diverse attività sono affidate a singole società distinte benché coordinate dalla holding. Il gruppo bancario si è notevolmente diffuso negli ultimi tempi. Tra i principali gruppi operanti sul territorio italiano ricordiamo il Gruppo Intesa San Paolo (composto da oltre 20 banche), il Gruppo Unione Banche Italiane, il Gruppo Banca Popolare dell'Emilia Romagna, il Gruppo Carige, il Gruppo Bancario Veneto Banca, il Gruppo Bipiemme Banca popolare di Milano, il Gruppo Monte dei Paschi di Siena.

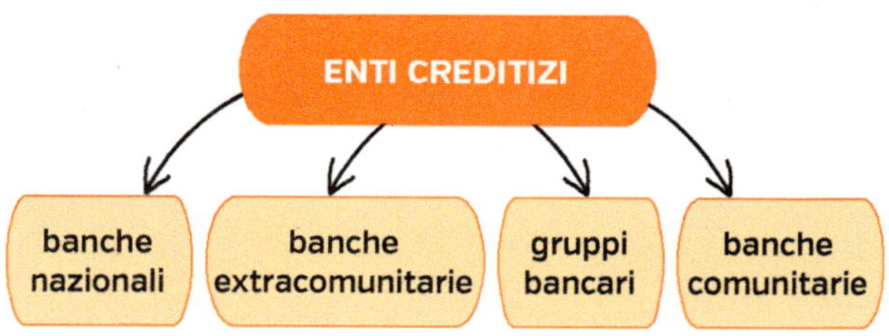

La torre UniCredit in piazza Gae Aulenti a Milano

3. Gli organi al vertice del sistema creditizio

Il sistema bancario italiano, quale è emerso dal Testo unico del 1993 e dalle successive modifiche, vede al vertice le autorità creditizie e alla base gli enti creditizi.
Alle **autorità creditizie** sono affidati i compiti di indirizzo e di vigilanza sul sistema bancario e creditizio. Tali organi sono il Comitato interministeriale per il credito e il risparmio, il Ministro dell'economia e delle finanze e la Banca d'Italia.

Al **Comitato interministeriale per il credito e il risparmio** (Cicr) sono affidate funzioni di alta vigilanza e di indirizzo politico in materia di credito e di tutela del risparmio. Per l'esercizio delle proprie funzioni il Comitato si avvale della Banca d'Italia. Il Cicr è composto dal Ministro dell'economia e delle finanze, che lo presiede, e dai ministri degli altri ministeri economici. Il Direttore generale del Tesoro svolge funzioni di segretario. Alle sedute partecipa il Governatore della Banca d'Italia.

Il **Ministro dell'economia e delle finanze** è la più alta autorità amministrativa in campo creditizio. Esso adotta con decreto legislativo i provvedimenti di propria competenza previsti dal Testo unico. Convoca il Cicr e propone le deliberazioni. In caso di urgenza sostituisce il Cicr.

La **Banca d'Italia** è l'organo tecnico a cui sono affidate importanti funzioni di vigilanza, di proposta per le deliberazioni di competenza del Cicr, di regolamentazione nei casi indicati dal Testo unico e altre funzioni.
Gran parte delle funzioni svolte dalla Banca d'Italia, soprattutto quelle di **politica monetaria**, sono state attribuite ai nuovi organismi bancari dell'Unione monetaria europea, il Sistema europeo delle banche centrali (Sebc) e la Banca centrale europea (Bce), ufficialmente in vigore dal 1° gennaio 1999.
Con la definitiva sostituzione della lira con l'euro, la cui emissione è autorizzata dalla Bce, la Banca d'Italia ha perso anche la funzione di istituto di emissione. Resta ancora alla Banca d'Italia la possibilità di effettuare **servizio di tesoreria** a favore dello Stato (provvedere alle riscossioni e ai pagamenti relativi alle entrate e alle uscite dello Stato) e soprattutto la funzione di **vigilanza** e **controllo** sul sistema bancario e creditizio.

Con la nuova normativa, la funzione di vigilanza, dovendosi adattare alle nuove caratteristiche del sistema bancario, ha subìto un sostanziale e significativo cambiamento. Le banche sono imprese che operano in un settore delicato che coinvolge gli interessi e i risparmi di molti; si richiede dunque che esse svolgano la propria attività esprimendo al meglio le doti imposte dalla legge del mercato.
L'attività di vigilanza della Banca d'Italia, di conseguenza, non può più limitarsi a controllare il semplice rispetto delle leggi o l'onorabilità degli operatori, ma deve spingersi ad accertare anche l'**efficienza** e la **competitività** del sistema creditizio: una banca inefficiente o gestita in modo sprovveduto potrebbe infatti danneggiare i risparmiatori, le altre banche e in generale l'economia del paese.

IL SISTEMA BANCARIO ITALIANO

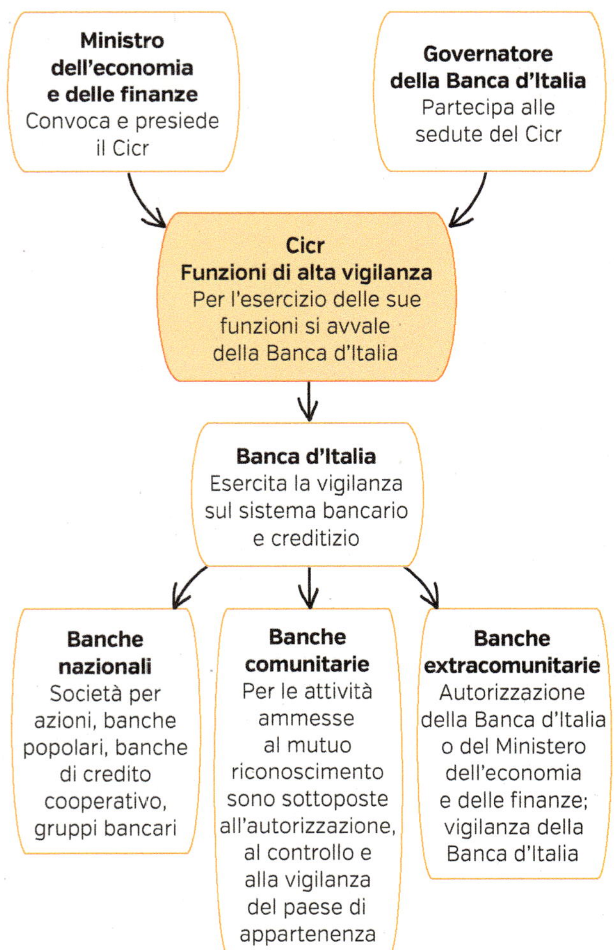

4. Gli accordi di Basilea

L'attività svolta dalle banche è un'attività imprenditoriale e come tale soggetta ai rischi tipici dell'impresa, compreso quello di fallire a causa di scelte sbagliate o di operazioni finite male. Nel caso della banca, la crisi finisce però per ripercuotersi su una moltitudine di risparmiatori e sull'intero sistema economico.

esempio Immaginiamo che una grossa industria alimentare riceva finanziamenti per un miliardo di euro da un importante istituto bancario che si espone notevolmente per questa operazione, riducendo al minimo la propria liquidità. Il prestito è stato concesso con una certa leggerezza, senza adeguate garanzie, non valutando bene l'effettiva salute economica e finanziaria dell'industria alimentare. Quell'industria fallisce, travolgendo inevitabilmente anche la banca finanziatrice, la quale non solo non rientra degli interessi sul finanziamento, ma neppure del capitale. Il fallimento della banca provoca serie ripercussioni sull'intero sistema economico e su una moltitudine di ignari risparmiatori. e

Nell'intento di offrire maggiori garanzie ai risparmiatori assicurando nel contempo una maggiore stabilità ai sistemi bancari, i governatori delle Banche centrali dei paesi più industrializzati, riuniti nel **Comitato di Basilea**, hanno predisposto un documento nel quale vengono dettate regole per ridurre il pericolo del verificarsi di tali crisi.

ACCORDI DI BASILEA

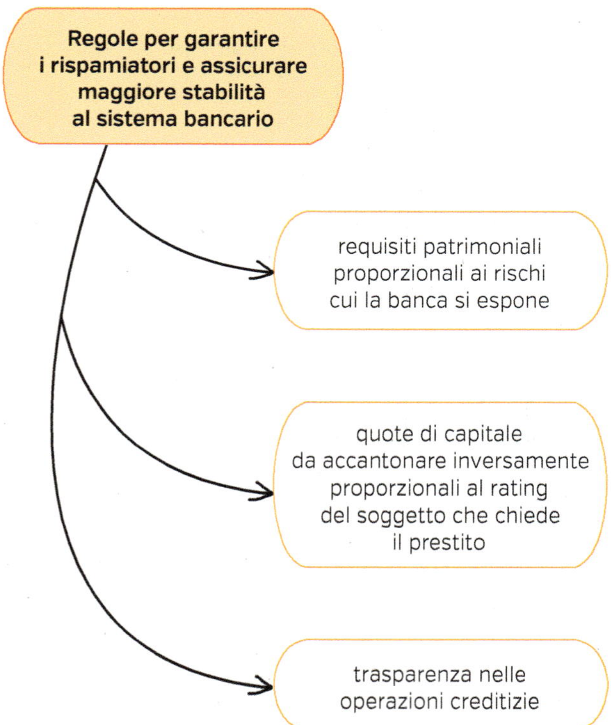

Gli accordi di Basilea, giunti alla terza edizione (il cosiddetto Basilea 3 dal 2019 sostituirà definitivamente il precedente Basilea 2), stabiliscono alcuni principi generali:

- le banche dei paesi aderenti devono possedere determinati **requisiti patrimoniali** che variano in relazione ai rischi cui si espongono nella concessione di crediti ai loro clienti: più alta è l'esposizione al rischio, maggiori sono i requisiti richiesti;
- le banche devono applicare rigorosi metodi di valutazione delle imprese che richiedono i prestiti, allo scopo di accertare la loro capacità di pagare il debito, il cosiddetto **rating**. In pratica, le banche sono tenute a classificare i propri clienti in base alla loro rischiosità e ad accantonare quote di capitale in base al livello di rischio dei crediti concessi: maggiore è l'esposizione al rischio, più alta è la quota di capitale da accantonare;
- le banche devono adottare regole di **trasparenza** delle operazioni creditizie allo scopo di migliorare i rapporti di fiducia con i risparmiatori e le imprese.

Glossario

Consob: Commissione nazionale per le società e la Borsa, autorità indipendente che vigila sui mercati finanziari e sanziona i comportamenti illeciti

In base agli accordi di Basilea, le banche devono accantonare una quota di capitale proporzionale al rischio dei prestiti che concedono

A. VERO/FALSO

Indica se le seguenti affermazioni sono vere o false

1. La Banca universale:
   - **a.** è il modello di banca adottato dal nuovo Testo unico in materia bancaria V F
   - **b.** è il modello di banca fondato sul principio della specializzazione temporale del credito V F
   - **c.** è il modello di banca previsto dalla legge bancaria del 1936 V F
   - **d.** raccoglie fondi e concede finanziamenti senza vincoli di specializzazione o di territorio V F
   - **e.** è un sistema organizzato di società operanti nel settore creditizio e finanziario governato da una società capogruppo V F
2. Le banche aventi sede in uno dei paesi dell'Unione europea:
   - **a.** possono esercitare direttamente l'attività in ogni altro paese comunitario ma non aprirvi succursali V F
   - **b.** possono svolgere liberamente l'attività in ogni altro paese comunitario ma per aprirvi succursali devono essere autorizzate dalla Banca centrale di quel paese V F
   - **c.** possono svolgere liberamente l'attività in ogni altro paese comunitario e aprirvi succursali senza necessità dell'autorizzazione della Banca centrale di quel paese, in base al principio del mutuo riconoscimento V F
   - **d.** per svolgere la loro attività negli altri paesi comunitari devono ottenere l'autorizzazione della Banca centrale europea V F
   - **e.** sono soggette al principio del mutuo riconoscimento e dell'*home country control* V F

B. CACCIA ALL'ERRORE

Sottolinea gli errori e riscrivi le frasi corrette

1. Organo di vigilanza e controllo del sistema bancario italiano è il Comitato di Basilea.

   ....

2. A seguito della riforma del 1993 le banche sono imprese pubbliche che devono rivestire una forma giuridica particolare come la s.p.a., la s.a.p.a. o la cooperativa a responsabilità limitata.

   ....

3. Tra le funzioni rimaste alla Banca d'Italia c'è quella di emissione di moneta che consiste nel riscuotere ed effettuare pagamenti per conto dello Stato.

   ....

4. La vecchia legge bancaria del 1936 affermava il principio della despecializzazione temporale delle banche e della specializzazione settoriale.

   ....

C. COMPLETA LO SCHEMA

Inserisci i termini mancanti

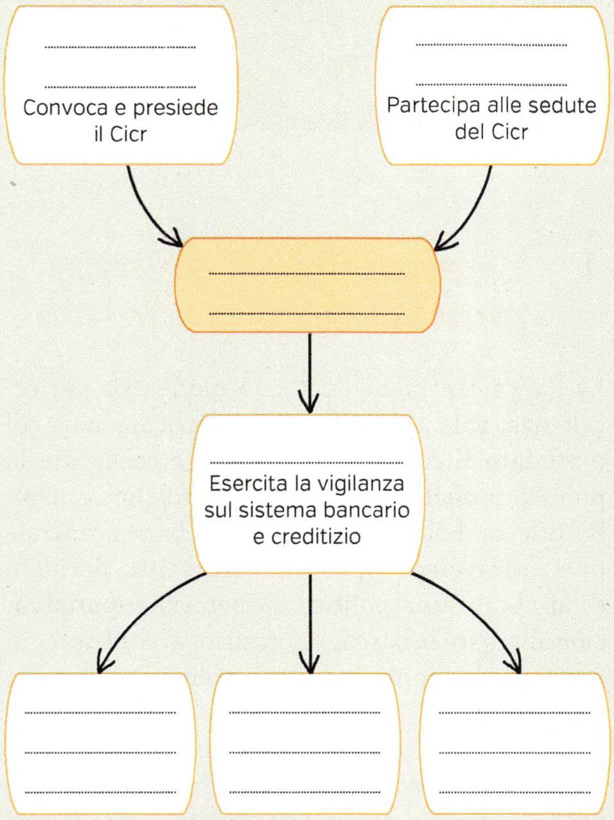

D. IL CASO

Leggi il caso e rispondi alle domande

Cofidis fa parte del Gruppo europeo Cofidis Participations. Il principale azionista è Crédit Mutuel, uno dei maggiori gruppi bancari francesi che vanta oltre 30 milioni di clienti in tutta Europa. In più di 30 anni di attività, Cofidis è stata protagonista di una notevole espansione nei maggiori paesi europei.
L'espansione territoriale del Gruppo è iniziata dal Belgio nel 1986, per proseguire dal 1990 nell'Europa del sud e dal 2000 nella parte centro-orientale del continente. Dal 1996 Cofidis ha sede anche in Italia, dove costituisce un punto di riferimento nel settore del credito a distanza. Cofidis, attraverso i servizi forniti tramite web o telefonicamente, offre ai propri clienti stabilità, personalizzazione e flessibilità.

Le attività di Cofidis in Italia si concentrano nel settore dei finanziamenti: l'azienda offre prestiti fino a 5000 euro da restituire in massimo 72 rate mensili per arredare o ristrutturare una casa, acquistare un'automobile ecc.

1. La Cofidis deve essere autorizzata dalla Banca d'Italia per esercitare la sua attività in Italia?
2. Questa banca francese fa parte di un gruppo, quale?
3. In quale settore è specializzata?
4. I servizi della banca sono rivolti prevalentemente alle imprese o alle famiglie?

Lezione **28**

La politica monetaria e creditizia

1. Le autorità di politica monetaria e creditizia

La Banca centrale è l'autorità monetaria per eccellenza, vale a dire il soggetto istituzionale cui è affidato il compito di definire e realizzare la politica monetaria del paese. Visto che controlla l'offerta della moneta legale, la Banca centrale può, attraverso opportuni interventi, decidere di applicare una politica monetaria **espansiva**, cioè allargare la base monetaria o, al contrario, di restringerla, applicando una politica monetaria **restrittiva**.
Questo genere di scelte ha importanti ricadute sul sistema creditizio, perché favorisce o scoraggia il ricorso al prestito. Infatti, se la Banca centrale diminuisce il tasso ufficiale, per gli imprenditori sarà più conveniente ricorrere al prestito bancario e potranno quindi incrementare gli investimenti, dando impulso allo sviluppo e all'occupazione. Un'altra conseguenza di una manovra del genere è però l'indebolimento del valore della moneta a causa delle spinte inflazionistiche che derivano dall'aumento della base monetaria. L'autorità monetaria si muove in questo perenne dilemma tra proteggere il valore della moneta e favorire lo sviluppo economico e l'occupazione.

A partire dal 1° gennaio 1999, con l'introduzione dell'euro e la nomina dei vertici della **Banca centrale europea** (Bce), le funzioni di politica monetaria sono state trasferite al Sistema europeo di Banche centrali (Sebc), organismo composto dalla Bce e dalle banche centrali nazionali di tutti e 27 i paesi membri dell'Unione europea, a prescindere quindi dall'appartenenza alla Unione economica e monetaria (Uem). Dei 27 paesi dell'Unione europea, quelli che, alla data del 2017, hanno aderito all'Uem e nei quali circola la medesima moneta legale, l'euro appunto, sono 19: Austria, Belgio, Cipro, Estonia, Finlandia, Francia, Germania, Grecia, Irlanda, Italia, Lettonia, Lituania, Lussemburgo, Malta, Paesi Bassi, Portogallo, Slovacchia, Slovenia e Spagna. Questi paesi formano collettivamente "l'area dell'euro" e le loro Banche centrali, insieme alla Bce, costituiscono il cosiddetto **eurosistema**. Sebbene tutti i paesi della Ue facciano parte del Sebc, soltanto i Governatori delle banche centrali dell'eurozona prendono parte al processo decisionale in materia di politica monetaria, mentre i paesi non aderenti all'Uem sono liberi di determinare autonomamente la loro politica monetaria. Per i paesi dell'eurozona non esiste più il primato dei singoli istituti di emissione in materia di politica monetaria interna a ciascun Stato. La Banca d'Italia, assieme alle sue omologhe europee, in quanto parte del Sebc, contribuisce a determinare gli indirizzi e le scelte di politica monetaria comuni a tutti i paesi dell'Uem e diviene strumento per la loro concreta realizzazione in Italia.

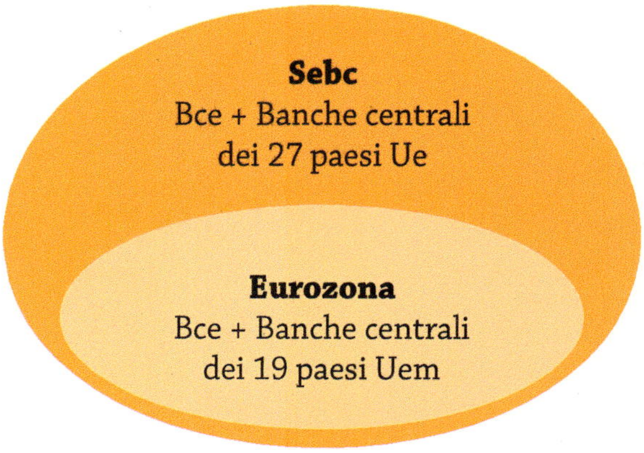

La sede della Banca centrale europea a Francoforte

I principali organi della Banca centrale europea sono:

- il **Consiglio direttivo**, che ha la responsabilità di formulare la politica monetaria; esso è composto da sei membri del Comitato esecutivo e dai Governatori delle Banche centrali nazionali che hanno adottato l'euro come moneta legale. Si tratta del vero organo decisionale della politica monetaria europea. In quanto organo collegiale, il Consiglio direttivo decide a maggioranza dei membri. Tuttavia, i governatori delle Banche centrali non hanno a disposizione un voto ciascuno: quelli delle banche delle cinque maggiori economie hanno diritto a quattro voti collettivamente, mentre gli altri 14 condividono i restanti 11 voti. I governatori esercitano il voto a rotazione;
- il **Comitato esecutivo**, formato da un presidente, un vicepresidente e quattro membri ordinari, tutti di notevole competenza ed esperienza nel settore monetario e finanziario, cui spetta l'attuazione della politica monetaria secondo le decisioni e gli indirizzi stabiliti dal Consiglio direttivo. Il Comitato esecutivo impartisce inoltre le necessarie istruzioni alle Banche centrali nazionali;
- il **Consiglio generale**, con funzioni puramente consultive, composto dai membri del Consiglio direttivo e da rappresentanti delle Banche centrali dei paesi ancora non entrati nell'Eurozona. Il Consiglio generale svolge il lavoro preparatorio per la fissazione dei tassi di conversione tra le monete nazionali e l'euro, che dovrà essere applicato quando gli Stati che attualmente non fanno parte dell'area dell'euro dovessero entrare a farvi parte.

CONSIGLIO DIRETTIVO

↓

Organo decisionale
È composto da:
- sei membri del Comitato esecutivo
- i governatori della Bcn che hanno aderito all'Eurozona

↓

stabilisce la politica monetaria dell'Unione

COMITATO ESECUTIVO

↓

Organo esecutivo
È composto da:
- presidente della Bce
- vicepresidente
- 4 membri ordinari

↓

attua la politica monetaria secondo le regole del Consiglio direttivo

↓

Le Banche centrali nazionali

↓

agiscono secondo le istruzioni del Comitato

CONSIGLIO GENERALE

↓

Organo consultivo
È composto da:
- membri del Consiglio direttivo
- Banche centrali ancora non entrate a far parte dell'Eurozona

↓

svolge un ruolo consultivo

2. Gli strumenti della politica monetaria e creditizia

Alla Banca centrale europea sono attribuiti i principali compiti in materia di politica economica monetaria prima spettanti agli istituti centrali: autorizza l'emissione dell'euro, fissa il tasso ufficiale di riferimento, stabilisce il regime di riserva obbligatoria ecc. Obiettivo principale del Sebc, secondo quanto disposto dal Trattato di Maastricht, è il mantenimento della **stabilità dei prezzi**. Soltanto dopo avere garantito questo risultato l'autorità monetaria europea potrà realizzare le altre politiche generali di sostegno del sistema economico.

Per realizzare i suoi obiettivi, l'autorità monetaria dispone di alcuni strumenti specifici.

• Le **manovre sui tassi di interesse**: la Banca centrale controlla e stabilisce diversi tassi di interesse, attraverso i quali persegue diversi obiettivi. Per esempio, alzando il tasso si alza il costo del denaro e questa situazione, per la legge della domanda, frena la richiesta di capitali per investimenti da parte degli imprenditori, con ripercussioni sull'intero sistema economico: occupazione, produzione, consumo ecc. Questa manovra produce però anche effetti positivi: contrasta l'inflazione, poiché la riduzione della quantità di moneta circolante fa abbassare o comunque mantiene stabile il livello dei prezzi e di conseguenza favorisce le esportazioni. Non sempre la manovra sui tassi di interesse risulta uno strumento efficace per il perseguimento degli obiettivi di politica monetaria prefissati. Ciò dipende essenzialmente dal grado di dipendenza degli enti creditizi rispetto alla Banca centrale. Se, infatti, la banca dispone di una sufficiente liquidità o è in grado di procurarsi moneta attraverso l'ordinaria attività di raccolta, le variazioni del tasso ufficiale non sortiranno effetti rilevanti. In tali casi le autorità monetarie ricorrono a strumenti integrativi di politica monetaria.

• Le **operazioni di mercato aperto**: si tratta di acquisti o vendite di titoli di Stato (o garantiti dallo Stato), effettuate sul mercato dalla Banca centrale. L'acquisto di titoli di Stato posseduti dalle banche aumenta la loro liquidità e la loro possibilità di concedere prestiti. Si generano in tal modo effetti espansivi sul credito in conseguenza dell'allargamento della base monetaria. Risultati contrari si realizzano invece nel caso di vendita di titoli.

• Le **riserve obbligatorie**. La Bce ha il potere di obbligare gli enti creditizi degli Stati membri a detenere riserve minime in conti presso la Bce e le Banche centrali nazionali. In caso di inosservanza, la Bce ha la facoltà di imporre interessi a titolo di penalità e altre sanzioni analoghe. Quanto più elevata è la percentuale di depositi "bloccati", fissata dalle autorità monetarie, tanto minore è l'effetto moltiplicativo della base monetaria e quindi la facilità di ottenere credito dalle banche. Attualmente l'aliquota del coefficiente fissato dal Consiglio direttivo della Bce è dell'1%. Tale valore appare molto basso se si considera che in Italia negli anni Novanta il coefficiente di riserva era del 22,5%.

LA MANOVRA DEL TASSO UFFICIALE

Obiettivo	**Manovra**	
	Aumento del tasso	**Diminuzione del tasso**
Regolare l'attività creditizia	Diminuiscono le richieste di sconti cambiari da parte degli imprenditori, con conseguente contrazione dell'attività creditizia delle banche	Aumentano le richieste di sconti cambiari da parte degli imprenditori, con conseguente incremento dell'attività creditizia delle banche
Stabilità dei prezzi	Diminuisce la moneta circolante e questo frena gli aumenti dei prezzi (misura contro l'inflazione)	Aumenta la moneta circolante e si ha una spinta all'aumento dei prezzi
Influenzare la bilancia commerciale	La stabilità dei prezzi incoraggia le esportazioni e riduce le importazioni; i consumatori preferiranno i prodotti interni dato il loro basso prezzo	L'aumento dei prezzi favorisce le importazioni e riduce le esportazioni; i consumatori preferiranno i prodotti esteri dato il loro minore prezzo
Movimento dei capitali	Aumenta la remunerazione dei capitali: verranno attratti capitali dall'estero	Diminuisce la remunerazione dei capitali: fuga di capitali italiani all'estero
Produzione e occupazione	Diminuzione degli investimenti e della produzione e crescita della disoccupazione	Incremento degli investimenti e della produzione e diminuzione della disoccupazione

A. VERO/FALSO

Indica se le seguenti affermazioni sono vere o false

1. Una manovra che favorisce l'attività creditizia è:
   - **a.** la riduzione del Tasso ufficiale di sconto (V) (F)
   - **b.** l'aumento dell'Euribor (V) (F)
   - **c.** l'abbassamento del coefficiente di riserva obbligatoria (V) (F)
   - **d.** l'acquisto di titoli sul mercato da parte della Bce (V) (F)
   - **e.** l'emissione di nuova moneta (V) (F)
2. Il Consiglio direttivo dell'Uem:
   - **a.** comprende anche il presidente della Bce (V) (F)
   - **b.** è composto dai Governatori delle Banche centrali di tutti i paesi della Ue (V) (F)
   - **c.** svolge compiti di consulenza (V) (F)
   - **d.** è un organo esecutivo (V) (F)
   - **e.** è l'organo decisionale della politica monetaria dell'Uem (V) (F)

B. CACCIA ALL'ERRORE

Sottolinea gli errori e riscrivi le frasi corrette

1. Prima della costituzione dell'Uem, l'istituto di emissione della lira era la Banca centrale europea.

   ....
   ....
   ....

2. La variazione in aumento dell'Euribor potrebbe dipendere da una riduzione del Tur.

   ....
   ....
   ....

3. Solo in una parte dei paesi dell'Uem circola l'euro come moneta legale.

   ....
   ....
   ....

4. Al comitato esecutivo della Bce partecipano i Governatori di tutti i paesi della Ue.

   ....
   ....
   ....

C. COMPLETA LO SCHEMA

Inserisci i termini mancanti

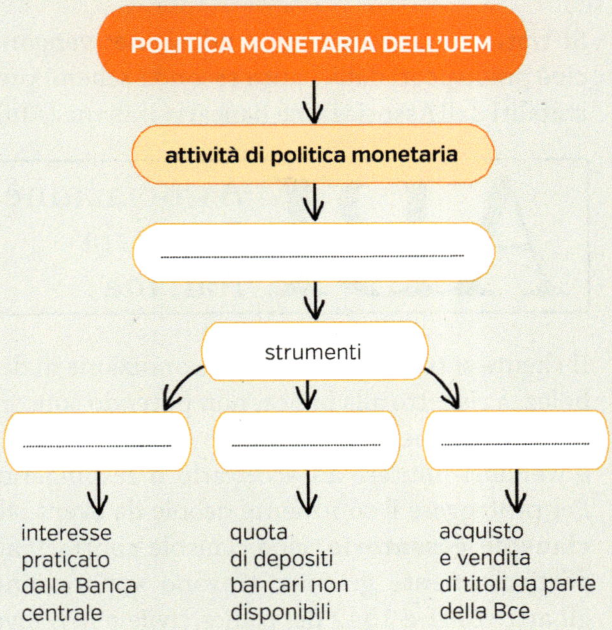

D. COMPLETA LA TABELLA

Segna con una crocetta la manovra da adottare per raggiungere l'obiettivo indicato

Obiettivo desiderato	Manovra sul Tur		Manovra sulla riserva obbligatoria		Operazioni sul mercato aperto	
	Aumento	**Diminuzione**	**Aumento**	**Diminuzione**	**Acquisto titoli**	**Vendita titoli**
Aumento della produzione e dell'occupazione						
Riduzione dell'inflazione						
Riduzione dell'attività creditizia						
Aumento delle esportazioni						

Lezione **29**

Controversie con le banche

I contratti bancari

1. I contratti bancari

Con i **contratti bancari** la banca provvede a procurarsi denaro o a impiegarlo oppure a fornire servizi accessori.

Si tratta di **contratti per adesione**: vengono cioè predisposti dalla banca secondo schemi prestabiliti dall'Associazione bancaria italiana (Abi).

Il cliente si trova quindi in una condizione di debolezza rispetto alla banca, non potendo concordare normalmente il contenuto contrattuale, ma dovendosi limitare ad accettarlo o respingerlo. Per proteggere il contraente debole da eventuali **clausole vessatorie**, cioè clausole contrattuali particolarmente gravose, trovano applicazione gli artt. 1341 e 1342 del codice civile e le nuove disposizioni contenute nel Codice del consumo (d.lgs. 206/2005).
La tabella contiene la classificazione dei contratti bancari in base alle diverse operazioni possibili.

CLASSIFICAZIONE DEI PRINCIPALI CONTRATTI BANCARI

Contratti relativi a operazioni passive	• Deposito
Contratti relativi a operazioni attive	• Apertura di credito • Anticipazione bancaria • Sconto bancario • Conto corrente bancario
Contratti relativi a operazioni accessorie	• Locazione di cassette di sicurezza • Deposito titoli in custodia e amministrazione • Servizio di cassa continua • Servizi di pagamento

2. Il deposito bancario

Il **deposito bancario** è il contratto in forza del quale un soggetto, detto depositante, deposita una somma di denaro presso una banca, depositario, che ne acquista la proprietà restando obbligata a restituirla nella stessa specie monetaria alla scadenza del termine o a richiesta del depositante e salva l'osservanza del periodo di preavviso, se pattuito [art. 1834 c.c.].

Il deposito è l'operazione **passiva** per eccellenza, i cui punti salienti possono così riassumersi:
- il deposito ha per oggetto esclusivamente una somma di **denaro** contante (valuta a corso legale o moneta estera);
- con la consegna del denaro la banca diviene proprietaria del denaro; si tratta quindi di un **contratto reale**, che si perfeziona con la consegna. L'acquisto della proprietà da parte del depositario fa rientrare il deposito bancario nella più generale figura di **deposito irregolare** e pertanto trovano applicazione, in quanto compatibili, le norme sul contratto di mutuo (art. 1782 c.c.);
- il depositante ha diritto al **rimborso** del capitale depositato e agli interessi (il pagamento degli interessi si ricava dagli artt. 1782, c. 2, e 1815 c.c.). Questi ultimi si calcolano al 31 dicembre di ogni anno e vengono di solito **capitalizzati**, cioè aggiunti al capitale, in modo che producano a loro volta interessi.

esempio Vittoria ha depositato 10.000 euro in banca il 1° gennaio 2011. La banca le ha riconosciuto un tasso di interesse netto pari al tasso legale. Il 12 settembre 2017 Vittoria intende ritirare la somma depositata più gli interessi fino ad allora maturati. Considerato che da gennaio 2011 a settembre 2017 il tasso legale è più volte cambiato e che gli interessi maturati annualmente sono stati ogni volta capitalizzati, Vittoria avrà diritto alla restituzione di 10.861,48 euro come si evince dalla tabella che segue:

Dal	Al	Capitale	Tasso	Giorni	Interessi
01/01/2011	31/12/2011	€ 10.000,00	1,50%	364	€ 149,59
01/01/2012	31/12/2012	€ 10.149,59	2,50%	366	€ 254,43
01/01/2013	31/12/2013	€ 10.404,02	2,50%	365	€ 260,10
01/01/2014	31/12/2014	€ 10.664,12	1,00%	365	€ 106,64
01/01/2015	31/12/2015	€ 10.770,76	0,50%	365	€ 53,85
01/01/2016	31/12/2016	€ 10.824,61	0,20%	366	€ 21,71
01/01/2017	12/09/2017	€ 10.846,32	0,20%	255	€ 15,16
Totale interessi € 861,48					
Capitale + interessi € 10.861,48					

e

In base alla durata si distingue il deposito **a vista**, rimborsabile a semplice richiesta del depositante, e il deposito **vincolato**, in cui la restituzione avviene a una scadenza stabilita o è subordinata a un breve periodo di preavviso (da uno a dieci giorni, in base all'importo). I tassi di interesse praticati dalla banca saranno ovviamente più alti nel secondo caso.

La distinzione giuridicamente più rilevante riguarda però il modo di svolgimento del rapporto. Sotto questo profilo si distingue tra:

- **depositi ordinari** o semplici; consentono al depositante una sola operazione di prelievo per l'intera somma depositata;
- **depositi a risparmio**; il depositante ha la possibilità di effettuare una pluralità di versamenti e di prelievi (anche parziali) presso la sede della banca. In tal caso la banca rilascia un libretto nel quale devono essere annotate tutte le operazioni compiute dal depositante. I **libretti di risparmio** possono essere: nominativi, cioè intestati a uno o più soggetti determinati i quali potranno eseguire i prelievi congiuntamente o disgiuntamente, a seconda di quanto pattuito; nominativi pagabili al portatore, vale a dire intestati al depositante ma pagabili anche al portatore cioè a un soggetto diverso dall'intestatario; al portatore, nel qual caso il prelievo è eseguibile da chiunque esibisca il libretto e la banca non ne risponde, salvo casi di dolo o colpa grave (art. 1836 c.c.). I libretti di risparmio possono essere al portatore soltanto per depositi bancari di importo modesto (nel 2016 fino a 2999,99 euro);
- **depositi in conto corrente**; il deposito del denaro viene accompagnato dalla sottoscrizione del contratto di conto corrente e dal deposito della firma del depositante. Questi potrà effettuare una pluralità di versamenti e di prelievi (questi ultimi anche a mezzo di emissione di assegni bancari), che vengono annotati sul libretto di conto a lui intestato (consistente, materialmente, in una scheda cartacea o in una memoria magnetica).

Con un deposito a risparmio il cliente della banca ha la possibilità di effettuare diversi depositi e prelievi

3. L'apertura di credito bancario

L'**apertura di credito bancario** [anche detta fido o castelletto] è il contratto con il quale la banca, accreditante, si obbliga a tenere a disposizione dell'altra parte, accreditato, una somma di denaro per un dato periodo di tempo o a tempo indeterminato [art. 1842 c.c.].

Con tale contratto la banca concede credito al cliente; l'apertura di credito rientra quindi tra le operazioni bancarie attive.
L'apertura di credito bancario presenta forti analogie con il **mutuo**, che è un altro contratto largamente utilizzato dalle banche per i propri finanziamenti. Diversamente dal mutuo, che è un contratto reale a effetti reali, l'apertura di credito ha carattere consensuale ed effetti obbligatori.
La banca assume il debito nei confronti del cliente nei limiti della somma accreditata e il cliente acquista il diritto di utilizzare il credito concessogli, detto provvista, con l'obbligo di restituire le somme eventualmente prelevate e di pagare i relativi interessi.
Quindi con l'apertura di credito il cliente non acquista la proprietà di una somma di denaro ma la **disponibilità** di essa.

DIFFERENZA TRA MUTUO E APERTURA DI CREDITO

Mutuo	Apertura di credito
Il mutuatario riceve effettivamente una somma di denaro di cui diviene proprietario (contratto a effetti reali) al momento della consegna (contratto reale)	L'accreditato acquista il diritto di credito verso la banca (contratto a effetti obbligatori) di poter utilizzare la somma messa a disposizione

Il cliente, se non è convenuto diversamente, può utilizzare il credito in più volte, secondo le forme d'uso (per esempio, prelevamento per cassa, assegno bancario o assegno circolare) e può, con successivi versamenti, ripristinare la sua disponibilità (art. 1843 c.c.). In questo caso si parla di **apertura in conto corrente** e trovano applicazione gli artt. 1852 e segg. del codice civile. Si definisce invece **semplice** l'apertura che consente all'accreditato di eseguire prelievi (anche parziali) in una o più volte ma senza la possibilità di ripristinare la disponibilità con versamenti successivi.

esempio La banca ha concesso un credito di 100.000 euro a Federico; questi ha eseguito un prelievo di 50.000 euro, riducendo quindi della metà la propria disponibilità. Ora, se l'apertura è in conto corrente, Federico potrà successivamente ripristinare l'originaria disponibilità versando alla banca 50.000 euro; in caso contrario questa possibilità gli sarà preclusa.

Ovviamente la banca concederà credito solo dopo avere assunto informazioni sulla solvibilità e correttezza dell'accreditato, nel caso dell'**apertura allo scoperto**, oppure solo in presenza di idonee garanzie reali (pegno, ipoteca) o personali (per esempio, fideiussione), rilasciate dall'accreditato o da terzi graditi alla banca, che rafforzino il suo diritto alla restituzione delle somme utilizzate, nel caso dell'**apertura garantita**. Tuttavia non è necessaria la costituzione di una garanzia per l'apertura di credito, perché sostanzialmente la banca concede il prestito sulla fiducia che ripone nel cliente, da cui la denominazione di fido con cui viene comunemente definito questo contratto.

L'apertura di credito può essere stabilita a tempo **determinato**, quando è fissato uno specifico termine di scadenza, oppure a tempo **indeterminato**, quando è prevista la facoltà delle parti di recedere in ogni tempo con preavviso reciproco (art. 1845 c.c.). Nell'apertura a tempo determinato la banca può recedere solo per giusta causa; il recesso sospende immediatamente l'utilizzazione del credito ma la banca deve concedere un termine di almeno quindici giorni per la restituzione delle somme eventualmente utilizzate e degli accessori (interessi, spese varie ecc.).

Il cliente corrisponderà gli interessi pattuiti soltanto sulle somme prelevate e non sull'intero importo del credito concesso.

4. L'anticipazione bancaria

Altra operazione bancaria attiva, con forti somiglianze all'apertura di credito garantita, è costituita dall'anticipazione bancaria, disciplinata dagli artt. 1846-1851 del codice civile.

Con il contratto di **anticipazione bancaria** la banca concede credito a un cliente, detto anticipato, previa costituzione di pegno su titoli, merci o documenti rappresentativi di merci e per un importo proporzionato al valore dell'oggetto della garanzia.

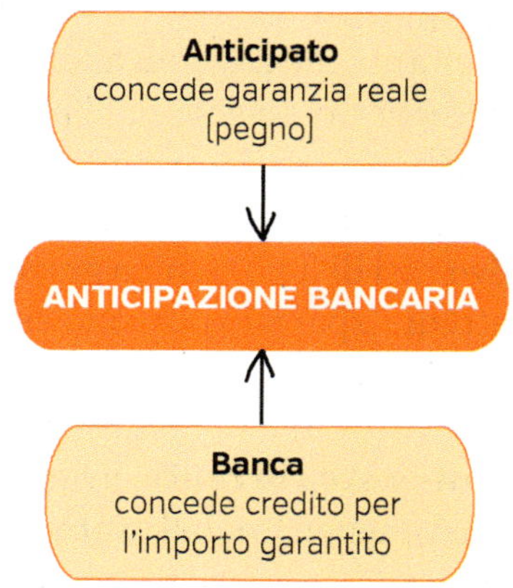

Con il contratto di anticipazione bancaria viene costituita una **garanzia**: oggetto di pegno possono essere esclusivamente titoli di credito (titoli di Stato, azioni ecc.), merci che siano beni mobili fungibili aventi un prezzo di mercato, e titoli rappresentativi di merci come la fede di deposito e la polizza di carico.
Il contraente anticipato può, anche prima della scadenza del contratto, **ritirare** in parte i titoli o le merci date in pegno, previo rimborso proporzionale delle somme anticipate e delle altre somme spettanti alla banca, purché il credito residuo risulti sufficientemente garantito (art. 1849 c.c.).

È questo un ulteriore elemento di differenza rispetto all'apertura di credito (apertura garantita) che non prevede questa possibilità. Questo si spiega con il fatto che nell'anticipazione il contraente non può tornare a prelevare quanto restituito. Nell'apertura, al contrario, essendo sempre possibili nuovi prelievi, è giusto che la copertura della garanzia permanga fino alla scadenza.
Nel caso di anticipazione su **pegno regolare**, cioè quando i titoli o le merci sono individuati e descritti in un documento, la banca che li riceve non può disporne (art. 1846 c.c.) ed è anzi tenuta a custodirli, dietro compenso per le spese (art. 1848 c.c.), e ad assicurarli in caso di necessità (art. 1847 c.c.).

In caso invece di anticipazione su **pegno irregolare**, cioè quando oggetto del pegno sono denaro o beni o titoli indicati genericamente, la banca può liberamente disporne e se li vende è tenuta a restituire all'anticipato solo la parte che eccede l'ammontare dei crediti garantiti (art. 1851 c.c.).

Un'altra caratteristica dell'anticipazione bancaria è la **corrispondenza** tra la somma anticipata e il valore dei beni concessi in garanzia: questo rapporto deve rimanere costante per tutta la durata del contratto. Se il valore della garanzia diminuisce di almeno un decimo rispetto a quello che era al tempo del contratto, la banca può chiedere al debitore un supplemento di garanzia, con la diffida che, nel caso non provveda, si procederà alla vendita dei beni o dei titoli dati in pegno (art. 1850 c.c.).

LE PRINCIPALI DIFFERENZE TRA APERTURA DI CREDITO E ANTICIPAZIONE BANCARIA

Apertura di credito	Anticipazione bancaria
Ammessa anche allo scoperto (senza garanzia)	Consentita solo se garantita da pegno su titoli, merci o documenti rappresentativi di merci
Nel caso di apertura garantita, il ritiro delle cose date in garanzia non è ammesso prima della fine del rapporto	Il cliente può ritirare le cose date in garanzia anche prima della scadenza del contratto, previo rimborso proporzionale delle somme anticipate
Nel caso di apertura garantita, l'insufficienza della garanzia giustifica la richiesta di supplemento della banca; se l'accreditato non ottempera alla richiesta la banca può ridurre il credito o recedere	La diminuzione della garanzia che giustifica la richiesta di supplemento della banca deve essere di almeno un decimo; se l'anticipato non ottempera, la banca può vendere i beni dati in pegno

5. Il conto corrente

Prima di esaminare il contratto di conto corrente bancario, va distinto questo contratto da figure affini con cui spesso viene confuso: il contratto di conto corrente ordinario (artt. 1823-1833 c.c.) e le operazioni bancarie in conto corrente (deposito, apertura di credito, artt. 1852-1857 c.c.).

Il **conto corrente ordinario** è il contratto con il quale le parti, dette correntisti, si obbligano ad annotare in un conto i crediti derivanti da reciproche rimesse, considerandoli inesigibili e indisponibili fino alla chiusura del conto (art. 1823 c.c.).

Grazie a questo contratto, i soggetti (solitamente imprenditori) che hanno frequenti rapporti di affari, anziché eseguire ripetuti pagamenti, si accordano nell'annotare i rapporti di dare e avere che sorgeranno tra loro in un apposito conto, rinviando il saldo a una scadenza. Il carattere essenziale del conto corrente ordinario è che **fino alla scadenza** i crediti non sono né esigibili né disponibili; alla data prevista il saldo del conto diventa esigibile, vale a dire che chi avrà maturato più crediti che debiti potrà chiedere la cosiddetta liquidazione per differenza, cioè il pagamento dell'eccedenza tra i due valori. Se il pagamento non viene richiesto, il saldo si considera come prima rimessa di un nuovo conto e il contratto si intende rinnovato a tempo indeterminato (art. 1823 c.c.).
Alla chiusura del conto fa seguito l'invio da parte di un correntista all'altro di un **estratto conto**, nel quale vengono riportate tutte le operazioni effettuate nel periodo di conto e l'indicazione del saldo attivo o passivo. Esso si intende approvato se non è contestato nel termine pattuito o in quello usuale o nel termine che può ritenersi congruo secondo le circostanze (art. 1832 c.c.).

esempio L'impresa di trasporti "Ermes" acquista i pneumatici per i propri automezzi dal rivenditore "Sales", che si avvale a sua volta del servizio della "Ermes" per consegnare la propria merce. Le due imprese hanno stipulato un contratto di conto corrente ordinario. Alla scadenza semestrale di chiusura del conto risulta che la "Ermes" ha maturato verso la "Sales" 150.000 euro di crediti e 100.000 di debiti; pertanto la "Ermes" potrà pretendere dalla "Sales" un pagamento di 50.000 euro, essendo la parte rimanente del suo credito estinta per compensazione. Se non richiede il pagamento, i 50.000 euro sono considerati la prima rimessa di un nuovo conto e il contratto si rinnova a tempo indeterminato.

Le **operazioni bancarie in conto corrente**, regolate dal codice civile (artt. 1852 e segg.), si riferiscono invece alle modalità di svolgimento comuni a diversi contratti bancari.
Si tratta di una clausola negoziale che sottopone il contratto bancario, deposito e apertura di credito, a un particolare sistema di contabilità che registra le operazioni intervenute tra banca e cliente in un apposito prospetto contabile. La banca svolge un **servizio di cassa**, in quanto provvede continuamente a registrare addebiti e accrediti nell'interesse del cliente.
Le operazioni in conto corrente consentono al cliente di utilizzare e ricostituire a più riprese la provvista a sua disposizione presso la banca, che è quindi suscettibile di continue variazioni quantitative, ma soprattutto gli danno la possibilità di disporre liberamente e in qualsiasi momento delle somme a suo credito, salvo preavviso, se previsto (art. 1852 c.c.).
Prelievi o versamenti possono essere effettuati in contanti o a mezzo di assegni; in quest'ultimo caso la banca esegue un incarico per conto del cliente e ne risponde secondo le regole del mandato (art. 1856 c.c.).

Con il **conto corrente bancario** la banca si obbliga a eseguire pagamenti con le somme versate dal correntista o incassi ordinatigli dallo stesso, annotando queste operazioni sull'apposito conto.

Il conto corrente bancario non è previsto espressamente da nessuna norma di legge, risultando così un contratto **atipico**, ampiamente diffuso nei rapporti tra banca e cliente.
La disciplina applicabile è in gran parte ripresa dalle disposizioni sulle operazioni bancarie in conto corrente e dal conto corrente ordinario, nonché dalle norme bancarie uniformi predisposte dall'Abi e dalle norme sul mandato. Con esso la banca assume l'incarico di svolgere un vero e proprio servizio di cassa per conto e nell'interesse del correntista, provvedendo a versamenti e riscossioni di somme secondo le sue istruzioni.

La **disponibilità iniziale**, che nelle operazioni bancarie regolate in conto corrente è costituita da un deposito o da un'apertura di credito, nel conto corrente bancario è variamente costituita anche con molteplici mezzi contemporaneamente, ed è alimentata da ogni altro credito e sovvenzione concessi dalla banca al correntista.

Il **servizio di cassa** cui è obbligata la banca ha un contenuto ampio e articolato: la banca non si limita a eseguire gli ordini di pagamento a terzi contenuti negli assegni ma, su richiesta del cliente e nei limiti delle disponibilità del conto, effettua pagamenti di bollette, imposte, rate di mutuo e provvede allo stesso modo a incassare effetti, assegni, accrediti di stipendi ecc. Gli ordini possono essere impartiti alla banca con richiesta di assegni circolari, emissione di assegni bancari, bonifici bancari, oppure mediante giroconto, un'operazione contabile con cui si trasferiscono somme da un conto a un altro. All'apertura del conto la banca rilascia al correntista un **libretto degli assegni**, previo deposito della sua firma. La firma depositata consente di verificare l'autenticità della firma di traenza degli assegni e degli altri ordini.

Con periodicità annuale (ma anche semestrale o trimestrale, a scelta del cliente) la banca invia l'**estratto conto** al cliente; entro sessanta giorni dalla ricezione il correntista può contestare il conto, se non lo fa si intende approvato.

esempio Saverio ha aperto un conto corrente presso un istituto di credito della sua città. La banca gli ha rilasciato un libretto degli assegni, una tessera bancomat e la carta di credito della società convenzionata con la banca, strumenti con i quali Saverio potrà disporre del denaro versato sul conto. Saverio ha dato disposizione al suo datore di lavoro di versargli lo stipendio direttamente in banca sul suo numero di conto e a tal fine gli ha comunicato il proprio codice Iban. Nello stesso tempo ha domiciliato sul conto corrente tutte le utenze domestiche (bollette della luce, del gas, del telefono, rate dell'auto e del televisore ecc.); in questo modo non dovrà più recarsi alla posta per pagare i bollettini, perché ci penserà la banca a pagare i fornitori prelevando dal suo conto le somme necessarie, in cambio di un modesto compenso.

A. VERO/FALSO

Indica se le seguenti affermazioni sono vere o false

1. Il deposito bancario:
   - **a.** se a risparmio con libretto al portatore ha un limite massimo Ⓥ Ⓕ
   - **b.** è un deposito irregolare Ⓥ Ⓕ
   - **c.** comporta per la banca il pagamento di interessi attivi Ⓥ Ⓕ
   - **d.** matura interessi che vengono capitalizzati annualmente Ⓥ Ⓕ
   - **e.** si perfeziona al momento dell'accordo tra banca e cliente Ⓥ Ⓕ
2. L'anticipazione bancaria:
   - **a.** è sempre garantita Ⓥ Ⓕ
   - **b.** è detta anche fido bancario Ⓥ Ⓕ
   - **c.** comporta il trasferimento dell'intera somma prestata al soggetto anticipato Ⓥ Ⓕ
   - **d.** richiede sempre una corrispondenza tra valore prestato e garanzia Ⓥ Ⓕ
   - **e.** prevede che l'anticipato possa prelevare di nuovo le somme restituite Ⓥ Ⓕ

B. CACCIA ALL'ERRORE

Sottolinea gli errori e riscrivi le frasi corrette

1. Il contraente della banca nel contratto di anticipazione bancaria, cosiddetto soggetto finanziato, può ritirare i titoli concessi in garanzia ogni qualvolta restituisce parte dei prelievi effettuati.

   ....

2. I contratti bancari sono per lo più contratti per adesione, in quanto predisposti preliminarmente nel contenuto dalla banca, secondo modelli contrattuali predisposti e verificati dall'Fbi, e poi sottoposti alla accettazione del cliente.

   ....

3. Il contratto di conto corrente ordinario è un contratto atipico predisposto dalla banca per effettuare servizi di cassa a favore del cliente.

   ....

4. Chi desidera disporre agevolmente del denaro depositato, magari tramite assegni, deve stipulare un deposito a risparmio.

   ....

C. COMPLETA LO SCHEMA

Inserisci i termini mancanti

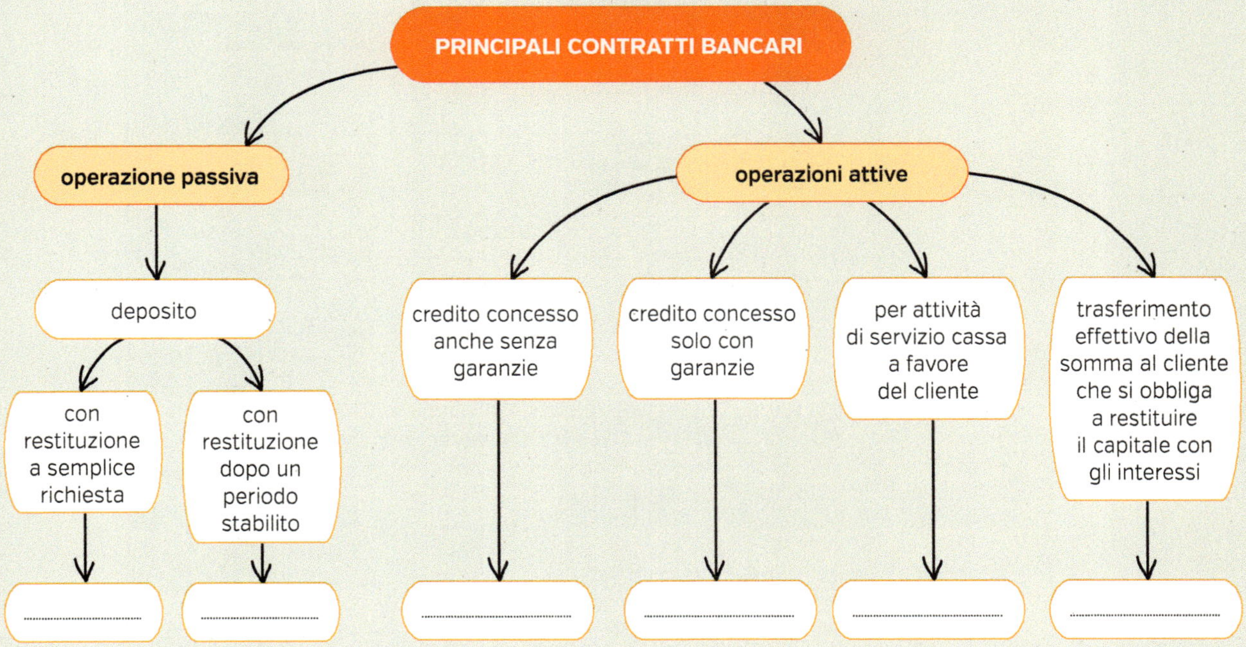

D. IL CASO

Leggi il caso e rispondi alle domande

Mario è titolare di un conto corrente alla Banca universale, filiale di Rovigo, con servizi di home banking e un'apertura di credito fino a 5000 euro che la banca concede automaticamente a tutti i correntisti che, come Mario, accreditano lo stipendio sul conto. Dovendo pagare l'Irpef il commercialista, dopo averglielo compilato, gli chiede di presentare il Modello F24 alla banca.

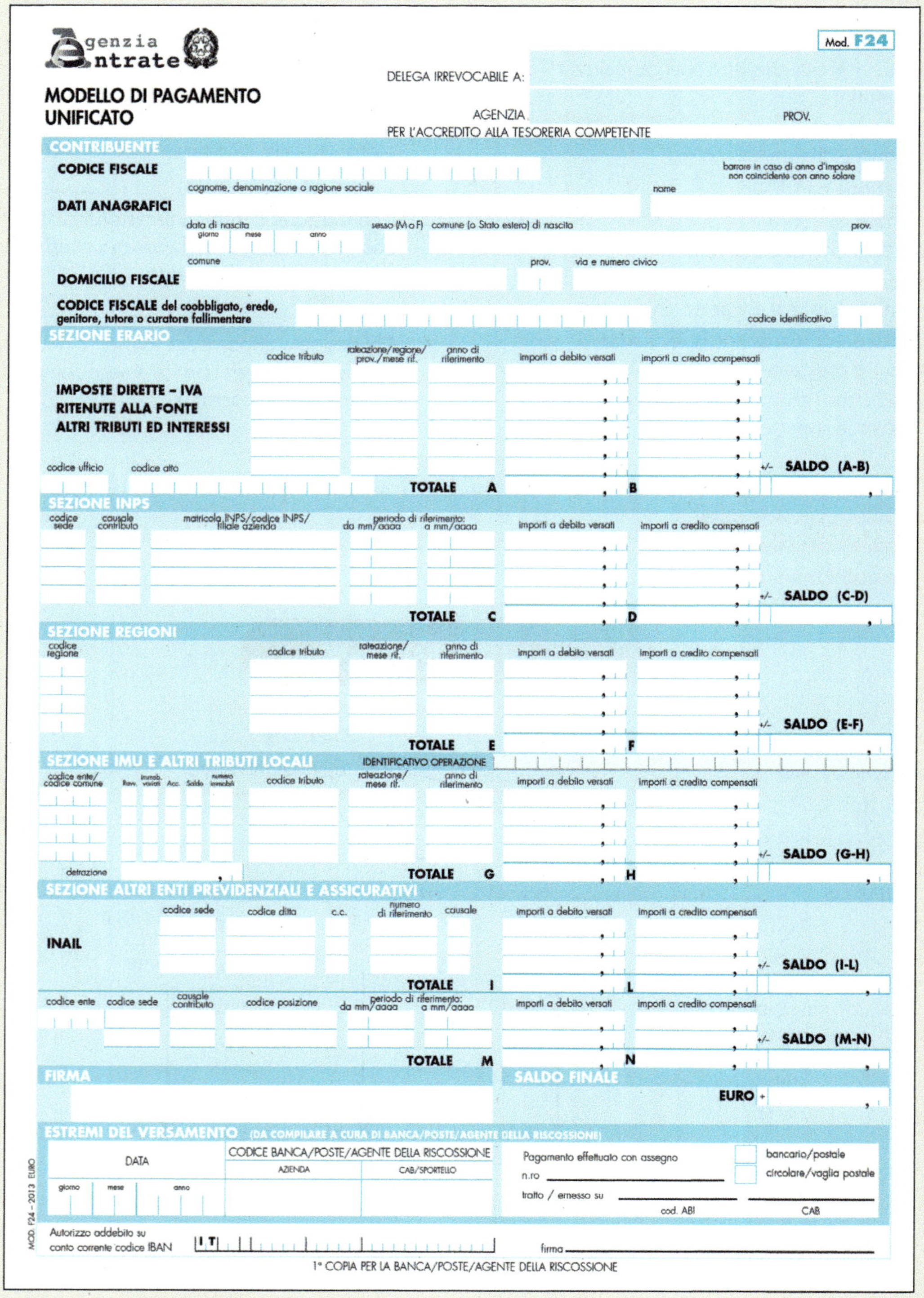

Agenzia Entrate

Mod. F24

MODELLO DI PAGAMENTO UNIFICATO

DELEGA IRREVOCABILE A:

AGENZIA PROV.

PER L'ACCREDITO ALLA TESORERIA COMPETENTE

CONTRIBUENTE

CODICE FISCALE — barrare in caso di anno d'imposta non coincidente con anno solare

DATI ANAGRAFICI — cognome, denominazione o ragione sociale — nome

data di nascita (giorno, mese, anno) — sesso (M o F) — comune (o Stato estero) di nascita — prov.

DOMICILIO FISCALE — comune — prov. — via e numero civico

CODICE FISCALE del coobbligato, erede, genitore, tutore o curatore fallimentare — codice identificativo

SEZIONE ERARIO

IMPOSTE DIRETTE – IVA
RITENUTE ALLA FONTE
ALTRI TRIBUTI ED INTERESSI

codice tributo — rateazione/regione/prov./mese rif. — anno di riferimento — importi a debito versati — importi a credito compensati

codice ufficio — codice atto — TOTALE A — B — +/- SALDO (A-B)

SEZIONE INPS

codice sede — causale contributo — matricola INPS/codice INPS/filiale azienda — periodo di riferimento da mm/aaaa a mm/aaaa — importi a debito versati — importi a credito compensati

TOTALE C — D — +/- SALDO (C-D)

SEZIONE REGIONI

codice regione — codice tributo — rateazione/mese rif. — anno di riferimento — importi a debito versati — importi a credito compensati

TOTALE E — F — +/- SALDO (E-F)

SEZIONE IMU E ALTRI TRIBUTI LOCALI — IDENTIFICATIVO OPERAZIONE

codice ente/codice comune — Ravv. — Immob. variati — Acc. — Saldo — numero immobili — codice tributo — rateazione/mese rif. — anno di riferimento — importi a debito versati — importi a credito compensati

detrazione — TOTALE G — H — +/- SALDO (G-H)

SEZIONE ALTRI ENTI PREVIDENZIALI E ASSICURATIVI

INAIL — codice sede — codice ditta — c.c. — numero di riferimento — causale — importi a debito versati — importi a credito compensati

TOTALE I — L — +/- SALDO (I-L)

codice ente — codice sede — causale contributo — codice posizione — periodo di riferimento da mm/aaaa a mm/aaaa — importi a debito versati — importi a credito compensati

TOTALE M — N — +/- SALDO (M-N)

FIRMA — SALDO FINALE — EURO +

ESTREMI DEL VERSAMENTO (DA COMPILARE A CURA DI BANCA/POSTE/AGENTE DELLA RISCOSSIONE)

DATA (giorno, mese, anno) — CODICE BANCA/POSTE/AGENTE DELLA RISCOSSIONE (AZIENDA, CAB/SPORTELLO) — Pagamento effettuato con assegno — bancario/postale — circolare/vaglia postale — n.ro — tratto / emesso su — cod. ABI — CAB

Autorizzo addebito su conto corrente codice IBAN — I T — firma

MOD. F24 - 2013 EURO

1ª COPIA PER LA BANCA/POSTE/AGENTE DELLA RISCOSSIONE

1. A chi andrà intestata la delega?
2. Come potrà Mario presentare la delega alla banca?
3. Che tipo di contratto è quello di Mario con la sua banca?
4. Che cosa potrebbe accadere se i fondi depositati sul conto non fossero sufficienti per pagare l'Irpef?

Lezione **30** Il dossier titoli

La Borsa valori

1. Il mercato finanziario

In relazione alla durata dell'operazione di prestito, il mercato della moneta viene tradizionalmente distinto in mercato monetario e mercato finanziario.
A differenza del mercato monetario, dove si svolgono operazioni di credito a breve termine (fino a diciotto mesi), il mercato finanziario comprende l'insieme delle contrattazioni di prestiti e di altri mezzi finanziari a **media** e **lunga scadenza**, superiore a diciotto mesi.

Con l'introduzione della **banca universale** (⇒ *lezione 27*), abilitata a operare nel breve, nel medio e nel lungo termine, la distinzione dei mercati ha perso gran parte del suo significato.
Il mercato finanziario rimane comunque il luogo nel quale avvengono scambi di moneta a medio e lungo termine. Nel mercato finanziario, l'offerta proviene dai risparmiatori che intendono impiegare durevolmente i propri capitali, mentre la domanda è data dalle imprese, dallo Stato e da altri Enti pubblici che desiderano procurarsi i mezzi per finanziare progetti di investimento.

L'incontro tra domanda e offerta di capitali sul mercato finanziario può realizzarsi seguendo due vie principali:

- attraverso l'intermediazione delle **banche**, che raccolgono i risparmi dalle famiglie tramite i depositi vincolati e concedono finanziamenti a lunga scadenza, soprattutto alle imprese;
- attraverso l'offerta ai risparmiatori di titoli pubblici emessi dallo Stato e di azioni e obbligazioni emesse dalle società commerciali. Questi titoli sono denominati anche **valori mobiliari** per il loro elevato grado di trasferibilità e la loro attitudine a circolare agevolmente tra gli operatori.

La seconda è certamente la via più importante tra le due. Le contrattazioni sul mercato finanziario riguardano soprattutto titoli rappresentativi di debiti (titoli di Stato e obbligazioni) o di quote di capitale (azioni), effettuate principalmente nella Borsa valori.

Esempio Una società che avesse bisogno di denaro per un investimento potrebbe chiedere un finanziamento a un ente creditizio, impegnandosi a restituire il capitale e a pagare gli interessi entro una determinata scadenza. Le banche concedono però prestiti a lunga scadenza solo in presenza di adeguate garanzie (ipoteche, fideiussioni ecc.) e a tassi di interesse molto elevati. In alternativa, la società potrebbe chiedere il prestito direttamente ai risparmiatori ai quali, in cambio del denaro ricevuto, rilascerebbe obbligazioni (in tal caso il risparmiatore diventerebbe creditore della società e avrebbe diritto alla restituzione del capitale e al pagamento di un interesse) oppure azioni (in tal caso il risparmiatore diventerebbe socio della società acquisendo il diritto di partecipare alla distribuzione degli utili). I risparmiatori in possesso di obbligazioni o di azioni potrebbero decidere di cedere questi titoli, cercando di spuntare un prezzo superiore a quello di acquisto.

Il risparmiatore acquista i titoli dall'ente che li ha emessi oppure da altri risparmiatori che li avevano acquistati in precedenza. Proprio in base a questo diverso modo di approvvigionamento dei titoli si distingue tra mercato finanziario primario e secondario.

Il **mercato primario** è l'insieme delle vendite e degli acquisti di nuovi titoli; in tal caso il prezzo è chiamato tasso medio all'emissione.

Il **mercato secondario** è l'insieme delle negoziazioni dei titoli già in circolazione; in tal caso il prezzo è detto rendimento medio effettivo.

Esempio La società "Alfa s.p.a." aumenta per finanziarsi il proprio capitale sociale, emettendo un certo numero di azioni che cede ai risparmiatori (mercato primario) i quali, così facendo, divengono soci della società e acquistano il diritto a partecipare agli utili sociali. I soci possono decidere di disfarsi delle azioni cedendole ad altri soggetti interessati all'acquisto (mercato secondario). Allo stesso modo i risparmiatori prestano denaro allo Stato che in cambio concede loro titoli del debito pubblico che possono essere ceduti ad altri.

Il mercato secondario, a sua volta, si divide in mercato regolamentato e mercato non regolamentato.
Il mercato **regolamentato** è soggetto a norme specifiche che regolano l'ammissione o la revoca dei titoli alle negoziazioni, le modalità di svolgimento, la formazione dei prezzi ecc. L'attività finanziaria presenta solitamente un grado elevato

di rischio per i risparmiatori: è quindi naturale che vengano predisposte delle regole di tutela e strumenti di controllo per salvaguardare gli interessi dei risparmiatori. Il complesso delle norme che governa il mercato regolamentato è oggi stabilito dalla società privata che gestisce il mercato, mentre a particolari enti pubblici è affidato un potere di vigilanza e controllo.
Il mercato regolamentato si svolge nella **Borsa valori**. Il mercato non regolamentato non è soggetto, invece, a norme specifiche e i prezzi che vi si formano assumono valore solo per i contraenti.

I COMPARTI DEL MERCATO FINANZIARIO

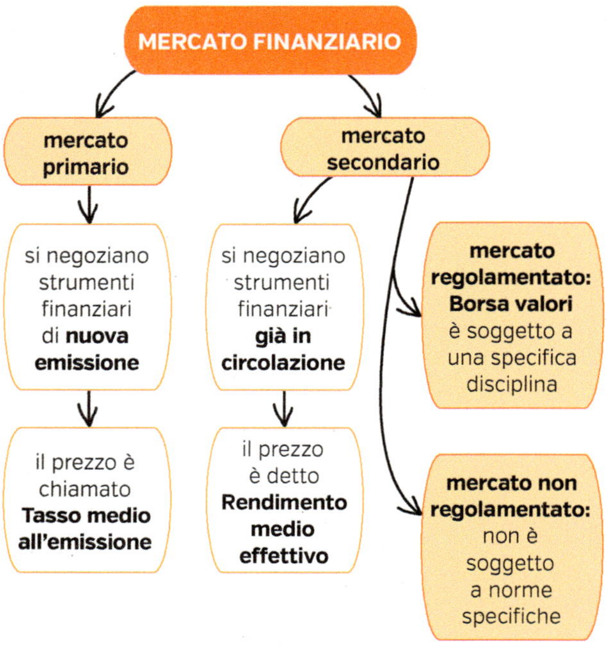

2. Il ruolo della Borsa valori

La **Borsa valori** è il mercato secondario regolamentato dove avvengono le negoziazioni di titoli.

In altre parole, le Borse valori sono i luoghi dove si effettuano gli acquisti e le vendite di azioni, obbligazioni e titoli pubblici; si distinguono così dalle Borse merci, dove invece si scambiano prodotti agricoli e materie prime. Il vantaggio principale delle Borse è di concentrare la domanda e l'offerta di un dato bene in un **unico mercato**, la cui organizzazione realizza l'ipotesi della libera concorrenza perfetta: mobilità di capitali, trasparenza ecc. Nelle Borse valori si attua la trasformazione del risparmio in capitale (investimenti pubblici e privati).

La Borsa valori svolge importanti funzioni per lo sviluppo economico di un paese.

- Funzione di **investimento**: offre ai risparmiatori la scelta tra un'ampia gamma di titoli: in Borsa il risparmiatore trova moltissime opportunità per investire i propri risparmi e può scegliere tra titoli di varia natura.
- Funzione di **liquidità**: consente ai risparmiatori di smobilizzare rapidamente i titoli acquisiti in precedenza. I possessori di titoli possono infatti venderli agevolmente ottenendo la moneta contante di cui hanno bisogno.
- Funzione di **finanziamento**: agevola il finanziamento del sistema produttivo e consente di coprire il deficit di bilancio dello Stato attraverso la vendita di titoli privati e pubblici: grazie alla Borsa le imprese possono finanziarsi più agevolmente e a costi più contenuti di quanto non farebbero ricorrendo ai prestiti bancari.

esempio Roberta dispone di risparmi per 10.000 euro che vorrebbe far fruttare. Si tratta di una cifra troppo bassa per consentirle di acquistare un immobile come desidererebbe.
D'altra parte la banca presso cui quella somma è depositata le riconosce un interesse molto basso, inferiore all'1% annuo, nemmeno sufficiente a far conservare al risparmio il suo potere di acquisto, considerato che l'inflazione è superiore a quella percentuale. Roberta potrebbe allora investire in Borsa i propri risparmi, scegliendo tra le molte offerte presenti su quel mercato regolamentato (azioni, obbligazioni, titoli di Stato, quote di fondi di investimento, strumenti derivati ecc.). Il denaro di Roberta andrà a finanziare, direttamente o indirettamente, il soggetto (società o ente pubblico) che vende il titolo. Inoltre, qualora Roberta avesse bisogno dei propri risparmi, potrebbe sempre convertire in moneta i titoli acquistati con relativa facilità, vendendoli in Borsa. e

Affinché la Borsa valori possa realizzare in pieno i suoi effetti benefici per il sistema economico è però necessario che essa rispetti alcune regole fondamentali:

- **trasparenza**: la Borsa deve fornire informazioni veritiere e complete su tutti gli elementi significativi delle operazioni possibili, come quelle sulle società quotate, sui prezzi dei titoli (quotazioni), sui costi richiesti per effettuare l'operazione ecc.;
- **spessore**: gli operatori devono essere sufficientemente numerosi, in modo che chiunque possa facilmente trovare la controparte a cui vendere o da cui acquistare i titoli;
- **solidità**: il volume degli scambi deve essere consistente, in modo che una modesta variazione nell'offerta o nella domanda non determini brusche variazioni nei prezzi;
- **efficienza**: i costi delle transazioni che occorre pagare alla società che gestisce la Borsa devono essere contenuti.

Il perseguimento di questi obiettivi è alla base della riforma dei mercati finanziari europei delineata dalle direttive 93/6 e 93/22 Cee recepite in Italia con il **Testo unico** delle disposizioni in materia di intermediazione finanziaria (Tuf, d.lgs. 58/1998) che, con le modifiche apportate negli anni successivi, rappresenta il testo normativo di riferimento del mercato finanziario italiano.

La Borsa italiana s.p.a. è stata acquisita nel 2007 dalla Borsa di Londra. Nella foto, la sede dell'istituzione britannica, la London stock exchange.

3. La privatizzazione della Borsa valori

Per antica tradizione, in Italia le Borse non sono concepite come imprese ma come servizio pubblico regolamentato, gestito e controllato da organismi di natura pubblicistica (soprattutto il Consiglio di Borsa e il Comitato di gestione). Questa impostazione ha comportato l'assenza di competizione tra i mercati e ha reso difficoltoso l'adeguamento della disciplina del mercato alle concrete esigenze che derivavano dalle innovazioni finanziarie.

Con la riforma, l'attività di organizzazione e gestione dei mercati viene affidata a **società per azioni** operanti secondo i criteri del codice civile. Si è realizzata così la privatizzazione della Borsa italiana e si è dato vita all'**impresa-mercato**. Il mercato finanziario è diventato un soggetto distinto dai soggetti che lo hanno costituito e rappresenta una delle possibili attività di impresa (produzione di servizi di negoziazione di strumenti finanziari), svolta in modo professionale e **autoregolamentato**, cioè in base a regole e procedure stabilite dall'impresa stessa. In presenza di particolari requisiti della società di gestione, la Consob autorizza l'esercizio dei **mercati regolamentati** e provvede alla loro iscrizione in un elenco. Scompare pertanto il concetto di "mercato ufficiale", sostituito da quello di "mercato regolamentato". Nelle intenzioni dei riformatori la concorrenza che verrà a innescarsi tra gli enti privati per accaparrarsi gli scambi di titoli e di capitali determinerà una maggiore efficienza economica nello svolgimento delle transazioni e di conseguenza una riduzione dei costi a tutto vantaggio del pubblico risparmio.

La **Borsa italiana s.p.a.** è operativa dal 2 gennaio 1998. Nel 2007 è stata acquistata dalla Borsa di Londra (London stock exchange).

Alle autorità pubbliche (Banca d'Italia, Consob e Ministero dell'economia e delle finanze) è rimasta l'attività di **controllo** sui mercati regolamentati. In particolare spetta loro la verifica della compatibilità delle norme di autoregolamentazione con le esigenze di trasparenza del mercato, di ordinato svolgimento delle negoziazioni e di tutela degli investitori.

Un'altra importante novità è rappresentata dal superamento del principio della **concentrazione in Borsa**, in base al quale le operazioni di acquisto/vendita di titoli quotati devono essere effettuate obbligatoriamente in Borsa (con l'eccezione di alcune specifiche situazioni). Il venir meno di questo principio comporta che le negoziazioni di strumenti finanziari possano avvenire, oltre che nei mercati regolamentati, anche in quelli non regolamentati e nei mercati esteri.

4. Gli intermediari di Borsa

Le operazioni in Borsa non possono essere svolte direttamente dagli interessati, ma devono avvenire tramite soggetti intermediari appositamente autorizzati.

Attualmente, i principali soggetti abilitati all'intermediazione in Borsa possono essere nazionali, comunitari o extracomunitari e appartengono a due categorie:
- le **imprese** di investimento;
- le **banche**.

Tra le **imprese** di investimento sono comprese:
- le Società di intermediazione mobiliare (Sim);
- le imprese di investimento comunitarie (con sede legale e direzione generale in uno stesso Stato Ue);
- le imprese di investimento extracomunitarie (con sede legale in uno Stato non Ue).

L'esercizio dei servizi di investimento da parte delle Sim è autorizzato dalla **Consob**, uno speciale organo di controllo incaricato di vigilare sull'attività della Borsa, quando ricorrono determinate condizioni come la solidità patrimoniale, la sede sociale, i requisiti di professionalità e onorabilità dei soggetti che svolgono funzioni di amministrazione ecc.

Le Sim vengono quindi iscritte in un apposito albo tenuto dalla Consob. Le Sim e le imprese di investimento comunitarie, se autorizzate nel proprio paese d'origine, possono operare liberamente in tutti i paesi Ue in base al principio del **mutuo riconoscimento**, attraverso succursali o tramite prestazione diretta dei servizi e sotto il controllo dell'autorità di vigilanza del paese di origine. Le imprese extracomunitarie invece, per operare in Italia, devono essere autorizzate dalla Consob e successivamente iscritte all'albo tenuto dalla Commissione stessa.

Per quanto riguarda le **banche** sono cadute le preclusioni che limitavano la negoziazione diretta soltanto ad alcune categorie di titoli (titoli di Stato o garantiti dallo Stato, titoli non quotati nei mercati regolamentati). Tale divieto impediva di fatto alle banche l'ingresso in Borsa, costringendole a ricorrere all'intermediazione delle Sim. Con le nuove disposizioni, agli enti creditizi autorizzati dalla Banca d'Italia è consentito l'accesso diretto alle contrattazioni che si svolgono in Borsa, senza limitazione in ordine agli strumenti finanziari trattati.

Alla Banca d'Italia e alla Consob sono affidati **poteri di vigilanza** nei confronti dei soggetti abilitati. L'attività di vigilanza ha lo scopo di garantire la trasparenza e la correttezza dei comportamenti nonché la sana e prudente gestione dei soggetti vigilati, avendo riguardo alla tutela degli investitori e alla stabilità, alla competitività e al buon funzionamento del sistema finanziario. Il potere di vigilanza si esplica in diversi modi:
- vigilanza **regolamentare**, cioè mediante regolamenti che disciplinano l'attività dei soggetti abilitati con possibilità di intervento sugli organi e sui dirigenti dei soggetti vigilati;

La Consob è un organo di controllo cui è affidata la vigilanza sulle attività di Borsa

- vigilanza **informativa**, quando le autorità richiedono informazioni, dati e documenti ai soggetti vigilati e alle società di revisione dei bilanci;
- vigilanza **ispettiva**, quando le autorità eseguono ispezioni presso le imprese di investimento e le banche.

5. I servizi di investimento

A differenza della normativa precedente, che disciplinava esclusivamente l'attività di intermediazione mobiliare, l'attuale normativa fa riferimento alla più vasta e articolata figura dei servizi di investimento.

I servizi di investimento sono riservati alle imprese di investimento e alle banche.
Vi rientrano le seguenti attività, quando hanno a oggetto strumenti finanziari:
- negoziazione per **conto proprio**, cioè compravendite di strumenti concluse direttamente per conto dell'impresa di investimento;
- negoziazione per **conto terzi**, cioè compravendite di strumenti concluse per conto di un cliente;
- **collocamento**, cioè introduzione presso il pubblico di strumenti finanziari;
- gestione di **portafogli** di investimento per conto terzi, vale a dire amministrare l'insieme delle attività finanziarie di soggetti al fine di massimizzarne il rendimento;
- ricezione e trasmissione di **ordini** nonché mediazione (operazione puramente intermediaria).

I servizi d'investimento sono affiancati da una serie di **servizi accessori** che possono essere prestati anche da soggetti diversi da quelli autorizzati. Tra i servizi accessori ricordiamo: la custodia e l'amministrazione di strumenti finanziari; la locazione di cassette di sicurezza; la consulenza agli investitori in merito a uno o più strumenti finanziari; la consulenza in materia di finanza d'impresa; l'organizzazione di consorzi per il collocamento di strumenti finanziari; cambi di valute collegate a servizi di investimento.

Per la cosiddetta **offerta fuori sede**, cioè la promozione e il collocamento presso il pubblico di strumenti finanziari in luogo diverso dalla loro sede legale, i soggetti abilitati devono avvalersi di promotori finanziari iscritti in appositi albi, che sono tenuti a osservare rigorose norme di comportamento stabilite dalla legge a tutela dei risparmiatori che spesso non sono esperti della materia finanziaria e non possono valutare con precisione le caratteristiche dei prodotti finanziari. Per tale ragione la legge, oltre a imporre determinati requisiti agli operatori che effettuano offerte fuori sede, impone obblighi di trasparenza e di informazione a favore del risparmiatore.

A. VERO/FALSO

Indica se le seguenti affermazioni sono vere o false

1. La Borsa valori:
   - **a.** è un mercato in cui operano determinati intermediari qualificati come banche e Sim Ⓥ Ⓕ
   - **b.** è un mercato finanziario secondario regolamentato Ⓥ Ⓕ
   - **c.** è un mercato finanziario pubblico Ⓥ Ⓕ
   - **d.** favorisce la compravendita di particolari titoli Ⓥ Ⓕ
   - **e.** è un mercato dove si vendono e si comprano titoli di nuova emissione Ⓥ Ⓕ
2. Nella Borsa valori:
   - **a.** si possono comprare anche titoli pubblici Ⓥ Ⓕ
   - **b.** le operazioni sono sottoposte al controllo di enti pubblici Ⓥ Ⓕ
   - **c.** non ci sono regole per compiere le varie operazioni Ⓥ Ⓕ
   - **d.** possono entrare solo enti pubblici Ⓥ Ⓕ
   - **e.** possono lavorare le banche come soggetti intermediari Ⓥ Ⓕ

B. CACCIA ALL'ERRORE

Sottolinea gli errori e riscrivi le frasi corrette

1. La Banca d'Italia e la Borsa Italiana s.p.a. sono enti di diritto pubblico cui è affidata la vigilanza sulla Borsa valori.
2. Possono svolgere attività di intermediazione nella Borsa valori le società per azioni e le Sim, purché autorizzate dalla Consob.
3. I servizi di investimento offerti dalle Sim in Borsa valori hanno per oggetto gli strumenti monetari.
4. La Borsa valori offre ai risparmiatori l'opportunità di un'ampia gamma di titoli per finanziare i propri risparmi.

C. COMPLETA LO SCHEMA

Inserisci i termini mancanti

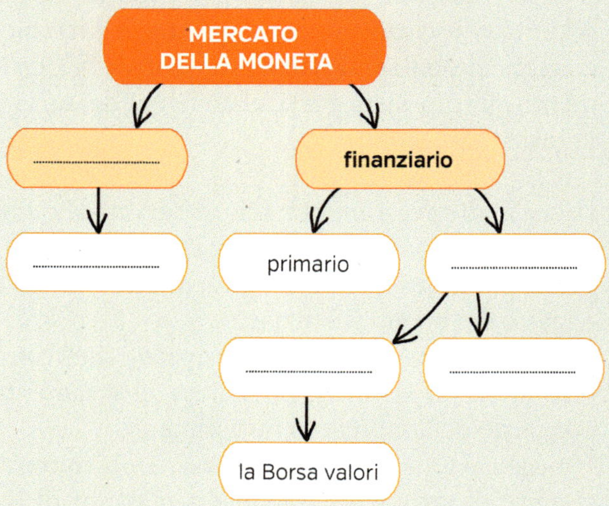

D. COMPLETA LA TABELLA

Indica con una crocetta gli strumenti finanziari tipici dei servizi di investimento elencati

Servizi	Negoziazione per conto proprio	Negoziazione per conto terzi	Collocamento	Gestione di portafogli di investimento per conto terzi	Ricezione e trasmissione di ordini nonché mediazione
Vittorio chiede a una Sim l'acquisto di 10.000 azioni di una determinata società quotata a un certo prezzo					
Donatella dà incarico a una Sim di venderle certe azioni di cui è titolare al miglior prezzo					
Una Sim acquista per sé delle azioni					
Offerta sul mercato di un certo quantitativo di titoli					
Franca affida a una Sim il compito di acquistare e vendere strumenti finanziari al fine di massimizzare il rendimento del suo patrimonio mobiliare					

Lezione **31**

Gli strumenti finanziari

1. Strumenti finanziari e valori mobiliari

Oggetto dell'attività d'intermediazione mobiliare sono i cosiddetti strumenti finanziari che comprendono:

- i **valori mobiliari**, come azioni, obbligazioni, titoli di Stato ecc.;
- gli strumenti del **mercato monetario**, come Bot, certificati di deposito, cambiali finanziarie;
- gli strumenti **derivati**, quali *futures* e *options*;
- le quote dei **fondi comuni** di investimento;
- **contratti a termine** e pronti contro termine.

Prendiamo adesso in esame i valori mobiliari e gli strumenti derivati, riservandoci di considerare le quote dei fondi e i contratti nel corso dei paragrafi successivi.

Le **azioni** sono titoli emessi da società che rappresentano frazioni di capitale sociale; esse vengono assegnate ai soci in cambio degli apporti patrimoniali (conferimenti) in denaro o in natura (trasferimento di proprietà o concessione di godimento di beni) da questi eseguiti.
Le azioni conferiscono ai portatori la qualità di soci e la partecipazione agli utili e alle perdite, oltre al diritto a una quota del capitale al momento della liquidazione dell'impresa.

Le **obbligazioni** sono veri e propri titoli di credito, nominativi e al portatore, che rappresentano quote di debiti contratti dalla società emittente (società private, imprese pubbliche).

Collegati ad azioni e obbligazioni possono esserci anche i *warrants*, anch'essi negoziati in Borsa: si tratta di certificati che attribuiscono al possessore il diritto di sottoscrivere, a una certa scadenza, titoli (solitamente azioni) di nuova emissione o già emessi e disponibili a un prezzo prestabilito, il cosiddetto prezzo d'esercizio o *strike price*.
Una caratteristica del *warrant*, che lo distingue per esempio dai contratti di opzione, è la sua natura **cartolare**, cioè di essere incorporato in un documento negoziabile sul mercato separatamente dal titolo a cui normalmente è collegato al momento dell'emissione.

esempio Flora ha sottoscritto dei *warrants*, pagando un determinato prezzo; pertanto ha il diritto di acquistare, a una certa scadenza, un determinato quantitativo di azioni della società che li ha emessi a un prezzo prestabilito, poniamo di 10 euro a titolo.
Se i *warrants* saranno esercitati, la società dovrà emettere le azioni che consegnerà a Flora al prezzo pattuito.
Se invece i *warrants* non verranno esercitati, per esempio perché il prezzo in Borsa delle azioni non è superiore a quello pattuito, il sottoscrittore subirà una perdita pari al costo di sottoscrizione del *warrant* (che evidentemente sarà inferiore rispetto alla perdita che subirebbe se acquistasse azioni con una quotazione bassa).
Flora potrebbe comunque, prima della scadenza, cedere i *warrants* in cambio di un prezzo.

Sia le azioni sia le obbligazioni rappresentano un importante mezzo di **finanziamento** per le società per azioni, che possono evitare così di ricorrere ai prestiti, ben più onerosi, delle banche.

I risparmiatori sono indotti ad acquistare azioni, sia dalla prospettiva di ottenere utili (distribuiti dall'assemblea della s.p.a. alla fine di ogni anno in occasione dell'approvazione del bilancio), sia dalla speranza di vedere aumentare la domanda del titolo e quindi il suo prezzo di mercato.
Chi acquista obbligazioni sa già, invece, quali saranno i suoi margini di guadagno, in quanto non partecipa agli utili ma è portatore di un titolo che gli dà diritto, alla scadenza stabilita, di ottenere dalla società una somma di importo superiore a quella pagata.

I **titoli pubblici** sono emessi dallo Stato. L'emissione di titoli pubblici ha rappresentato per molto tempo un'importante fonte di finanziamento della Pubblica amministrazione mediante la quale essa ha provveduto a coprire il proprio fabbisogno.
Ci sono vari tipi di titoli pubblici, ciascuno con caratteristiche proprie.

I PRINCIPALI TITOLI PUBBLICI

Titoli pubblici	Caratteristiche
Buoni ordinari del Tesoro (Bot)	Titoli a breve scadenza (3, 6 o 12 mesi) collocati sul mercato tramite asta. La loro emissione serve allo Stato per finanziare le spese correnti. Il Bot viene rimborsato "alla pari" cioè il valore di rimborso coincide con il valore nominale del titolo, pari a 100. Il titolo viene emesso senza cedola e quindi il rendimento è dato dalla differenza tra il valore di rimborso (valore nominale) e il prezzo di emissione, che è "sotto la pari", ovvero inferiore a 100. Lo Stato emette i Bot tramite "aste competitive" cui possono partecipare solo gli intermediari finanziari, che operano per conto dei clienti
Buoni del Tesoro poliennali (Btp) e Btp€i	Il titolo ha durata poliennale (con scadenze dai 3 ai 30 anni) e presenta cedole fisse pagate semestralmente. Vengono collocati mediante pubblica sottoscrizione a un tasso e a un prezzo prestabiliti. Non essendo prevista alcuna indicizzazione il loro acquisto è consigliato quando vi sono previsioni di un rallentamento dell'inflazione. Dal 2003 sono stati istituiti i Buoni del Tesoro poliennali indicizzati all'inflazione europea (Btp€i), che sono indicizzati all'inflazione della Zona Euro, espressa con l'Indice armonizzato dei prezzi al consumo con esclusione del Tabacco (HICP ex tobacco), calcolato mensilmente da Eurostat. Ciò serve a garantire gli investitori dagli aumenti del livello dei prezzi
Certificati di credito del Tesoro (Cct) e CctEu	Titoli a medio-lungo termine (da 5 a 7 anni), la cui principale caratteristica è la possibilità di indicizzazione del loro rendimento e del valore di rimborso. Nel 2010 i Cct sono stati modificati e sostituiti dal CctEu. Il titolo è sempre a tasso variabile ma è indicizzato al tasso di interesse interbancario Euribor 6 mesi
Buoni ordinari degli enti locali: comunali (Boc) provinciali (Bop) e regionali (Bor)	I Boc, i Bop e i Bor sono titoli pubblici istituiti nel 1995 come titoli del debito pubblico italiano dei Comuni, delle Province, delle Regioni. Questi Buoni hanno una struttura diversa rispetto ai titoli di Stato. La differenza è nel sistema di rimborso, che non avviene in un'unica soluzione alla scadenza, come per i titoli di Stato, ma frazionato, a ogni stacco della cedola. Per cui gli investitori incassano, a ogni singola scadenza, una cifra comprendente gli interessi e una quota parte del capitale investito. La durata di queste emissioni è in genere compresa tra cinque e venti anni

I titoli pubblici e le obbligazioni sono definiti titoli a **reddito fisso** in quanto, di regola, fruttano al possessore un interesse nominale costante stabilito al momento dell'emissione. Tuttavia, per proteggere l'investimento dall'inflazione, spesso l'interesse viene indicizzato alle variazioni del livello generale dei prezzi, cioè si modifica, nella misura e alla scadenza stabilite, con il variare dell'inflazione.

Le azioni sono invece titoli a **reddito variabile**: il titolare partecipa ai risultati economici della società emittente acquisendo il diritto a ottenere una parte degli utili conseguiti, sotto forma di dividendo, in proporzione al numero delle azioni sottoscritte.

2. Gli strumenti derivati

In Borsa vengono scambiati anche i cosiddetti strumenti **derivati**, chiamati così perché il loro valore è legato a quello di strumenti finanziari sottostanti (azioni, obbligazioni, valute ecc.). Tra i più diffusi ci sono *futures*, *options*, *swaps* e *warrants*.

I **futures** sono contratti bilaterali standardizzati (con struttura e clausole uniformi) che contengono l'impegno di una parte a comprare o a vendere a una data futura una certa quantità di titoli a un prezzo fissato alla stipula del contratto.

È evidente la dose di rischio (e quindi la possibilità di speculazione) contenuta in questo strumento, in quanto il contraente, alla data stabilita, si troverà a comprare o a vendere titoli a un prezzo diverso da quello in vigore sul mercato a quella data.

esempio Se il contraente si è impegnato a comprare a un prezzo di 10 euro e alla scadenza il prezzo sul mercato è di 11 euro, dopo aver eseguito il contratto rivenderà i titoli guadagnando 1 euro. Al contrario, se l'impegno fosse stato di vendere allo stesso prezzo, egli avrebbe sopportato una perdita, perché costretto ad acquistare i titoli sul mercato al prezzo di 11 euro per rivenderli a 10. **e**

I contratti **options** conferiscono a un operatore il diritto di acquistare [call option] o di vendere [put option] un quantitativo di titoli a una data futura e a un prezzo prestabilito dietro pagamento di un premio.

Nel caso degli options il contraente ha la possibilità (l'opzione appunto) e non l'obbligo come nei futures, di comprare o di vendere i titoli; egli valuterà se eseguire o meno il contratto confrontando il prezzo prestabilito con quello vigente sul mercato.

esempio Chi acquista un'opzione paga all'emittente un premio, poniamo di 1 euro per ciascun titolo, in cambio della facoltà di perfezionare il contratto di compravendita sottostante per un ammontare, per esempio, di 1000 titoli al prezzo di 10 euro ciascuno. Qualora al momento stabilito la quotazione dei titoli fosse più alta del prezzo convenuto, per esempio di 15 euro, il sottoscrittore avrà interesse a esercitare la propria opzione, ricavandone un vantaggio pari alla differenza tra la quotazione [15 euro] e il prezzo convenuto maggiorato del premio [cioè 10 euro + 1,11 euro per un vantaggio di 4 euro per ogni titolo acquistato]. Diversamente, qualora la quotazione fosse inferiore al prezzo convenuto, il sottoscrittore potrà preferire di non esercitare il proprio diritto di acquisto, limitando la perdita al premio versato. **e**

I contratti **swap** sono contratti a termine con i quali le parti, solitamente banche, imprese ed enti pubblici, si scambiano determinati flussi finanziari di cassa.

Scopo principale di questo contratto (che prende il nome dal verbo inglese *to swap*, scambiare) è la copertura dei rischi, ma possono anche essere stipulati per ottenere un profitto sulla variazione di prezzo nel tempo. I flussi di cassa scambiati possono consistere in interessi, pagamenti in valute differenti, pagamenti indicizzati, pagamenti di premi periodici in cambio di un pagamento di protezione nel caso di fallimento di una determinata azienda ecc.

esempio L'impresa Alfa acquista un'obbligazione a tasso variabile, mentre l'impresa Beta ne acquista una a tasso fisso. Alfa e Beta possono stipulare un contratto di *swap* in base al quale l'impresa Alfa corrisponderà all'impresa Beta gli interessi variabili che percepirà, mentre l'impresa Beta nello stesso periodo pagherà all'impresa Alfa gli interessi fissi che percepirà dal titolo in suo possesso. Nell'accordo di *swap* verranno stabilite le date in cui i pagamenti saranno effettuati e il modo in cui saranno calcolati. **e**

A differenza degli altri derivati, lo *swap* non ha un prezzo di acquisto con il quale la controparte diviene proprietaria di un titolo sottostante, o del diritto di acquistarlo/venderlo a un dato prezzo alla scadenza. Qui i flussi hanno date certe e stabilite dal contratto.

3. Le quotazioni dei titoli

Il valore dei titoli può essere considerato sotto diversi profili. Il **valore nominale** è il valore stabilito dalla società emittente e indicato sul titolo, mentre il **valore intrinseco** del titolo indica la quota di patrimonio che il titolo rappresenta; questo riferimento vale soltanto per le azioni.
Rispetto al valore nominale, il **valore di emissione** dei titoli, cioè il prezzo a cui sono posti in vendita sul mercato, può essere superiore, uguale o inferiore: si parla rispettivamente di emissione sopra la pari, alla pari o sotto la pari.

Il **valore di mercato** o corrente di un titolo, anche detto quotazione di Borsa, è il risultato del gioco della domanda e dell'offerta del titolo sul mercato borsistico.

La quotazione di Borsa può pertanto non coincidere con i valori sopra ricordati.
Generalmente sui mercati finanziari le società con azioni quotate in Borsa vengono valutate secondo il cosiddetto **valore di capitalizzazione**. Questo valore si ottiene moltiplicando il prezzo di mercato delle azioni per il numero totale delle stesse (escluse quelle ricomprate dalla società emittente).

esempio La General Electric Co., la società a maggior capitalizzazione mondiale, a febbraio 2015 aveva un valore di capitalizzazione pari a 383,22 miliardi di dollari, ottenuto moltiplicando il prezzo delle sue azioni [36,29 dollari americani] per il numero delle azioni sul mercato [10.560.000.000]. Solo per fare un confronto, si pensi che la società italiana maggiormente capitalizzata nello stesso periodo era Eni s.p.a., con un valore di poco più di 54 miliardi di euro e che il valore complessivo delle capitalizzazioni di tutte le società quotate sulla Borsa valori italiana era all'epoca di 523 miliardi di euro. **e**

Il valore di capitalizzazione non corrisponde tuttavia al valore di acquisto o di fusione della società sul mercato, poiché l'acquirente potrebbe prendere in considerazione differenti elementi di valutazione.

4. Gli indici di Borsa

Le quotazioni variano continuamente, anche in modo improvviso. Alla fine di ogni giornata di Borsa viene effettuata la media ponderata dei prezzi ai quali ogni titolo è stato trattato: tale media rappresenta la **quotazione del titolo**.

La quotazione dei titoli, specialmente quella delle azioni, è un dato estremamente reattivo e dipende dagli eventi più disparati (variazione del costo delle materie prime, tassi di disoccupazione o di inflazione, governi che cadono o cambiano, introduzione di nuove imposte ecc.) che possono influire, direttamente o indirettamente, sugli utili che la società quotata potrà fare in futuro. Gli operatori di Borsa esaminano con attenzione i dati macroeconomici del sistema, l'andamento dei mercati, i risultati economici e i dati contabili delle imprese interessate e sono pronti a reagire, positivamente o negativamente, anche sulla base di semplici previsioni del verificarsi di eventi significativi.

esempio La previsione di un aumento del costo del petrolio da parte dei paesi produttori e delle conseguenze che ciò potrebbe avere sui costi di produzione e quindi sulle vendite e sui profitti, può indurre i titolari di azioni di società industriali a vendere i titoli e ciò determina una diminuzione del prezzo dei titoli in Borsa. Altri potrebbero approfittare di questa riduzione per acquistare i titoli al prezzo più basso, confidando sul fatto che il prezzo del petrolio non crescerà o che comunque il suo aumento non avrà effetti significativi sui futuri profitti di impresa. Questa reazione potrebbe far salire nuovamente la quotazione del titolo.

Le quotazioni dei titoli vengono quindi raccolte in un apposito listino di Borsa, detto **fixing**.
Gli andamenti giornalieri delle quotazioni vengono infine sintetizzati nell'**indice generale di Borsa**, che registra le variazioni del livello medio di tutte le quotazioni con riferimento a un periodo di partenza (base), fungendo così da termometro della Borsa e della fiducia nel sistema produttivo. Se l'indice sale significa che è aumentata la domanda di titoli e ciò è espressione della fiducia degli investitori per le imprese da cui si attendono degli utili; se l'indice scende significa invece che l'offerta dei titoli ha superato la domanda, con indicazioni diametralmente opposte sulla fiducia dei risparmiatori sul futuro dell'economia.
Tra gli indici internazionali più noti, ricordiamo il Dow Jones della Borsa di New York, che riporta il valore delle 30 società americane a maggiore capitalizzazione; il Nasdaq, relativo al mercato telematico statunitense dei titoli tecnologici; lo Standard and Poor's, che rappresenta le prime 500 società americane; l'indice Nikkei della Borsa giapponese; il Dax di Francoforte, che contiene i 30 maggiori titoli tedeschi; l'indice Ftse (acronimo di Financial Times Stock Exchange) di Londra e il Cac 40 di Parigi.
Spesso i quotidiani evidenziano le quotazioni dei cosiddetti **titoli guida** delle società più importanti quotate in Borsa, detti in gergo *blue chips*, con riferimento ai gettoni blu che sono quelli di maggior valore nel gioco d'azzardo.
Nel 2009, a seguito della fusione della Borsa italiana con quella di Londra, alla Borsa di Milano sono stati introdotti vari indici in sostituzione di quelli precedenti. La tabella riepiloga i principali.

Ftse all share	Riguarda la maggior parte dei titoli presenti nella Borsa italiana, quasi il 95%. Il valore base di questo indice è stato calcolato pari a 20.000. Tale valore viene continuamente aggiornato durante la giornata di contrattazione
Ftse mib	È un indice azionario assai importante, riferito ai titoli delle 40 società più importanti, italiane e straniere, quotate sul mercato gestito dalla Borsa italiana (*blue chips*). Vi rientrano per esempio i titoli Campari, Enel, Eni, Fiat, Finmeccanica, Generali, Intesa San Paolo, Luxottica, Mediaset, Pirelli, Telecom, Tod's, Unicredit, Snam
Ftse Italia mid cap	Indice composto dai titoli delle 60 società medio-piccole non incluse nel paniere dell'indice Ftse Mib
Ftse Italia star	Indice riferito a tutte le azioni quotate nel segmento Star (Segmento Titoli con Alti Requisiti) delle piccole e medie società che presentano interessanti prospettive di crescita
Ftse small cap	Riguarda circa 150 titoli di società a piccola capitalizzazione
Ftse micro cap	Riguarda circa 25 titoli di società di dimensioni ancora più piccole di quelle rientranti nell'indice Small

Glossario

Liquidazione: attività volta a vendere i beni allo scopo di pagare i creditori dell'impresa in vista della chiusura dell'impresa stessa.

Fabbisogno: quantità di risorse monetarie necessarie alla Pubblica amministrazione per lo svolgimento delle proprie attività in un certo periodo.

A. VERO/FALSO

Indica se le seguenti affermazioni sono vere o false

1. I cosiddetti valori mobiliari:
   - **a.** sono titoli a reddito fisso (V) (F)
   - **b.** possono essere a reddito fisso e a reddito variabile (V) (F)
   - **c.** possono essere scambiati solo nella Borsa valori (V) (F)
   - **d.** comprendono i titoli pubblici (V) (F)
   - **e.** sono strumenti finanziari (V) (F)
2. I *warrants*:
   - **a.** hanno natura cartolare (V) (F)
   - **b.** sono titoli a reddito fisso (V) (F)
   - **c.** attribuiscono al possessore la qualità di socio di una s.p.a. (V) (F)
   - **d.** appartengono alla categoria dei titoli pubblici (V) (F)
   - **e.** sono negoziati in Borsa (V) (F)

B. CACCIA ALL'ERRORE

Sottolinea gli errori e riscrivi le frasi corrette

1. I *futures* sono strumenti derivati caratterizzati dalla possibilità delle parti di recedere dal contratto pagando una penale.
2. Il valore reale delle azioni di società quotate in Borsa è detto quotazione.
3. Il *fixing* registra le variazioni del livello medio di tutte le quotazioni con riferimento a un periodo di partenza.
4. Il valore di capitalizzazione di una società quotata in Borsa dipende dal numero delle azioni emesse per il loro valore nominale.

C. COMPLETA LO SCHEMA

Inserisci i termini mancanti

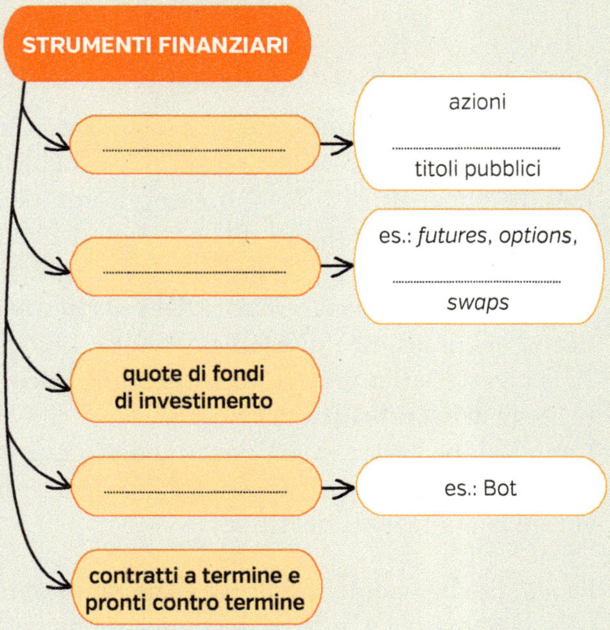

D. ANALIZZA I DATI

Studia il grafico e rispondi alle domande

Analisi di Ftse Mib del 17/10/2016

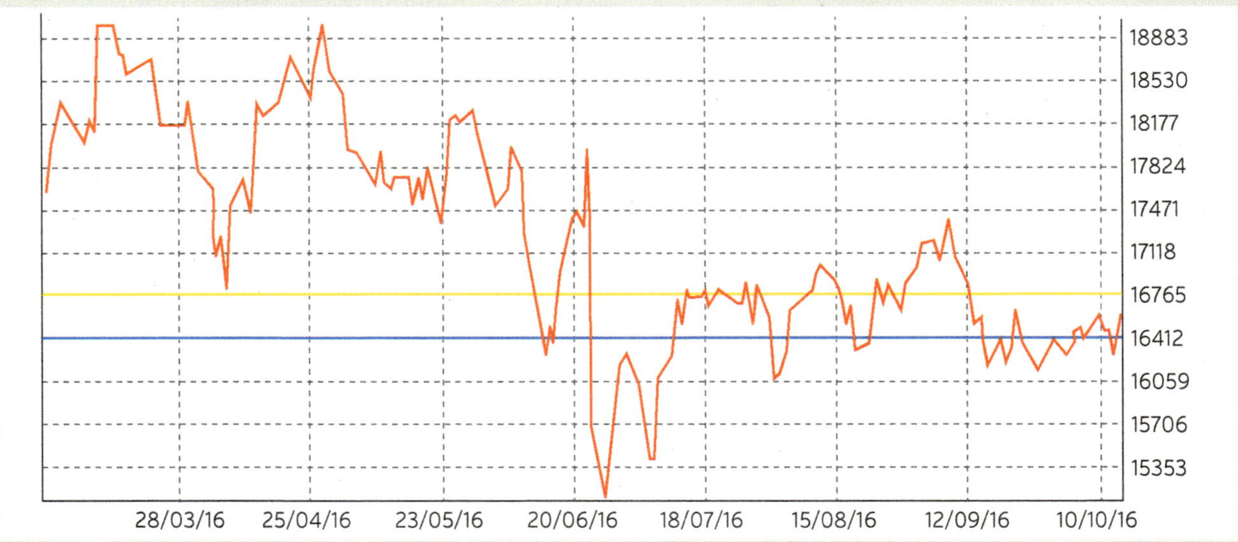

Fonte: borsaitaliana.it

1. Dall'analisi del grafico quale valutazione puoi fare dell'andamento dell'indice?
2. Per quale ragione l'indice sale e scende?
3. L'indice in salita è un segnale di fiducia o di sfiducia nei confronti dell'andamento dell'economia?
4. Che cosa accade generalmente al valore di capitalizzazione delle società quotate in Borsa quando l'indice scende?

Lezione **32**

Le operazioni di Borsa

1. La negoziazione dei titoli in Borsa

Non tutti i titoli sono ammessi alla contrattazione di Borsa: lo sono di diritto i titoli pubblici, mentre quelli privati devono esservi ammessi, su richiesta della società emittente, con delibera della Consob previo accertamento di determinati requisiti che riguardano l'entità del **patrimonio** netto, la sussistenza di **utili** negli ultimi bilanci, la caratteristica di diffusione tra il **pubblico** e la libera **trasferibilità** dei titoli di cui si chiede l'ammissione. Nel caso venissero meno i requisiti di ammissione, la Consob può sospendere o revocare la quotazione del titolo.

I soggetti che operano in Borsa e che rappresentano la domanda e l'offerta del mercato finanziario appartengono a tre categorie distinte:

- i **venditori stabili**; imprese private e pubbliche, lo Stato e altri enti pubblici che vendono titoli per procurarsi finanziamenti;
- gli **acquirenti stabili**; risparmiatori che, mediante l'acquisto di titoli vogliono impiegare in maniera durevole i loro risparmi (cosiddetti cassettisti), e gli investitori istituzionali (banche, compagnie di assicurazione, enti di previdenza e assistenza, fondi comuni di investimento, fondi pensione ecc.);
- gli **speculatori**; soggetti che operano in Borsa per trarre vantaggio dalle variazioni nel tempo del prezzo dei titoli.

La speculazione può essere al rialzo o al ribasso.
Nella speculazione **al rialzo** lo speculatore acquista titoli con lo scopo di rivenderli non appena si verifichi un aumento del prezzo; nel linguaggio borsistico i rialzisti vengono chiamati **bulls** (in inglese: tori), visto che il comportamento dello speculatore è simile al movimento del toro, che quando attacca muove la testa dal basso verso l'alto.

Nella speculazione **al ribasso**, invece, lo speculatore vende i titoli con l'impegno di consegnarli alla scadenza del termine, sperando che la quotazione del titolo scenda; nel linguaggio borsistico i ribassisti vengono chiamati **bears** (in inglese: orsi), in quanto, come gli orsi, attaccano dall'alto verso il basso.
Nella contrattazione tra speculatori, solitamente rialzisti e ribassisti si incontrano, avendo differenti previsioni sul futuro dei titoli che si sono impegnati ad acquistare e vendere: i primi confidano in un rialzo delle quotazioni dei titoli che si sono impegnati ad acquistare a un prezzo più basso, mentre i secondi sperano invece in un ribasso delle quotazioni dei titoli che si sono impegnati a vendere a un prezzo più alto.

Il riconoscimento dell'attività speculativa è essenzialmente dovuto alle funzioni benefiche che assolve. Infatti essa facilita il **collocamento** dei titoli di nuova emissione, verso i quali i risparmiatori nutrono una certa diffidenza e che invece gli speculatori prediligono per la maggiore probabilità che hanno tali titoli di variare la loro quotazione. La speculazione svolge un'efficace azione di **impulso** alle contrattazioni di Borsa, rendendo più dinamico e vivo il mercato borsistico. Contribuisce inoltre al livellamento e alla **stabilizzazione** delle quotazioni: gli speculatori infatti acquistano i titoli quando hanno basse quotazioni, sostenendone la domanda, per rivenderli a quotazione aumentata, impedendo eccessivi rialzi.
Tuttavia, se spinta oltre certi limiti, l'attività speculativa diventa un fattore di destabilizzazione della Borsa e dell'economia.

2. La conclusione dei contratti

L'acquisto o la vendita di titoli in Borsa avviene con la stipula di veri e propri contratti di Borsa conclusi attraverso gli intermediari autorizzati.

Si tratta di contratti di compravendita in cui possiamo distinguere tra il momento della stipulazione in cui nasce l'obbligo giuridico a eseguire le prestazioni, e la liquidazione in cui vengono effettuate le prestazioni, cioè la consegna dei titoli e il pagamento.
Proprio per questo aspetto si distingue tra contratti **a pronti** e contratti **a termine**: nel primo caso l'esecuzione del contratto è contemporanea alla stipulazione; nel secondo caso la liquidazione avviene in un momento diverso.
Le nuove regole sulla Borsa prevedono la liquidazione a pronti obbligatoriamente per tutti i contratti, consentendo un'esecuzione del contratto entro il quinto giorno lavorativo successivo alla stipulazione. La legge prevede tassativamente i casi di contratti a termine nei mercati regolamentati, tra i quali vanno ricordati gli strumenti finanziari derivati. La liquidazione a contanti delle operazioni di Borsa ha fortemente limitato la speculazione professionale, che risulta adesso circoscritta ai soli strumenti derivati.

I contratti di Borsa adottano un sistema di contrattazione detto in continua o telematico, costituito da una rete di computer collegati in tempo reale

Un'altra caratteristica dei contratti di Borsa è che essi adottano il sistema di **contrattazione in continua** o telematica. Questo sistema è costituito da una rete di computer che collega tra loro in tempo reale le varie sedi operative, garantendo l'unicità del mercato e favorendo l'incontro tra le controparti. La negoziazione di titoli si svolge ogni giorno in cui la Borsa è aperta e si sviluppa in varie fasi: preapertura, validazione, apertura, negoziazione continua, chiusura.

3. Il riporto di Borsa

I contratti di Borsa sono per lo più regolamentati in autonomia dalle società che gestiscono i mercati borsistici. Si caratterizzano, come abbiamo visto, per il fatto di essere conclusi attraverso intermediari autorizzati. L'unico contratto di Borsa disciplinato dal codice civile è il contratto di riporto.
Il contratto di riporto è spesso collegato con le operazioni di Borsa a termine ed è normalmente utilizzato dagli speculatori per le loro operazioni.

Il **riporto** è il contratto mediante il quale il riportato trasferisce in proprietà al riportatore titoli di credito di una data specie per un determinato prezzo e il riportatore assume l'obbligo di trasferire al riportato, alla scadenza del termine stabilito, la proprietà di altrettanti titoli della stessa specie, in cambio del rimborso del prezzo, che può essere aumentato o diminuito nella misura convenuta [art. 1548 c.c.].

Attraverso questo contratto, lo speculatore che non ha visto realizzate le proprie previsioni speculative, può rinviare l'esecuzione dell'operazione in attesa di un momento più propizio, realizzando nel frattempo la somma necessaria per finanziare la propria attività.

esempio Mariapia ha venduto a Luciano per 10.000 euro titoli con consegna a tre mesi e pagamento differito [a termine]. Luciano evidentemente confida nel fatto che al momento del pagamento la quotazione dei titoli sarà aumentata, così che per la somma convenuta riceverà titoli di valore maggiore. Supponiamo però che alla scadenza non ci sia stato il rialzo sperato del valore dei titoli ma addirittura ci sia stata una riduzione. Non potendo lucrare sulla variazione del prezzo, Luciano, sperando in un futuro rialzo dei titoli, potrebbe avere interesse a stipulare un contratto di riporto. In qualità di riportato ritrasferisce i titoli a Mariapia [riportatore], ricevendone subito 10.000 euro che compenserà con quelli che deve per la precedente operazione a Mariapia stessa. Al termine convenuto nel contratto di riporto, se i titoli saranno aumentati di prezzo, Luciano riavrà le azioni trasferite pagando a Mariapia i 10.000 euro (riporto alla pari) oppure la maggior somma convenuta nel contratto di riporto, lucrando sulla differenza di valore.

Tuttavia, il riporto non è un tipico contratto di Borsa, visto che può essere concluso per altri scopi. Si definisce **riporto di banca**, per esempio, quello che serve per procurare finanziamenti a chi ha titoli disponibili.

4. Le forme di gestione collettiva del risparmio

L'accesso ai mercati finanziari, nonostante tutte le cautele e le garanzie di legge, risulta alquanto problematico per la maggior parte dei risparmiatori che non possiedono le necessarie competenze e conoscenze tecniche.
Il risparmiatore che intende far fruttare il proprio investimento dovrebbe acquisire informazioni sui mercati, sulla situazione economica delle società quotate, sulla situazione politica del sistema economico ecc., in modo di stabilire quali titoli acquistare e in quale momento rivenderli per poter realizzare il miglior risultato. Ecco allora il vantaggio di rivolgersi a professionisti qualificati cui affidare i propri capitali e dare loro mandato di procedere ad acquisti e vendite dei titoli in Borsa. Ciò non elimina totalmente il rischio di perdite ma certamente contribuisce a limitarlo.

Nasce così il cosiddetto **risparmio gestito**: i risparmiatori affidano il loro denaro a dei gestori professionisti i quali, rispettando le indicazioni di massima impartite dal cliente sul rischio, la liquidità, la tipologia di investimento, provvedono ad amministrare i capitali affidatigli cercando di farli fruttare al massimo.

Questa gestione patrimoniale si definisce **individuale** quando tra il risparmiatore e il gestore si mantiene un rapporto stretto: in questo caso il capitale investito non finisce in un fondo comune insieme a quello di altri investitori, ma viene collocato su un conto intestato al singolo investitore.
Diversamente si ha gestione patrimoniale **collettiva**, detta anche gestione in monte, quando i capitali di ciascun investitore confluiscono in un unico patrimonio che viene gestito nel suo insieme da una società di gestione. Si tratta di una formula di gestione del risparmio che sta avendo notevole successo tra i risparmiatori e che è regolata da un'attenta e scrupolosa normativa.

Il Tuf ha istituito la **società di gestione del risparmio** (Sgr) a cui ha riservato, assieme alle Sicav, la competenza in tale importante e delicato comparto. La Sgr deve possedere determinati requisiti indicati dalla legge (forma di società per azioni, capitale minimo, professionalità e onorabilità degli amministratori ecc.) ed essere espressamente autorizzata dalla Banca d'Italia, sentita la Consob, a svolgere l'attività di gestione collettiva del risparmio.
Le gestioni in monte possono assumere la forma dei fondi comuni di investimento e delle Sicav.

I fondi comuni di investimento

I fondi comuni di investimento mobiliare sono stati introdotti e disciplinati dalla l. 77/1983 (sul modello degli *investment trust* degli Stati Uniti) per rimediare alla scarsa conoscenza del mercato finanziario da parte dei singoli risparmiatori. In poco tempo hanno assunto un ruolo di primo piano tra gli intermediari finanziari, contribuendo a far avvicinare al mercato finanziario anche i piccoli risparmiatori. I fondi sono istituti che **raccolgono** risorse finanziarie presso i risparmiatori per poi investirli nell'acquisto di valori mobiliari, in modo da ottenere una sufficiente sicurezza e un buon rendimento. In particolare l'investimento viene effettuato da esperti secondo criteri di **diversificazione**: vengono cioè acquistati titoli di varia natura in modo da ridurre al minimo i rischi di oscillazioni del valore di mercato (difficilmente tutti i titoli saranno contemporaneamente in perdita, mentre più proba-

La gestione del fondo comune di investimento è affidata a una società di gestione

bilmente le perdite di un titolo saranno compensate dall'incremento di altri titoli compresi nel portafoglio del fondo).

La partecipazione al fondo offre numerosi vantaggi per i risparmiatori: essi hanno la possibilità di poter contare sulla competenza professionale della società che gestisce gli investimenti e di diversificare gli investimenti stessi migliorandone i rendimenti e riducendone i rischi.

In base ai titoli trattati i fondi si distinguono in:
- **azionari**, che investono principalmente in azioni;
- **bilanciati**, che ripartiscono l'investimento tra titoli di Stato, azioni e obbligazioni in proporzione sostanzialmente uguale;
- **obbligazionari misti**, il cui portafoglio titoli è costituito da obbligazioni, titoli di Stato e in piccola parte da azioni di società sicure;
- **obbligazionari puri**, sottospecie di quelli misti la cui caratteristica è quella di investire esclusivamente in obbligazioni e titoli di Stato.

I fondi si possono distinguere anche in base alla distribuzione geografica degli investimenti. Si parla di fondi **italiani** e di fondi **internazionali** a seconda che si investa prevalentemente in titoli emessi da società italiane (con una tolleranza fino al 25% di investimenti esteri) o in titoli esteri.

Il fondo, composto da denaro e titoli, è suddiviso in **quote** di partecipazione di uguale valore, rappresentate da **certificati** di partecipazione nominativi o al portatore. I risparmiatori godono di un reddito che dipende dal rendimento del portafoglio e, a seconda del tipo di fondo, possono riscattare o meno le quote di partecipazione prima della scadenza del fondo stesso al prezzo indicato dalla società di gestione.

La **gestione** del fondo è affidata alla società di gestione del risparmio, mentre il patrimonio, costituito da denaro e da titoli, deve essere depositato presso una banca. Alla banca depositaria, oltre al compito di custodire il patrimonio, spetta anche quello di eseguire le istruzioni impartite dalla Sgr e di controllare che le operazioni svolte non siano contrarie alla legge, ai regolamenti del fondo e alle prescrizioni degli organi di vigilanza. Questa netta **separazione** tra fondo comune e patrimonio della società è la principale caratteristica di questo organismo di gestione collettiva del risparmio.

ORGANIZZAZIONE DI UN FONDO COMUNE DI INVESTIMENTO MOBILIARE

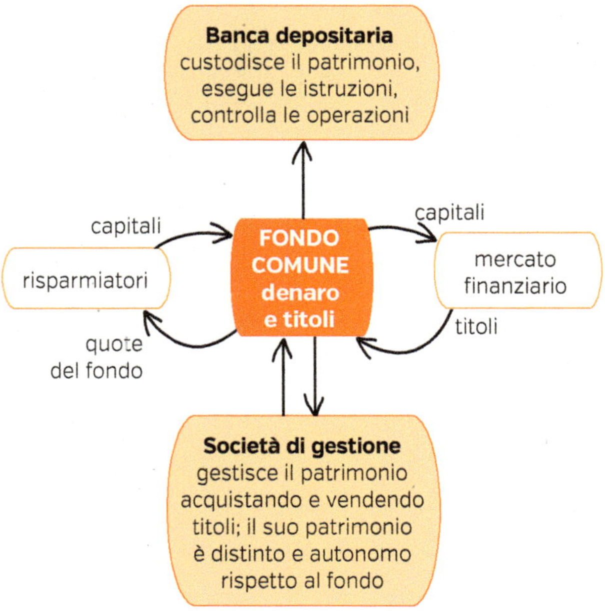

I fondi mobiliari investono in valori mobiliari. Essi possono essere aperti o chiusi.
Nel fondo **aperto** il numero dei partecipanti può cambiare continuamente dato che è consentito, in ogni momento, ai sottoscrittori di cedere ad altri le quote acquistate o di chiederne il rimborso, e alla società di emettere e collocare sul mercato nuovi certificati.

Nei fondi **chiusi** invece i partecipanti possono chiedere il rimborso alla società solo alla scadenza del fondo (la cui durata varia tra 5 e 10 anni con possibilità di proroga triennale) ed è fatto divieto alla società di procedere a nuove emissioni di certificati. Il fondo chiuso è particolarmente rischioso per l'investitore, perché non consente di chiedere il rimborso anticipato. Per tale ragione la legge sottopone questi fondi a particolari cautele e obblighi informativi a tutela del risparmiatore.

La legge consente anche l'istituzione di **fondi di investimento immobiliare chiusi**. In questo caso il capitale viene raccolto con un'unica operazione (essendo fondi chiusi non sono ammesse nuove emissioni di certificati) e viene prevalentemente impiegato nell'acquisto di beni immobili e nell'assunzione di partecipazioni in società immobiliari.

esempio Sonia ha deciso di investire 10.000 euro in Borsa, acquistando quote di un fondo di investimento mobiliare aperto. Essendo una persona prudente, ha scelto un fondo obbligazionario puro, il cui rendimento atteso è modesto, ma certamente più sicuro di quello di un fondo azionario. In cambio del suo denaro, la società che gestisce il fondo le ha ceduto 1000 quote di partecipazione del fondo, la cui quotazione al momento della sottoscrizione è appunto di 10 euro. La società ha depositato il denaro di Sonia nel fondo comune con il quale provvederà a effettuare gli acquisti di titoli ritenuti più convenienti. Nel caso che i titoli aumentino di valore nel tempo, il complesso dei titoli di proprietà del fondo aumenterà di valore e con esso le quotazioni delle quote del fondo. Così potrebbe accadere che la quotazione delle quote del fondo di Sonia, a distanza di un anno, salga a 11 euro. In tal caso Sonia potrebbe vendere le proprie quote, ricavando un guadagno di 1 euro a quota, cioè di 1000 euro.

Le Sicav

Le Società di investimento a capitale variabile (Sicav) sono società per azioni aventi per oggetto esclusivo l'investimento collettivo in valori mobiliari del patrimonio raccolto mediante l'offerta al pubblico, in via continuativa, di proprie azioni.
In questo caso l'investitore diviene **socio** della società di gestione e il fondo patrimoniale è lo stesso patrimonio della società. È questa la principale differenza rispetto ai fondi comuni di investimento. Le Sicav attribuiscono ai sottoscrittori non una quota (come nei fondi comuni), ma un'**azione** con diritto di voto. Le azioni possono essere emesse e rimborsate con una cadenza almeno settimanale, mentre non possono essere emesse obbligazioni o azioni di risparmio.

Il patrimonio delle Sicav varia in funzione delle sottoscrizioni e dei riscatti e del valore del portafoglio investito. È richiesto un capitale sociale minimo ma il Ministero dell'economia e delle finanze può fissare un importo maggiore. La diminuzione del patrimonio al di sotto di tale soglia minima comporta lo scioglimento della società se tale situazione perdura oltre i 60 giorni. Le Sicav devono essere autorizzate dal Ministero dell'economia e delle finanze e sono sottoposte al controllo della Consob.

Glossario

Azione di risparmio: particolare categoria di azione che attribuisce al suo titolare un trattamento preferenziale nell'assegnazione dei dividendi ma gli preclude il diritto di voto nell'assemblea degli azionisti.

A. VERO/FALSO

Indica se le seguenti affermazioni sono vere o false

1. Le operazioni di Borsa:
   - **a.** avvengono mediante stipula di contratti con modalità telematica Ⓥ Ⓕ
   - **b.** possono consistere in speculazioni Ⓥ Ⓕ
   - **c.** non si eseguono mai al momento della stipula Ⓥ Ⓕ
   - **d.** avvengono con contratti a pronti tranne per quelle aventi per oggetto strumenti derivati Ⓥ Ⓕ
   - **e.** non riguardano gli scambi di strumenti derivati Ⓥ Ⓕ
2. I fondi comuni di investimento mobiliare chiusi:
   - **a.** investono il capitale raccolto prevalentemente in beni immobili Ⓥ Ⓕ
   - **b.** consentono ai sottoscrittori di cedere le quote o di chiederne liberamente il rimborso Ⓥ Ⓕ
   - **c.** non possono procedere a nuove emissioni di certificati Ⓥ Ⓕ
   - **d.** rimborsano i partecipanti soltanto alla scadenza del fondo Ⓥ Ⓕ
   - **e.** investono i fondi raccolti dai risparmiatori nell'acquisto di valori mobiliari Ⓥ Ⓕ

B. CACCIA ALL'ERRORE

Sottolinea gli errori e riscrivi le frasi corrette

1. I contratti di Borsa sono normalmente a termine e stipulati in modalità telematica.
2. Lo speculatore rialzista, detto orso, è colui che acquista il titolo sperando di lucrare la differenza tra il prezzo convenuto e il maggior valore del titolo al momento dell'esecuzione del contratto.
3. Un fondo di investimento azionario presenta un grado elevato di rischio per l'investitore, ancora maggiore nel caso si tratti di un fondo aperto.
4. Chi acquista titoli in Borsa per effettuare un investimento a lungo termine, cosiddetto rialzista, predilige titoli sicuri anche se con crescita di valore modesta.

C. COMPLETA LO SCHEMA

Inserisci i termini mancanti

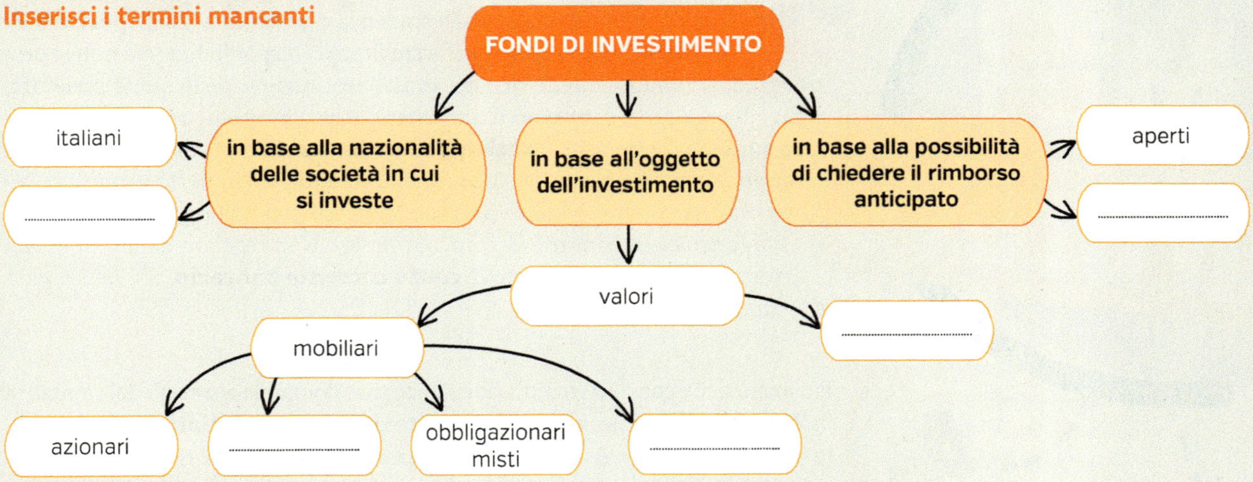

D. IL CASO

Classifica gli investimenti in base al rischio

Carlo dispone di una somma di denaro che vorrebbe far fruttare. Il consulente finanziario cui si è rivolto gli ha prospettato una serie di possibilità:

1. acquistare azioni di una società appena ammessa alla Borsa che presenta valide prospettive di crescita nel prossimo futuro;
2. acquistare quote di un fondo di investimento azionario chiuso dall'alto rendimento;
3. effettuare una speculazione su strumenti derivati con contratto a termine;
4. acquistare quote di un fondo di investimento obbligazionario aperto;
5. acquistare titoli di Stato;
6. acquistare quote di un fondo di investimento bilanciato;
7. acquistare quote di un fondo di investimento misto;
8. acquistare le azioni di una *blue chips*.

Ciascuna di queste opzioni presenta un diverso grado di rischio per Carlo.
Ipotizzando tre livelli di rischio, classifica i diversi investimenti nel proprio spazio.

Basso rischio	Medio rischio	Alto rischio

La sintesi

Lettura ad alta accessibilità

M4 in breve

1. La banca svolge principalmente attività di **intermediazione** nella circolazione del denaro governando il **credito**, che sorge quando la prestazione e la controprestazione nello scambio di beni non sono simultanee. Per accelerarne la circolazione si ricorre a documenti trasferibili che ne incorporano il diritto (**titoli di credito**). Il nucleo dell'intermediazione bancaria consiste in **operazioni di provvista** (passive), con le quali si ottiene denaro dai risparmiatori pagando loro **interessi** detti **passivi**, e **operazioni di impiego fondi** (attive), con le quali il capitale raccolto viene prestato contro pagamento di interessi detti **attivi**. Per poter onorare gli impegni di pagamento (liquidità), è essenziale un buon coordinamento delle due serie di operazioni; per ottenere profitto occorre che gli interessi attivi superino quelli passivi.

2. Le banche sono **imprese private** con ampia libertà di azione (operazioni senza limiti temporali, consulenze, partecipazioni, emissione di obbligazioni...) e di organizzazione (banche nazionali, gruppi polifunzionali...), che competono in un **sistema bancario** regolato e vigilato da autorità creditizie. Gli accordi promossi dal **Comitato di Basilea** dettano princìpi generali (patrimonio, rating, trasparenza) per un buon funzionamento del sistema. A livello di politica monetaria, nell'Unione europea le autorità di indirizzo e governo sono la **Banca centrale europea** (Bce), il **Sistema europeo di banche centrali** (Sebc: Bce e paesi Ue) e l'**eurosistema** (Bce con i paesi che adottano l'euro).

3. Tutte le operazioni di banca originano da contratti per adesione (non concordabili). Il contratto di **deposito** prevede il deposito di una somma di denaro presso un istituto che ne acquista la proprietà, con l'obbligo di restituzione alla scadenza o a richiesta. Nell'**apertura di credito** la banca cede a un accreditato la disponibilità (ma non la proprietà) di un ammontare in denaro, contro restituzione delle quote prelevate, più gli interessi. Nel **mutuo** il mutuatario riceve invece una somma di denaro a titolo proprietario. L'**anticipazione bancaria** costituisce una garanzia (pegno) concessa alla banca in cambio di credito per l'importo garantito. Deposito e apertura di credito possono comprendere una particolare contabilità (operazioni bancarie in conto corrente). Non regolato da una specifica norma di legge è il contratto di **conto corrente bancario**, con un servizio di cassa molto articolato.

4. Più ancora che con l'intermediazione bancaria, domanda e offerta dei capitali si incontrano attraverso la vendita/acquisto di **valori mobiliari** (titoli di credito pubblici e societari) all'emissione (mercato finanziario primario), e la negoziazione di quelli circolanti (mercato secondario). La **Borsa valori** è il settore regolamentato del mercato secondario, e assicura l'investimento dei risparmi, la smobilizzazione degli investimenti, il finanziamento dell'attività economica e del debito pubblico. La sua gestione è affidata a società private controllate dalle autorità pubbliche per garantire trasparenza, ordine e tutela degli investitori. Le operazioni di Borsa sono affidate a intermediari (banche, imprese di investimento), che forniscono servizi di investimento per conto proprio o di terzi. Operatori di Borsa sono i **venditori stabili** (Stato, imprese), gli **acquirenti stabili** (risparmiatori, investitori istituzionali) e gli **speculatori**, che lucrano sulle variazioni del prezzo dei titoli, e contribuiscono a rendere la Borsa dinamica, stabile, innovativa.
La media dei prezzi trattati in Borsa nella giornata costituisce la **quotazione** di un certo titolo; il livello medio di tutte le quotazioni è registrato dall'**indice generale di Borsa**.

5. **Strumenti finanziari** primari sono i valori mobiliari: azioni, obbligazioni, titoli pubblici di Stato ed enti locali. I **derivati** (*futures*, *options*, *swaps*...) sono invece strumenti legati in qualche modo al valore di altri strumenti. Nel **risparmio gestito**, i risparmi sono affidati a imprese di gestione professionale, che ne diversificano gli impieghi: fondi comuni di investimento, Società di gestione del risparmio (Sgr), Società di investimento a capitale variabile (Sicav). I **fondi comuni** si differenziano in base ai titoli trattati (fondi azionari, bilanciati, obbligazionari misti e puri); il patrimonio della società è separato dal fondo e il risparmiatore ottiene quote di partecipazione. Nelle **Sicav** l'investitore è socio e ottiene azioni, e il patrimonio è integralmente impiegato in valori mobiliari.

La mappa

Mappa personalizzabile

Per prepararti alla verifica orale, ripassa ad alta voce aiutandoti con la mappa e inserisci i numeri nelle caselle man mano che tratti gli argomenti

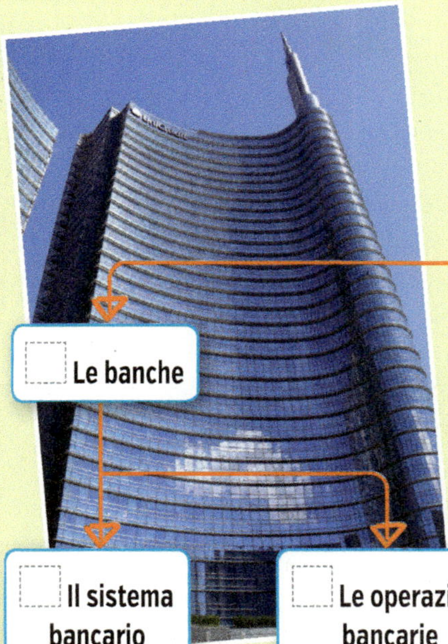

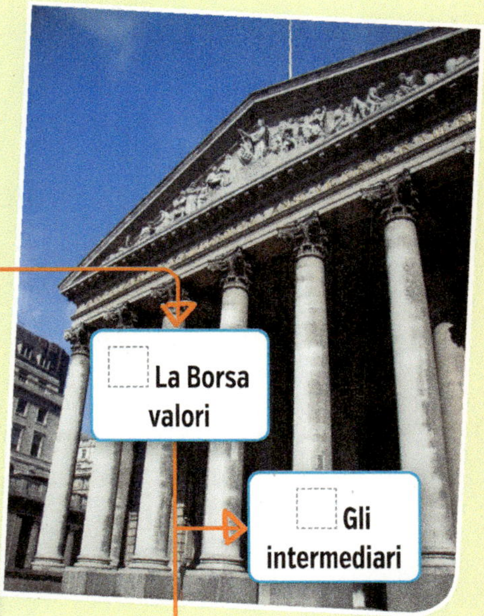

- ☐ L'attività creditizia
  - ☐ Le banche
    - ☐ Il sistema bancario
      - ☐ Gli enti creditizi
      - ☐ Le autorità creditizie
      - ☐ Banca centrale europea
        - ☐ La politica monetaria e creditizia
    - ☐ Le operazioni bancarie
      - ☐ I contratti bancari
        - ☐ Deposito
        - ☐ Apertura di credito
        - ☐ Anticipazione bancaria
        - ☐ Conto corrente
  - ☐ La Borsa valori
    - ☐ Gli intermediari
    - ☐ Gli strumenti finanziari
    - ☐ Le operazioni di Borsa
    - ☐ La gestione collettiva del risparmio

Verifica di fine modulo 4

Verifica in autovalutazione

A. VERO/FALSO

Indica se le seguenti affermazioni sono vere o false

1. La Banca centrale europea ha tra i suoi compiti quello di emettere i biglietti a corso legale nell'Unione monetaria. V F
2. Le operazioni bancarie sono solo quelle attive, perché realizzano l'effettiva intermediazione creditizia. V F
3. Il mercato finanziario è quello in cui avvengono le negoziazioni di titoli a media e lunga scadenza. V F
4. La quotazione di Borsa di un titolo corrisponde al suo valore di mercato. V F
5. Le Sim sono società finanziarie che investono in Borsa il denaro raccolto dai risparmiatori. V F
6. La Consob è un'autorità che vigila e controlla la Borsa valori s.p.a. V F
7. I contratti di Borsa possono essere a pronti e anche a termine. V F
8. Gli strumenti finanziari trattati nella Borsa valori sono: titoli pubblici, azioni e obbligazioni. V F
9. Le operazioni bancarie passive hanno lo scopo di impiegare il capitale raccolto concedendo dei prestiti alle famiglie o ad altri soggetti economici. V F
10. Il conto corrente ordinario prevede che le parti annotino in un conto i propri crediti in base a rimesse reciproche e non possano esigerli fino alla chiusura dello stesso. V F

B. SCELTA MULTIPLA

Indica la risposta corretta

1. Il contratto di riporto è:
   - a. ◯ un contratto stipulato da una banca
   - b. ◯ il tipico contratto stipulato da un investitore stabile in Borsa
   - c. ◯ un tipico contratto di Borsa
   - d. ◯ un contratto a termine
2. Il Tasso Euribor:
   - a. ◯ è il tasso di interesse praticato dalle banche sui prestiti alle altre banche
   - b. ◯ è il tasso ufficiale di riferimento e influenza il costo del denaro per le banche
   - c. ◯ è il tasso ufficiale di sconto italiano, valido solo in Italia
   - d. ◯ è il coefficiente della riserva obbligatoria
3. Il Sebc è:
   - a. ◯ un sistema di controllo e vigilanza su tutte le banche europee
   - b. ◯ un organismo composto dalla Bce e dalle Banche centrali dei paesi dell'Unione europea
   - c. ◯ l'istituto di emissione dell'euro
   - d. ◯ un organismo di controllo delle banche italiane
4. Il deposito bancario, secondo la durata, si distingue in:
   - a. ◯ deposito ordinario, conto corrente, deposito a risparmio
   - b. ◯ deposito ordinario o a vista
   - c. ◯ deposito a vista e deposito vincolato
   - d. ◯ deposito in conto corrente e deposito vincolato

C. LESSICO

Individua a quali concetti si riferiscono le definizioni che seguono

1. Capacità di una banca di fare tempestivamente ed economicamente fronte agli impegni di pagamento che ha contratto.
2. Organo della Banca centrale europea che formula la politica monetaria.
3. Contratto con il quale una banca concede credito a un cliente previa costituzione di pegno su titoli, merci o documenti.
4. L'insieme delle negoziazioni di titoli di Borsa già in circolazione.
5. Contratti con i quali banche, imprese o enti pubblici si scambiano flussi finanziari di cassa.

D. DOMANDE APERTE

Rispondi alle seguenti domande

1. Qual è l'importanza economica della funzione creditizia delle banche?
2. Distingui i diversi tassi di interesse evidenziando i nessi tra le loro variazioni e la crescita economica.
3. Quali sono le caratteristiche del sistema bancario italiano?
4. Illustra il contratto di deposito bancario.
5. Che differenze ci sono tra i diversi contratti bancari per le operazioni bancarie attive?
6. Quali sono i principali strumenti di politica creditizia?
7. Qual è la funzione economica della Borsa valori all'interno del mercato finanziario?
8. Quali sono i principali tipi di strumenti finanziari scambiati nella Borsa valori?
9. Come avvengono le operazioni di Borsa?
10. In che cosa consiste il fenomeno della gestione collettiva del risparmio?

Verifica delle competenze

A. RICERCA I DATI

Individua nelle pagine finanziarie di un quotidiano o sul sito della Borsa italiana (www.borsaitaliana.it/borsa/azioni/listino), tre titoli azionari che a tuo avviso godranno di maggior fortuna nel corso del prossimo futuro.

Simula quindi l'acquisto di 1000 azioni di ciascun titolo, secondo la quotazione di apertura del giorno.

Determina infine il valore complessivo del tuo investimento.

Controlla in Borsa, ogni sette giorni nel corso delle 4 settimane successive, l'andamento della quotazione dei titoli acquistati.

Riporta per ogni settimana il valore del tuo investimento con riferimento ai singoli titoli acquistati e quindi il valore complessivo del tuo investimento.

B. ELABORA I DATI

Alla fine della quarta settimana simula di rivendere i titoli alla quotazione di apertura corrente a quel momento.

Controlla il risultato del tuo investimento e misurane il valore della variazione in termini percentuali rispetto alla data iniziale.

C. COMPLETA LA TABELLA

Riporta i dati ottenuti nei precedenti esercizi nella tabella sottostante.

Data	Titoli	Quotazione	Valore
Acquisto:	1:		
	2:		
	3:		
valore investimento (acquisto titoli)			
Prima settimana	1:		
	2:		
	3:		
valore investimento alla prima settimana			
Seconda settimana	1:		
	2:		
	3:		
valore investimento alla seconda settimana			
Terza settimana	1:		
	2:		
	3:		
valore investimento alla terza settimana			
Quarta settimana	1:		
	2:		
	3:		
valore investimento alla quarta settimana (valore di realizzo della vendita)			
valore investimento iniziale euro			
valore investimento finale euro			
perdita/guadagno euro		% su investimento	

D. DISEGNA IL GRAFICO

Riporta sugli assi cartesiani i dati dell'andamento della quotazione dei tre titoli nel corso delle 4 settimane, utilizzando colori differenti per ciascun titolo.

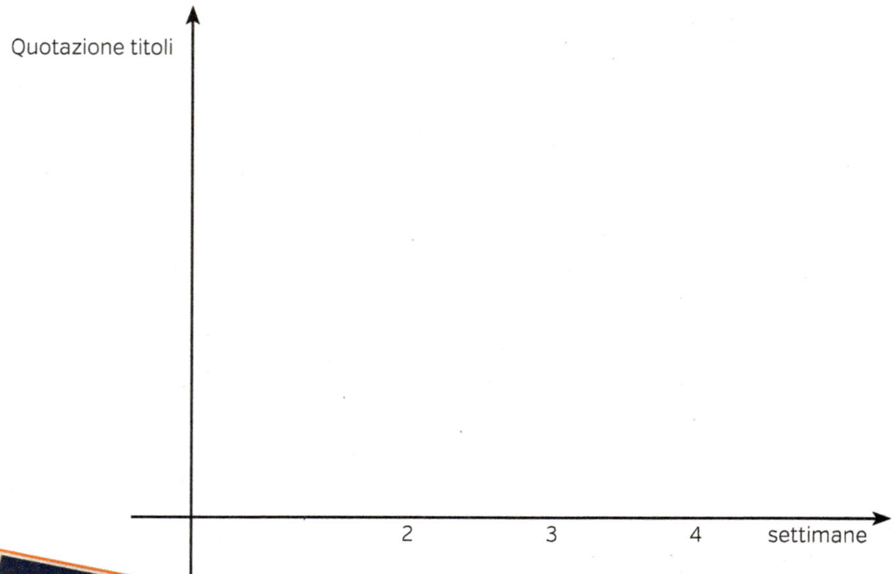

I rapporti monetari internazionali

Storia dei regimi dei cambi

m5 economia

Prerequisiti

- Conoscenza della teoria del commercio internazionale

Conoscenze

- Principi generali in materia di cambio delle valute
- Soggetti e autorità che operano sui mercati valutari
- I principali regimi dei cambi
- Sistema monetario europeo
- Caratteristiche e composizione della bilancia dei pagamenti

Abilità

- Riconoscere gli effetti sul sistema economico delle variazioni dei tassi di cambio
- Considerare e distinguere i vari tipi di intervento delle autorità monetarie sui mercati valutari
- Confrontare pregi e difetti dei principali regimi dei cambi
- Considerare le caratteristiche del Sistema monetario europeo e le opportunità che offre ai mercati nazionali
- Distinguere le sezioni della bilancia dei pagamenti e le tipologie di interventi per l'aggiustamento degli squilibri

Competenze

- Saper cogliere, dalle informazioni economiche di attualità, la presenza di variazioni dei tassi di cambio e le loro conseguenze sull'economia
- Riconoscere gli interventi delle autorità monetarie a difesa del valore di cambio
- Saper valutare, dalla lettura della bilancia dei pagamenti, la situazione del commercio internazionale in un dato momento e ricavarne indicazioni concrete sull'andamento dell'economia

Lezione **33**

Il cambio di equilibrio

Il cambio delle valute

1. Il rapporto di cambio tra valute

Ogni transazione commerciale internazionale, cioè ogni cessione di beni e servizi o movimento di capitali tra operatori di Stati diversi, è accompagnata da uno scambio di moneta nazionale con moneta estera.
Ciò è dovuto al fatto che nei rapporti di scambio tra paesi diversi manca una moneta legale obbligatoriamente accettata da tutti gli Stati; per effettuare i pagamenti è necessario allora **convertire** la moneta nazionale con quella del paese con cui si scambia.

esempio Se Francesco, cittadino italiano, volesse recarsi negli Stati Uniti per turismo, dovrebbe procurarsi una certa quantità di dollari statunitensi con cui effettuare i pagamenti. Infatti, negli Stati Uniti, dove la moneta avente corso legale è appunto il dollaro statunitense, nessuno (albergatore, taxista, venditore di souvenir ecc.) accetterà la moneta europea in pagamento. Quindi, prima di partire, Francesco si deve recare presso una banca autorizzata al commercio di valuta e acquistare dollari pagandoli un certo prezzo espresso in euro (per esempio 1000 dollari per circa 900 euro, cioè circa 0,90 euro al dollaro). Al suo ritorno in Italia, Francesco cambierà i dollari eventualmente avanzati compiendo un'operazione analoga: cederà i dollari in cambio di euro (per esempio 50 dollari per circa 45 euro).

In generale possiamo affermare che l'importatore italiano di beni e servizi stranieri cambia euro in valuta estera per effettuare i pagamenti delle merci importate, mentre l'esportatore italiano converte in euro la valuta estera che riceve in pagamento per le merci vendute.

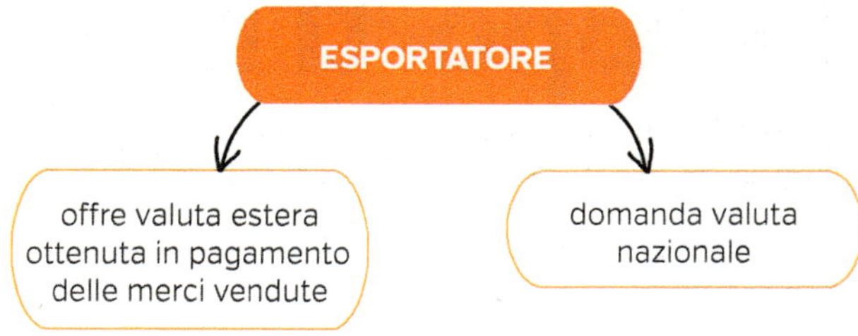

Per comprare la moneta di un paese straniero pagandola con la nostra moneta bisogna dunque versare un determinato prezzo, detto tasso di cambio o corso di cambio.

esempio Per acquistare un dollaro statunitense occorre pagare per esempio 0,90 euro, mentre per acquistare una sterlina britannica dobbiamo versare 1,11 euro, e così via.

Il **tasso di cambio** è il prezzo di una moneta espresso in un'altra moneta.

esempio Se, come detto, per acquistare un dollaro statunitense occorre pagare 0,90 euro, il cambio dollaro/euro è in questo caso pari a 0,90 euro per dollaro, oppure, cambiando la valuta di riferimento, 1,10 dollari per euro. Se un italiano volesse procurarsi 1000 dollari dovrebbe versare 900 euro, mentre un americano che volesse procurarsi 1000 euro li pagherebbe circa 1100 dollari.

Il mercato in cui si acquistano e si vendono le valute dei vari paesi si chiama **mercato dei cambi** o mercato valutario.

Per indicare la moneta di un paese si usano indifferentemente i termini valuta e divisa, che hanno però un significato diverso: il termine **valuta** si riferisce più propriamente alle banconote, alla moneta legale, mentre il termine **divisa** fa riferimento a ogni altro mezzo di pagamento espresso in moneta estera, cioè titoli di credito come cambiali, assegni ecc.

2. Il mercato valutario

Il **mercato valutario** è il luogo d'incontro dell'offerta e della domanda di valuta estera.

In particolare, con riferimento all'Italia:
- la **domanda** di valuta estera (cessione di euro per acquistare moneta estera) riflette le **importazioni** italiane, cioè i trasferimenti e i movimenti di capitali dall'Italia verso l'estero;

- l'**offerta** di valuta estera (cessione di moneta estera per acquistare euro) riflette le **esportazioni** italiane, cioè i trasferimenti e i movimenti di capitali dall'estero verso l'Italia.

Il mercato dei cambi per una qualsiasi valuta, per esempio l'euro, è dato da tutte le località del mondo, oggi collegate in tempo reale per via telematica, dove l'euro viene acquistato e venduto in cambio di altre valute (dollari, yen, sterline ecc.).

Proprio come ogni altro mercato, anche quello valutario è soggetto alle leggi della domanda e dell'offerta:

- al diminuire del tasso di cambio la domanda di valuta estera cresce, mentre ne diminuisce l'offerta;
- all'aumentare del tasso di cambio la domanda di valuta estera diminuisce, mentre ne aumenta l'offerta;
- l'aumento della domanda di valuta estera (a offerta invariata) fa salire il tasso di cambio, mentre la diminuzione della domanda lo fa diminuire;
- l'aumento dell'offerta di valuta estera (a domanda invariata) fa diminuire il tasso di cambio, mentre la diminuzione dell'offerta lo fa aumentare.

Il **cambio di equilibrio** è quello al quale domanda e offerta di valuta sono uguali.

I grafici illustrano queste dinamiche del mercato valutario.

IL CAMBIO DI EQUILIBRIO

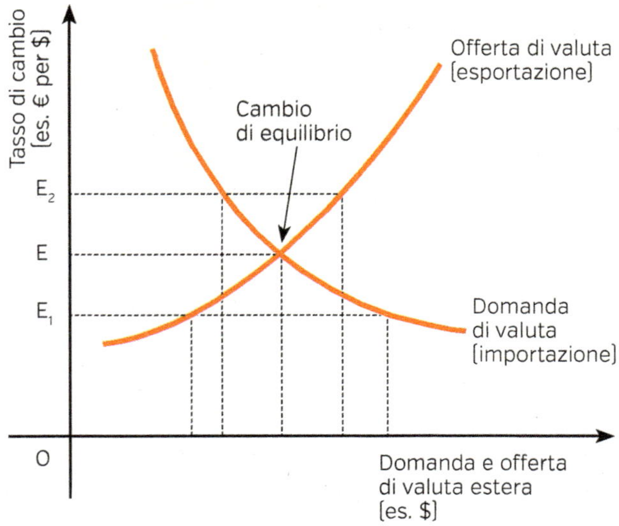

VARIAZIONI DELLA DOMANDA

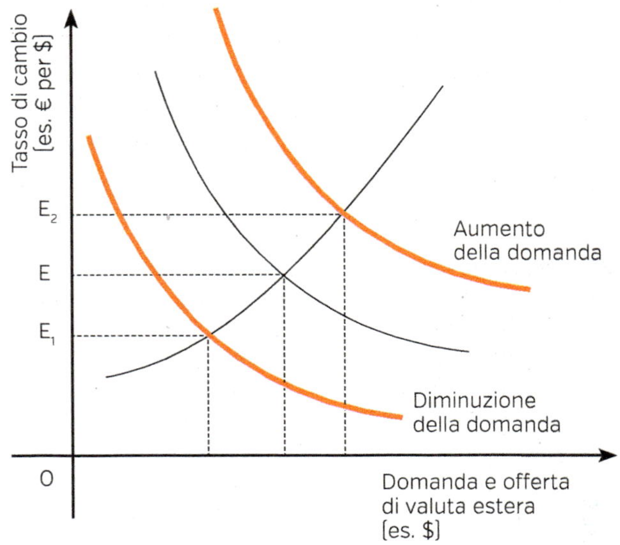

VARIAZIONI DELL'OFFERTA

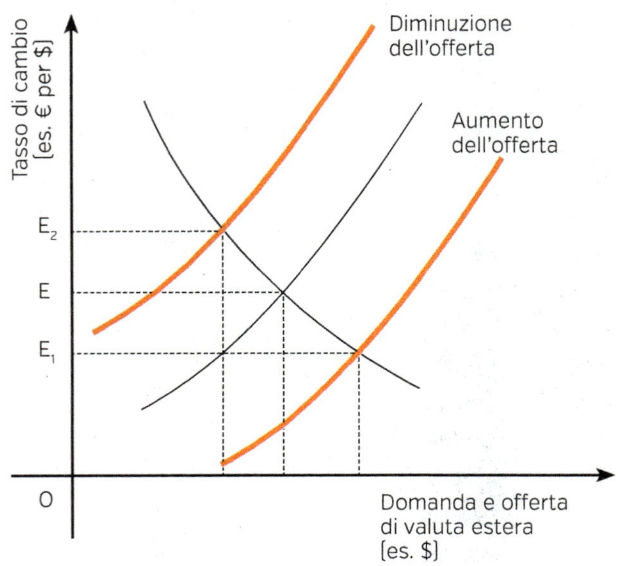

Le dinamiche del mercato valutario		
Tasso di cambio ↓	Domanda di valuta estera ↑	Offerta di valuta estera ↓
Tasso di cambio ↑	Domanda di valuta estera ↓	Offerta di valuta estera ↑
Domanda di valuta estera a offerta invariata ↑	Tasso di cambio ↑	
Domanda di valuta estera a offerta invariata ↓	Tasso di cambio ↓	
Offerta di valuta estera a domanda invariata ↑	Tasso di cambio ↓	
Offerta di valuta estera a domanda invariata ↓	Tasso di cambio ↑	

Le variazioni dei tassi di cambio influenzano in modo considerevole gli scambi internazionali: la variazione in aumento del cambio fa aumentare il prezzo dei beni importati e diminuire quello dei beni esportati e quindi fa diminuire le importazioni e crescere le esportazioni; effetti opposti si verificano in caso di riduzione del tasso di cambio.

esempio Per comodità consideriamo le relazioni che intercorrono tra due paesi soltanto, Italia e Stati Uniti, e immaginiamo che l'Italia importi dagli Stati Uniti computer ed esporti abbigliamento, mentre gli Stati Uniti facciano l'inverso. Gli acquisti si effettuano con la valuta del paese da cui si acquista: quindi per acquistare i computer americani gli italiani devono procurarsi dollari, mentre per acquistare i vestiti italiani gli americani devono reperire euro. Se il tasso di cambio sale, significa che occorrono più euro per acquistare un dollaro; quindi i computer risulteranno più cari per gli italiani, che ridurranno le importazioni dei prodotti americani. In quello stesso caso però i capi di abbigliamento italiani saranno meno cari per gli americani, che potranno procurarsi gli euro necessari con una somma inferiore di dollari; gli americani aumenteranno quindi i loro acquisti in Italia facendo crescere le esportazioni italiane.

La variazione in aumento del cambio fa dunque crescere il prezzo dei beni importati e diminuire quello dei beni esportati e fa quindi diminuire le importazioni e crescere le esportazioni. In altre parole, quando la moneta nazionale perde valore rispetto a quella estera, si verifica un incremento delle esportazioni e una diminuzione delle importazioni, a tutto vantaggio del saldo della bilancia commerciale. Effetti opposti si verificano in caso di riduzione del tasso di cambio, cioè di incremento di valore della moneta nazionale rispetto a quella straniera.

Possiamo constatare quanto affermato esaminando il grafico sul cambio di equilibrio: si osserva infatti che un aumento del tasso di cambio (da E a E2) favorisce le esportazioni, rappresentate dalla curva della offerta di valuta estera, e fa diminuire le importazioni, rappresentate dalla curva della domanda di valuta estera. La variazione del tasso in diminuzione (da E a E1) determina invece risultati opposti.

Le variazioni dei tassi di cambio influenzano notevolmente gli scambi internazionali

A. VERO/FALSO

Indica se le seguenti affermazioni sono vere o false

1. Il mercato valutario:
   - **a.** è soggetto alle leggi economiche del mercato Ⓥ Ⓕ
   - **b.** si svolge esclusivamente in determinati luoghi Ⓥ Ⓕ
   - **c.** determina il tasso di cambio della valuta Ⓥ Ⓕ
   - **d.** è l'incontro tra la domanda e l'offerta di moneta Ⓥ Ⓕ
   - **e.** è l'incontro tra la domanda e l'offerta di valuta estera Ⓥ Ⓕ
2. La variazione del tasso di cambio:
   - **a.** produce conseguenze sulla bilancia commerciale Ⓥ Ⓕ
   - **b.** se rafforza il valore della valuta nazionale sfavorisce le esportazioni Ⓥ Ⓕ
   - **c.** può essere conseguenza di un aumento della domanda di valuta Ⓥ Ⓕ
   - **d.** non ha conseguenze sui rapporti economici internazionali Ⓥ Ⓕ
   - **e.** è decisa da un'autorità pubblica Ⓥ Ⓕ

B. CACCIA ALL'ERRORE

Sottolinea gli errori e riscrivi le frasi corrette

1. Il tasso di cambio di una valuta aumenta con l'aumentare della domanda della valuta stessa sul mercato monetario.

   ……………………………………………
   ……………………………………………
   ……………………………………………

2. Le esportazioni di un paese verso un paese straniero crescono se migliora il rapporto di cambio tra la valuta del paese che esporta e quella dell'altro.

   ……………………………………………
   ……………………………………………

3. Un turista straniero in Italia domanda valuta straniera.

   ……………………………………………
   ……………………………………………

4. L'imprenditore straniero che investe in Italia domanda valuta estera.

   ……………………………………………
   ……………………………………………

C. COMPLETA LO SCHEMA

Inserisci i termini mancanti

AUMENTO DEL TASSO DI CAMBIO
- **i prodotti stranieri diventano più cari** → riduzione ……………
- **i prodotti nazionali diventano meno cari per gli stranieri** → aumento ……………

RIDUZIONE DEL TASSO DI CAMBIO
- **i prodotti stranieri diventano meno cari** → aumento ……………
- **i prodotti nazionali diventano più cari per gli stranieri** → riduzione ……………

D. COMPLETA LA TABELLA

Indica con una crocetta l'operazione valutaria che interessa i soggetti indicati

Soggetti interessati all'acquisto/cessione di valuta estera	Domanda di valuta estera	Offerta di valuta estera
Turisti stranieri in Italia		
Turisti italiani all'estero		
Esportatori		
Importatori		
Investitori italiani all'estero		
Investitori stranieri in Italia		

Lezione **34**

I soggetti che operano nel mercato valutario

1. I soggetti del mercato valutario

Sul mercato valutario operano diversi soggetti: importatori, esportatori, turisti, investitori che eseguono i cambi per effettuare pagamenti e gli speculatori che operano cercando di trarre profitto dalle variazioni dei tassi.
Un ruolo importante è svolto anche dalle **banche**, che comprano e vendono valute dagli altri operatori tradizionali, garantendo in tal modo l'esistenza di valuta estera per le ordinarie necessità.

esempio Samuel, un turista americano in Italia, cambia in una banca i dollari in euro; a quella stessa banca può rivolgersi Carla, che deve comprare dollari per andare in vacanza negli Stati Uniti. Se così non fosse, Carla dovrebbe rivolgere la sua richiesta a una banca americana o trovare personalmente Samuel e scambiare con lui le valute.

Inoltre, le banche scambiano tra loro le valute possedute in eccedenza.

esempio Nelle banche delle città d'arte italiane visitate da molti turisti stranieri si trovano più dollari di quanti non se ne trovino in una piccola cassa di risparmio di provincia, che può tuttavia ricevere richieste di dollari dagli importatori di merce dagli Usa. Le banche locali comprano dunque dollari dalle banche che ne posseggono in eccedenza.

Sul mercato valutario opera anche la **Banca centrale** o più generalmente le autorità monetarie. Esse intervengono in vario modo con l'intento di influire sul tasso di cambio della valuta nazionale rispetto alle altre valute.

2. Gli speculatori

Vari soggetti, privati e istituzionali, possono influenzare in modo differente il mercato valutario. Un ruolo significativo rivestono gli speculatori, che acquistano e vendono monete nella speranza di trarre profitto dalle **variazioni dei cambi**.

esempio Uno speculatore compra 10.000 dollari a 0,65 euro e li rivende sul mercato quando il cambio è salito a 0,85 euro, guadagnando 20 centesimi di euro per ogni dollaro acquistato e rivenduto, per un guadagno complessivo di 2000 euro. Se lo speculatore prevede correttamente le variazioni future dei cambi, realizza un profitto, altrimenti va incontro a una perdita.

La speculazione è di solito effettuata da banche o da operatori professionisti specializzati. Tuttavia chiunque debba effettuare o ricevere un pagamento in valuta estera può speculare. Infatti, chi deve pagare in valuta estera, cercherà di affrettare il pagamento se prevede che il tasso di cambio salirà, mentre, al contrario, proverà a ritardarlo il più possibile nel caso preveda un ribasso. Comportamenti opposti adotterà invece chi deve ricevere il pagamento.

La speculazione può influire sul tasso di cambio della valuta sia stabilizzandolo sia destabilizzandolo.
Se gli speculatori, convinti in un prossimo rialzo del tasso, acquistano la valuta quando il suo tasso sta calando o è molto basso, l'incremento della domanda che così si realizza fa salire o comunque frena la discesa del tasso stesso, **stabilizzandolo**.
Se invece gli speculatori sono convinti che il tasso di cambio, già basso o in fase calante, sia destinato a calare ancora, vendono la valuta, determinando un incremento dell'offerta della valuta che contribuisce a far decrescere ulteriormente il cambio, con effetti **destabilizzanti**.

3. Le autorità monetarie

Proprio per l'influenza esercitata dalle variazioni dei tassi di cambio sugli scambi internazionali e sulla produzione e in generale sull'economia del paese, il mercato valutario è sottoposto a uno stretto controllo da parte delle autorità monetarie. Per i paesi facenti parte dell'Unione monetaria europea, le autorità monetarie sono la **Banca centrale europea** (Bce) e il **Sistema europeo** di banche centrali (Sebc). Il ruolo svolto dalle autorità varia notevolmente in base al regime di cambi, fisso o flessibile, in vigore.

Nei regimi a cambi fissi, l'autorità monetaria stabilisce la **parità ufficiale**, cioè il tasso di cambio ufficiale tra la valuta nazionale e quella estera, al quale si impegna a cambiare tutta la valuta che le verrà presentata. Inoltre, l'autorità monetaria interviene sul mercato acquistando o vendendo valuta al fine di **stabilizzare** i tassi mantenendoli sul livello della parità ufficiale. A tal fine utilizza le riserve valutarie ufficiali, costituite dall'insieme di tutti i mezzi di pagamento detenuti dalle Banche centrali che consentono agli operatori di effettuare pagamenti internazionali, come, per esempio, le scorte di oro e di valute pregiate come il dollaro.

Quando il tasso tende a salire, in conseguenza di una elevata domanda, le autorità vendono valuta prelevandola dalle **riserve valutarie ufficiali**. L'aumento dell'offerta di valuta che ne deriva contrasta la tendenza all'aumento del tasso di cambio. Quando invece il tasso è in fase calante, le autorità monetarie acquistano valuta, riducendo l'offerta sul mercato valutario, rimpinguando le riserve valutarie e contrastando la tendenza alla riduzione del tasso di cambio. Tuttavia, l'acquisto di valuta viene fatto con la moneta nazionale, che pertanto entra in circolazione, favorendo il verificarsi dell'inflazione.

esempio In presenza di una forte domanda di euro, il suo tasso di cambio rispetto al dollaro statunitense cresce, e questo potrebbe portare a un peggioramento delle esportazioni europee negli Stati Uniti. Le autorità monetarie europee possono quindi intervenire vendendo euro.

Non sempre tuttavia le autorità monetarie sono in grado di sfruttare le riserve valutarie per controllare l'andamento dei cambi. Quando ciò accade è necessaria un'azione combinata di **politica economica**, che agisca non soltanto a livello valutario: le autorità preposte al governo dell'economia devono effettuare la scelta più opportuna per sortire l'effetto voluto, contenendo nel miglior modo possibile le conseguenze indesiderate.
Le variazioni dei cambi portano alla definizione di nuovi rapporti di cambio, che determinano il **deprezzamento** o l'**apprezzamento** della moneta nazionale.

esempio Se prima si poteva acquistare un dollaro con 0,65 euro e adesso ne occorrono 0,85 significa che l'euro vale, in termini di dollaro, di meno, si è cioè deprezzato rispetto al dollaro. Al contrario, il dollaro si è apprezzato sull'euro.

Quando le variazioni dei cambi si stabilizzano, nel senso che mantengono lo stesso segno per più tempo, nei regimi a cambi fissi si procede alla svalutazione oppure alla rivalutazione del cambio.
In caso di **svalutazione** l'autorità monetaria stabilisce una nuova parità a un livello superiore al precedente, per esempio non più un dollaro a 0,65 euro, ma a 0,85 euro.
La **rivalutazione** si verifica, all'opposto, fissando la nuova parità a un livello inferiore, per esempio un dollaro a 0,50 euro. In questo caso l'autorità monetaria si dichiara disponibile a scambiare quantità illimitate di valuta nazionale con quella estera secondo la nuova stabilita parità.

La svalutazione può provocare effetti positivi sull'economia del paese. Infatti, essa dà impulso alle **esportazioni**, in quanto i prezzi delle merci prodotte all'interno risultano più convenienti per gli operatori esteri.
Ciò si verifica a condizione che l'inflazione non aumenti, perché un'eventuale crescita dei prezzi finirebbe per vanificare il vantaggio.

esempio Supponiamo che un abito costi in Italia 100 euro; per gli statunitensi, al cambio del momento, poniamo un euro a 1,10 dollari, quell'abito costerebbe 110 dollari. Se, a causa della svalutazione, il rapporto di cambio passasse a 1 euro in cambio di 1 dollaro, l'abito verrebbe a costare 100 dollari circa, con un notevole vantaggio per l'acquirente americano. Ma se nel frattempo l'inflazione fosse cresciuta del 10%, l'effetto positivo sarebbe annullato: il nuovo prezzo dell'abito sarebbe infatti 110 euro, che al nuovo cambio corrispondono a 110 dollari.

I tassi di cambio hanno subìto nel tempo **ampie oscillazioni**. Ma da quali fattori sono influenzate queste oscillazioni? In sintesi possiamo affermare che i mutamenti dei cambi dipendono dal buono stato di salute dell'economia del paese cui la valuta si riferisce.
Infatti, se in un paese l'inflazione è bassa (e quindi il potere di acquisto della moneta è stabile), se i saggi di interessi sono alti (il che assicura buona remunerazione ai capitali investiti), se il sistema politico e giuridico è stabile (la qual cosa garantisce sicurezza agli investimenti), la domanda della sua moneta aumenterà e così il suo valore di cambio.

IL MERCATO VALUTARIO

	Operazione commerciale	Rapporto con il tasso di cambio	Che cosa accade se aumenta il tasso
Domanda di valuta estera	Importazione	Inverso (se cresce il tasso, diminuisce la domanda)	Cresce il valore della valuta estera e peggiora il rapporto di cambio per quella nazionale. Questo può provocare il deprezzamento della moneta nazionale e favorire le esportazioni
Offerta di valuta estera	Esportazione	Diretto (se cresce il tasso, aumenta l'offerta)	Diminuisce il valore della valuta estera e migliora il rapporto di cambio per quella nazionale. Questo può provocare l'apprezzamento della moneta nazionale e favorire le importazioni

attività

A. VERO/FALSO

Indica se le seguenti affermazioni sono vere o false

1. La svalutazione della moneta:
   - **a.** è disposta dalle autorità monetarie (V) (F)
   - **b.** si verifica in conseguenza di un costante apprezzamento della valuta (V) (F)
   - **c.** è possibile solo in un regime di cambi fissi (V) (F)
   - **d.** può avere effetti positivi per l'economia (V) (F)
   - **e.** sfavorisce sempre le esportazioni (V) (F)
2. La domanda di valuta estera:
   - **a.** comporta un apprezzamento della moneta nazionale (V) (F)
   - **b.** riflette le importazioni (V) (F)
   - **c.** è effettuata da uno speculatore rialzista quando il tasso di cambio è basso (V) (F)
   - **d.** se aumenta può generare effetti sul tasso di cambio che le autorità valutarie possono contrastare acquistando la valuta straniera (V) (F)
   - **e.** insieme all'offerta, dà luogo al mercato finanziario (V) (F)

B. CACCIA ALL'ERRORE

Sottolinea gli errori e riscrivi le frasi corrette

1. Lo speculatore nazionale che acquista valuta straniera contribuisce a farne diminuire il tasso di cambio.

   ....
   ....
   ....
   ....

2. L'autorità valutaria italiana è la stessa di quella britannica.

   ....
   ....
   ....
   ....

3. Una manovra dell'autorità valutaria diretta all'apprezzamento della valuta nazionale rispetto a una valuta straniera può determinare un aumento delle riserve ufficiali.

   ....
   ....
   ....
   ....

4. La parità ufficiale esiste soltanto nei regimi di cambi flessibili.

   ....
   ....
   ....
   ....

C. COMPLETA LO SCHEMA

Inserisci i termini mancanti

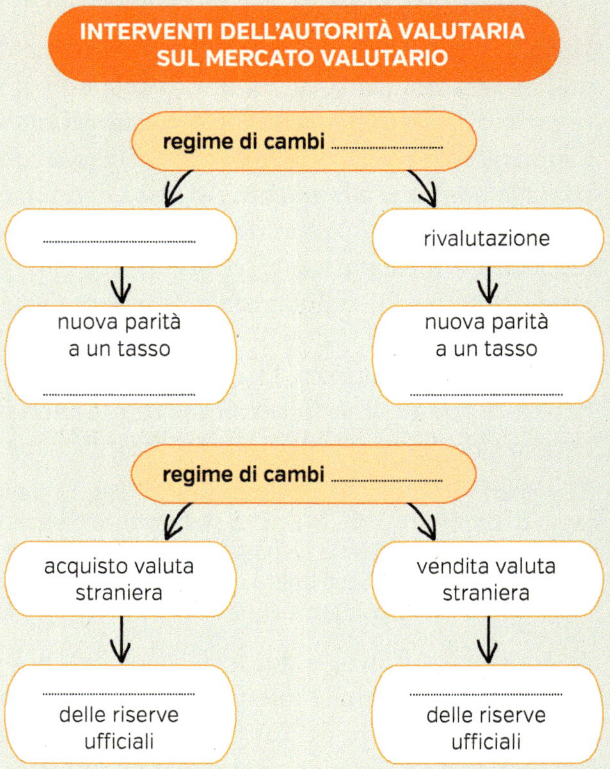

D. COMPLETA LA TABELLA

Inserisci gli effetti sulla bilancia commerciale

Considerato che il saldo della bilancia commerciale è dato dalla differenza tra esportazioni e importazioni e che esso è positivo quando il valore delle esportazioni è superiore a quello delle importazioni, considera quale effetto potrebbero avere le operazioni indicate sulla bilancia commerciale tra l'Italia e un paese straniero con valuta diversa.

Operazioni sul mercato valutario	Effetto sulla bilancia commerciale
Massiccio acquisto da parte degli speculatori della valuta estera	
Vendita di valuta estera da parte delle autorità valutarie	
Svalutazione della valuta nazionale rispetto a quella del paese straniero	
Apprezzamento della valuta nazionale rispetto a quella del paese straniero	
Offerta di valuta estera da parte delle autorità valutarie	

Lezione **35**

Debito e deficit

I regimi dei cambi

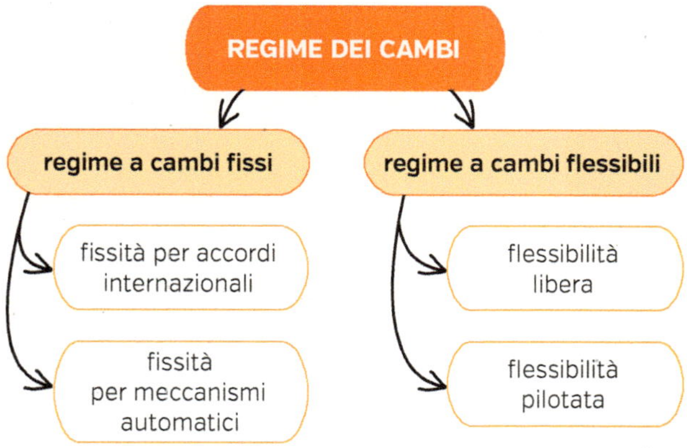

1. Cambi fissi e cambi flessibili

Le oscillazioni dei tassi, con i loro effetti sugli scambi internazionali e quindi su produzione, occupazione ecc., rappresentano un inconveniente per gli operatori economici. Si è quindi cercato di **regolamentare** il mercato valutario predisponendo criteri per determinare e controllare le variazioni dei cambi.

Il **regime dei cambi** è l'insieme dei meccanismi che determinano il tasso di cambio delle valute in un certo momento.

Le autorità monetarie, solitamente nell'ambito di accordi internazionali, possono fissare i **rapporti di cambio** tra le valute e impegnarsi a intervenire per mantenerli entro determinati limiti, oppure possono lasciare piena libertà di azione agli operatori privati, abbandonando il sistema alle regole del mercato. Fra questi due estremi ci possono essere forme di intervento di vario tipo.

Essenzialmente possiamo dunque distinguere due grandi gruppi di **regimi di cambi**:

- regime a cambi **fissi**: in questo caso le autorità monetarie stabiliscono il rapporto di cambio della moneta nazionale con le altre valute. Il rapporto di cambio in questo sistema prende il nome di **parità**. Il fatto che il cambio sia fisso può dipendere da accordi internazionali o da meccanismi automatici;
- regime a cambi **flessibili**: il tasso di cambio è libero di oscillare al variare della domanda e dell'offerta sul mercato. Anche nel regime a cambi flessibili sono comunque possibili interventi correttivi delle autorità monetarie volti a evitare oscillazioni eccessive. In quest'ultimo caso si parla più propriamente di regime a flessibilità **pilotata** per distinguerlo da quello detto a flessibilità libera.

2. Il regime a cambi fissi

Nel corso della storia ci sono state diverse esperienze di regimi di cambi fissi, come quello denominato *Gold standard* (dall'inglese, "standard dell'oro"), utilizzato fino alla prima guerra mondiale, o quello chiamato *Gold exchange standard*, che si affermò nel periodo tra le due guerre mondiali, fino al sistema elaborato negli accordi di Bretton Woods del 1944 che durò praticamente fino alla metà degli anni Settanta del secolo scorso. Con la fine del sistema di Bretton Woods, gli Stati hanno praticamente abbandonato il regime a cambi fissi, preferendo quello a cambi flessibili pilotati.

3. I sistemi a cambi flessibili

Nel regime a cambi flessibili **manca una parità ufficiale** stabilita dalle autorità monetarie; i rapporti di cambio dipendono invece dalle contrattazioni che si verificano sul mercato.

I cambi flessibili variano quindi continuamente, al mutare delle condizioni che influenzano la domanda e l'offerta delle valute. Questo dà però luogo a gravi inconvenienti: le condizioni d'incertezza per il futuro rendono impossibili le previsioni, scoraggiando quindi gli operatori internazionali; le frequenti oscillazioni favoriscono l'azione degli speculatori che possono incidere sulla stessa stabilità delle monete; le banche nazionali, infine, non riescono a individuare una moneta stabile cui affidare la funzione di riserva valutaria.

Per ovviare a tali inconvenienti le autorità valutarie intervengono sul mercato con varie operazioni correttive. Di conseguenza si può distinguere tra:

- regimi a flessibilità **libera**, nei quali le autorità monetarie non intervengono in alcun modo nel mercato valutario e i cambi sono esclusivamente il risultato dell'incontro della domanda con l'offerta;
- regimi a flessibilità **amministrata**, detta anche "sporca", quando la determinazione del tasso di cambio non avviene in un mercato concorrenziale, ma è pilotata dalle autorità monetarie dei vari paesi. Le Banche centrali, utilizzando le proprie riserve, intervengono sul mercato acquistando divise estere per sostenere la domanda oppure vendendo divise per aumentare l'offerta e fare diminuire la quotazione (⇒ *lezione 33*).

4. L'Unione economica e monetaria (Uem)

Tra le forme di integrazione monetaria sorte dopo il crollo del sistema di Bretton Woods, meritano un approfondimento gli accordi valutari tra i paesi della Comunità europea. Tali accordi furono presi nella consapevolezza che una cooperazione economica tra i paesi della Ce sarebbe stata impossibile in presenza di un'assoluta libertà monetaria. La strada della cooperazione monetaria ha condotto alla nascita, con il Trattato di Maastricht del 1992, dell'Unione economica e monetaria e alla comparsa di una **moneta unica** comune, circolante e gestita da una sola Banca centrale, la Banca centrale europea (Bce). L'euro ha visto la luce il 1° gennaio 1999, mentre le autorità monetarie hanno cominciato a operare qualche mese prima.

Nel maggio del 1998, il Consiglio dei ministri della Ue, formato dai ministri finanziari e dai governatori delle Banche centrali (Ecofin), dopo aver nominato i vertici delle autorità monetarie europee (Bce e Sebc), indicò gli Stati che soddisfacevano i requisiti richiesti dal trattato di Maastricht per entrare nell'Unione monetaria europea.

I criteri di convergenza previsti dal Trattato di Maastricht prevedevano:
- la stabilità dei **prezzi**; il tasso di inflazione non doveva superare di più dell'1,5% la media dei tassi dei tre paesi con prezzi più stabili;
- un debito pubblico non superiore al 60% del Pil;
- un deficit statale non eccedente il 3% del Pil;
- variazioni limitate dei **tassi di interesse**; i tassi a lungo termine non dovevano superare di oltre due punti quelli dei tre paesi a inflazione più bassa;
- stabilità dei **cambi**; la valuta doveva aver fatto parte dello Sme per almeno due anni.

Alla fine del 1996 ben pochi paesi (forse soltanto il Lussemburgo) potevano dirsi dentro questi parametri. Tutti gli altri, e l'Italia in particolare, si impegnarono ad adottare rigorose politiche che, nella maggior parte dei casi, si sono tradotte in tagli alla spesa pubblica e in aumenti delle entrate tributarie.
Solo 11 dei 15 Stati dell'Unione europea riuscirono inizialmente a raggiungere i requisiti richiesti a Maastricht ed entrarono a far parte dell'Unione monetaria europea; Finlandia, Irlanda, Olanda, Belgio, Lussemburgo, Francia, Germania, Austria, Spagna, Portogallo e Italia, cui si aggiunse nel 2001 anche la Grecia. Al 2016, dei 27 Stati membri della Ue (considerando l'uscita della Gran Bretagna avviata nel 2016), solo diciannove facevano parte dell'eurozona. Nel corso degli anni hanno fatto il loro ingresso Slovenia (2004), Slovacchia (2009), Cipro e Malta (2008), Estonia (2011), Lettonia (2014) e Lituania (2015).
I Paesi della Ue nei quali circola una moneta legale diversa dall'euro sono dunque otto. Di questi però solo la Danimarca e la Svezia (e originariamente anche la Gran Bretagna) hanno deciso volontariamente di non aderirvi, mentre gli al-

tri sei sono rimasti fuori dall'eurozona per non avere ancora soddisfatto i requisiti richiesti dai trattati.
Il sistema stabilisce che nei paesi della Ue le monete diverse dell'euro possono variare rispetto all'euro solo entro una stretta **forbice di oscillazione**, allo scopo di evitare facili svalutazioni monetarie che potrebbero rendere queste valute maggiormente competitive rispetto alla moneta unica europea.

A seguito dell'approvazione del **Patto di stabilità, crescita e sviluppo** (Psc) effettuata nel vertice europeo di Amsterdam il 16 giugno 1997, gli Stati dell'Uem si sono impegnati a controllare le loro politiche di bilancio, facendo in modo di rispettare i requisiti di adesione alla Uem, prevedendo anche delle sanzioni in caso di mancato rispetto. Il patto è stato ulteriormente rafforzato nel 2012 con un nuovo accordo, il cosiddetto **Fiscal compact**, che prevede tra l'altro l'obbligo del perseguimento del pareggio di bilancio con l'inserimento di una regola costituzionale in tal senso.
Il conseguimento dell'Uem ha rappresentato un importante traguardo per l'economia italiana, anche perché è giunto dopo un lungo periodo di crisi e di scarsa considerazione internazionale dell'Italia. La politica di risanamento del debito pubblico adottata fin dall'inizio degli anni Novanta ha ottenuto quindi un certo successo. L'integrazione europea richiede tuttavia che le strutture economiche, sociali, giuridiche e fiscali dei vari Stati si assomiglino e operino garantendo più o meno gli stessi standard di efficienza.

5. Il mercato interno europeo

L'ingresso dell'Italia nella Uem è stato salutato da tutti, almeno nelle fasi iniziali, con grande soddisfazione. L'innovazione più significativa dell'introduzione della moneta unica europea può essere considerato il passaggio dal mercato comune europeo al **mercato interno europeo**. La moneta unica, insieme al precedente abbattimento delle barriere doganali, ha notevolmente aumentato la **trasparenza** del mercato, permettendo ai cittadini di ciascuno dei paesi aderenti alla Uem di confrontare i prezzi dei beni e dei servizi e di scegliere il prodotto migliore al prezzo più conveniente. Questa dinamica è ulteriormente amplificata dalla crescente diffusione dell'e-commerce, che permette di fare shopping guardando le vetrine virtuali delle principali imprese del mondo seduti al computer di casa.
Insieme al mercato cresce la **concorrenza** tra le imprese: questo accade non solo per il maggior numero di rivali sul campo, ma anche per il venir meno del salvagente rappresentato dalla svalutazione della moneta nazionale, che in passato ha salvato tante imprese. Perduto questo vantaggio con l'avvento dell'euro, le imprese hanno dovuto mettersi d'impegno per eguagliare gli standard qualitativi europei.

esempio Le imprese turistiche italiane hanno avuto nel corso degli anni un indiscusso successo commerciale, soprattutto nei confronti della clientela estera, sicuramente per le impareggiabili attrattive dell'Italia, ma certamente anche per la svalutazione della lira rispetto alle altre monete europee che rendeva i prezzi dei nostri servizi estremamente appetibili per i turisti stranieri, specialmente quelli tedeschi. Con il cambio favorevole marco/lira, una famiglia tedesca poteva trascorrere un mese di vacanza sulla riviera adriatica a prezzi vantaggiosi.

L'accresciuta concorrenza dovrebbe portare a un miglioramento della qualità e della varietà dei prodotti e a una diminuzione dei prezzi, a tutto **vantaggio dei consumatori**. Questo fenomeno non ha riguardato tutti i settori economici allo stesso modo.

esempio È più difficile che si verifichi l'allargamento del mercato nel caso dei prodotti alimentari freschi venduti al dettaglio, in quanto è inimmaginabile che il consumatore possa fare la spesa quotidiana girando per i mercati d'Europa; il mercato dei prodotti finanziari e assicurativi è molto più interessato a questo fenomeno, perché per il cittadino o per l'impresa è pressoché indifferente rivolgersi a un istituto nazionale o a quello di un altro Stato europeo.

Gli effetti benefici dell'allargamento del mercato sembrano aver riguardato più gli acquisti all'ingrosso che quelli al dettaglio. L'introduzione della moneta unica ha anzi sortito l'effetto opposto di un generalizzato aumento dei prezzi, che è stato peraltro percepito dai consumatori in misura assai maggiore di quanto accertato dall'Istat. Forse è stato l'effetto di un perverso sistema di **arrotondamenti** dei centesimi, o della scarsa abitudine degli italiani a considerare il valore della moneta spicciola, o ancora il comportamento disonesto di molti imprenditori che, approfittando della confusione, hanno aumentato indebitamente e in modo sproporzionato i prezzi della merce (talvolta le 1000 lire sono divenute 1 euro).

Dal canto loro le imprese traggono vari benefici dall'introduzione dell'euro. Per limitarci ai principali vantaggi basta ricordare che esse:
- accrescono le loro opportunità di **vendita**;
- possono contare su una maggiore **sicurezza** negli scambi, non essendovi più l'incognita derivante delle oscillazioni dei cambi delle valute;
- beneficiano di una riduzione dei costi delle transazioni, venendo a mancare la contabilità dei cambi;
- possono realizzare più facilmente investimenti all'estero e aggregarsi ad altre imprese per dare vita a progetti commerciali comuni, le cosiddette *joint venture*.

Per poter sfruttare appieno tutte le opportunità che l'introduzione dell'euro può offrire, occorre tuttavia che si creino le condizioni per la crescita dei sistemi economici. È quindi necessario che la Ue adotti un'attenta politica economica, tesa a uniformare le normative e le caratteristiche strutturali dei sistemi economici dei vari Stati.

esempio Non è opportuno continuare ad applicare un'imposta sui beni di consumo con aliquote molto diverse tra i vari Stati, perché ciò compromette le imprese operanti nello Stato fiscalmente più esigente, costringendole a praticare prezzi più elevati ai consumatori.

6. Il dibattito sulla Uem

Negli ultimi anni, l'adesione dei vari Stati europei alla Uem è stata messa in discussione, forse anche a causa della recente crisi mondiale, che ha fatto sentire più pesantemente la politica di rigore del Patto di stabilità e crescita e del Fiscal compact.

Le principali **critiche** mosse all'eurozona nel corso di questi ultimi anni possono essere così riassunte:
- l'introduzione dell'euro avrebbe determinato un aumento dei prezzi, soprattutto negli Stati in cui la valuta nazionale era debole; quegli Stati, tra cui l'Italia, avrebbero dovuto accettare un rapporto di cambio con l'euro sfavorevole (nel caso dell'Italia 1936,27 lire per un euro);
- la politica di contenimento della spesa, richiesta dalle autorità monetarie europee, impedirebbe la crescita economica dei paesi più arretrati;
- il ritorno alla valuta nazionale comporterebbe una svalutazione rispetto alle altre monete e ciò favorirebbe le esportazioni, dando slancio all'economia nazionale;
- la politica monetaria dell'euro sarebbe dettata dalle economie forti, soprattutto da quella tedesca, e sacrificherebbe le ragioni degli Stati più deboli;
- per essere efficace, la politica monetaria comune avrebbe dovuto essere accompagnata da una politica fiscale comune e da una maggiore sovranità dell'Ue in materia economica, cosa che invece è mancata.

Chi è invece a **favore** dell'eurozona replica a queste critiche con una serie di considerazioni:
- la svalutazione della moneta nazionale renderebbe più costose le materie prime importate (per esempio il petrolio, acquistato in dollari) al punto da annullare i vantaggi dell'incremento delle esportazioni;
- l'aumento dei costi darebbe impulso all'inflazione, facendo diminuire i consumi delle famiglie, con conseguenze su produzione, occupazione, crescita;
- i debitori peggiorerebbero la loro condizione perché i mutui dovrebbero essere restituiti cambiando la valuta nazionale svalutata con l'euro;
- una volta usciti dall'euro, sarebbe più difficile ottenere prestiti dall'estero, se non a costi molto alti e di ciò soffrirebbero le banche e di conseguenza le imprese, che si troverebbero a pagare interessi più elevati per i finanziamenti necessari per la produzione, nonché le famiglie che per acquistare per esempio la casa dovrebbero contrarre mutui più onerosi;
- l'effetto positivo sulle esportazioni dell'uscita dall'euro, ammesso nel breve periodo, sarebbe invece negativo per la crescita del sistema economico nazionale nel lungo termine; aiutate dal cambio favorevole con le valute estere, le imprese nazionali rinuncerebbero a investire su innovazione e qualità produttiva, perdendo lentamente competitività sui mercati mondiali;
- la previsione dell'uscita dall'eurozona determinerebbe una notevole fuoriuscita di capitali all'estero, allo scopo di metterli al riparo dalla svalutazione della futura moneta nazionale.

A. VERO/FALSO

Indica se le seguenti affermazioni sono vere o false

1. Il regime a cambi flessibili:
   - **a.** non prevede la fissazione di una parità valutaria V F
   - **b.** scoraggia gli operatori internazionali perché rende impossibili le previsioni V F
   - **c.** è stato introdotto dagli accordi di Bretton Woods V F
   - **d.** comporta una maggiore stabilità del sistema economico V F
   - **e.** è stato utilizzato fino al 1914 V F
2. Il regime a cambi fissi:
   - **a.** consente all'autorità monetaria di stabilire la parità V F
   - **b.** è quello attualmente in vigore in Italia V F
   - **c.** obbliga l'autorità monetaria ad acquistare valuta estera al tasso di parità V F
   - **d.** può comportare la svalutazione della moneta V F
   - **e.** è prevalso sul sistema a cambi flessibili V F

B. CACCIA ALL'ERRORE

Sottolinea gli errori e riscrivi le frasi corrette

1. Nel regime a cambi fessibili il tasso di cambio è detto parità.
2. Nei paesi che aderiscono alla Ue circola una sola moneta.
3. Il Patto di stabilità e crescita impone il rispetto di rigorose politiche di bilancio per rispettare i parametri stabiliti nel trattato di Amsterdam del 1992.
4. Con la fine degli accordi di Bretton Woods il regime di cambi flessibili è stato praticamente abbandonato.

C. COMPLETA LO SCHEMA

Inserisci i termini mancanti

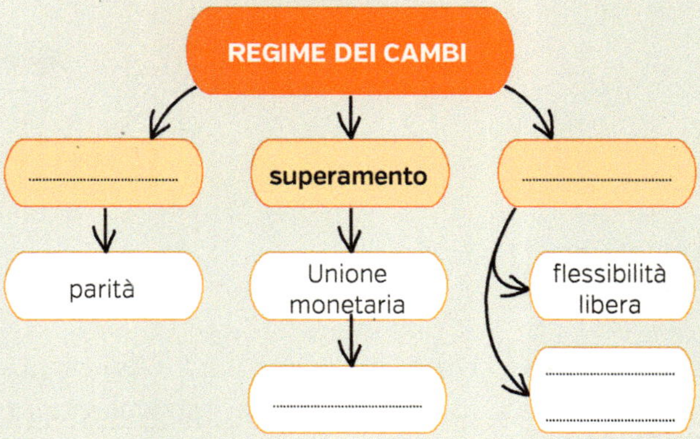

D. ANALIZZA I DATI

Studia il grafico e rispondi alle domande

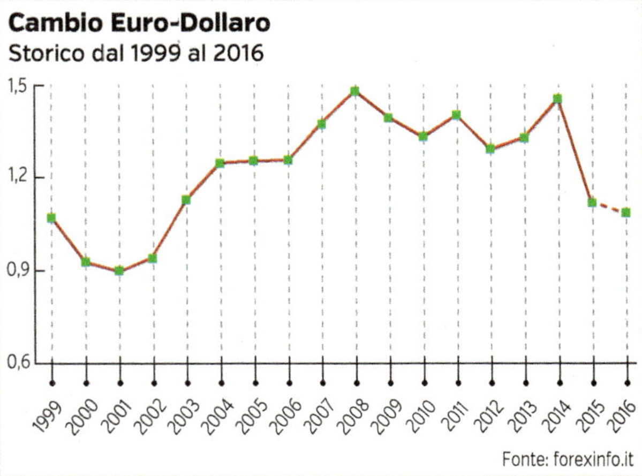

1. In quale anno sarebbe stato più conveniente per un italiano effettuare un viaggio negli Usa?
2. In quale anno sarebbe stato più conveniente per uno statunitense venire in vacanza in Italia?
3. Il cambio tra euro e dollaro Usa è stabilito dalle autorità valutarie?
4. La tendenza del cambio degli ultimi anni favorisce le esportazioni italiane negli Usa o le importazioni di prodotti statunitensi in Italia?

Lezione **36** La bilancia dei pagamenti

La bilancia dei pagamenti

1. Caratteristiche

Nei sistemi a economia aperta il dato dei rapporti economici internazionali è particolarmente significativo per valutare lo stato di salute del sistema ed è fondamentale per le autorità di governo al fine di calibrare gli interventi di politica economica, valutaria, fiscale ecc. Lo strumento conoscitivo impiegato a questo scopo è la bilancia dei pagamenti.

La **bilancia dei pagamenti** è il documento nel quale sono registrate tutte le transazioni economiche effettuate dai residenti in un Paese con i residenti degli altri paesi del mondo in un determinato periodo di tempo, di solito un anno.

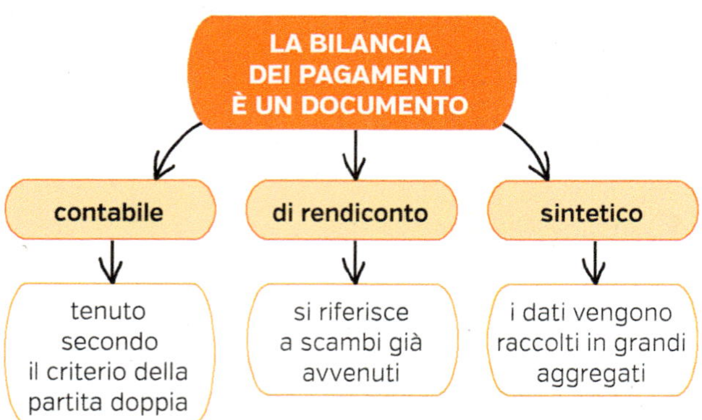

Le operazioni registrate in bilancia sono quelle che intercorrono tra residenti in Italia e residenti in altri paesi del resto del mondo, solitamente distinti tra paesi appartenenti e non appartenenti alla Ue: non ha quindi alcun valore il criterio della cittadinanza.

Dalla lettura della bilancia si traggono informazioni assai importanti, per esempio sulla quantità di valuta domandata o offerta in conseguenza degli scambi internazionali. Le esportazioni presuppongono infatti un'offerta di valuta estera e una domanda di valuta nazionale, mentre al contrario le importazioni implicano un'offerta di valuta nazionale e una domanda di valuta estera.

A ciascuna transazione **reale** (scambio di beni e servizi) si accompagna una transazione **finanziaria**, cioè un trasferimento da un paese all'altro di strumenti finanziari (valute, prestiti ecc.).

La bilancia dei pagamenti indica dunque i **flussi monetari** in entrata e in uscita dal paese per effetto degli scambi commerciali con gli altri paesi e registra, dopo che sono stati effettuati, tutti i pagamenti internazionali.

Esistono anche transazioni solo finanziarie, come per esempio i trasferimenti all'estero di valuta per svolgere attività produttiva o per godere di maggiori interessi.

2. Principi contabili

Le transazioni internazionali vengono registrate nella bilancia come entrate (crediti) o come uscite (debiti). Fanno parte delle **entrate** tutte quelle transazioni che comportano pagamenti da parte di residenti stranieri, come per esempio le esportazioni di beni e servizi, i trasferimenti unilaterali di denaro provenienti dall'estero, l'afflusso di capitali in Italia. Sono invece registrate fra le **uscite** tutte quelle transazioni che comportano il pagamento a favore di residenti esteri, come per esempio, le importazioni di beni e servizi, i trasferimenti unilaterali di denaro a favore di residenti esteri, i deflussi di capitali.

esempio Le spese effettuate dai turisti stranieri in Italia sono registrate come entrate così come le spese dei turisti italiani all'estero vengono inserite tra le uscite.

Le voci attive accrescono la disponibilità di valute pregiate e di oro, sebbene questo non sia più utilizzato come una volta nella transazioni internazionali; al contrario, le voci passive determinano una fuoriuscita di valuta. Di conseguenza, quando le entrate superano le uscite la bilancia risulterà in **avanzo**, cioè in attivo, mentre nel caso inverso si avrà un **disavanzo**. La carenza di valuta in tal caso dovrà essere coperta dalle autorità valutarie competenti, le Banche centrali, che attingeranno alle loro riserve valutarie. Infine, nel caso in cui le voci attive della bilancia siano uguali alle voci passive si dice che la bilancia è in **pareggio**.

Entrate o crediti **segno positivo (+)**	**Uscite o debiti** **segno negativo (–)**
Tutte le transazioni che comportano pagamenti da parte di residenti esteri. Per esempio: • spese dei turisti stranieri in Italia • esportazioni di beni e servizi • trasferimenti unilaterali di denaro provenienti dall'estero • afflusso di capitali in Italia	Tutte le transazioni che comportano pagamenti a favore di residenti esteri. Per esempio: • spese dei turisti italiani all'estero • importazioni di beni e servizi • trasferimenti unilaterali di denaro a favore di residenti esteri • deflussi di capitali
Cresce la disponibilità di valuta estera e oro	**Diminuisce la disponibilità di valuta estera e oro**

La registrazione nella bilancia dei pagamenti avviene con il procedimento della contabilità in **partita doppia**: ogni transazione viene iscritta due volte, dal lato delle entrate, come credito, e dal lato delle uscite, come debito di pari ammontare. Il motivo di questo accorgimento contabile sta nel fatto che generalmente le transazioni hanno due aspetti: chi vende qualcosa riceve in cambio un pagamento; chi compra qualcosa deve effettuare un pagamento in cambio. In questo modo il saldo globale della bilancia dei pagamenti dovrebbe in teoria essere sempre **nullo**. Tuttavia, nella realtà il pareggio contabile non si verifica, dal momento che i dati registrati non provengono dalle stesse fonti. Tali discrepanze contabili vengono registrate in un'apposita sezione della bilancia, "Errori e omissioni".

3. Composizione

La bilancia dei pagamenti viene compilata dalla Banca d'Italia su base mensile, secondo criteri specifici previsti dal Fondo monetario internazionale (Fmi) nel rispetto dei principi della contabilità nazionale. I dati vengono resi pubblici tramite periodiche pubblicazioni statistiche.

La bilancia è composta da quattro sezioni:
- conto corrente;
- conto capitale;
- conto finanziario;
- errori e omissioni.

Conto corrente

La sezione conto corrente registra tutte le transazioni con l'estero in merci, servizi, redditi da lavoro dipendente e da capitali e trasferimenti unilaterali correnti, di natura non finanziaria, che creano reddito nazionale corrente (per esempio le esportazioni) o assorbono reddito nazionale corrente (per esempio le importazioni).
Il conto corrente misura il **saldo** dei conti con l'estero. Se le voci in entrata superano quelle in uscita, il saldo è positivo e ciò significa che il paese produce più di quanto consuma; situazione inversa si verifica se il saldo è negativo.
In relazione all'oggetto della transazione la sezione conto corrente è ulteriormente suddivisa in quattro parti:
- conto merci, anche detto bilancia commerciale;
- conto servizi;
- conto redditi primari;
- conto redditi secondari.

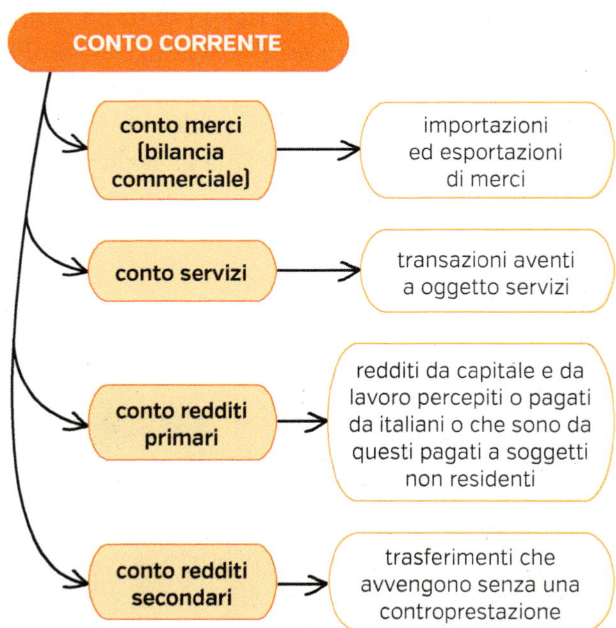

- La **bilancia commerciale** registra in entrata le esportazioni di merci e in uscita le importazioni di merci. Per merce si intende in questo caso ogni oggetto fisico trasferibile che non rappresenti un'attività finanziaria; non è necessario il passaggio effettivo del bene alla frontiera.

esempio Quando un importatore italiano acquista merci da un operatore cinese si registra un flusso monetario in uscita dall'Italia verso la Cina e quindi l'operazione viene registrata in uscita; il contrario avviene nel caso dell'esportatore italiano in Cina.

La differenza tra voci in entrata e in uscita indica il saldo della bilancia commerciale.
La bilancia commerciale è solo una posta, anche se la più importante, della bilancia dei pagamenti ma dal suo esame è possibile capire il grado di **competitività** del sistema produttivo di un paese rispetto agli altri. In Italia, infatti, gli scambi di merci hanno un'importanza rilevante: circa due terzi delle entrate e delle uscite del nostro paese si riferiscono a tali scambi.

La **bilancia commerciale italiana** è stata per molto tempo in passivo, in quanto l'Italia deve importare materie prime necessarie per la sua industria. Le esportazioni italiane sono invece costituite da prodotti finiti non essenziali ai paesi stranieri (come i prodotti della moda e di artigianato) e soggetti alle incertezze dei mercati esteri e alla continua concorrenza degli altri paesi. L'Italia commercia prevalentemente con i paesi europei, gli Usa e alcuni paesi esportatori di petrolio. Germania e Francia sono i principali fornitori e al tempo stesso i più importanti clienti. Dagli inizi degli anni Novanta del secolo scorso in poi c'è stata un'importante inversione di tendenza, con bilanci in saldo positivo, e ciò per varie ragioni, non ultima la svalutazione della moneta, che ha reso convenienti i prodotti nazionali. L'impennata dei prezzi del petrolio e dei suoi derivati, in particolare nei primi mesi del 2000, ha riportato in condizioni critiche la bilancia commerciale. I saldi della bilancia commerciale hanno cominciato a segnare ripetutamente il segno negativo a partire dal 2003. Qualcuno attribuisce questa inversione di tendenza all'adesione dell'Italia all'eurozona. L'euro, moneta forte, al posto della fragile e svalutata lira, avrebbe fatto perdere all'Italia il vantaggio che derivava dalla debolezza della moneta e che favoriva le esportazioni. Il secondo decennio del secolo ha visto la ripresa della bilancia commerciale italiana, trainata ancora una volta dal settore del made in Italy.

La bilancia commerciale italiana è spesso trainata dai prodotti del made in Italy, come le automobili Ferrari

Saldo della bilancia commerciale dell'Italia
dati mensili a prezzi correnti, in milioni di euro, Istat

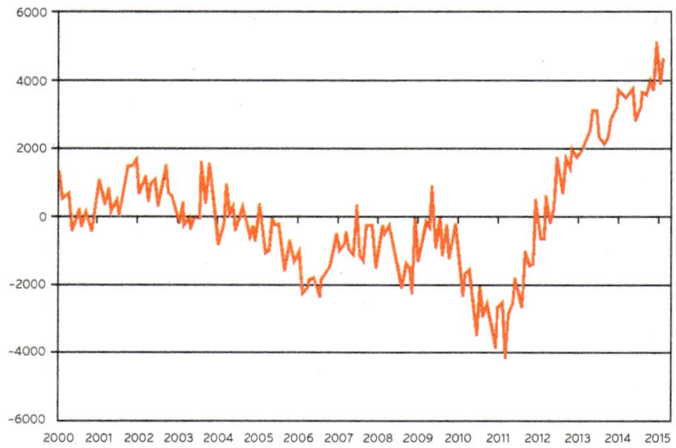

Fonte: vincitorievinti.com

- Nel **conto servizi** vengono registrate le esportazioni e le importazioni di servizi. A differenza della bilancia commerciale, che riguarda merci con consistenza fisica e presenza materiale visibile nel transito alla frontiera, in questo caso la transazione registrata non comporta alcun passaggio visibile di merce.

esempio Rientrano sotto questa voce della bilancia noli, premi di assicurazione, servizi informatici e di informazione, servizi personali, culturali e ricreativi, servizi finanziari, spese dei turisti stranieri in Italia e dei turisti italiani all'estero, e così via.

- Il **conto redditi primari** comprende tutti i redditi da capitale e da lavoro che sono percepiti da residenti italiani oppure sono pagati a soggetti non residenti da residenti italiani.

esempio Un cittadino straniero che detiene attività finanziarie in Italia riceve interessi o dividendi che vengono registrati al passivo nella bilancia, mentre all'attivo vengono contabilizzati gli interessi o dividendi percepiti da residenti in Italia per investimenti all'estero. Allo stesso modo, nel conto redditi sono inseriti gli stipendi pagati a residenti italiani da imprese o cittadini stranieri (entrate) e quelli pagati a soggetti non residenti da imprese o cittadini italiani (uscite).

- Infine, alla voce **redditi secondari** fanno capo tutti quei trasferimenti che avvengono senza una controprestazione. Si tratta per lo più dei contributi versati alle organizzazioni internazionali e da queste ricevuti e delle **rimesse** degli emigrati. Queste ultime sono le somme di denaro che i lavoratori emigrati in Italia inviano periodicamente ai loro congiunti nel paese di origine (uscite) o che i nostri lavoratori emigrati all'estero spediscono alle loro famiglie in Italia (entrate).

Conto capitale

La sezione conto capitale è suddivisa in due parti:
- trasferimenti unilaterali in conto capitale;
- acquisizioni e cessioni di attività non prodotte, non finanziarie.

I **trasferimenti unilaterali** in conto capitale possono essere in natura (quando consistono nel trasferimento di proprietà di una attività fissa o nella remissione di una passività sulla base di un accordo tra le parti) o in denaro (quando il passaggio del denaro è subordinato all'acquisizione di capitale produttivo). Si distinguono ancora in privati e pubblici.

esempio Sono trasferimenti unilaterali in conto capitale pubblici, gli investimenti della Ue a favore dei paesi in via di sviluppo o le donazioni a favore dei paesi poveri o la riduzione del debito dei paesi del terzo mondo.

Le **acquisizioni e cessioni di attività** non prodotte, non finanziarie ricomprendono sia le transazioni di attività tangibili ma non prodotte (per esempio le risorse del sottosuolo), sia le transazioni in attività intangibili non finanziarie (per esempio le acquisizioni e cessioni di licenze, brevetti ecc.).

esempio Vengono registrate tra le entrate della bilancia la vendita di brevetti italiani da parte di residenti stranieri e tra le uscite la transazione inversa.

Conto finanziario

Nella sezione conto finanziario della bilancia vengono registrati tutti gli **investimenti** effettuati all'estero da residenti italiani (uscite) e in Italia da soggetti stranieri (entrate). Si suddivide in cinque parti, a seconda del tipo di operazione:

- **Investimenti diretti**: investimenti effettuati per acquisire una responsabilità gestionale e per stabilire un legame durevole con un'impresa che opera in un paese diverso da quello in cui risiede l'investitore. Vi rientrano tutti i rapporti di partecipazione in cui la quota detenuta dall'investitore nel capitale sociale dell'impresa partecipata è superiore o uguale al 10%. L'investimento diretto è classificato come entrata quando la società partecipata oggetto di investimento sia residente all'estero e la partecipante in Italia; è classificato come uscita nel caso inverso.
- **Investimenti di portafoglio**: tutti gli investimenti in titoli non finalizzati ad assumere una responsabilità gestionale e a stabilire un legame durevole nei confronti di un'impresa, ma realizzati esclusivamente per fini speculativi.
- **Strumenti derivati**: questa voce riguarda gli investimenti aventi per oggetto questo particolare strumento finanziario (per esempio contratti *future* e *option*, ⇒ *lezione 31*).
- **Altri investimenti**: è una voce residuale che include tutte le transazioni finanziarie con l'estero che non rientrano nelle altre voci della sezione (per esempio, prestiti, pagamenti differiti o anticipati, depositi, crediti commerciali ecc.).
- **Variazione delle riserve ufficiali**: le attività di riserva sono definite nel sistema della bilancia dei pagamenti come quelle attività sull'estero che sono immediatamente a disposizione delle autorità monetarie, cioè della Banca d'Italia (quale strumento del Sebc), per finanziare in modo diretto gli squilibri della bilancia dei pagamenti, per regolare in modo indiretto la grandezza di tali squilibri tramite interventi sul mercato dei cambi, incidendo sui tassi di cambio delle valute, o per altri scopi. Rientrano in questa voce, per esempio, gli acquisti/vendite di oro tra Banche centrali e le operazioni in valute estere. Grazie agli interventi sulle riserve ufficiali la Banca cen-

trale compensa gli squilibri della bilancia dei pagamenti: se la bilancia dei pagamenti presenta un saldo attivo, e quindi è a credito col resto del mondo, la Banca centrale acquisirà riserve ufficiali dagli altri paesi in pagamento; al contrario, in caso di saldo negativo, la Banca centrale cederà riserve

Ciascuna delle sezioni della bilancia dei pagamenti sfocia in un **saldo**, positivo quando le entrate o crediti superano le uscite (avanzo), o negativo quando le uscite o debiti superano le entrate (disavanzo).

4. Il ruolo svolto dalle riserve valutarie

Quando le uscite superano le entrate si ha un **saldo negativo**: il sistema degli scambi internazionali del paese non è in grado di approvvigionarsi della quantità necessaria di valuta per far fronte ai pagamenti internazionali. Il saldo negativo dovrà essere coperto attingendo alle **riserve valutarie ufficiali**; attraverso l'utilizzo delle riserve ufficiali, la Banca centrale è in grado di fronteggiare momenti difficili e assicurare ai propri operatori la continuità delle importazioni.

Le riserve valutarie aumentano o diminuiscono in funzione dell'avanzo o del disavanzo della bilancia dei pagamenti.

esempio Se il saldo generale è in avanzo, per esempio + 500 milioni, significa che la quantità di valuta entrata nel paese eccede di 500 milioni la quantità di valuta uscita; le autorità monetarie hanno pertanto aumentato di 500 milioni le loro riserve. Viceversa, un saldo generale in disavanzo comporta una diminuzione delle riserve ufficiali.

Quando mancano riserve sufficienti per coprire il deficit, occorre ricorrere ai **prestiti internazionali** da governi stranieri o da istituzioni internazionali. Un deficit permanente esterno crea dei seri problemi e il paese interessato deve correre ai ripari: infatti i prestiti esteri vanno rimborsati e il disavanzo esterno incontra, prima o poi, dei limiti invalicabili.

Anche i paesi con entrate costantemente superiori alle uscite incontrano dei problemi: anzitutto significa che importano meno di quello che potrebbero, creando delle difficoltà ai paesi che hanno necessità di esportare di più. Si dice in questi casi che questi paesi si **rifiutano di trainare lo sviluppo** o la ripresa dei paesi in difficoltà.
Il costante avanzo crea inoltre problemi anche nel mercato interno del paese interessato: il sistema bancario aumenta le proprie riserve in valuta straniera, ma deve pagare agli operatori che cedono le divise somme in moneta nazionale maggiori di quelle ricevute dagli importatori a cui vende le divise.
Le esportazioni determinano una cessione di moneta estera in cambio di valuta nazionale, mentre le importazioni comportano una cessione di moneta nazionale in cambio di valuta estera. In caso di avanzo, la quantità di moneta nazionale richiesta dalle esportazioni supera quella ottenuta con le importazioni. Si verifica così un aumento dei biglietti in circolazione con conseguenti spinte all'aumento dei prezzi interni.

Il deficit o il surplus della bilancia dei pagamenti può essere corretto con due metodi:
- attraverso meccanismi **automatici** di aggiustamento che si innescano in conseguenza dello squilibrio senza alcun intervento delle autorità economiche; ciò può avvenire a seguito delle variazioni dei tassi di cambio delle valute, dei prezzi dei beni e dei servizi o del reddito nazionale;
- attraverso politiche di **aggiustamento**, cioè per mezzo di specifici interventi di politica economica diretti a correggere lo squilibrio.

A. VERO/FALSO

Indica se le seguenti affermazioni sono vere o false

1. Vanno registrati nelle entrate della bilancia commerciale:
   - **a.** le vendite dei prodotti artigianali italiani all'estero Ⓥ Ⓕ
   - **b.** gli acquisti di azioni di società estere da parte di italiani Ⓥ Ⓕ
   - **c.** gli acquisti di prodotti stranieri Ⓥ Ⓕ
   - **d.** le rimesse degli emigrati italiani alle loro famiglie d'origine Ⓥ Ⓕ
   - **e.** le esportazioni di prodotti agricoli Ⓥ Ⓕ
2. Il conto servizi:
   - **a.** è una sezione della bilancia commerciale Ⓥ Ⓕ
   - **b.** registra le spese dei turisti Ⓥ Ⓕ
   - **c.** registra gli investimenti Ⓥ Ⓕ
   - **d.** è uno dei componenti della sezione conto corrente della bilancia commerciale Ⓥ Ⓕ
   - **e.** registra l'acquisto di titoli di società estere da parte di cittadini italiani Ⓥ Ⓕ

B. CACCIA ALL'ERRORE

Sottolinea gli errori e riscrivi le frasi corrette

1. Nella bilancia dei pagamenti, l'importazione viene registrata come transazione reale in uscita e finanziaria in entrata.
2. Le operazioni registrate nella bilancia dei pagamenti riguardano gli scambi tra cittadini in Italia e quelli nel resto del mondo.
3. Il conto servizi della sezione conto corrente della bilancia dei pagamenti è anche denominato bilancia commerciale.
4. Negli scambi internazionali a ogni transazione reale si accompagna una transazione finanziaria di segno uguale.

C. COMPLETA LO SCHEMA

Inserisci i termini mancanti

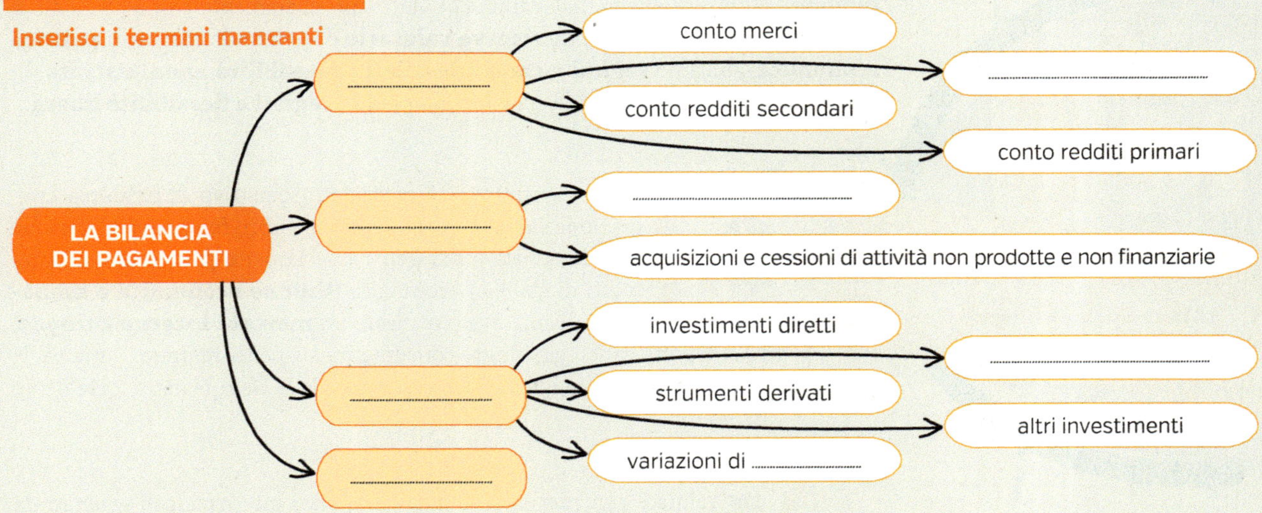

D. ANALIZZA I DATI

Studia la tabella e rispondi alle domande

Bilancia dei pagamenti italiana. Cumulato ultimi 12 mesi. Maggio 2015. Dati in milioni di euro

	crediti	debiti	saldo
CONTO CORRENTE	**558.733**	**522.612**	**36.120**
merci	393.347	339.945	53.401
servizi	88.649	88.085	564
redditi primari	61.727	63.151	–1423
redditi secondari	15.009	31.431	–16.422
CONTO CAPITALE	**7.036**	**3.580**	**3.456**

	attività	passività	saldo
CONTO FINANZIARIO	**170.128**	**133.499**	**36.629**
investimenti diretti	22826	9.042	13.783
investimenti di portafoglio	149.918	86.483	63.436
derivati	805		805
altri investimenti	–2092	37.975	–40.067
riserve ufficiali	–1329		–1.329
ERRORI E OMISSIONI			**–2948**

Fonte: Banca d'Italia

1. Qual era la situazione della bilancia commerciale italiana alla data considerata?
2. Quale dato della bilancia dei pagamenti andrebbe considerato e ulteriormente disaggregato per valutare l'andamento dell'industria turistica italiana?
3. Quali voci della bilancia dei pagamenti andrebbero opportunamente disaggregate per valutare se il numero dei lavoratori stranieri in Italia supera quello dei lavoratori italiani all'estero?
4. Dalla bilancia risultano maggiori gli investimenti italiani all'estero o quelli stranieri in Italia?

La sintesi

Lettura ad alta accessibilità

M5 in breve

1. Mancando una moneta legale internazionale, gli importatori, per effettuare i propri pagamenti, comprano valuta estera (domanda) con moneta nazionale (offerta), mentre gli esportatori, con la valuta estera ricevuta in pagamento delle merci esportate (offerta), comprano la moneta nazionale di cui hanno bisogno (domanda). Il prezzo, in un'altra valuta, della moneta così acquistata è il suo **tasso** (o corso) **di cambio**. Il mercato su cui si vende e acquista moneta è il **mercato dei cambi** (o valutario); qui vigono le leggi della domanda e dell'offerta, che gravitano attorno al loro punto di uguaglianza (**cambio d'equilibrio**). L'incremento del tasso fa crescere il prezzo dei beni importati (e le importazioni diminuiscono) e scendere quello dei beni esportati (e le esportazioni aumentano); l'opposto avviene con la sua riduzione. In generale, la crescita del tasso di una valuta (e il relativo **apprezzamento**) è legato al buono stato di salute dell'economia. Sul mercato valutario, oltre a importatori ed esportatori, agiscono turisti, investitori, **banche** e **speculatori**. Questi ultimi si avvantaggiano delle oscillazioni del tasso di cambio; le loro decisioni possono sia frenare un calo eccessivo del tasso (**stabilizzazione**) sia accentuarlo (**destabilizzazione**).

2. Le vicissitudini del cambio possono venire sottoposte a controllo da parte delle autorità monetarie. Se esse stabiliscono un tasso ufficiale vincolante (**parità ufficiale**) si determinano **regimi a cambi fissi**; esse possono anche innalzare il livello della parità (**svalutazione**, che, a inflazione costante, rilancia le esportazioni) o abbassarlo (**rivalutazione**). Se invece operano su cambi che fluttuano liberamente con le variabili di mercato, manovrando le proprie **riserve valutarie** e applicando misure di **politica economica**, abbiamo **regimi a cambi flessibili a flessibilità amministrata**. In alternativa possono astenersi da qualsiasi intervento (**regimi a flessibilità libera**).

3. L'Unione europea ha perseguito l'obiettivo di un'ampia integrazione monetaria tra i paesi membri, fondata sull'adozione di una moneta unica (l'euro), nel rispetto di determinati parametri di stabilità economica (**Unione economica e monetaria**, Uem). Si è così creato un **mercato interno europeo**, che prospetta vantaggi sia per i consumatori sia per le imprese. Tuttavia, le opinioni circa vantaggi e svantaggi effettivi della Uem restano fortemente discordanti.

4. Per valutare con precisione i flussi monetari internazionali generati da scambi commerciali e attività finanziarie, si ricorre a un documento contabile in partita doppia, la **bilancia dei pagamenti**, che registra le transazioni economiche tra i residenti in un paese e i residenti degli altri paesi del mondo in un arco di tempo (di solito l'anno). Nelle entrate si collocano le transazioni con pagamenti da parte di residenti stranieri, nelle uscite quelle con pagamenti a loro favore; se le entrate superano le uscite si parla di **avanzo**, di **disavanzo** nel caso contrario, di **pareggio** se si equivalgono.

5. La bilancia dei pagamenti si compone di quattro sezioni. a) Il **conto corrente** prende in considerazione le transazioni in merci (**bilancia commerciale**), servizi, redditi da lavoro e da capitale e redditi senza controprestazione (detti secondari, per esempio le rimesse degli emigrati). b) Il **conto capitale** registra i trasferimenti unilaterali in conto capitale, in natura (attività fisse, remissione di passività) o in denaro (per l'acquisizione di capitale produttivo), e le acquisizioni e cessioni di attività non prodotte, non finanziate (risorse del sottosuolo, brevetti...). c) Nel **conto finanziario** sono annotati gli **investimenti** (diretti, di portafoglio, in strumenti derivati ecc.) e, in particolare, le **variazioni delle riserve ufficiali** effettuate dalle autorità monetarie, che hanno l'importante funzione di **compensare gli squilibri** (**saldi** positivi e negativi, cioè avanzi e disavanzi) evidenziati nelle due sezioni precedenti, realizzando il pareggio; gli avanzi risultano compensati con prelevamenti di valuta da determinati conti bancari, i disavanzi con versamenti. Situazioni di ricorrente avanzo o disavanzo creano difficoltà nei pagamenti, inflazione, ostacoli allo sviluppo; devono intervenire allora meccanismi automatici di riequilibrio o specifiche politiche di **aggiustamento**. d) L'ultima sezione della bilancia dei pagamenti (**Errori e omissioni**) ha il compito di sanare errori e inesattezze e di appianare incoerenze dovute a fonti in disaccordo o movimenti illeciti di capitali.

La mappa

Mappa personalizzabile

Per prepararti alla verifica orale, ripassa ad alta voce aiutandoti con la mappa e inserisci i numeri nelle caselle man mano che tratti gli argomenti

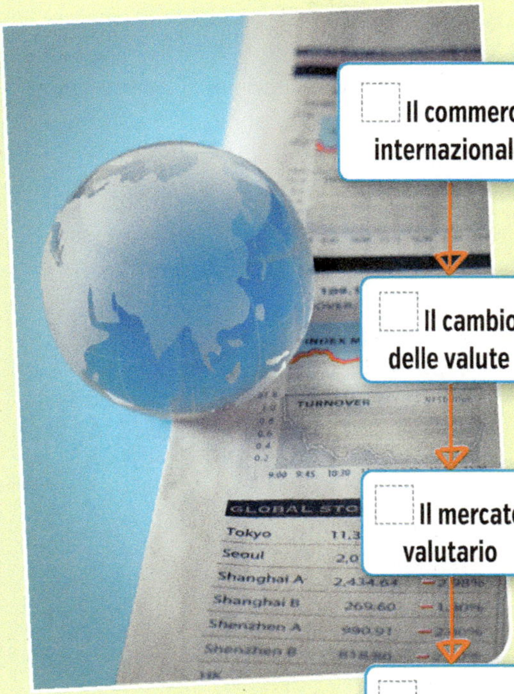

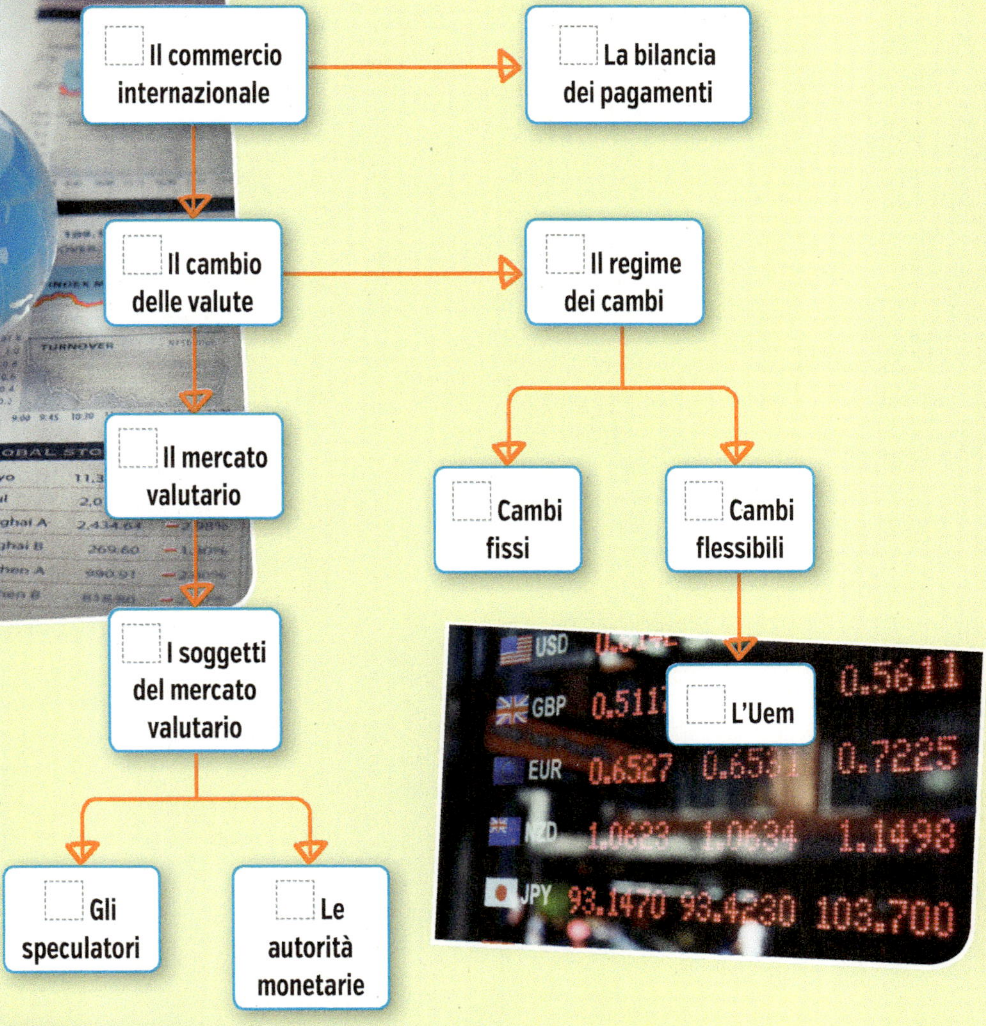

Verifica di fine modulo 5

Verifica in autovalutazione

A. VERO/FALSO

Indica se le seguenti affermazioni sono vere o false

1. La bilancia dei pagamenti registra le transazioni economiche che avvengono tra i residenti di un paese e quelli dei paesi esteri. V F
2. Le transazioni registrate nella bilancia dei pagamenti sono solo quelle di carattere finanziario o monetario. V F
3. Si definiscono importazioni le entrate di valuta e l'uscita di beni o servizi da un paese. V F
4. Le transazioni internazionali vengono registrate nella bilancia dei pagamenti come entrate (crediti) o come uscite (debiti). V F
5. Le transazioni che comportano il pagamento a favore di residenti esteri sono registrate nelle uscite della bilancia dei pagamenti. V F
6. La bilancia dei pagamenti si dice in avanzo quando le voci attive sono uguali alle corrispondenti voci passive. V F
7. Gli scambi di beni sono accompagnati da scambi di valute di Stati diversi: le esportazioni comportano uscite di valuta straniera. V F
8. La sezione conto capitale della bilancia commerciale registra trasferimenti unilaterali in conto capitale, acquisizioni e cessioni di attività non prodotte e non finanziarie. V F
9. La bilancia commerciale registra in uscita le esportazioni di merci e in entrata le importazioni di merci. V F
10. Nel mercato valutario italiano la domanda di valuta è rappresentata dalla richiesta di valuta per le esportazioni. V F

B. SCELTA MULTIPLA

Indica la risposta corretta

1. La speculazione valutaria:
   - a. ◯ riguarda solo speculatori professionisti
   - b. ◯ può essere effettuata in occasione di ogni scambio internazionale
   - c. ◯ è vietata
   - d. ◯ produce sempre effetti positivi per il mercato valutario
2. Il Patto di stabilità firmato ad Amsterdam nel 1997:
   - a. ◯ esclude una parte dei paesi della Ue dall'Unione monetaria
   - b. ◯ stabilisce le condizioni per rimanere nell'Unione monetaria europea
   - c. ◯ stabilisce i criteri per poter far parte della Uem fin dal primo momento
   - d. ◯ sancisce la nascita della Uem
3. Le transazioni che comportano pagamenti da parte di residenti esteri:
   - a. ◯ fanno accrescere la disponibilità della valuta disponibile
   - b. ◯ determinano la diminuzione della valuta
   - c. ◯ non hanno nessun effetto sulle riserve di valuta
   - d. ◯ lasciano invariata la valuta disponibile
4. Il saldo negativo della bilancia dei pagamenti deve essere coperto:
   - a. ◯ dalle valute straniere
   - b. ◯ dalle riserve valutarie ufficiali
   - c. ◯ dalle riserve valutarie delle banche
   - d. ◯ dalla valuta scambiata nelle transazioni commerciali

C. LESSICO

Individua a quali concetti si riferiscono le definizioni che seguono

1. Il prezzo di una moneta espresso in un'altra moneta.
2. Soggetti che acquistano e vendono moneta nella speranza di trarre profitto dalle variazioni dei cambi.
3. L'insieme dei meccanismi che determinano il tasso di cambio delle valute.
4. Parte della sezione Conto corrente della bilancia dei pagamenti che registra in entrata le esportazioni e in uscita le importazioni di merci.

D. DOMANDE APERTE

Rispondi alle seguenti domande

1. Quali sono gli effetti delle variazioni dei tassi di cambio nel mercato valutario?
2. Che cosa sono le riserve valutarie ufficiali?
3. Che cosa si intende per deprezzamento e apprezzamento della moneta?
4. Spiega i diversi regimi di cambio.
5. Quali vantaggi traggono le imprese dall'introduzione dell'euro?
6. Quali sono i flussi monetari indicati dalla bilancia dei pagamenti?
7. Come funziona la registrazione in partita doppia effettuata nella bilancia dei pagamenti?
8. Come è suddivisa la sezione conto corrente?
9. Esponi la situazione del saldo della bilancia dei pagamenti in attivo e in passivo e le sue conseguenze.
10. Quali sono i meccanismi previsti per l'aggiustamento della bilancia dei pagamenti?

Verifica delle competenze

A. RICERCA I DATI

Utilizzando i dati che trovi nelle pagine economiche dei quotidiani o su internet, riporta settimanalmente nella tabella i cambi delle valute indicate con riferimento all'euro. Segnala con un + l'apprezzamento dell'euro sulla valuta estera e con un – il suo deprezzamento.

	CAMBI con riferimento all'euro (quantità di valuta estera necessaria per acquistare 1 euro)				
Valute	**Cambio alla data del**	**Cambio alla data del**	**Cambio alla data del**	**Cambio alla data del**	**Cambio alla data del** ....
Dollaro Usa					
Yen giapponese					
Sterlina britannica					
Franco svizzero					
Dollaro australiano					
Dollaro canadese					
Dollaro neozelandese					
Corona ceca					
Corona ganese					
Corona norvegese					
Corona svedese					
Corona islandese					
Dollaro Hong Kong					
Dollaro Singapore					
Dirham marocchino					
Lira turca					
Renmimbi cinese					
Rand Sudafricano					
Rupia indiana					
Rublo russo					
Rial saudita					
Zloty polacco					
Scellino keniota					

B. ELABORA I DATI

Considerato l'andamento dei cambi registrato e presumendo che tale andamento continui anche nei prossimi mesi, indica in quali paesi stranieri probabilmente ti converrebbe andare in vacanza la prossima estate per trarre vantaggio dal cambio valuta.

Scelto il paese dove andare in vacanza, quantifica il vantaggio economico che hai realizzato grazie alla variazione del tasso di cambio tra la prima rilevazione del tasso e l'ultima per ogni 100 euro spesi.